高等院校经济管理类专业本科系列教材

国际金融

GUOJI JINRONG

主　编　徐艳兰　马　念
副主编　金　彦　黄子玲　蒋艾妮

重庆大学出版社

内容提要

国际金融主要研究不同国家货币之间的静态和动态关系,其内容主要包括三个方面:国际收支、国际储备、外汇汇率、汇率决定、汇率制度等一国对外主要的经济金融活动;国际金融市场、金融工具及外汇风险管理;实现内外均衡的国内政策搭配及国际货币体系。本课程既具有很强的理论性,也具有较强的实务操作性。本书可作为应用型高校金融学、国际贸易、国际物流及 MBA 低年级学生的教学用书,也可作为成人函授教育或经营管理人员、国际贸易人员的培训教材。

图书在版编目(CIP)数据

国际金融／徐艳兰,马念主编. -- 重庆:重庆大学出版社,2023.10
高等院校经济管理类专业本科系列教材
ISBN 978-7-5689-4180-8

Ⅰ.①国… Ⅱ.①徐…②马… Ⅲ.①国际金融—高等学校—教材 Ⅳ.①F831

中国国家版本馆 CIP 数据核字(2023)第 187281 号

高等院校经济管理类专业本科系列教材

国际金融

主　编　徐艳兰　马　念
副主编　金　彦　黄子玲　蒋艾妮
策划编辑:顾丽萍

责任编辑:夏　宇　　版式设计:顾丽萍
责任校对:王　倩　　责任印制:张　策

*

重庆大学出版社出版发行
出版人:陈晓阳
社址:重庆市沙坪坝区大学城西路 21 号
邮编:401331
电话:(023)88617190　88617185(中小学)
传真:(023)88617186　88617166
网址:http://www.cqup.com.cn
邮箱:fxk@ cqup.com.cn(营销中心)
全国新华书店经销
重庆市开源印务有限公司印刷

*

开本:787mm×1092mm　1/16　印张:19.75　字数:506 千
2023 年 10 月第 1 版　　2023 年 10 月第 1 次印刷
ISBN 978-7-5689-4180-8　定价:49.00 元

前　言

  本书是一本既全面诠释国际金融学基本原理和方法,又注重理论与实践案例有机结合的应用型教材。各章的学习目标具体,知识能力明确,工作任务可操作性强,由案例导入引出本章所学内容,讲解过程中也穿插了趣味阅读材料,并配有丰富的习题供学生巩固练习,尤其是各章的思维导图既方便老师总结提炼,又方便学生查漏补缺,使知识体系脉络分明。本书可作为应用型高校金融学、国际贸易、国际物流及 MBA 低年级学生的教学用书,也可作为成人函授教育或经营管理人员、国际贸易人员的培训教材。

  在内容上,本书所用的资料既包括教师在日常教学中所需的最新资料数据和教学案例,又融入了该领域内最新的理论研究成果,有助于学生对基本原理和方法的学习和掌握。国际金融的内容繁多,互有交叉,业务复杂,考虑到部分内容与金融风险管理、国际投资学等交叉重叠,本书相比传统教材有所取舍,主要内容包括国际收支与国际收支平衡表、国际储备、外汇、汇率、外汇管制和汇率制度、国际金融市场、国际资本流动、国际货币体系、国际金融机构等。

  本书依托广东省金融学一流专业建设的成果,由东莞城市学院和武汉工程科技学院教学经验丰富的一线教师合作编撰而成。具体分工如下:金彦撰写第一章、第二章、第三章,黄子玲撰写第五章、第六章,蒋艾妮撰写第七章,马念撰写第四章、第八章、第九章,徐艳兰负责全书的审核和统稿工作。

  本书在编写过程中,学习和借鉴了许多同类教材和相关研究成果,引用了大量参考文献和案例,在此对相关文献的作者表示衷心的感谢!

编　者

2023 年 8 月

Contents

目 录

参考文献

第一章

国际收支与国际收支平衡表

【学习目标】

1. 理解国际收支的概念和特点；
2. 掌握国际收支平衡表的结构和要素；
3. 理解国际收支不平衡的原因和影响；
4. 掌握国际收支的调节手段；
5. 理解国际收支相关理论。

【知识能力】

1. 熟练掌握国际收支的组成要素，以及它们在国际收支中的作用和影响；
2. 能分析不同因素对国际收支的影响机制；
3. 能分析国际收支失衡情况下政府可以采取的政策措施以及目的和效果；
4. 能掌握国际收支理论脉络。

【工作任务】

1. 分析国际收支平衡表的数据；
2. 分析影响国际收支失衡的传导机制；
3. 理解调节国际收支失衡的政策传导机制；
4. 区分国际收支理论之间的差异。

【思维导图】

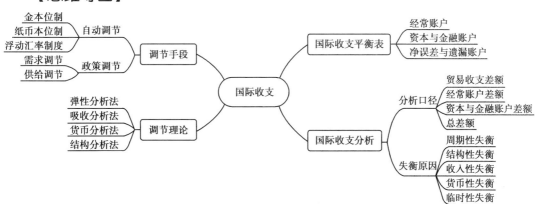

案例导入

墨西哥金融危机

1982年以前,墨西哥以国有经济为主体,政府不仅严格管制价格,而且决定利率和汇率。与许多拉美国家一样,墨西哥政府也选择了"政府主导型经济增长+进口替代型发展战略",希望由此快速实现工业化和现代化,赶超主要发达国家。随着时间的推移,墨西哥与所有实行进口替代发展战略的国家一样,也遇到了国际收支失衡的困境。最初,国际收支失衡可以通过在国际金融市场上借债解决。后来,国际收支失衡影响到墨西哥经济发展,当经济衰退时,墨西哥政府无力按时偿还到期的国际债务,墨西哥债务危机就会由此爆发。

1994年12月,墨西哥金融危机爆发,并迅速波及巴西、阿根廷和智利等拉美国家,震惊了整个世界。比索钉住美元的汇率制度是酿成墨西哥金融危机的根源,国际收支失衡是墨西哥金融危机的导火索。

(资料来源:王宇.钉住汇率制度、国际收支失衡与墨西哥金融危机[J].金融发展评论,2018(9):1-5.)

第一节　国际收支和国际收支平衡表

一、国际收支

(一)国际收支的定义

国际收支(Balance of Payments)是指一定时期内一个经济体(通常指一个国家或者地区)与世界其他经济体之间发生的各项经济活动的货币价值之和。它有狭义与广义两个层面的含义。狭义的国际收支是指一个国家或者地区在一定时期内,由于经济、文化等各种对外经济交往而发生的,必须立即结清的外汇收入与支出。广义的国际收支是指一个国家或者地区内居民与非居民之间发生的所有经济活动的货币价值之和。它是一国对外政治、经济关系的缩影,也是一国在世界经济中所处的地位及其升降的反映。

一国对外往来会产生货币支付,但并非所有往来都涉及货币支付,比如对外国以实物形式提供的无偿援助和投资等。这种不涉及货币支付的国际往来在今天已经占据了相当重要的地位。为了全面反映一国的对外往来情况,各国均根据国际货币基金组织的定义采用了广义的国际收支概念。所谓国际收支,是指一国在一定时期内全部对外往来的系统的货币记录。

(二)对定义的理解

我们应当从以下几个角度理解国际收支的定义。

第一,国际收支平衡表记载的经济交易发生在一国居民(Resident)与非居民(Nonresident)之间,也就是说,判断一项交易是否计入国际收支的范围,是根据交易双方是否有一方是该国的居民,而不是根据交易双方的国籍。在国际收支统计中,居民是指一个国家的经济领土内具有经济利益的经济单位,是以居住地为标准的。经济领土一般包括政府所管辖的地理领土、天空、水域、邻近水域下的大陆架,以及该国在其他地方的飞地。根据这个标准,一个国家的大使馆和其他驻外机构被认为是所在国的非居民,而国际组织则被视为任何国家的非居民。具有一定经济利益是指该单位在某国的经济领土内已经进行了一年或更长时间的大规模经济活动或交易,或者计划这样做。一个经济体的居民单位主要由两大类机构组成:①家庭和组成家庭的个人;②社会的实体和社会团体,如公司和准公司、非营利机构和该经济体中的政府。

第二,国际收支是系统的货币记录。国际收支反映的内容是以交易为基础,而不像其字面所表现的那样以货币收支为基础。这些交易既包括涉及货币收支的对外往来,也包括未涉及货币收支的对外往来,未涉及货币收支的往来须折算成货币加以记录。所谓交易,包括四类:①交换,是指一交易者(经济体)向另一交易者(经济体)提供一宗经济价值并从对方得到价值相等的回报。这里所说的经济价值,可以概括为实际资源(货物、服务、收入)和金融资产。②转移,是指一交易者向另一交易者提供了经济价值,但是没有得到任何补偿。③移居,是指一个人把住所从一经济体搬迁到另一经济体的行为。移居后,该个人原有的资产负债关系的转移会使两个经济体的对外资产、债务关系均发生变化,这一变化应记录在国际收支中。④其他根据推论而存在的交易。在一些情况下,可以根据推论确定交易的存在,即使是实际流动并没有发生,也需要在国际收支中予以记录。国外直接投资者收益的再投资就是一个例子,投资者的海外子公司所获得的收益中,一部分是属于投资者本人的,如果这部分收益用于再投资,则必须在国际收支中反映出来,尽管这一行为并不涉及两国间的资金与劳务的流动。

第三,国际收支是一个流量的概念。根据统计学的定义,流量是指一定时期内发生的变量变动的数值,如一个季度、一年内的国际收支情况,而非一个时点数。国际收支一般是对一年内的交易进行总结,所以它是一个流量的概念。

第四,国际收支是个事后的概念。定义中的"一定时期"一般是指过去的一个会计年度,所以它是对已发生事实进行的记录。

阅读材料
中国对居民与非居民的界定

根据我国2014年1月1日起实施的《国际收支统计申报办法》,中国居民是指以下四类:

①在中国境内居留一年以上的自然人,外国及中国香港、澳门、台湾地区在境内的留学生、就医人员、外国驻华使领馆外籍工作人员及家属除外。

②中国短期出国人员(在境外居留时间不满一年)、在境外留学人员、就医人员及中国驻外使馆工作人员及其家属。

③在中国境内依法成立的企业事业法人(含外商投资企业及外资金融机构)及境外法人的驻华机构(不含国际组织驻华机构、外国驻华使领馆)。

④中国国家机关(含中国驻外使领馆)、团体、部队。

二、国际收支平衡表

所谓国际收支平衡表,是指一个国家在一定时期内全部国际经济交易的统计表,是按照特定账户分类和复式记账原则表示的会计报表。通过国际收支平衡表可以评估一个国家对外的经济交易情况。国际收支平衡表是各国全面掌握该国对外经济往来状况的基本资料,是该国政府制定对外经济政策的主要依据,亦是国际营销者制定营销决策必须考虑的经济环境。

（一）国际收支平衡表的基本原理

1. 特定账户的分类

国际收支账户可分为三大类：经常账户、资本和金融账户、错误和遗漏账户。

（1）经常账户

经常账户（Current Account）是指对实际资源在国际上的流动行为进行记录的账户，包括以下项目：货物和服务、初次收入和二次收入。

①货物和服务（Goods Account and Services Account）。货物包括一般商品、用于加工的货物、货物修理、各种运输工具、在港口购买的货物和非货币黄金。在处理上，货物的出口和进口应在货物的所有权从一居民转移到另一居民时记录下来。一般来说，货物按边境的离岸价（FOB）计价。服务包括运输、旅游以及在国际贸易中的地位越来越重要的其他项目（如通信、金融、计算机服务、专有权征用和特许以及其他商业服务）。货物和服务账户是反映一个国家或地区对外经济交易情况的重要指标。

②初次收入（Primary Income）/收益（Incomes）。初次收入包括居民和非居民之间的两大类交易。第一大类包括：a. 支付给非居民工人（如季节性的短期工人）的职工报酬；b. 投资收入项下有关对外金融资产和负债的收入和支出。第二大类包括有关直接投资、证券投资、其他投资的收入和支出，以及储备资产的收入。最常见的投资收入是股本收入（红利）和债务收入（利息）。应注意的是，资本损益是不作为投资收入记载的，所有由交易引起的现已实现的资本损益都包括在金融账户下面。将收入作为经常账户的独立组成部分，这种处理方法与国民账户体系保持了一致，加强了收入与金融账户流量、收入与国际收支和国际投资头寸之间的联系，提高了国际收支账户的分析价值。

③经常转移（Current Transfers）/二次收入（Secondary Income）。经常转移又称单方面无偿转移。当一经济体的居民实体向另一非居民实体无偿提供了实际资源或金融产品时，按照复式记账法原理，需要在另一方进行抵销性记录以达到平衡，也就是需要建立转移账户作为平衡项。经常转移排除了下面三项所有权转移（即资本转移）：a. 固定资产所有权的资产转移；b. 同固定资产收买/放弃相联系的或以其为条件的资产转移；c. 债权人不索取任何回报而取消的债务。经常转移包括各级政府的转移（如政府间经常性的国际合作、对收入和财政支付的经常性税收等）和其他转移（如工人汇款）。

（2）资本和金融账户

资本和金融账户（Capital Account and Financial Account）是指对资产所有权在国际流动行为进行记录的账户，包括资本账户（Capital Account）和金融账户（Financial Account）两大部分。

资本账户包括资本转移和非生产、非金融资产的收买或放弃。资本转移包括债务减免和移民的转移支付。非生产、非金融资产的收买或放弃是指各种无形资产（如专利、版权、商标、经销权以及租赁）和其他可转让合同的交易。

金融账户包括引起一个经济体对外资产和负债所有权变更的所有权交易。根据投资类型或功能，金融账户可以分为直接投资、证券投资、金融衍生产品（储备除外）和雇员认股权、其他投资、储备资产五类。与经常账户不同，金融账户的各个项目并不按借贷方总额来记录，而是按净额来计入相应的借方或贷方。

①直接投资（Direct Investment）。直接投资的主要特征是，投资者对另一经济体的企业拥有永久利益。这一永久利益意味着直接投资者和企业之间存在着长期的关系，并且投资

者对企业经营管理施加着相当大的影响。直接投资可以采取在国外直接建立分支企业的形式,也可以采用购买国外企业一定比例以上股票的形式。在后一种情况下,《国际收支手册》规定这一比例最低为10%。

②证券投资(Portfolio Investment)。证券投资的主要对象是股本证券和债务证券。对于债务证券而言,可以进一步细分为期限在一年以上的中长期债券、货币市场工具和其他派生金融工具。

③金融衍生产品(储备除外)和雇员认股权(Financial Derivatives and ESOs)。金融衍生产品分为期权和远期合约两大类。雇员认股权是向公司雇员提供一种购买公司股权的期权,可看作一种报酬形式。

④其他投资(Other Investment)。这是一个剩余项目,包括所有直接投资、证券投资或储备资产未包括的金融交易。

⑤储备资产(Reserve Assets)。储备资产包括货币当局可随时动用并控制在手的外部资产,可分为货币黄金、特别提款权、在基金组织的储备头寸、外汇资产和其他债权。储备资产的相关问题我们将在第二章详细介绍。

(3)错误和遗漏账户

国际收支账户运用的是复式记账法,因此所有账户的借方总额和贷方总额应相等。但是,由于不同账户的统计资料来源不一、记录时间不同以及一些人为因素(如虚报出口)等,会造成结账时出现净的借方或贷方余额,这时就需要人为设立一个抵销账户,数目与上述余额相等而方向相反。错误和遗漏账户(Errors and Omissions Account)就是这样一种抵销账户。简单地说,由于从事国际交往的行为主体成千上万,统计时难免发生差错,因而,一切统计上的误差均归入错误和遗漏账户。国际收支账户如图1-1所示。

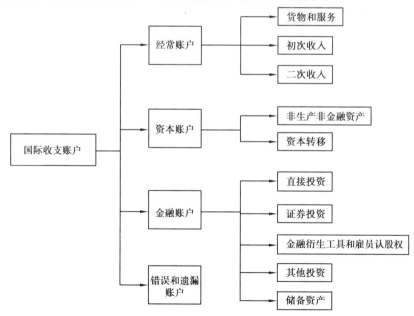

图1-1　国际收支账户构成示意图

我国于2015年根据《国际收支和国际投资头寸手册》(第六版)编制和发布国际收支平衡表(表1-1)。

表 1-1　中国国际收支平衡表（概览表）（2022 年度）

项　目	亿　元	亿美元	亿 SDR
1. 经常账户	27 177	4 019	3 017
贷方	266 099	39 508	29 560
借方	−238 922	−35 489	−26 543
1.1　货物和服务	38 850	5 763	4 317
贷方	250 235	37 158	27 799
借方	−211 385	−31 395	−23 482
1.1.1　货物	45 140	6 686	5 013
贷方	225 467	33 469	25 045
借方	−180 327	−26 782	−20 032
1.1.2　服务	−6 290	−923	−695
贷方	24 767	3 690	2 754
借方	−31 057	−4 613	−3 450
1.2　初次收入	−12 957	−1 936	−1 443
贷方	12 867	1 902	1 427
借方	−25 823	−3 839	−2 871
1.3　二次收入	1 284	191	143
贷方	2 997	447	334
借方	−1 713	−256	−191
2. 资本和金融账户	−21 164	−3 113	−2 353
2.1　资本账户	−20	−3	−2
贷方	16	2	2
借方	−36	−5	−4
2.2　金融账户	−21 143	−3 110	−2 351
资产	−19 005	−2 815	−2 105
负债	−2 138	−294	−246
2.2.1　非储备性质的金融账户	−14 294	−2 110	−1 597
资产	−12 155	−1 816	−1 351
负债	−2 138	−294	−246
2.2.1.1　直接投资	1 707	305	202
2.2.1.1.1　资产	−10 116	−1 497	−1 121
2.2.1.1.2　负债	11 823	1 802	1 323
2.2.1.2　证券投资	−18 783	−2 811	−2 104

项　目	亿　元	亿美元	亿SDR
2.2.1.2.1　资产	−11 637	−1 732	−1 298
2.2.1.2.2　负债	−7 146	−1 079	−806
2.2.1.3　金融衍生工具	−358	−58	−42
2.2.1.3.1　资产	210	27	22
2.2.1.3.2　负债	−567	−85	−63
2.2.1.4　其他投资	3 140	454	347
2.2.1.4.1　资产	9 388	1 386	1 047
2.2.1.4.2　负债	−6 248	−932	−699
2.2.2　储备资产	−6 850	−1 000	−754
2.2.2.1　货币黄金	−249	−35	−27
2.2.2.2　特别提款权	127	19	14
2.2.2.3　在国际货币基金组织的储备头寸	−15	−2	−1
2.2.2.4　外汇储备	−6 712	−982	−740
2.2.2.5　其他储备资产	0	0	0
3. 净误差与遗漏	−6 013	−906	−664

备注：1. 本表计数采用四舍五入原则。

　　　2. 根据《国际收支和国际投资头寸手册》(第六版)编制,资本和金融账户中包含储备资产。

　　　3. "贷方"按正值列示,"借方"按负值列示,差额等于"贷方"加上"借方"。本表除标注"贷方"和"借方"的项目外,其他项目均指差额。

　　　4. 金融账户下,对外金融资产的净增加用负值列示,净减少用正值列示。对外负债的净增加用正值列示,净减少用负值列示。

　　　5. 年度人民币计值的国际收支平衡表由单季人民币计值数据累加得到。季度人民币计值的国际收支平衡表数据,由当季以美元计值的国际收支平衡表,通过当季人民币对美元平均汇率中间价折算得到。

　　　6. 《国际收支平衡表》采用修订机制,最新数据以此表为准。

资料来源：外汇管理局官网

2. 复式记账法

复式记账法是国际会计的通行准则,即每笔交易都是由两笔价值相等、方向相反的账目表示。

在会计上,商品劳务的进出口和从国外获得的净要素收入等经济行为都对应着一国对外资产负债的相应变化,即一笔贸易流量对应着一笔金融流量。因此,我们可以运用复式记账法的基本原理,将国际收支的各种经济行为归入两类账户:反映商品、劳务进出口及净要素支付等实际资源流动的纳入"经常账户";反映资产所有权流动的纳入"资本和金融账户"。这样,同一行为就在不同账户被记录两次,从而较为完整与科学地反映出一国国际收支的状况。

更为具体地看,复式记账法运用在国际收支平衡表时,主要包括以下三个要点:

第一,任何一笔交易发生,必然涉及借方和贷方两个方面,有借必有贷,借贷必相等。

第二,所有国际收支项目都可以分为资金来源项目(如出口)和资金运用项目(如进口)。资金来源项目的贷方表示资金来源(即收入)增加,借方表示资金来源减少。资金运用项目的贷方表示资金占用(即支出)减少,借方表示资金占用增加。

第三,凡是有利于国际收支顺差增加或逆差减少的资金来源增加或资金占用减少均计入贷方,凡是有利于国际收支逆差增加或顺差减少的资金占用增加或资金来源减少均计入借方。国际收支账户运用的是复式记账法,即每笔交易都是由两笔价值相等、方向相反的账目表示。根据复式记账的惯例,不论是对实际资源还是金融资产,借方表示该经济体资产(资源)持有量的增加,贷方表示资产(资源)持有量的减少。记入借方的账目包括:①反映进口实际资源的经常项目;②反映资产增加或负债减少的金融项目。记入贷方的项目包括:①表明出口实际资源的经常项目;②反映资产减少或负债增加的金融项目。例如:

- 进口商品属于借方项目,出口商品属于贷方项目;
- 非居民为本国居民提供劳务或从本国取得收入,属于借方项目,本国居民为非居民提供劳务或从外国取得的收入,属于贷方项目;
- 本国居民对非居民的单方向转移,属于借方项目,本国居民收到的国外的单方向转移,属于贷方项目;
- 本国居民获得外国资产属于借方项目,外国居民获得本国资产或对本国投资,属于贷方项目;
- 本国居民偿还非居民债务属于借方项目,非居民偿还本国居民债务属于贷方项目;
- 官方储备增加属于借方项目,官方储备减少属于贷方项目。

下面,我们将用实例来说明国际收支平衡表的特定账户分类和复式记账原则。

(二)国际收支平衡表的记账实例

我们以甲国为例,列举六笔交易来说明国际收支账户的记账方法。对具体交易记账方法的分析不仅有助于我们理解各账户之间的关系,同时也有助于正确掌握国际收支账户中的记账原理。

【例1-1】甲国企业出口设备100万美元,该企业在海外银行存款的金额相应增加。记为:

借:本国在外国银行的存款　　　　　　　　1 000 000
贷:商品出口　　　　　　　　　　　　　　　　　1 000 000

分析:出口行为意味着本国拥有的资源的减少,因此应记入贷方。对于资源流出这一行为而言,它意味着本国在外的资产的增加,应记为借方,这一资本流出实际上反映在该企业在海外的存款增加中,该项目属于金融账户中的其他投资项目下。

【例1-2】甲国居民到外国旅游花费50万美元,这笔费用从该居民的海外存款账户中扣除。这笔交易可记为:

借:服务进口　　　　　　　　　　　　　　　500 000
贷:在外国银行的存款　　　　　　　　　　　500 000

分析:甲国居民在国外旅游花费50万美元属于资本流出,记入借方。该居民海外存款账户减少属于在外国银行的存款减少,记入贷方。

【例1-3】外国企业以价值100万美元的设备投入甲国,兴办合资企业。这笔交易可记为:

借:商品进口　　　　　　　　　　　1 000 000
　　贷:外国对甲国的直接投资　　　　　　　　1 000 000

分析:100万美元设备投资为进口物资,应记入借方。外国对甲国的投资为直接投资,记入贷方。

【例1-4】甲国政府动用外汇库存60万美元向外国提供无偿援助,另提供相当于40万美元的粮食药品援助。

这笔交易可记为:

借:经常转移　　　　　　　　　　　1 000 000
　　贷:官方储备　　　　　　　　　　　　　　600 000
　　　　商品出口　　　　　　　　　　　　　400 000

分析:本国向他国进行无偿援助属于经常转移,记入借方。60万美元外汇库存减少属于官方储备,记入贷方。给予他国的药物援助属于商品出口,应记入贷方。

【例1-5】甲国某企业在海外投资所得利润为200万美元。其中100万美元用于当地的再投资,50万美元购买当地商品运回国内,50万美元调回国内结售给政府以换取本国货币。

这笔交易可记为:

借:进口　　　　　　　　　　　　　500 000
　　官方储备　　　　　　　　　　　500 000
　　对外直接投资　　　　　　　　1 000 000
　　贷:海外投资利润收入　　　　　　　　2 000 000

分析:在海外的投资利润收入增加应记入贷方。100万美元的再投资属于对外直接投资记入借方。50万美元购买国外商品属于进口应记入借方。50万美元结售汇增加了国际储备应记入借方。

【例1-6】甲国居民动用其在海外存款55万美元,用以购买外国某公司的股票。

这笔交易可记为:

借:证券投资　　　　　　　　　　　550 000
　　贷:在外国银行的存款　　　　　　　　　550 000

上述各笔交易可编制成一完整的国际收支账户,具体见表1-2。

表1-2　六笔交易构成的国际收支账户　　　　　　　　　　　单位:万美元

项　目	借　方	贷　方	差　额
商品贸易	100+50	100+40	−10
服务贸易	50	——	−50
收入	——	200	+200
经常转移	100	——	−100
经常账户合计	300	340	+40
直接投资	100	100	+0
证券投资	55	——	−55
其他投资	100	50+55	+5
官方储备	50	60	+10

续表

项　目	借　方	贷　方	差　额
资本与金融账户合计	305	265	-40
总　计	605	605	0

第二节　国际收支分析

一、国际收支平衡的定义

国际收支平衡表是按照会计记账原理编制而成,因此借方发生额永远等于贷方发生额,这种平衡是会计意义上的平衡,而本节强调的平衡则是实际经济意义上的平衡。从经济意义角度考虑一国或地区国际收支是否达到平衡,可以从理论与实践两个角度来考虑。

国际收支的理论研究中,所有的交易都可以按照发生的动机分为自主性交易(Autonomous Transactions)和补偿性交易(Compensatory Transactions)。所谓自主性交易又称事前交易,是指个人和企业为某种自主性目的(如追逐利润、旅游、汇款赡养亲友等)而从事的交易。此类交易因具有分散性和独立性,因此产生的货币收支会出现不相抵的情况。而补偿性交易又称调节性交易或事后交易,是指为弥补国际收支不平衡而发生的交易,比如为弥补国际收支逆差而向外国政府或国际金融机构借款、动用官方储备等。

所谓国际收支差额,就是指自主性交易的差额。当这一差额为零时,称为"国际收支平衡";当这一差额为正时,称为"国际收支顺差";当这一差额为负时,称为"国际收支逆差"。后两者统称为"国际收支不平衡"。由于国际收支不平衡代表的是一国对外经济活动的不平衡,所以又简称为"对外不平衡"或"外部不平衡"。

国际收支是否达到平衡,从理论上来看,要通过自主性交易是否达到平衡来判断。但从国际收支平衡表的项目中很难区分自主性交易和补偿性交易,所以这种判断方法迄今为止仍无法付诸实践。在实际情况中,判断国际收支平衡与否应采用不同口径的差额来分析。

二、国际收支不平衡的口径

一般来说,各国政府和国际经济组织都将国际收支平衡视为金融运行良好的指标,而将国际收支不平衡作为政策调整的重要目标。然而,我们不能仅仅根据国际收支不平衡的定义来采取相应措施,还需要基于定量分析,即根据国际收支不平衡的口径来做出政策决策。根据传统习惯和国际货币基金组织的做法,国际收支不平衡的口径可分为以下四种。

(一)贸易收支差额

通常来说,贸易收支差额是指商品进出口的收支差额。这是一个传统上被广泛使用的口径,即使在出现了许多新的国际收支调节理论之后,仍有几种将贸易收支作为国际收支的代表。实际上,贸易账户仅仅是国际收支的一个组成部分,不能完全代表国际收支的整体。尽管如此,在某些国家中,贸易收支在整体国际收支中所占的比重相当大,因此为了简便起见,我们仍然可以将贸易收支视为国际收支的近似代表。

$$贸易差额=货物差额=货物出口-货物进口$$

此外,贸易收支在国际收支中具有特殊的重要性。商品的进出口情况综合反映了一个国家的产业结构、产品质量和劳动生产率状况,同时也反映了该国产业在国际上的竞争能力。因此,即使像美国这样资本账户比重相当大的国家,仍然非常关注贸易收支的差额。

(二)经常项目收支差额

经常项目包括贸易收支、无形收支(即服务和收入)以及经常转移收支。前两项构成经常项目收支的主要组成部分。尽管经常项目收支不能完全代表国际收支的全部情况,但它综合反映了一个国家的进出口状况,包括无形进出口(如劳务、保险、运输等),因此被各国广泛使用,并被视为制定国际收支政策和产业政策的重要依据。同时,国际经济协调组织也经常使用这一指标来评估成员国的经济状况,例如国际货币基金组织就特别关注各国经常项目收支的状况。

$$经常账户差额=货物差额+服务差额+初次收入差额+二次收入差额$$

(三)资本和金融账户差额

资本和金融账户差额在分析国际收支方面有两个重要作用。

首先,资本和金融账户余额反映了一个国家的资本市场开放程度和金融市场发展程度。这对于制定货币政策和汇率政策提供了有益的参考。一般而言,资本市场开放的国家资本和金融账户流量较大。由于不同国家在利率、金融市场成熟度、经济发展水平和货币稳定性等方面存在差异,资本和金融账户差额通常会有较大波动,保持这一差额为零是非常困难的。

其次,资本和金融账户与经常账户之间存在融资关系,因此资本和金融账户余额可以反映一个国家经常账户的状况和融资能力。

根据复式记账原则,在国际收支中,贸易流量通常对应着金融流量,因此经常账户中实际资源的流动与资本和金融账户中资产所有权的流动是同一个问题的两个方面。在不考虑错误和遗漏的情况下,经常账户余额必然与资本和金融账户余额相反且相等,即经常账户余额与资本和金融账户余额之和为零。

当经常账户出现赤字时,相应地会出现资本和金融账户的盈余,这意味着国家会利用资本流入来为经常账户赤字提供融资。资本流动受到许多因素的影响,主要包括国内外各种资产的投资回报率和风险、利率、预期汇率走势、税收考虑以及政治风险等。

然而,随着国际经济一体化的发展,资本和金融账户与经常账户之间的融资关系发生了变化。

首先,资本和金融账户为经常账户提供融资受到多种因素的限制。例如,如果一个国家很难吸引外国资本流入,那么主要的融资来源将是国内政府持有的金融资产(即资本和金融账户中的官方储备)。由于储备是有限的,这种融资也是有限的。

如果融资主要依赖于外国资本(即资本和金融账户中的直接投资、证券投资和其他投资),那么这种融资方式将受到稳定性和偿还能力的限制。一方面,外国资本流入并不一定稳定。国内经济环境的变化、国际资本市场的供求变动以及突发事件等因素都可能导致资本大规模撤离。其中相当一部分资本是短期投机性的,如果国家的经常账户赤字主要依赖于这类资本融资,很难长期维持下去。另一方面,利用外国资本进行融资必然面临偿还问题。如果因各种原因对借入资金使用不当,偿还就会变得困难。特别是当吸引资本流入的高利率并非自然形成,而是受到人为扭曲因素的影响时,偿还问题更容易发生。资本流入为经常账户赤字提供融资意味着资本的所有权与使用权分离,从而可能导致债务危机。因此,为了规避金融风险和维持经济稳定,政府会限制资本和金融账户对经常账户的融资作用。

其次,资本和金融账户已经不再被动地由经常账户决定,并为经常账户提供融资服务。换句话说,资本流动具有独立的运动规律。国际资本流动在较长时间内依赖于贸易活动,其流量有限,对各国经济的影响并不显著。然而,进入 20 世纪以来,国际资本流动取得了突破性进展,其流量远远超过国际贸易流量,从根本上摆脱了对贸易的依赖,具有相对独立的运动规律,并对一个国家乃至全球经济产生越来越大的影响。

最后,资本和金融账户与经常账户的融资关系中,债务和收入因素也会对经常账户产生影响。收入账户是影响经常账户状况的重要因素,资本和金融账户为经常账户提供融资后,资本流动会引起收入账户的相应变动,并通过债务支出影响经常账户。特别是当一个国家的经常账户赤字长期居高不下时,由此产生的债务积累会导致利息支出不断增加,进一步恶化经常账户状况,形成恶性循环。

综上所述,资本和金融账户具有复杂的经济含义,需要进行综合分析和谨慎运用,这将有助于有效调控本国的金融市场和资本流动。

$$资本和金融账户差额＝资本账户差额＋金融账户差额$$

(四)综合账户差额或总差额

综合差额是指经常账户与资本和金融账户中的资本转移、直接投资、证券投资、金融衍生产品(储备除外)和雇员认股权账户、其他投资账户所构成的余额,即国际收支账户中除去官方储备账户后的余额。由于综合差额必然导致官方储备的反方向变动,所以可以用它来衡量国际收支对一国储备造成的压力。

$$总差额＝经常账户差额＋资本和金融账户差额(扣除储备资产交易)$$

在实行固定汇率制度时,综合差额的分析意义更为重要。因为国际收支中的各种行为会导致外国货币与本国货币在外汇市场上的供求变动,进而影响到两个币种比价的稳定性。为了维持固定汇率制度的稳定,政府必须利用官方储备来调节市场供求平衡。因此,综合差额在固定汇率制度下具有极其重要的作用。而在浮动汇率制度下,政府可以选择不动用储备而允许汇率波动,或者减轻使用储备进行调节的任务,虽然总差额在现代的分析意义上略有减弱,但总差额作为一个综合指标,仍然能够反映自主性国际收支的状况,并具有重要意义。

需要指出的是,国际收支不平衡的衡量方法有很多种,不同的国家会根据自身情况选择其中一种或几种方法来评估自己在国际交往中的地位和状况,并采取相应的对策。例如,某个国家的经常账户长期出现巨额赤字,而资本和金融账户则连续盈余。尽管综合差额保持平衡,但从长期来看,这个国家的国际收支状况并不乐观。长期的经常账户赤字反映了该国产业在国际竞争中的低竞争力,国际收支的长期平衡缺乏坚实基础,眼前的平衡是依赖于外资维持的,因此可能存在严重的外汇短缺和结构性国际收支不平衡问题。

当国际收支出现不平衡时,需要采取措施进行纠正。除了了解国际收支失衡的数量,我们还需要分析国际收支失衡的原因,才能采取标本兼治的措施。图 1-2 是 2012—2022 年中国国际收支平衡曲线图。

图 1-2　2012—2022 年中国国际收支平衡曲线图(年度表)(单位:亿美元)

(资料来源:外汇管理局官网)

三、国际收支不平衡的原因

实际上国际收支不平衡是经常出现的,而国际收支平衡是偶然的且相对的。一国的国际收支不平衡可由多种原因引起,按照这些原因可将国际收支不平衡分为以下 5 种类型。

(一)周期性不平衡

周期性不平衡是指一国经济周期波动所引起的国际收支失衡。市场经济国家受商业周期的影响,会出现繁荣、衰退、萧条和复苏四个阶段。在不同阶段,价格水平、生产和就业状况以及它们的相互作用,都会对国际收支产生不同影响。例如,在经济繁荣时期,进口快速增长导致一国经常账户出现赤字;而在经济萧条时期,国内市场需求疲软导致出口增加和进口减少,使一国经常账户出现盈余。对于资本和金融账户而言,经济繁荣时期投资前景看好,大量资本流入,将导致该账户出现顺差;相反,在经济萧条时期,则会出现逆差。第二次世界大战以来,由于各国经济关系日益密切,各国的生产活动和经济增长受世界经济影响日益加强。这导致主要工业国的商业景气循环容易传播至其他国家,引发世界范围的经济景气循环,进而导致各国出现国际收支周期性失衡。周期性不平衡在第二次世界大战前的发达资本主义国家中表现得比较明显。在第二次世界大战后,其表现经常受到扭曲。比如,1981—1982 年发达资本主义国家(除日本外)在经济衰退期普遍伴有巨额的贸易逆差。

(二)结构性不平衡

结构性不平衡是指国内经济和产业结构无法适应世界市场的变化,从而导致国际收支失衡。结构性不平衡通常反映在贸易账户或经常账户上。

结构性不平衡有两个层面的含义:一方面,结构性不平衡是指由于经济和产业结构的滞后和困难导致的国际收支失衡。例如,一个国家的国际贸易在一定的生产条件和消费需求下保持平衡。然而,当国际市场发生变化,新产品不断淘汰旧产品,新款式高质量产品取代旧款式低质量产品,新的替代品不断涌现时,如果该国的生产结构不能及时调整以适应这种变化,原有的贸易平衡就会被破坏,导致贸易逆差。这种结构性不平衡的含义在发达国家和发展中国家都存在。

另一方面,结构性不平衡是指一个国家的产业结构过于单一,或者其产品出口需求的收入弹性较低,或者虽然出口需求的价格弹性较高,但进口需求的价格弹性较低,从而导致国际收支失衡。这种结构性不平衡在发展中国家尤为突出。与临时性不平衡不同,结构性不平衡具有长期性质,难以扭转。

(三)收入性不平衡

收入性不平衡是指一个国家的国民收入增长速度相对较快,导致其进口需求增长超过出口增长,从而引发国际收支失衡的现象。这种收入增长的原因多种多样,可能是由于经济周期性因素、货币政策因素,或者是经济处于高速增长阶段所导致的。

(四)货币性不平衡

货币性不平衡是指在一定的汇率水平下,国内货币成本上升和一般物价上涨导致出口货物价格相对较高、进口货物价格相对较低,从而引发国际收支失衡的情况。这种失衡通常是由于货币供应量过度增加所导致的。货币性不平衡可能是短期的,也可能是中期或长期的。

(五)临时性不平衡

临时性不平衡是指由于非确定性或偶然因素引起的短期国际收支失衡。这种失衡通常程度较轻,持续时间不长,并且具有可逆性,可以被视为一种正常现象。在浮动汇率制度下,这种临时性失衡有时不需要政策调整,因为市场汇率的波动可以自行纠正。在固定汇率制度下,通常也无须采取政策措施,只需动用官方储备即可克服这种失衡。

综上,图1-3为国际收支不平衡的主要原因。

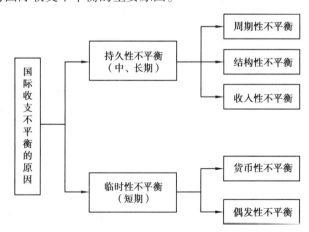

图 1-3   国际收支不平衡的主要原因

当国际收支出现不平衡时,一个国家将采取调节措施。国际收支调节的目的,简单直接的理解就是追求国际收支的平衡;从更深层次来看,尤其是在国内经济不平衡的情况下,是追求国际收支的均衡。从上面的分析中我们了解到,只有准确识别国际收支不平衡的原因和程度,才能采取适当的手段实现这一目标。在下一章,我们将详细研究国际收支不平衡的调节,并学习经济学家对国际收支调节所作的理论研究。

四、国际收支不平衡的影响

(一)国际收支持续逆差对国内经济的影响

国际收支逆差可能导致外汇储备的大量流失,影响进口经济发展所必需的生产资料和原料,从而使国民经济增长放缓,国民收入下降,失业增加。而持续的逆差则意味着该国金融实力甚至整体国力的下降,进而损害该国在国际上的声誉。国际收支逆差会导致该国面临外汇短缺,从而引发本币汇率上升和本币贬值。如果本币汇率过度下跌,将削弱该国在国际上的地位,导致该国货币信用的下降,进而引发大量国际资本外流,可能引发债务危机和货币危机。若一国国际收支处于持续逆差的状态,货币当局动用外汇储备买进本币将大量损失外汇储备且利率水平上升。图1-4列出了国际收支逆差对国内经济的影响情况。

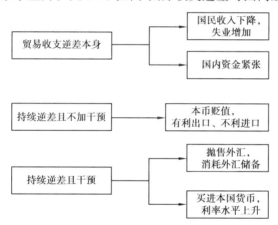

图1-4 国际收支逆差对国内经济的影响

(二)国际收支持续顺差对国内经济发展的影响

国际收支持续顺差代表该国出口大于进口,不利于其他国家的经济发展,很可能引起贸易摩擦,影响国际经济关系从而使国内资源减少。其次,大量顺差会破坏国内总需求与总供给的均衡,使总需求迅速大于总供给,冲击经济的正常增长。持续顺差在外汇市场上表现为有大量的外汇供应,这就增加了外汇对本国货币的需求,导致外汇汇率下跌,本币汇率上升,提高了以外币表示的出口产品的价格,降低了以本币表示的进口产品的价格。导致在竞争激烈的国际市场上,其国内商品和劳务市场将会被占领。此外,持续性顺差的情况下货币当局采取买进外汇卖出本国货币的手段会使外汇储备增加且利率水平下降。图1-5列出了国际收支顺差对国内经济的影响情况。

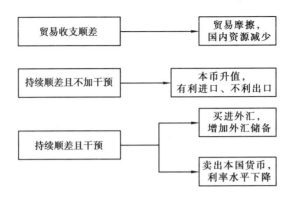

图 1-5　国际收支顺差对国内经济的影响

阅读材料

阿根廷央行疯狂加息至 60%，比索为何断崖式下跌？

2018 年 8 月 30 日，阿根廷央行货币政策会议决定，将指标利率（七天期 LELIQ）大幅上调 1 500 个基点，由 45% 升至 60%，还将私人银行存款准备金率上调了 5 个百分点。加息消息公布后，阿根廷比索兑美元跌幅迅速扩大，盘中一度跌逾 20%，跌破 40 关口，刷新盘中历史低点至 41.35 比索，迄今为止比索跌幅逾 50%。近期新兴市场的动荡对阿根廷造成巨大冲击，外界普遍担心，阿根廷无法满足 2018 年以及 2019 年高达 820 亿美元的融资需求。阿根廷比索创新低之前，阿根廷总统马克里周三在全国广播中承认，已经请求 IMF 加快拨发融资贷款，为保证 2019 年融资项目提供一切必要的资源，称"这一决定旨在消除一切在国际形势前景恶化以前产生的不确定性"。随后拉加德在一份声明中也表示，在贷款协议签署时，国际市场的不利因素并没有得到充分考虑，国际货币基金组织将重新探讨贷款的分期发放安排。但是这一消息并没有重振市场信心，市场认为这一请求反而反映了阿根廷当局面临的巨大压力，受此影响阿根廷比索继续一路下挫。

阿根廷市场分析师特罗瓦托表示，如今市场不再相信政府，不再相信政府的经济团队。他认为如果财政部部长和央行行长不下台情况会变得更糟，因为现在已经无关具体的经济措施了，他们已经失去了信誉。为应对本轮汇率危机，阿根廷政府与央行同时采用了抛售美元、提高利率和减少赤字"三管齐下"的做法，但都收效甚微。2018 年以来，阿根廷比索对美元货币已经贬值了超过 50%，这样的大幅贬值，究竟因为什么？阿根廷比索的再度暴跌，显示出此前阿根廷央行保卫汇率策略并没有奏效，比索仍然面临着非常大的抛售压力。当前阿根廷通货膨胀率超过 30%，此外阿根廷外债过高导致偿息压力大、过度消耗外储，投资者对阿根廷经济前景较为担忧。阿根廷比索持续贬值背后的原因究竟是什么？以下简单从阿根廷宏观方面的几个风险了解其背后的深层次原因。

一是通货膨胀率加速上涨，高居不下。

阿根廷的通货膨胀率从 2014 年后一直在 14% 以上，政府的货币政策并未能很好地抑制通货膨胀。阿根廷对银行的监管并不成功，银行为了跑赢通货膨胀，获得利润，导致贷款利率非常高。阿根廷政府应该控制贷款利率上限，以确保企业和个人借到成本相对低廉的贷款来控制进一步的通货膨胀。资本管制的开放则进一步加重了阿根廷的通货膨胀：由于本国货币通货膨胀，阿根廷人民疯狂换购美元，经济过度"美元化"，缩小了国内金融系统中的本币部分，加上财政赤字失控，货币超发严重，通货膨胀问题更加严重，2016 年在阿根廷放开资本账户管制后，通货膨胀率加速上涨，并一直处在 20% 以上的高位震荡。

二是政府外债规模过大，流动性风险聚集。

自 2016 年起，阿根廷政府通过多种形式大举发行主权债务融资，外债规模大幅扩张，截至 2017 年底，全部外债规模高达 2 330 亿美元，较 2015 年底增加 655 亿美元。在拉美经济体中，阿根廷外债水平为外储规模的 4.2 倍，从短期流动性来看，阿根廷短期外债存量达到外汇储备的 1.4 倍，在代表性的南美和东南亚 8 个新兴市场国家中是唯一外汇储备不能覆盖短期外债的国家，外债水平带来较强的流动性压力。现阶段由于阿根廷外债规模高，违约次数过多，国际融资已难以获得，阿根廷政府解决此次大幅度贬值的可用手段已变得非常少。历史上，阿根廷曾违约高达 8 次，2001 年陷入债务违约后阿根廷被剥夺国际市场融资权利长达 15 年，直至 2016 年才恢复。截至 2017 年末，阿根廷外债余额高达 2 329.5 亿美元，约占其 GDP 的 35.56%。

三是出口结构单一，国际收支失衡加剧。

当前初级产品和农产品占阿根廷出口的 63%，初级产品中，谷物（玉米、小麦）以及油料种子与果实（大豆、葵花籽等）分别占 47% 和 21%，而 2012 年以来谷物与油脂价格进入下降周期，农产品价格走弱对阿根廷出口和货物贸易差额冲击较大，阿根廷经常账户自 2011 年起由顺差转为持续扩大的逆差。

四是政府财政赤字庞大，没有平衡好中央政府财政。

2015 年，政府财政赤字高达 522 亿比索，为了消除阿根廷与美国之间惊人的贷款利差（2015 年高达 27.07%），阿根廷政府取消了长达 4 年的外汇管制，允许国际资本自由进出。这造成了更严重的"过度借贷综合征"，财政赤字进一步扩大，最终无力支付庞大的债务。民粹主义成为拖累政府财政根深蒂固的问题。政府为了讨好选民，提高工人工资，实行高福利政策。外加，阿根廷工业体系落后，产品附加值低，导致税收不能弥补高额的财政赤字。

五是长期实施进口替代，制造业吸引外资能力弱。

阿根廷长期实施进口替代政策，通过进口关税壁垒等方式，对国内制造业进行保护，但其结果是制造业竞争力的持续弱化。制造业持续萎缩，国内需求难以满足，制成品出口仅占很小的比例，导致出口产品处于供应链底端，对初级产品价格敏感，出口创汇能力极差。此外，制造业竞争力普遍趋弱，令阿根廷工业生产领域缺乏对外资的有效吸引，从而国际资本极少流入阿根廷进行实体经济投资，进一步加剧了阿根廷宏观金融的脆弱性。

第三节　国际收支的调节

按照贸易账户、经常账户等国际收支口径衡量，国际收支不平衡是经常发生的。由于经济主体（企业、居民、政府）成千上万，影响国际收支账户变动的因素也成千上万，因此在一定时期内，所有的国际收入正好等于支出是不可能的。巨额的、连续的国际收支逆差或顺差不利于经济的稳定和发展，因此，政府就有必要采取措施来减少不平衡的程度和方向，从而产生国际收支的调节问题。

一、国际收支的自动调节

在完全或接近完全的市场经济中,国际收支失衡可以通过市场经济变量的调节来自动恢复平衡。国际收支失衡的两种表现形式是国际收支逆差和国际收支顺差,前者表示对外支付大于收入,后者表示对外支付小于收入。国际收支失衡会引起国内某些经济变量的变动,而这些变动反过来又会影响国际收支。因此,国际收支的自动调节是指由国际收支失衡引起的国内经济变量变动对国际收支的反作用过程。需要说明的是,在纯粹的自由经济中,国际收支自动调节可以产生理论上所描述的效果。然而,政府的某些宏观经济政策可能会干扰自动调节过程,降低其作用,扭曲或者根本不起作用。

(一)金本位制度下的自动调节机制

在金本位制度下,国际收支自动调整机制为大卫·休谟所提出的价格-铸币流动机制。当一个国家的国际收支出现赤字时,意味着该国黄金净输出。由于黄金外流,国内的黄金储备会减少,进而导致货币供应减少,从而引发国内物价水平下降。物价水平下降后,本国的商品在国际市场上的竞争力将提高,而外国商品在该国市场上的竞争力将下降。这将导致出口增加,进口减少,从而减少或消除国际收支赤字。同样地,国际收支盈余也是不可持续的,因为黄金内流会增加国内的货币供应,导致物价水平上涨。物价上涨对出口不利,对进口有利,从而改善国际收支盈余。具体如图1-6所示。

> 贸易顺差 ——→ 黄金流入(流出) ——→ 货币供给增加(减少) ——→ 国内物价水平上升(下降) ——→ 出口商品竞争力减弱(增强) ——→ 贸易顺差(逆差)逆转

图1-6 金本位制度下国际收支的自动调节机制

(二)纸币本位固定汇率制度下的自动调节机制

固定汇率制度是指在纸币本位制度下,一个国家通过干预外汇市场来保持汇率稳定的制度。在这种制度下,当一个国家的国际收支出现不平衡时,仍然存在自动调整机制,但调整的过程相对复杂。国际收支失衡后,外汇储备和货币供应量会发生变化,进而影响国民收入、物价和利率等变量,使国际收支趋于平衡。

1. 物价机制

在国际收支自动调节中,物价的变动起着重要的作用。当国际收支出现赤字时,货币供应的减少会通过现金余额效应或收入效应(支出下降)导致价格水平下降。这会使本国产品的相对价格下降,从而增加出口需求,减少进口需求,这就是相对价格效应。同样地,当国际收支出现盈余时,物价上涨也会自动减少盈余。具体如图1-7所示。

> 国际收支逆差(顺差) ——→ 外汇储备下降(增加) ——→ 本国货币供给减少(增加) ——→ 物价水平下降(上升) ——→ 出口增加(减少),进口减少(增加) ——→ 经常账户改善

图1-7 国际收支调节的物价机制

2. 收入机制

当国际收支出现赤字时,货币供应会减少,为了恢复现金余额水平,公众会直接减少国内支出(即吸收)。与此同时,利率上升也会进一步减少国内支出。国内支出的一部分用于进口,因此随着国内支出的下降,进口需求也会减少。这就是现金余额效应或者收入效应。

同样,当国内支出增加导致进口需求增加时,盈余也会自动减少。具体如图1-8所示。

国际收支逆差(顺差)——外汇储备下降(增加)——本国货币供给减少(增加)——国民收入下降(增加)——进口支出下降（增加）——经常账户改善

图1-8　国际收支调节的收入机制

3. 利率机制

当一国国际收支出现赤字时,为了维持固定汇率,该国的货币当局必须减少外汇储备,从而减少本国货币供应量。这将首先导致市场上货币供应的紧缩和利率的上升。随着利率上升,本国资本流出减少,外国资本流入增加,从而改善资本账户的收支状况。相反,当国际收支出现盈余时,利率下降会导致本国资本流出增加,外国资本流入减少,从而减少或消除盈余。这就是国际收支失衡的利率效应。具体如图1-9所示。

国际收支逆差(顺差)——外汇储备下降(增加)——本国货币供给减少(增加)——本国利率上升(下降)——资本流入(流出)——资本和金融账户改善

图1-9　国际收支调节的利率机制

(三)浮动汇率制度下的自动调节机制

在浮动汇率制度下,当一国出现国际收支逆差时,由于允许汇率波动,货币供应不会发生变动。然而,在外汇市场上,外汇需求超过供给,导致本国货币贬值,从而改善贸易收支。相反,国际收支顺差会导致本币升值,减少本国出口,增加进口,逐渐减少贸易盈余。具体如图1-10所示。

国际收支逆差(顺差)——外汇供给小于(大于)需求——本国货币贬值(升值)——出口增加(减少),进口减少(增加)——经常项目改善

图1-10　浮动汇率制度下国际收支的自动调节机制

二、国际收支的政策调节

当市场失灵时,国际收支自动调节机制的作用可能会被削弱或失效,这时需要政府介入,通过干预市场来实现国际收支的平衡。政府可以采取多种手段来调节国际收支,主要包括从需求角度进行调节、从供给角度进行调节、实施融资政策以及协调各种政策措施。

从需求角度进行调节意味着政府可以通过调整财政政策和货币政策来影响国内需求,从而对国际收支产生影响。从供给角度进行调节意味着政府可以采取措施来改善国内产业结构,提高出口竞争力,或者限制进口以减少贸易逆差。融资政策可以包括吸引外国直接投资、借款或发行国债等方式来获得外汇资金,以平衡国际收支。此外,政府还可以通过协调各种政策措施(如贸易政策、汇率政策和产业政策等)来实现国际收支的平衡。

(一)需求调节政策

国际收支调节政策根据对需求的影响可以分为支出增加型政策和支出转换型政策两类。区分这两种类型对正确使用和搭配国际收支调节政策非常重要,因为这可以帮助我们以较小的代价实现国际收支的平衡和稳定。

1. 支出增减型政策

支出增减型政策(Expenditure Changing Policy)是一种国际收支调节政策,旨在通过调整国内总支出水平来影响国际收支平衡。具体内容包括以下三个方面:

(1)财政政策调整

财政政策是指政府利用扩大或缩减财政支出和调整税率的方式对经济进行调控的经济政策,其主要工具包括财政税收政策、财政支出政策和公债政策。财政政策是一种间接调节手段。

(2)货币政策调整

货币政策是指货币当局通过调整货币供应量来影响国民经济需求的政策,其主要工具是公开市场业务、再贴现及法定准备金利率。

财政政策与货币政策都可以直接影响社会总需求,由此调节内部均衡;同时,社会总需求的变动又可以通过边际进口倾向影响进口和通过利率影响资金流动,由此调节外部均衡。紧缩性的财政政策和货币政策具有压低社会总需求和总支出的作用。当社会总需求和总支出下降时对外国商品、劳务和金融资产的需求也相应下降,从而使国际收支得到改善。反之,扩张性的财政货币政策具有增加社会总需求和总支出的作用。当社会总需求和总支出增加时,对外国商品、劳务和金融资产的需求也相应增加,从而使国际收支逆差增加(或顺差减少)。

(3)财政政策和货币政策搭配

1967年,罗伯特·蒙代尔提出了政策配合理论,主张将财政政策和货币政策搭配使用,并针对每项政策分配明确任务,才能促进内部平衡和外部平衡的同时实现。分配给财政政策的任务是国内经济,而稳定国际收支则由货币政策负责。具体搭配见表1-3。

表1-3 宏观经济政策搭配表

	高失业率	高通货膨胀率
国际收支顺差	扩张性财政政策 扩张性货币政策	紧缩性财政政策 扩张性货币政策
国际收支逆差	扩张性财政政策 紧缩性货币政策	紧缩性财政政策 紧缩性货币政策

2. 支出转换政策

支出转换型政策(Expenditure-Switching Policy)是一种政策手段,旨在改变国内支出的方向而不改变总需求和总支出。这种政策主要包括汇率政策、补贴和关税政策以及直接管制。通过降低汇率或贬值,对进口商品和劳务征收较高的关税,或者采取直接管制措施,可以提高进口商品和劳务的价格,从而鼓励居民将一部分支出转移到购买国内商品和劳务上。直接管制可以通过外汇管制、进口许可证等方式来改变进口商品和进口代替品的可获得性,从而实现支出转换的目的。尽管国际经济组织和经济学理论对直接管制持保留态度,但在国际收支出现严重困难的情况下,一些国家可能会采取不同程度的直接管制措施。

(二)供给调节政策

从供给角度来看,调节国际收支的政策主要包括产业政策和科技政策。这些政策的目标是改善一个国家的经济和产业结构,增加出口商品和劳务的生产,提高产品质量,降低生产成本,从而增加社会产品的供给,改善国际收支状况。供给政策的一个显著特点是其长期性,短期内很难产生显著效果,但它可以从根本上提高一个国家的经济实力和科技水平,为实现内部平衡创造条件。

1. 科技政策

科学技术被视为第一生产力,现代国家之间的经济竞争越来越体现为科技水平的竞争。各国都认识到知识在经济增长中的核心作用。对于发展中国家而言,科技政策包括以下三个方面。

(1)推动技术进步

技术进步可以通过国内和国际两个方面来实现。国内方面,重视和加强科学技术的研究、应用和推广,注重技术教育,鼓励技术发明和创新,不断改进传统技术。国际方面,引进外国先进技术,使企业采用国外先进的生产方法,代替传统方法。政府在这两方面都应发挥指导作用,引导企业实现技术进步。

(2)提高管理水平

科技发展要求管理制度与之相适应,现代管理是经济发展的结果,同时也促进了经济的进一步发展。提高管理水平的关键在于采用先进的管理方法和经验,改进管理手段,培养企业家精神。

(3)加强人力资本投资

人力资本在社会经济发展中起着重要作用,是运用科技进行管理的主体。对于发展中国家来说,制约经济发展和现代化的主要因素不仅是物质资本和技术,还包括人力资本和劳动力素质。增加人力资本投资主要包括增加投资力度,调整教育结构,改革教育体制,鼓励国际交流,最终提高本国劳动力素质。

总之,通过推动技术进步、提高管理水平和加强人力资本投资,发展中国家可以提升自身的科技水平,从而在国际竞争中取得优势,实现经济的增长和结构的改善。

2. 产业政策

产业政策的核心在于优化国家的产业结构,根据国际市场的变化制定正确的产业结构规划。产业政策旨在鼓励发展和扩大一部分产业,同时对一些产业进行调整、限制甚至取消。政府实施产业政策的重要目的是克服资源在各产业部门之间流动的障碍,使国家的产业结构能够适应世界市场的变化情况,从而减少甚至消除结构性的国际收支失衡。产业政策的实施需要长期的努力,但它能为实现内部平衡和经济增长创造条件。

3. 制度创新政策

制度创新政策是针对经济中存在的制度性缺陷提出的。一个明显的例子是许多国家存在规模庞大、效率极低的国有企业。由于体制不合理,这些企业对市场信号反应迟钝,缺乏自我约束和自我发展的能力,导致经营状况极差,常常需要大量财政补贴来维持运营。如果低效率在经济中普遍存在且具有制度性原因,那么进行制度创新就变得非常必要。制度创新政策主要体现在企业制度改革方面,包括投资制度改革、企业产权制度改革以及相应的企业管理体制改革。富有活力且具有较高竞争力的微观经济主体始终是实现内外均衡目标的基础。

4. 资金融通政策

融资政策是指通过官方储备和国际信贷便利的使用来实现国际收支的调节。从宏观调控的角度来看,融资政策主要体现在国际储备政策上。在外部均衡调控中,一个首要的问题是"融资还是调整"(Financing or Adjusting)。如果国际收支失衡是由临时性或短期的冲击引起的,可以通过融资手段来弥补,避免痛苦的调整过程;但如果失衡是由中长期因素引起的,就必须采取其他政策进行调整。因此,融资政策与调节社会总需求的支出政策具有一定的互补性和替代性。例如,当国际收支出现逆差时,政府可以采取支出型政策进行调整,也可以采用融资方式或两者结合来进行调节。在逆差额已确定的情况下,较多地使用资金融通可以减少需求调节的需求。相反,更多地使用需求调节可以减少资金融通的需求。总而言之,融资政策是一种在短期内利用资金融通来弥补国际收支赤字、实现经济稳定的政策。

阅读材料

我国国际收支情况

自 1982 年我国开始公布国际收支平衡表以来,从经常账户和非储备性质金融账户的变化来看,我国国际收支经历了三个阶段:

第一阶段:一顺一逆(1982—1993)。改革开放初期,因严格管理,经常账户和非储备性质的金融账户基本达到一顺一逆,大体维持平衡的状态。

第二阶段:双顺差(1994—2011)。1994 年,我国人民币汇率并轨,开始双顺差,特别是2001 年加入 WTO 后,进一步形成了外需拉动投资的出口导向型经济增长模式,以两头在外的来料加工为主要贸易方式,吸引了出口导向型直接投资的大规模流入。有浮动的汇率管理制度使我国贸易价格具有比较优势,加速经常项目顺差的扩大,与此同时资本项目的严格管理为非储备性质的金融账户长期处于净流入状态提供支撑。出口导向型经济增长模式、廉价劳动力、廉价自然资源要素及吸引外资和促进出口的"宽进严出"配套政策使得我国长时间维持了国际收支双顺差格局。

第三阶段:经常账户维持顺差,非储备性质金融账户时顺时逆(2012—2020)。一是经常项目顺差回落是全球再平衡背景下我国经济发展、结构调整的必然结果。随着我国劳动力及其他资源要素成本的上升,削弱了我国在中低端制造业的出口竞争力,居民收入的不断提高使得对进口消费品和国外旅游服务的需求上升,同时我国对外资产和负债的收益不均衡。二是经历了 2014—2016 年非储备性质金融账户的大额逆差,随着"8·11"汇改以及"宏观审慎管理+微观监管"两位一体管理制度的完善,我国基本实现了非储备性质金融账户的短期基本平衡。

(资料来源:杨雅欣.我国国际收支分析及政策建议[J].对外经贸,2022(11):10-12.)

第四节　国际收支调节理论

国际收支调节理论是国际金融学的重要组成部分。最早的国际收支调节理论可追溯到18 世纪休谟的物价-现金流动机制学说。到了 20 世纪,在微观经济学和宏观经济学的基础上,出现了众多的国际收支调节理论。现在我们分别加以介绍。

一、国际收支调节的弹性分析法(弹性论)

弹性论(Elasticity Approach)主要是由英国剑桥大学经济学家琼·罗宾逊在马歇尔微观经济学和局部均衡分析方法的基础上发展起来的。它着重考虑货币贬值取得成功的条件及其对贸易收支和贸易条件的影响。

(一)关于弹性的基本概念

价格变动会影响需求和供给数量的变动。需求量变动的百分比与价格变动的百分比之比,称为需求对价格的弹性,简称需求弹性。供给量变动的百分比与价格变动的百分比之比,称为供给对价格的弹性,简称供给弹性。在进出口方面,就有四个弹性,它们分别是:

①进口商品的需求弹性(E_m),其公式为

$$E_m = \frac{进口商品需求量的变动率}{进口商品价格的变动率} \tag{1-1}$$

②出口商品的需求弹性(E_x),其公式为

$$E_x = \frac{出口商品需求量的变动率}{出口商品价格的变动率} \tag{1-2}$$

③进口商品的供给弹性(S_m),其公式为

$$S_m = \frac{进口商品供给量的变动率}{进口商品价格的变动率} \tag{1-3}$$

④出口商品的供给弹性(S_x),其公式为

$$S_x = \frac{出口商品供给量的变动率}{出口商品价格的变动率} \tag{1-4}$$

从上述四个公式可见,所谓弹性,实际上就是一种比率关系。当这种比率关系的值越高,我们就称弹性越高;反之,比率关系的值越低,就称弹性越低。

(二)马歇尔-勒纳条件

货币贬值会引起出口商品的价格变动,进而引起出口商品的数量发生变动,最终引起贸易收支变动。贸易收支额的变化最终取决于两个因素:第一个因素是由贬值引起的进出口商品的单位价格的变化;第二个因素是由进出口单价引起的进出口商品数量的变化。马歇尔-勒纳条件(Marshall-Lerner Condition)研究的是:在什么样的情况下,贬值才能导致贸易收支的改善。现举例说明,在这个例子中,我们假定中国为本国,美国为外国,人民币汇价从MYM1/6贬值到MYM1/7,由此引起出口商品美元单价和出口数量变化的一组数据(表1-4)。

表1-4　不同弹性条件下贬值对收入(美元)的影响

出口商品的国内单价	汇价	出口商品的美元单价	出口数量	出口的外币(美元)收入	价格变动率(%)	出口数量变动率(%)
6	MYM1/6	MYM 1	10 000	MYM 10 000	—	—
6	MYM1/7	MYM 0.857	11 000	MYM 9 429	14.3	10
6	MYM1/7	MYM 0.857	12 000	MYM 10 284	14.3	20

从表 1-4 中看到,当人民币 MYM1/6 贬值到 MYM1/7,折算成美元的出口商品单价相应地从 1 美元下降到 0.857 美元。由于价格的下降,我们假定出口数量从 10 000 增加到 11 000,但是,美元总收入不但没有增加,反而从 10 000 美元下降到 9 429 美元;当出口数量从 10 000 增加到 12 000 时,出口的美元收入才从 10 000 美元增加到 10 284 美元。这个例子说明,当出口数量的变动率小于贬值引起的价格变动率时(出口需求弹性小于1),出口的美元总收入不能增加;只有当出口数量的变动率大于贬值引起的价格变动率时(出口需求弹性大于1),贸易收支才能改善,即贬值取得成功的必要条件是:

$$E_m + E_x > 1$$

(三)贬值与时滞反应——J 曲线效应

在实际经济生活中,当汇率变化时,进出口的实际变动情况还取决于供给对价格的反应程度,即使在马歇尔-勒纳条件成立的情况下,贬值也不能马上改善贸易收支。即货币贬值后的一段时间,贸易收支可能会恶化。

为什么贬值对贸易收支的有利影响要经过一段时间后才能反映出来呢? 这是因为,第一,在贬值之前已签订的贸易协议仍然必须按原来的数量和价格执行。贬值后,凡以外币定价的进口,折成本币后的支付将增加;凡以本币定价的出口,折成外币的收入将减少。换言之,贬值前已签订但在贬值后执行的贸易协议下,出口数量不能增加以冲抵出口外币价格的下降,进口数量不能减少以冲抵出口外币价格的上升。于是,贸易收支趋向恶化。第二,即使在贬值后签订的贸易协议,出口增长仍然要受认识、决策、资源、生产周期等因素的影响。至于进口方面,进口商可能会认为现在的贬值是以后进一步贬值的前奏,从而加速订货。

在短期内,出于上述种种原因,贬值之后有可能使贸易收支首先恶化。过一段时间以后,待出口供给(这是主要的)和进口需求作了相应的调整后,贸易收支才慢慢开始改善。出口供给的调整时间,一般被认为需要半年到一年的时间。整个过程用曲线描述出来,呈字母 J 形。故在马歇尔-勒纳条件成立的情况下,贬值对贸易收支的时滞效应,称为 J 曲线效应(图 1-11)。

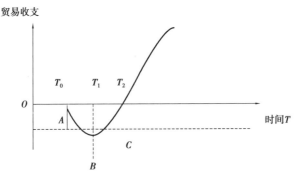

图 1-11　J 曲线效应

(四)弹性论评价

该理论的重要贡献在于,它分析纠正了货币贬值一定有改善贸易收支作用与效果的片面看法,同时正确地指出,只有在一定的出口供求弹性条件下,贬值才有改善贸易收支的作用和效果。

弹性论的局限性表现为以下四个方面：

①该理论以小于"充分就业"为条件,因而做出了供给具有完全弹性的假定,不适用于经济周期的复苏与高涨阶段。

②它是局部均衡分析,只考虑汇率变动对进出口贸易的影响,忽略了其他重要的经济变量对国际收支的影响以及其他一些相互关系。

③弹性论的分析是一种静态分析,它没有考虑汇率变动的时滞效应。汇率变动在贸易收支上的效应是呈J曲线的,没有看到贬值不是通过相对价格的变动,而是通过货币供给和绝对价格水平的变动来改善贸易收支的。

④弹性论只从贸易收支来考察国际收支的平衡,没有考虑到国际资本的流动。

二、国际收支调节的吸收分析法(吸收论)

吸收论(Absorption Approach)又称支出分析法,是当时在国际货币基金组织工作的西德尼·亚历山大在凯恩斯宏观经济学的基础上于1952年提出的。它从宏观经济学中的国民收入方程式入手,着重考察总收入与总支出对国际收支的影响,并在此基础上提出国际收支调节的相应政策主张。

(一)基本理论

按照宏观经济学理论,国民收入与国民支出的关系为

$$国民收入(Y) = 国民支出(E) \tag{1-5}$$

在封闭经济的条件下,其公式为

$$国民支出(E) = 消费(C) + 投资(I) = 国民收入(Y) \tag{1-6}$$

在开放经济条件下,把对外贸易也考虑进去,则

$$国民收入(Y) = 消费(C) + 投资(I) + [出口(X) - 进口(M)] \tag{1-7}$$

移动恒等式两边,得

$$X - M = Y - C - I = Y - (C + I) \tag{1-8}$$

式中 $X-M$——贸易收支差额,以此作为国际收支差额的代表。

$C+I$——国内总支出,即国民收入中被国内吸收的部分,用 A 来表示。

由此,国际收支差额实际上就可由国民收入(Y)与国内吸收(A)之间的差额来表示。设国际收支差额为

$$B = X - M$$

则有

$$B = Y - A$$

当国民收入大于总吸收时,国际收支为顺差;当国民收入小于总吸收时,国际收支为逆差;当国民收入等于总吸收时,国际收支为平衡。

(二)政策主张

根据上述理论公式,吸收论所主张的国际收支调整政策,无非就是改变总收入与总吸收(支出)的政策,即支出转换政策与支出增减政策。国际收支逆差表明一国的总需求超过总供给,即吸收超过总收入。这时,就应当运用紧缩性的财政货币政策来减少对贸易商品(进

口)的过度需求,以纠正国际收支逆差。但紧缩性的财政货币政策在减少进口需求的同时,也会减少对非贸易商品的需求和降低总收入,因此,还必须运用支出转换政策消除紧缩性财政货币政策的不利影响,使进口需求减少的同时收入能增加。这样,使贸易商品的需求相等,非贸易商品的供求也相等;需求减少的同时收入增加,就整个经济而言,总吸收等于总收入,从而达到内部均衡与外部均衡。

吸收论特别重视从宏观经济的整体角度来考察贬值对国际收支的影响。它认为,贬值要起到改善国际收支的作用,必须有闲置资源的存在。只有当存在闲置资源时,贬值后闲置资源流入出口品生产部门,出口才能扩大。其次,出口扩大会引起国民收入和国内吸收同时增加,只是当边际吸收倾向于小于1,即吸收的增长小于收入的增长,贬值才能最终改善国际收支。比如,出口扩大时,出口部门的投资和消费会增长,收入也会增长。通过"乘数"作用,又引起整个社会投资、消费和收入多倍地增长。所谓边际吸收倾向,是指每增加的单位收入中用于吸收的百分比。只有当这个百分比小于 1 时,整个社会增加的总收入才会大于增加的总吸收,国际收支才能改善。

(三)结论

从上面的分析中我们可以将吸收法归纳为以下四点:

①吸收法是从总收入与总吸收(总支出或总需求)的相对关系中来考察国际收支失衡的原因并提出国际收支的调节政策,而不是从相对价格关系出发,这是它与弹性论的重大差别。就理论基础和分析方法而言,吸收论是建立在宏观经济学基础上的,采用的是局部均衡分析方法。

②就货币贬值的效应来讲,吸收论是从贬值对国民收入和国内吸收的影响中来考察贬值对国际收支的影响的,而弹性论则从价格与需求的相对关系来考察贬值对国际收支的影响。

③吸收论含有强烈的政策搭配取向。当国际收支逆差时,在采用货币贬值的同时,若国内存在闲置资源(衰退和非充分就业时),应采用扩张型财政政策来增加收入(扩大生产和出口);若国内各项资源已达充分就业、经济处于膨胀时,应采用紧缩型财政货币政策来减少吸收(需求),从而使内部经济和外部经济同时达到平衡。

④吸收论的主要缺点是假定贬值是出口增加的唯一原因,并以贸易收支代替国际收支,因此,从宏观角度看,它具有不够全面和自相矛盾的地方。不过,吸收论在国际收支调节理论的发展过程中,具有承前启后的作用。一方面,它指出了弹性论的缺点,吸纳了弹性论的某种合理内容,是在弹性论基础上的一大进步;另一方面,它指出了国际收支失衡的宏观原因和注意到国际收支失衡的货币方面。因此,吸收论成为 20 世纪 70 年代出现的国际收支调节的货币分析法的先驱。

三、国际收支调节的货币分析法(货币论)

货币论(Monetary Approach)的创始者主要是哈里·约翰逊和他的学生雅各布·弗兰科。货币论的出现同 20 世纪 70 年代在美国兴起的货币主义学说有关系,它是建立在货币主义学说基础上的。它是从货币的角度而不是从商品的角度来考察国际收支失衡的原因并提出相应的政策主张的。

(一)货币论的假定前提

货币论有三个基本假定:

①在充分就业的均衡状况下,一国的实际货币需求是收入和利率等变量的稳定函数。

②从长期看,货币需求是稳定的,货币供给变动不影响实物产量。

③贸易商品的价格是由世界市场决定的,从长期来看,一国的价格水平和利率水平应该接近世界市场水平。

(二)货币论的基本理论

在上述各项假定下,货币论的基本理论可用以下公式表示

$$MS = MD \tag{1-9}$$

式中　MS——名义货币的供应量;

　　　MD——名义货币的需求量。

从长期看,可以假定货币供应量与货币需求量相等。其公式为

$$MD = pf(y, i) \tag{1-10}$$

式中　p——本国价格水平;

　　　f——函数关系;

　　　y——国民收入;

　　　i——利率(持有货币的机会成本);

　　　$pf(y, i)$——对名义货币的需求;

　　　$f(y, i)$——对实际货币存量(余额)的需求。

$$MS = m(D + R) \tag{1-11}$$

式中　D——国内提供的货币供应基数,即中央银行的国内信贷或支持货币供给的国内资产;

　　　R——来自国外的货币供应基数,它通过国际收支盈余获得,以国际储备作为代表;

　　　m——货币乘数,指银行体系通过辗转存贷创造货币,使货币供应基数多倍扩大的系数。

货币基数又称强力货币。为叙述方便,取 $m = 1$(实际上,根据研究目的的不同,MS 有不同的定义和范围,从而 M 也有不同的对应值),可得

$$MS = D + R \tag{1-12}$$

$$MD = D + R \tag{1-13}$$

$$R = MD - D \tag{1-14}$$

式(1-14)是货币论的最基本方程式,这个方程式告诉我们:①国际收支是一种货币现象。②国际收支逆差实际上就是一国国内的名义货币供应量(D)超过了名义货币需求量,由于货币供应不影响实物产量,在价格不变的情况下,多余的货币就要寻找出路,对个人和企业来讲,就会增加货币支出,以重新调整它们的实际余额;对整个国家来讲,实际货币余额的调整便表现为货币外流,即国际收支逆差。反之,当一国国内的名义货币供应量小于名义货币需求时,在价格不变的情况下,货币供应的缺口就要寻找弥补,对于个人和企业来讲,就要减少货币支出,以使实际货币余额维持在所希望的水平;对于整个国家来讲,减少支出维持实际货币余额的过程,便表现为货币内流,国际收支盈余。③国际收支问题实际上反映的

是实际货币余额(货币存量)对名义货币供应量的调整过程,当国内名义货币供应量与实际经济变量(国民收入、产量等)所决定的实际货币余额需求相一致时,国际收支便处于平衡。

(三)货币论对贬值的分析

货币论的一个重要贡献是从开放经济的角度把货币供应的来源区分为国内部分和国外部分。这个原理,我们以后将多次用到,另外,货币论的基本原理后来成为汇率决定的货币供求说的基础。货币论在考察贬值对国际收支的影响时,假设"一价定律"成立,式(1-10)就可以改写为

$$MD = EPf(y, i) \tag{1-15}$$

式中　E——本币衡量的外币价格(直接标价法);

　　　P——国外的价格水平。

当本国货币贬值时,E 值上升,由此引起国内价格 $p = EP$ 上升,则 MD 相应上升,从而使国际收支发生顺差(或逆差减少)。由此,货币论贬值的上述公式可归结为:贬值引起贬值国国内价格上升,实际货币余额减少,从而对经济具有紧缩作用。货币贬值若要改善国际收支,则在贬值时,国内名义货币供应不能增加。因为

$$R = MD - D$$

若 D 与 MD 同时增加,并且 D 的增加等于甚至大于 MD 的增加,则贬值不能改善国际收支,甚至可能恶化国际收支。

(四)货币论的政策主张

货币论的政策主张,归纳起来有以下三点:

①所有国际收支不平衡,在本质上都是货币性的,因此,国际收支的不平衡都可以由国内货币政策来解决。

②所谓国内货币政策,主要指货币供应政策。因为货币需求是收入和利率的稳定函数,而货币供应则在很大程度上可由政府操纵,因此,膨胀性的货币政策(使 D 增加)可以减少国际收支顺差,而紧缩性的货币政策(使 D 减少)可以减少国际收支逆差。

③为平衡国际收支而采取的贬值、进口限额、关税、外汇管制等贸易和金融干预措施,只有当他们的作用是提高货币需求,尤其是提高国内价格水平时,才能改善国际收支,而且这种影响是暂时的。如果在施加干预措施的同时伴有国内信贷膨胀,则国际收支不一定能改善,甚至还可能恶化。

总之,货币论政策主张的核心是:在国际收支发生逆差时,应注重国内信贷的紧缩。

(五)对货币论的评价

对货币论的评价可以分为三个方面进行:

①对货币论的假定前提进行评价。货币论认为货币需求是收入和利率的稳定函数,但如果它不是稳定的,那么国际收支就不能仅仅从货币供应的变化中预测出来。另外,货币论假定货币供应对实物产量和收入没有影响,也不尽切合实际。

②对货币论有关贬值效应的论述的评价。弹性论认为,在进出口需求弹性之和大于1时,贬值能改善贸易收支,从而对经济具有扩张性影响。吸收论认为,当存在闲置资源时,贬值能扩大出口,增加国民收入,从而对经济具有扩张性影响。尽管弹性论和吸收论都给出了

一定的条件,但它们都认为成功的贬值对经济增长具有刺激作用。但货币论不同,货币论认为,贬值仅有紧缩性影响,贬值能暂时性改善国际收支,是因为它减少了对实际货币余额的需求和增加了名义货币的需求,这是货币论与弹性论和吸收论的一个明显区别。实际货币余额需求减少,意味着消费、投资、收入的下降,这无法解释为什么许多国家把贬值作为刺激出口和经济增长的手段。

③对货币论政策主张的基本含义进行评价。货币论认为国际收支逆差的基本对策是紧缩性的货币政策。这个政策结论的一个重要前提是价格不变,由此才能通过紧缩性的货币政策消除货币供应大于货币需求的缺口。事实上,当名义货币供应大于货币需求时,价格必然上升,从而名义货币需求 $pf(y,i)$ 也会上升。在这种情况下,降低货币供应,在价格刚性的条件下,只能导致实际货币余额的下降。另外,货币论还提出,当采用贬值来改善国际收支时,必须结合紧缩性的货币政策。因此,无论从哪个方面看,货币论政策主张的含义或必然后果,就是以牺牲国内实际货币余额或实际消费、投资、收入和经济增长来纠正国际收支逆差。这一点曾受到许多发展中国家经济学家的严厉批评。

四、国际收支调节的结构分析法(结构论)

结构论(Structural Approach)作为比较成熟和系统的独立学派,是作为国际货币基金组织国际收支调节规划的对立面于 20 世纪 70 年代形成的。赞成结构论的经济学家,大多数是在发展中国家或发达国家从事发展问题研究的学者。因此,结构论的理论渊源同发展经济学密切相关。结构论在英国十分活跃。英国萨塞克斯大学发展研究院院长保尔·史蒂芬爵士、英国海外发展署(Overseas Development Associationg,ODA)托尼·克列克、英国肯特大学瑟沃尔,以及英国曼彻斯特大学的一批经济学家,都是结构论的积极倡导者和支持者。

(一)基本理论

在国际收支调节的货币分析法流行的 20 世纪 70 年代中期,国际货币基金组织的理论权威、研究部主任波拉克将货币论的主要精神结合到了国际货币基金组织的国际收支调节规划中,使货币论成为基金组织制定国际收支调节政策的理论基础。

例如,当成员国因国际收支发生困难而向基金组织借用款项时,成员国必须按基金组织国际收支调节规划的要求制定相应的调节政策,基金组织则帮助制定并监督调节政策是否实施。由于货币论的政策核心是紧缩需求,以牺牲国内经济增长来换取国际收支平衡。因此,在国际收支发生普遍困难的 20 世纪 70 年代,众多成员国在执行了基金组织的国际收支平衡调节规划后,经济活动普遍受到压制,有的甚至因过度削减预算和货币供应而导致国内经济、社会甚至政治动荡。

在这种情况下,结构论有针对性地提出,国际收支平衡并不一定完全是由国内货币市场失衡引起的。货币论乃至以前的吸收论都从需求角度提出国际收支平衡政策,而忽视了经济增长的供给方面对国际收支的影响。就货币论来讲,它实际上是通过压缩国内名义货币供应量来减少实际需求。就吸收论而言,它实际上主张的是通过紧缩性财政货币政策来减少国内投资和消费需求。结构论认为,国际收支逆差尤其是长期性的国际收支逆差,既可以是长期性的过度需求引起的,也可以是长期性的供给不足引起的,而长期性的供给不足往往是由经济结构问题引起的。引起国际收支长期逆差或呈长期逆差趋势的结构性问题有以下三种表现形式：

①经济结构老化。这是指由于科技和生产条件的变化及世界市场的变化，一国原来在市场经济上具有竞争力的商品失去了竞争力，而国内资源没有足够的流动性等因素，经济结构不能适应世界市场的变化，由此造成出口供应长期不足，进口替代的余地持续减少，结果导致国际收支的持续逆差（或逆差倾向）。

②经济结构单一。经济结构单一会从两个方面导致国际收支的经常逆差。其一是单一的出口商品，其价格受国际市场价格波动的影响，使国际收支呈现不稳定现象。因为在出口多元化的情况下，一种出口商品的价格下降，会被另一种出口商品价格的上升所抵消，整个国际收支呈稳定状态。而在出口单一的情况下，价格在任何程度上的下降，都会直接导致国际收支的恶化。其二是由于经济结构单一，经济发展长期依赖进口，进口替代的选择余地几乎为零。比如一个只生产锡矿的国家，其经济发展所需要的采矿机械、电力设备、交通工具等只能依靠进口。经济发展的速度越快，愿望越高，国际收支逆差或逆差倾向就越严重。

③经济结构落后。这是指一国产业生产的出口商品的需求对收入的弹性低而对价格的弹性高，进口商品的需求对收入的弹性高而对价格的弹性低。当出口商品的需求对收入的弹性低时，别国经济和收入的相对快速增长不能导致该国出口的相应增加；当进口商品的需求对收入的弹性高时，本国经济和收入的相对快速增长却会导致进口的相应增加。在这种情况下，只会发生国际收支的收入性逆差，不会发生国际收支的收入性顺差，即国际收支的收入性不平衡具有不对称性。当出口商品需求对价格的弹性高时，本国出口商品价格的相对上升会导致出口数量的相应减少，当出口商品需求对价格的弹性低时，外国商品价格的相对上升却不能导致本国进口数量的相应减少。在这种情况下，货币贬值不仅不能改善国际收支，反而会恶化国际收支。同时，由货币和价格因素引起的国际收支不平衡也具有不对称性。

国际收支的结构性不平衡既是长期以来经济增长速度缓慢和经济发展阶段落后所引起的，又成为制约经济发展和经济结构转变的瓶颈。如此形成一种恶性循环：发展经济、改变经济结构需要有一定数量的投资和资本货物的进口，而国际收支的结构性困难和外汇短缺却制约着这种进口，从而使经济发展和结构转变变得十分困难。由于国际收支结构性失衡的根本原因在于经济结构的老化、单一和落后，在于经济发展速度的长期缓慢甚至停滞和经济发展阶段的落后，支出增减型政策和支出转换型政策就不能从根本上解决问题，有时甚至是十分有害的。

（二）政策主张

既然国际收支平衡的原因是经济结构导致的，那么调节政策的重点就应放在改善经济结构和加速经济发展方面，以此来增加出口商品和进口替代品的数量和品种供应。改善经济结构和加速经济发展的主要手段是增加投资，改善资源的流动性，使劳动力和资金等生产要素能顺利地从传统行业流向新兴行业。经济结构落后的国家要积极增加国内储蓄，而经济结构先进的国家和国际经济组织应增加对经济落后国家的投资，经济结构落后的国家通过改善经济结构和发展经济，不仅能有助于克服自身的国际收支困难，同时也能增加对经济结构先进的国家的进口，从而也有助于经济结构先进的国家的出口和就业的增长。

（三）对结构论的批评

结构论既然是作为传统的国际收支调节理论,特别是货币论的对立面出现,它自然会受到许多批评。批评者认为,结构论失衡的原因同进出口商品的特点及现实与愿望之间的差距有关。如果一国的出口商品没有能满足国际市场需求的特点,那么,出口商品需求对收入的弹性就会较低,这种问题与其说是缺乏价格竞争力,不如说是缺乏非价格竞争力。比如,产品质量低劣,售后服务质量太差,产品包装和款式不能满足消费心理等。对经济结构单一和经济结构落后引起的国际收支困难,结构论的批评者认为,所谓国际收支结构性失衡,实际上是愿望和现实之间的失衡。国际收支困难有两种不同的概念,一种是事先的概念,另一种是事后的概念。事先的概念是指国际收支失衡的压力,而不是失衡本身。只要财政和货币政策适当,就能避免失衡本身的发生。批评者认为,国际收支制约力是到处存在的,它的存在对维持一国经济长期均衡的发展和世界货币金融秩序是十分必要的。结构论讲的实际上是经济发展问题,而不是国际收支问题。经济发展政策对国际收支失衡的调节,常常是行之无效或收效甚微的。另外,要求以提供暂时性资金融通为主的国际货币基金组织向经济结构落后的国家提供长期性国际收支贷款,同时不施予必要的调节纪律和恰当的财政货币政策,犹如把资金填入一个无底洞,既不利于相关国家经济的均衡发展,又违背了基金组织本身的性质和宪章,同时也是基金组织在客观上无力做到的。

以上介绍了国际收支调节的四种分析方法,前三种方法相互之间是不排斥的,而是互为补充的,只不过它们各自的出发点不同,因而政策结论也不同。至于结构论,实际上同前三种理论也有互补的地方。有人把结构论比喻为处在调节论的极左端,把货币论比喻为处在调节理论的最右端,把弹性论和吸收论放在两者的中间,这种比喻其实并不恰当。吸收论、货币论和结构论都十分强调政府的作用,都主张以政府干预来解决国际收支失衡问题,因此,它们都是"干预派",而不是"自由派"。总之,我们在运用上述各种方法分析具体问题时,要注意它们的异同,吸收正确的部分,摒弃不合理成分,灵活地加以综合运用,才能使我们的分析和决策切合现实。

本章小结

1.国际收支是指一国在一定时期内全部对外往来的系统的货币记录。国际收支平衡表是根据复式记账的原理编制而成,其账户设置为经常项目、资本和金融项目、错误和遗漏项目。

2.国际收支平衡是指自主性交易的收入与支出相等。衡量国际收支不平衡的口径有贸易账户余额、经常账户余额、资本和金融账户余额以及综合账户余额,它们都具有不同的统计含义和分析意义,各国一般根据自己的情况采用以上不同的口径对国际收支状况进行分析。

3.国际收支不平衡的原因包括:周期性的不平衡、收入性的不平衡、货币性的不平衡、结构性的不平衡、临时性的不平衡等。国际收支不平衡,无论是顺差还是逆差,都要进行调节。

4.国际收支的调节手段可分为自动调节机制和政策调节。自动调节机制包括物价机制、收入机制、利率机制和汇率机制。国际收支的政策调节分为需求政策、供给政策和融资政策。对总需求的调节又可分为需求增减型政策(主要是财政货币政策)与需求转换型政策(主要是汇率政策和外汇管制政策),对总供给的调节政策又称为产业政策和科技政策,融资政策主要体现为国际储备政策。

5. 西方具有代表性的国际收支理论包括弹性论、吸收论、货币论和结构论。其中,弹性论运用局部均衡的分析法指出,进、出口商品的需求弹性必须满足一定的条件才能起到改善贸易收支的作用;吸收论特别重视从宏观经济的整体角度来考察贬值对国际收支的影响;货币论政策主张的核心是,在国际收支发生逆差时,应注重国内信贷的紧缩;结构论则指出,经济结构落后和发展不足是某些国家尤其是发展中国家国际收支失衡的主要原因。几种理论互为补充,但也有各自的偏颇之处。

课后思考题

一、单项选择题

1. 国际收支反映的内容是以交易为基础的,其中交易不包括(　　)。
   A. 交换　　　　　　　　　　　　　B. 居民间交易
   C. 转移　　　　　　　　　　　　　D. 其他根据推论而存在的交易

2. 在国际收支平衡表中,储备资产项目为100亿美元,表示该国(　　)。
   A. 增加了100亿美元的储备　　　　　B. 减少了100亿美元的储备
   C. 认为的账面平衡,不计入　　　　　D. 无法判断

3. 国际收支平衡表记录的是一定时期内一国居民与非居民之间的(　　)。
   A. 贸易收支　　　B. 外汇收支　　　C. 国际交易　　　D. 经济交易

4. 运输通信收支及保险收支属于(　　)。
   A. 货物项目　　　　　　　　　　　B. 服务项目
   C. 收入项目　　　　　　　　　　　D. 经常性转移项目

5. 政府提供或接受的国际经济和军事援助应计入国际收支平衡表的(　　)。
   A. 净误差与遗漏　　B. 经常项目　　C. 资本项目　　D. 金融项目

6. 一般来说,一国的国际收支顺差会使其(　　)。
   A. 货币坚挺　　　B. 物价下跌　　　C. 通货紧缩　　　D. 货币疲软

7. 国际收支调节的"价格——现金流动机制"是由(　　)提出的。
   A. 大卫·休谟　　B. 亚当·斯密　　C. 亚历山大　　　D. 凯恩斯

8. 国际收支顺差会使货币供给(　　),物价(　　)。
   A. 增加;上涨　　B. 增加;下降　　C. 减少;上涨　　D. 减少;下降

9. 国际收支逆差对经济的影响包括(　　)。
   A. 货币贬值　　　B. 货币升值　　　C. 通货膨胀　　　D. 国际经济摩擦

10. 判断一国国际收支是否平衡,主要看其(　　)引起的货币收支是否相抵。

　　A. 经常项目　　　　　B. 资本与金融项目　　C. 自主性交易　　　　D. 补偿性交易

二、判断题

1. 国际收支是一个存量的、事后的概念。　　　　　　　　　　　　　　（　　）
2. 资产增加、负债减少的项目应计入借方。　　　　　　　　　　　　　（　　）
3. 国际收支平衡表由于其编制原则采用复式记账法,所以其借方总额与贷方总额相抵之后的总净值一定为零。　　　　　　　　　　　　　　　　　　　　　　　（　　）
4. 一国国际收支顺差,一般会引起该国货币升值。　　　　　　　　　　（　　）
5. 政府机构(包括代表政府的个人,如使领馆工作人员、驻外军队的军人等),在国外居住时间超过一年,则属于原所在国的非居民,计入国际收支统筹范围。　　　　（　　）

三、名词解释

1. 国际收支
2. 国际收支平衡表
3. 自主性交易
4. 补偿性交易
5. 临时性不平衡
6. 收入性不平衡
7. 周期性不平衡
8. 结构性不平衡
9. 货币性不平衡
10. 顺差

四、案例分析题

表 1-5 是 2022 年中国国际收支简表,根据该表回答问题。

表 1-5　2022 年中国国际收支简表

项　目	金额(亿美元)
1. 经常账户	27 177
1.1　货物和服务	38 850
1.1.1　货物	45 140
1.1.2　服务	−6 290
1.2　初次收入	−12 957
1.3　二次收入	1 284
2. 资本和金融账户	−21 164
2.1　资本账户	−20

续表

项　目	金额（亿美元）
2.2　金融账户	−21 143
2.2.1　非储备性质的金融账户	−14 294
2.2.1.1　直接投资	1 707
2.2.1.2　证券投资	−18 783
2.2.1.3　金融衍生工具	−358
2.2.1.4　其他投资	3 140
2.2.2　储备资产	−6 850
3.净误差与遗漏	−6 013

1.经常项目差额、资本和金融项目差额以及总差额各是多少？

2.2022 年中国的国际收支是顺差还是逆差？造成此结果的原因是什么？

第二章

国际储备

【学习目标】

1. 了解国际储备的概念；

2. 熟悉国际储备供给；

3. 理解国际储备规模管理的必要性；

4. 掌握国际储备结构管理的原则；

5. 理解新中国国际储备资产的历史演变。

【知识能力】

1. 能熟悉国际储备的构成类型；

2. 能掌握国际储备来源；

3. 了解国际储备的作用；

4. 能理解国际储备的管理原则。

【工作任务】

1. 理解国际储备的作用及重要性；

2. 掌握国际储备的管理和运用；

3. 熟悉国际储备政策和实践；

4. 了解我国国际储备的变化；

5. 了解国际储备的发展趋势和挑战。

【思维导图】

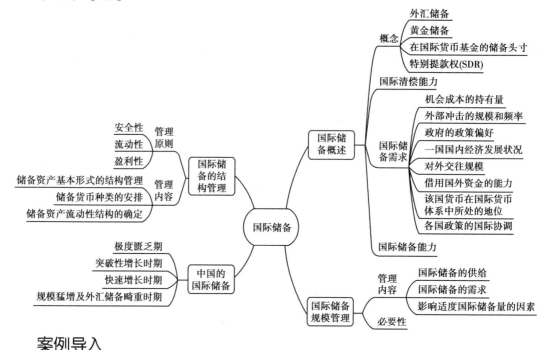

案例导入

全球央行"购金热"

2023 年 5 月 30 日,世界黄金协会(WGC)发布的调查报告显示,在央行黄金购买量达到历史高位之后,有 24% 的央行计划在 2023 年增加黄金持有量。新兴经济体的央行更热衷于增加黄金储备,71% 的受访央行预计,今年的总体黄金持有量将增加,而去年这一比例为 61%。在去年大举购入黄金之后,很多央行今年依然在买入。根据世界黄金协会的数据,今年第一季度各国央行的全球黄金储备增加了 228 吨。

复旦大学中国研究院特邀副研究员刘典对 21 世纪经济报道记者分析称,各国央行尤其是新兴经济体对黄金愈发青睐的原因有多个方面。首先,黄金被视为一种避险资产,能够提供稳定性和价值保值的特性。在不确定的全球经济环境下,持有黄金可以作为一种防范风险的手段。其次,黄金具有广泛的国际认可度和流动性,能够为央行提供一种可靠的储备资产。此外,一些新兴经济体可能通过增加黄金储备来降低对美元的依赖,以应对可能的外部冲击或货币波动。

在 2023 年 2 月 7 日至 4 月 7 日期间,世界黄金协会对 59 家央行进行了调查,结果显示,和去年一样,地缘政治担忧、利率担忧和通胀压力上升仍然是央行看好黄金的主要原因。在黄金成为香饽饽之际,央行对美元的看法比之前的调查更为悲观。随着其他国家在全球舞台上变得越来越重要,各国的外汇储备正在多样化,减少对美元的依赖。许多央行一直在通过增加欧元、日元、人民币和黄金等其他储备资产的比重,积极实现外汇储备多元化。

世界黄金协会央行业务主管 Shaokai Fan 表示,各国央行仍然认为黄金具有吸引力,长期以来,黄金一直被用作保值和对冲经济动荡风险的工具。对于美元和黄金的作用,央行的看法已发生重大转变。总体而言,央行对美元的悲观情绪出现大幅上升,而对黄金的乐观情绪大幅上升。需要注意的是,害怕被制裁是各大央行增持黄金的一大理由,在俄乌冲突中,西方国家冻结了俄罗斯 3 000 多亿美元的资产。有 25% 的新兴市场央行对此表示担心,而发达经济体的这一比例为0%。在刘典看来,外汇储备多元化是大势所趋。多元化的外汇储备可以降低国家对某一种货币的依赖,减少因该货币贬值或其他不稳定因素带来的风险。而且随着新兴经济体的崛起和经济实力的增强,他们对国际事务的影响力也在提升,因此需要更多的外汇储备来支持其经济和金融发展。国际经济体系的多极化趋势也促使各国央行寻求多样化的外汇储备,以适应不断变化的全球经济格局。此外,从国际政治经济格局来看,美元逐渐式微以及全球政经格局波动导致未来形势仍不明朗,让各经济体对未来金融安全环境产生担忧,增加黄金及非美元的外汇储备有助于抵抗未来可能由其他因素引发的金融动荡。

(资料来源:吴斌. 全球央行"购金热"背后:外汇储备多元化大势所趋[N]. 21世纪经济报道,2023-06-01(2).)

第一节 国际储备概述

国际储备是国际货币体系的核心组成部分。它直接影响各国调节国际收支和稳定汇率的能力,并制约各国的物价水平、国际贸易、国际金融和经济发展。因此,国际储备管理是各国政府关注的重要问题。

一、国际储备的概念

国际储备(international reserve)是指各国货币当局为了弥补国际收支逆差,保持汇率稳定,以及对外信用保证的国际普遍接受的各种形式资产的总称。

国际储备应该满足三个条件:可获得性、流动性和普遍接受性,即一国金融当局必须具有无条件地获得这类资产的能力,该资产必须具备高度的流动性,该资产必须得到国际普遍接受。

在不同的历史时期,国际储备的构成有所差异。在第二次世界大战后,国际储备主要由四种形式的资产构成。狭义的国际储备只限于无条件的国际清偿力(即自有国际储备),而不包括有条件的国际清偿力(即一国潜在的借款能力);通常所讲的国际储备是狭义的国际储备。

国际储备主要包括一国的外汇储备、黄金储备、在IMF的储备头寸和特别提款权(表2-1)。

表2-1 2023年6月中国国际储备数据

项目(Item)	亿美元	亿SDR
	100 million USD	100 million SDR
1. 外汇储备(Foreign currency reserves)	31 929.98	24 006.17
2. 基金组织储备头寸(IMF reserve position)	97.01	72.94
3. 特别提款权(SDRs)	521.14	391.81

续表

项目（Item）	亿美元	亿 SDR
	100 million USD	100 million SDR
4. 黄金（Gold）	1 299.34	976.89
	6 795 万盎司	6 795 万盎司
5. 其他储备资产（Other reserve assets）	1.05	0.79
合计（Total）	33 848.53	25 448.60

（资料来源：国家外汇管理局官网）

（一）外汇储备

外汇储备（Foreign Exchange Reserves）指各国货币当局持有的对外流动性资产。外汇储备的具体形式是政府在国外的短期存款或其他可以在国外兑现的支付手段，如外国有价证券，外国银行的支票、期票、外币汇票等。充当外汇储备的货币则需要具备可自由兑换、为各国普遍接受和购买力必须有稳定性的特征。外汇储备的主要作用是用于清偿国际收支逆差，以及干预外汇市场以维持该国货币的汇率。

外汇储备的功能主要包括：调节国际收支，保证对外支付；干预外汇市场，稳定本币汇率；维护国际信誉，提高融资能力；增强综合国力，抵抗金融风险。当国际收支出现逆差时，动用外汇储备可以促进国际收支的平衡；当国内宏观经济不平衡，总需求大于总供给时，可以利用外汇储备进行进口，以调节总供给和总需求的关系，促进宏观经济的平衡。此外，当汇率波动时，外汇储备的使用可以干预汇率，使其趋于稳定。因此，外汇储备是实现经济均衡和稳定的必要手段，特别是在经济全球化不断发展的背景下，一个国家更容易受到其他国家经济影响的情况下。增加外汇储备不仅可以增强宏观调控能力，还有利于维护国家和企业在国际上的信誉，促进国际贸易，吸引外国投资，降低国内企业融资成本，并防范和化解国际金融风险。适度的外汇储备水平取决于多种因素，例如进出口状况、外债规模和实际利用外资等。

表 2-2 以中国外汇储备 2013—2022 年的数据为例，外汇储备是目前国际储备中的主体，从数量上来看，仅中国的外汇储备在 2022 年就达到了 3.1 万亿美元，超过了其他类型的储备。从实际使用上来看，外汇储备也是使用频率最高的储备类型。

表 2-2　中国外汇储备　　　　　　　　　　　　单位：亿美元

年　份	外汇持有量	年　份	外汇持有量
2013	38 213.15	2018	30 727.12
2014	38 430.18	2019	31 079.24
2015	33 303.62	2020	32 165.22
2016	30 105.17	2021	32 501.66
2017	31 399.49	2022	31 276.91

（资料来源：国家外汇管理局官网）

阅读材料

斯里兰卡破产,外汇储备枯竭

据新加坡《联合早报》2022 年 7 月 6 日报道,斯里兰卡总理维克勒马辛哈说,斯里兰卡已经破产,这场史无前例的经济危机将至少持续到 2023 年底。

斯里兰卡又名锡兰,这个位于赤道的热带国家被誉为"印度洋上的一颗明珠",以高山茶园和棕榈树环绕的碧海沙滩闻名,是许多外国旅客向往的人间仙境。然而,斯里兰卡正处于严重的经济危机之中,4 月宣布停止支付外债,因为需要外汇储备来支付进口商品。5 月,该国已累计拖欠了 7 800 万美元的外债,并无奈宣布债务违约,成为本世纪以来首个外债违约的国家。

一、疫情冲击旅游业,国家入不敷出

据悉,斯里兰卡之所以陷入如今的困境,除了新冠疫情直接冲击旅游业的收入损失,政府的高支出和减税措施也导致国家严重入不敷出。此外,斯里兰卡还得偿还巨额债务,外汇储备降至 10 年来的最低水平。经济学家将经济困境日益恶化归咎于管理不善。

除了锡兰红茶,斯里兰卡的另一主要经济支柱是旅游业。在疫情导致边界关闭、全球旅游停摆之前的 2019 年,斯里兰卡接待多达 190 万名外国游客,旅行和旅游业收益约 40 亿美元,占国内生产总值的 13%。新冠疫情导致斯里兰卡从事旅游业的 20 多万人失去生计,国家损失庞大的旅游收入。

国家的财务其实和个人相似。收入不足时,要靠存款过活,存款也不够时,就得向别人借钱。但如果可以借的都借了,负债累累却又无力偿还,那么这个人将难逃破产厄运。斯里兰卡政府积累了超过 500 亿美元的巨额债务,外汇储备几乎掏空,严峻的经济危机引发了政治动荡,前总理拉贾帕克萨不得不辞职"平息"民愤。

二、燃料库存已不足一天

据报道,斯里兰卡人口约 2 200 万人,目前全国几乎没有汽油,政府已关闭非必要的公共服务以节省燃料。另据英国广播公司报道,联合国儿童基金会指出,斯里兰卡正濒临人道危机。今年初以来,当地有 70% 的家庭三餐不继,燃料和基本医疗品的库存也迅速耗尽。单是 6 月,斯里兰卡的粮食价格就飙涨了 80%。

斯里兰卡经历了数月的通货膨胀和长期停电,在短时间内通货膨胀已达 80%,上周日,斯里兰卡能源部长 Kanchana Wijesekera 警告称,斯里兰卡所剩燃料不足一天。两周前,斯里兰卡已宣布限制向企业销售燃料。

据外媒报道,斯里兰卡 5 月已购买了一批俄罗斯石油,总计 9 万吨的西伯利亚原油通过设在阿联酋迪拜的中间商 Coral Energy 进入斯里兰卡。

此外,斯里兰卡还希望从东欧进口煤炭、柴油等燃料,但维克勒马辛哈 6 月底表示,原定于 6 月下旬到港的石油、汽柴油等都无法运抵斯里兰卡,能源供应商现在也不愿意接受斯里兰卡银行开立的信用证,而是希望得到预付款。

三、外汇储备枯竭,政府呼吁海外侨民向国内汇款

危机深重的斯里兰卡面临的问题很多,但目前最主要的问题就是缺钱。据美联社报道,斯里兰卡的外债总额达到 510 亿美元,2026 年以前需支付 250 亿美元,另有 70 亿美元需今年支付。然而,5 月 19 日,由于无法向债权人支付款项,斯里兰卡陷入自 1948 年独立以来的首次主权债务违约。目前,斯里兰卡已暂停偿还外债。

而斯里兰卡外汇储备枯竭的原因主要有以下三点,第一,斯里兰卡政府深陷债务危机,

大量债务到期后违约。第二,为了防止外汇外流,农业生产禁止使用农药和化肥,农作物歉收,粮食短缺,只好用外汇大量进口粮食。第三,由于新冠疫情暴发三年来,作为外汇来源的旅游业深受影响,外汇收入减少。

斯里兰卡大约有200万人在海外工作,以往每月海外汇款总额可达6亿美元,但6月骤然跌至3.18亿美元。海外汇款是斯里兰卡主要的外汇来源。而据斯里兰卡中央银行介绍,该国海外汇款正在急剧下降。2021年上半年该国海外汇款为28亿美元,但2022年同期仅为13亿美元,减少了一半有余。

外汇储备严重不足,这对于许多基本物资依赖进口的岛国斯里兰卡是个巨大的打击。与此同时,债务违约阻碍了海外投资,并导致该国货币斯里兰卡卢比贬值,反之又导致该国今后借债更为困难。6月30日,国际货币基金组织(IMF)和斯里兰卡政府的新一轮谈判结束。此次谈判核心是一项30亿美元的援助协议,但双方尚未达成协议。

据美国财经媒体CNBC报道,IMF当天在一项声明中表示,和斯里兰卡政府的谈判将继续以线上方式举行,以期达成一个工作层的延伸贷款协议(Extended Fund Facility,EFF)。建立EFF主要是为了帮助那些存在严重国际收支不平衡问题的国家。IMF还表示,将为斯里兰卡政府"在较长时期内改变结构性不平衡问题"提供支持。

(资料来源:方凤娇.斯里兰卡宣布破产!外汇掏空、民众逃亡,全国石油库存仅够用1天[N].华夏时报,2022-07-07.)

(二)黄金储备

黄金储备(gold reserve)指一国货币当局持有的,用以平衡国际收支,维持或影响汇率水平,作为金融资产持有的黄金。它在稳定国民经济、抑制通货膨胀、提高国际资信等方面有着特殊作用。黄金储备的管理意义在于实现黄金储备最大可能的流动性和收益性。黄金储备量作为国际储备的一个部分只是衡量国家财富的一个方面,黄金储备量高则抵御国际投资基金冲击的能力加强,有助于弥补国际收支赤字,有助于维持一国的经济稳定,不过过高的黄金储备量会导致央行的持有成本增加,因为黄金储备的收益率从长期来看基本为零,而且在金本位制度解体以后黄金储备的重要性已大大降低。

正确理解黄金储备的概念的意义在于:一是有利于确定合理的黄金储备规模;二是可以避免与商业银行日常营运的黄金资产混为一谈,有利于银行业务的正常运行;三是有利于实行黄金管制国家的中央银行正确制定黄金管理政策,促进本国黄金产业及相关行业的健康发展。

运用黄金储备的形式主要分为直接营运、间接周转和资产组合。

①直接营运。一国货币当局利用国际金融市场的各种契机,采用各种营运手段,直接参与黄金市场的交易活动。

②间接周转。一国货币当局通过制售金币,开展黄金租赁,办理黄金借贷等业务,间接地实现黄金储备增值、保值的目的。

③资产组合。将一定的黄金储备按照流动性、收益性的原则,及时转换成收益性高、流动性较强的外汇储备,并根据市场汇率的变动情况,再进行适当调整。

截至6月末,中国黄金储备增至6 795万盎司,呈稳步增加的趋势,相对外汇储备来说,占比还是少数,见表2-3。

表 2-3　中国黄金和外汇储备

项目(Item)	2023.01	2023.02	2023.03	2023.04	2023.05	2023.06
黄金储备(万盎司) 〔Gold(10 000 Fine Tory Ounce)〕	6 512	6 592	6 650	6 676	6 727	6 795
国家外汇储备(亿美元) 〔Foreign Exchange Reserves (100 million USD)〕	31 844.62	31 331.53	31 838.72	32 047.66	31 765.08	31 929.98

（数据来源：外汇管理局）

（三）在国际货币基金的储备头寸

在国际货币基金组织的储备头寸是指一国在国际货币基金组织的储备头寸加上债权头寸。国际货币基金组织的成员国可以无条件地提取其储备头寸用于弥补国际收支逆差。根据《国际货币基金协定》原来的规定，会员国份额的 25%需用黄金给付，因此这 25%额度范围内的贷款也叫黄金份额贷款。另外 75%用本国货币给付，当基金组织持有该国的货币，由于他国的购买关系而降到份额的 75%以下时，即属超黄金部分提款，会员国也可以自己动用。也叫储存头寸。

储备头寸是成员国在 IMF 里的自动提款权，成员国可以无条件地提取以用于弥补国际收支逆差。一国若要使用其在 IMF 的储备头寸，只需向基金组织提出要求，IMF 便会通过提供另一国的货币予以满足。

（四）特别提款权(SDR)

特别提款权(Special Drawing Right,SDR)是国际货币基金组织创设的一种储备资产和记账单位，也称"纸黄金"(Paper Gold)。它是基金组织分配给会员国的一种使用资金的权利。会员国在发生国际收支逆差时，可用它向基金组织指定的其他会员国换取外汇，以偿付国际收支逆差或偿还基金组织的贷款，还可与黄金、自由兑换货币一样充当国际储备。但由于其只是一种记账单位，不是真正货币，使用时必须先换成其他货币，不能直接用于贸易或非贸易的支付。因为它是国际货币基金组织原有的普通提款权以外的一种补充，所以称为特别提款权。

特别提款权具有以下基本特征：

①特别提款权是参加国(指参加基金组织特别提款权部的成员国)在基金组织特别提款权账户下享有的对其自有储备资产的提款权，它不同于成员国在基金组织一般资源账户下享有的借贷性提款权。根据《基金协定》的规定，参加国使用特别提款权除应符合《基金协定》要求的国际支付目的外，不受其他条件限制，其提款无须偿还，并且参加国对于其在基金组织特别提款权账户下分配拥有的特别提款权资产有权获得利息收益。

②特别提款权是由基金组织根据国际清偿能力的需要而发行，并由基金成员国集体监督管理的一种国际储备资产。依据《基金协定》的规定，特别提款权应根据国际经济贸易的发展对国际储备资产的要求而每几年发行一次，该发行应以保持全球国际储备的稳定发展为目标；特别提款权的分配原则上以成员国在基金一般资源账户下的配额为基础(近年来适

当考虑到发展中国家方面利益),任何关于特别提款权分配或撤销某成员国特别提款权的决议均需得到特别提款部参加国85%加权投票的赞成,每一参加国不仅有权在通过特别分配决议时投票反对,而且可以在分配表决前通知基金组织其不参加分配。发展中国家通常认为,基金组织目前对特别提款权的发行限制过于严格,难以满足国际储备资产增长的需求,且目前特别提款权在国际储备资产中所占的比例过低(占国际储备资产总值的4%);同时认为,基金组织目前对特别提款权的分配办法不合理,其中对于发展中国家的利益考虑不够。

③特别提款权本质上是由基金组织为弥补国际储备手段不足而创制的补充性国际储备工具,其基本作用在于充当成员国及基金组织之间的国际支付工具和货币定值单位,同时也可在成员国之间兑换为可自由使用的外汇。

阅读材料

人民币在特别提款权中权重上调

2022年5月11日,国际货币基金组织(IMF)执董会完成了五年一次的特别提款权(SDR)定值审查,将人民币在SDR货币篮子中的权重由10.92%上调至12.28%,仍保持第三位。执董会决定,新的SDR货币篮子在今年8月1日正式生效。

SDR是IMF于1969年创设的一种补充性储备资产,与黄金、外汇等其他储备资产一起构成国际储备,也被IMF和一些国际机构作为记账单位。目前SDR主要用于IMF成员国与IMF以及其他国际金融组织等官方机构之间的交易,包括使用SDR换取可自由使用货币、使用SDR向IMF还款、支付利息或缴纳份额增资等。2016年10月1日,纳入人民币的SDR新货币篮子正式生效,包含美元、欧元、人民币、日元和英镑5种货币,当时人民币权重为10.92%。

IMF对SDR的定值审查指标主要分为两个方面:一是出口,即某个国家或地区在考察期货物和服务出口量位居世界前列;二是该货币可自由使用,即在国际交易支付中被广泛使用和在主要外汇市场上被广泛交易。实践中,主要通过货币在官方储备中占比、在外汇交易中占比以及在国际债务证券和国际银行业负债中的占比来衡量。计算SDR篮子货币相对权重的公式为:篮子货币权重=1/2×一国出口在全球的占比+1/6×官方储备中的占比+1/6×外汇交易中的占比+1/6×在国际债务证券和国际银行业负债中的占比。

本次审查是自2016年人民币成为SDR篮子货币以来的首次审查,在本审查期内,除国际债务证券占比外,人民币其他指标均有所提升。具体来看,出口指标方面,中国出口占比从上一审查期的10.5%上升至本审查期的12%。过去几年,中国克服疫情等影响,出口规模持续保持稳步增长。官方储备占比方面,人民币占比从2017年的1.2%上升至2022年一季度的2.88%。外汇交易占比方面,人民币外汇交易量的占比从2016年的2.0%上升至2019年的2.2%(依据国际清算银行三年一度的外汇和衍生品市场调查),排全球第八位。国际债务证券和国际银行业负债占比方面,从2017年至今,人民币在国际债务证券中的占比保持在0.3%不变,在国际银行业负债中的占比从0.8%小幅上升至1.1%,仍有一定提升空间。

自2016年人民币正式加入SDR以来,按照党中央、国务院部署,人民银行会同有关部门,勇于担当、攻坚克难,持续推动金融改革开放和人民币跨境使用。人民币利率和汇率市场化改革取得重要进展,金融市场开放力度不断加大,投资渠道不断拓宽,可投资资产种类不断丰富,投资程序不断简化。营商环境持续改善,境外投资者投资人民币资产的便利性进一步提高。目前,境外投资者可通过债券通"北向通"、直接入市、QFII/RQFII 等渠道投资中国债券市场,可通过沪深股通、QFII/RQFII 等渠道投资中国股票市场,还可通过跨境理财通、特定品种交易等方式参与中国理财产品和商品期货交易。截至 2022 年 6 月末,境外主体持有境内人民币金融资产余额为 10.1 万亿元,其中持有股票、债券规模均为 3.6 万亿元,分别是 2016 年末的 5.5 倍和 4.3 倍。与此同时,更多经济体将人民币作为其官方储备货币,境内外主体使用人民币进行跨境结算稳步增长。IMF 官方外汇储备货币构成(COFER)数据显示,2022 年一季度末,全球人民币储备规模折合 3 363.9 亿美元,占全球官方储备规模的比重为 2.88%。2017 年以来,中国货物贸易和服务贸易项下人民币跨境收付金额年均分别增长 15% 和 17%。

此次人民币权重上调是国际社会对中国改革开放成果的肯定,有助于进一步提升人民币的国际储备货币地位,增强人民币资产的国际吸引力。下一阶段,在党中央、国务院统一部署下,人民银行将和各金融管理部门一道,继续坚定不移推动中国金融改革开放,进一步简化境外投资者进入中国市场投资的程序,丰富可投资的资产种类,完善数据披露,持续改善营商环境,延长银行间外汇市场的交易时间,不断提升投资中国市场的便利性,为境外投资者和国际机构投资中国市场创造更便利的环境。

(资料来源:人民币在特别提款权(SDR)货币篮子中的权重上调[N].中国金融杂志,2022-08-11.)

二、国际清偿能力

国际清偿能力是指一个国家的对外支付能力,是与国际储备有密切联系的概念。国际清偿能力包括 L_1、L_2 和 L_3 三个组成部分,见表 2-4。

表 2-4　国际清偿能力的构成要素

自有储备 (国际储备)	借入储备	诱导储备 (借入储备的广义范畴)
1. 黄金储备 2. 外汇储备 3. 在基金组织中的储备地位 4. 在基金组织的特别提款余额	1. 备用信贷 2. 互惠信贷支付协议 3. 其他类似的安排	商业银行的对外短期可兑换货币资产

①L_1 为一国货币当局自有的国际储备,主要指国际储备中的黄金和外汇储备。

②L_2 为一国货币当局的借款能力,包括无条件提款权(特别提款权和在国际货币基金的储备头寸)和得到国际协定保证的其他官方来源的借款权利。后者主要涉及备用信贷、借款总安排和互换货币协定。备用信贷是一成员国在国际收支发生困难或预计要发生困难时,同国际货币基金组织签订的一种备用借款协议。协议一经签订后,成员国在需要时可按协议规定的方法提用,不需要再办理新的手续。这种协议通常包括可借用款项的额度、使用期限、利率、分阶段使用的规定、币种等。借款总安排又称借款总协定,是国际货币基金组织和美国、英国、联邦德国、法国、日本、比利时、意大利、荷兰、加拿大、瑞典等 10 个发达国家(即十国集团)于 1962 年共同设立的一种特别贷款项目。借款总安排的宗旨是帮助国际货币基金组织在缺乏资金或可能缺乏资金的情况下,从普通基金定额以外获得贷款,来满足总安排参加国的借款需求,或影响外汇市场以抑制货币投机和金融危机。借款总安排的基金

来自 10 个参加国,各国认缴的份额取决于各自的经济、财政实力以及国际货币基金组织对其货币的需求。互换货币协定是两国政府签署的使用对方货币的协定。当一国出现国际收支逆差时,可按规定的条件自动使用对方的货币,并按规定的期限偿还。

③L_3 指一国商业银行所持有的外汇资产,由于这些外汇并未直接掌握在货币当局手中,故不计入该国的国际储备。但是它属于这个国家的对外支付能力,故计入国际清偿能力。

国际清偿能力的作用如下:

①融通国际收支赤字。

②干预外汇市场,维持该国货币汇率的稳定。

③充当该国对外借债的基本保证。

国际储备与国际清偿能力的联系与区别:国际清偿能力的内容要广于国际储备,一国的国际清偿能力,除包括该国货币当局持有的各种形式的国际储备之外,还包括该国在国外筹借资金的能力,即向外国政府或中央银行、国际金融组织和商业银行借款的能力。因此,国际储备仅是一国具有的、现实的对外清偿能力,而国际清偿能力则是该国具有的、现实的对外清偿能力和可能有的对外清偿能力的总和。

正确认识国际清偿力及其与国际储备的关系,对一国货币当局充分利用国际信贷或上述的筹款协议,迅速获得短期外汇资产来支持其对外支付的需求,具有重大意义;对理解国际金融领域中的一些重大发展,如欧洲货币市场对各国国际清偿力的影响,一些发达国家国际储备占进口额的比率逐渐下降的趋势,以及研究国际货币体系存在的问题与改革方案等,都是十分有帮助的。

三、国际储备需求

国际储备需求指一国货币当局愿意使用一定数量的实际资源以换取的国际储备数量。具体而言,它是指持有储备和不持有储备的边际成本二者之间的平衡。国际储备需求的影响因素:持有国际储备的成本;外部冲击的规模和频率;政府的政策偏好;一国国内经济发展状况;对外交往规模;借用国外资金的能力;该国货币在国际货币体系中所处的地位;各国政策的国际协调等。

(一)国际储备机会成本的持有量

持有国际储备的机会成本,即持有国际储备所相应放弃的实际资源可能给该国带来的收益。一国货币当局持有的国际储备越多,它所放弃的当前能够加以运用的实际资源数量越大。如果一国货币当局减少国际储备持有额,节约下来的外汇可以转化成进口商品和服务等实际资源,为该国当前的经济发展服务。人们通常用外汇资金所能转化的进口资源的投资收益率来表示持有国际储备的机会成本。进口资源的投资收益率越高,持有国际储备的机会成本越大。一般说来,发展中国家在经济发展中更多地受到资源约束的制约,进口资源(特别是设备、技术和重要原料)的投资收益率较高,从而持有国际储备的机会成本会高于发达国家。

(二)外部冲击的规模和频率

各国都需要持有国际储备,主要原因之一是弥补国际收支逆差,而一国的国际收支逆差在一定程度上会受到外部冲击的影响,如世界经济的周期性波动,世界市场上商品价格、利率和汇率的变动,世界经济结构的变动和世界政治局势的变化等。如果此类外部冲击经常发生且规模较大,则该国需要持有较多的国际储备。

(三)政府的政策偏好

持有国际储备是一种政府行为,对它的需求必然取决于政府的政策偏好。在政策选择中,对国际储备需求影响较大的包括以下因素:

①汇率政策。如果政府选择钉住汇率制或者在管理浮动汇率制下强调汇率的稳定,它就需要持有较多的国际储备以增强干预外汇市场的能力。

②重点经济目标。如果强调当前经济的增长,可以减少对国际储备的需求,将外汇储备转化为进口实际资源;如果强调经济持续增长,则需要持有较多的国际储备,以避免外汇不足影响进口和影响经济增长。

③直接管制的态度。如果政府采取了严厉的直接管制措施,就可以较少地依靠动用国际储备来平衡国际收支,从而相应减少对国际储备的需求。

(四)一国国内经济发展状况

一国的国际收支差额在相当大的程度上取决于该国国内经济发展状况。其中,对国际储备需求影响较大的有以下因素:

①该国经济增长速度。如果其经济增长速度较快且边际进口倾向较高,则为了支持大量进口,该国需要持有较多国际储备。

②该国的经济发展水平和经济结构。例如,发展中国家经济发展水平较低,经济发展制约于资源约束,产业结构不健全,进口商品需求弹性和出口商品供给弹性都较小。当进口商品价格上升时,它很难大幅度减少进口量;当出口商品价格上升时,它也很难迅速增加出口量。这样,它就需要持有较多的国际储备来应对外部冲击。

③该国各种市场的价格水平,包括商品和服务的价格、工资、利率、股价和债券价格等。如果其商品价格较低,在商品市场上有较高的国际竞争力,就可以较少出现贸易逆差的局面,从而相应地减少对国际储备的需求。如果其利率水平较高,资本市场对外资有较大吸引力,该国也可相应减少对国际储备的需求。

(五)对外交往规模

在一国的国际交往中,对国际储备需求影响较大的是商品进口规模和对外偿债的规模。一国进口规模越大,或者还本付息的外债负担越大,就越需要持有较多的国际储备。

(六)借用国外资金的能力

一国除了动用国际储备弥补国际收支逆差之外,还可通过借用国外资金来减少对国际储备的需求。这种借款能力既包括政府通过国际协定获得的向国际金融机构和其他国家政府的借款能力,也包括私人商业银行在国际金融市场上筹措应急资金的能力。一国借用国外资金的能力在很大程度上取决于该国的经济发展水平、该国的经济制度、金融市场发育程度和该国的国际信誉。一般说来,发达国家的借款能力强于发展中国家,从而可以相应减少对国际储备的需求。

(七)该国货币在国际货币体系中所处的地位

储备货币发行国经常可以用本国货币偿付国际债务,从而可相应减少对国际储备的需求。

(八)各国政策的国际协调

各国政策的国际协调从狭义上讲是指各国在制定国内政策的过程中,通过各国间的磋商等方式对某些条款进行共同的设置。从广义上看,凡是在国际范围内能够对各国国内宏观经济政策产生一定程度制约的行为均可视为国际政策协调。

四、国际储备供给

国际储备供给是指国际储备的来源,包括外汇储备、黄金储备,以及在国际货币基金组织的储备地位。外汇储备是由外汇储备货币国由于贸易逆差而向国外输出所形成的。黄金储备则是一国货币当局直接开采并冶炼黄金或在国内外黄金市场上购买黄金所形成的,在国际货币基金组织的储备地位则是该组织根据有关原则进行分配而形成的。一个国家国际储备的供给来源有以下四个方面:

1. 收购黄金

收购黄金包括两个方面:一国从国内收购黄金并集中至中央银行手中;一国中央银行在国际金融市场上购买黄金。不过,因为黄金在各国日常经济交易中使用价值不大,加上黄金产量也有限,所以黄金在国际储备中的比重一般不会增加。

2. 收支顺差

(1)国际收支中经常项目的顺差

它是国际储备的主要来源,该顺差中最重要的是贸易顺差,其次是劳务顺差。目前,劳务收支在各国经济交往中,地位不断提高,许多国家的贸易收支逆差甚至整个国际收支逆差,都利用劳务收支顺差来弥补。在不存在资本净流出时,如果一国经常项目为顺差,则必然形成国际储备;而在不存在资本净流入时,如果一国经常项目为逆差,则必然使国际储备减少。

(2)国际收支中资本项目的顺差

它是国际储备的重要补充来源。目前国际资本流动频繁且规模巨大,当借贷资本流入大于借贷资本流出时,就形成资本项目顺差。如果这时不存在经常项目逆差,这些顺差就形成国际储备。这种储备的特点就是由负债所构成,到期必须偿还。但在偿还之前,可作储备资产使用。当一国的借贷资本流出大于借贷资本流入时,资本项目必然发生逆差,如果这时有经常项目逆差,则国际储备将会大幅减少。

3. 干预市场取得的外汇

中央银行干预外汇市场的结果也可取得一定的外汇,从而增加国际储备。当一国的货币汇率受供求的影响而有上升的趋势或已上升时,该国的中央银行往往就会在外汇市场上进行公开市场业务,抛售本币,购进外汇,从而增加该国的国际储备。另一方面,当一国的货币汇率有下浮趋势或已下浮时,该国就会购进本币,抛售其他硬货币,从而减少该国储备。一般来说,一个货币汇率上升的国家,往往是国际收支顺差较多的国家,因此,没有必要通过购进外汇来增加已过多的外汇储备,但由于共同干预的需要,会自觉或者不自觉地增加该国的外汇储备。

4. 国外借款

一国货币当局可以直接从国际金融市场或国际金融机构借款来补充外汇储备。

阅读材料

国际储备货币的演变

从工业革命到第一次世界大战爆发,英镑一直是主要的国际储备货币。当年,英国是世界最大的出口国,在 1860 年占世界出口总额的 30% 多;在 1860—1914 年,大约 60% 的国际贸易以英镑成交和结算。同时,伦敦是最发达的国际金融中心,其他国家如果到海外筹款,往往到伦敦市场发行以英镑标值的债券。

英镑的国际地位离不开大英帝国的经济和军事实力。早在 18 世纪早期,英国政府就极力促使英国在世界各地的殖民地使用英镑。英国金融机构在殖民地国家建立分支机构,殖民地国家的银行也在伦敦设立分行。这些活动极大地提高了伦敦金融市场的交易量和流通性。由于伦敦市场发达、流通性高,各国政府可以在伦敦管理他们的国际储备,还可以干预外汇市场,保持汇率稳定,因此在第一次世界大战爆发前,英镑几乎占了国际货币储备的一半。

后来,英镑的地位逐渐被美元代替。但作为外汇储备,美元的崛起并非一帆风顺。早在 1872 年美国就超过英国,成为世界最大的经济实体。在国际贸易方面,美国在第一次世界大战之前增长迅猛,并于 1912 年成为世界最大贸易国。但是,美元并没有马上引起国际社会的重视,当时国际贸易使用的信用证仍然以英镑为主,美国连一个稳定的中央银行都没有。美国联邦储备于 1913 年成立后,主要活动之一就是扶持美元,推动美元在国际贸易中的使用。

从美元的经历来看,一个国家的经济崛起似乎与它的货币地位得到国际认可存在一个滞后期。1944 年随着布雷顿森林协议的签订,美元的霸主地位才得到确定。按照布雷顿森林协议,美元被指定为储备货币,与黄金直接挂钩,固定在 35 美元/盎司。美国政府通过"黄金窗口"来保障这一价格。美国政府有这个能力,因为在第二次世界大战期间美国已经积累了大量的黄金储备。其他货币则按固定汇率紧紧钉住美元。各国央行通过外汇市场干预来维持固定汇率,而直接干预的工具就是动用国际储备。各国央行必须储备足够的美元,以便随时在实际汇率偏离中心汇率时进行干预。这样,美元实际上成为唯一的储备货币,随后成立的国际货币基金的主要作用就是帮助各国维持固定汇率体系。

从此,美元开始主宰世界金融。布雷顿森林协议为什么选美元?原因很简单,大英帝国已经日落西山,英镑已无法与美元竞争。遗憾的是,布雷顿森林固定汇率制度在 20 世纪 70年代崩溃。实际上,问题早在 20 世纪 60 年代末就开始出现。当时其他主要国家如德国和日本对美国的贸易顺差持续增加,他们由此积累的美元储备愈来愈多,这些国家对美国政府对美元与黄金挂钩的承诺逐渐失去信心。最终,美国总统尼克松于 1971 年宣布关闭"黄金窗口",布雷顿体系随之坍塌。随后,各主要货币逐一开始自由浮动。如果汇率完全自由浮动,即央行从不干预外汇市场,汇率完全由市场供给和需求决定,原则上来讲央行是不需要保持外汇储备的。但在现实中,这种不受央行干预、完全自由浮动的汇率制度是不存在的。此外,许多货币目前仍钉住某个主要货币如美元,维持一定的外汇储备是必要的。各国积累外汇储备的途径有多种。有些国家是由于长期进出口顺差,比如中国、日本及其他一些亚洲国家;有些国家是石油出口国,如沙特、科威特和俄罗斯;有些国家则是通过大量干预外汇市场而积累了巨额外汇储备,如瑞士。

(资料来源:吴丛生.人民币作为国际储备货币的前景展望[J].重庆交通大学学报(社会科学版),2018,18(4):50-54,61.)

第二节　国际储备的规模管理

国际储备规模管理,又称为总量管理或水平管理,就是对国际储备的规模大小进行有效的选择和确定,以便把国际储备规模维持在一个相对合理的水平上。所以,国际储备规模管理的实质,就是确定和保持国际储备的适度规模水平。而一个国家如何实现国际储备的适度规模,主要取决于该国国际储备资产的供求状况。

一、国际储备规模管理的内容

(一)国际储备的供给

国际储备的供给量取决于国际储备的四个构成要素的增减变化。总的来说,影响国际储备供给量的因素可以分为两类:一是决定和影响一国出口创汇和换汇能力以及对外投资收益的因素;二是决定和影响一国获得国际信贷的能力。如前文所述,这两类因素对国际储备供给量的影响主要表现在以下几个方面:国际收支顺差;国际信贷;干预外汇市场所得的外汇;黄金存量;特别提款权的分配(特别提款权是 IMF 分配给成员国的一种国际流通和支付手段,是各成员国国际储备的一个构成部分。特别提款权每五年分配一次,由于它是根据"篮子货币"进行定值的,因而其内在价值相对比较稳定,但是其分配的数量有限);在 IMF 的储备头寸(其数额大小取决于 IMF 分配给各成员国的配额,而且在使用时还要受到各种条件的限制)。

(二)国际储备的需求

国际储备需求是国际储备理论和政策中的中心议题。如前文所述,一国对国际储备的需求,主要来自以下几个方面:弥补国际收支逆差;干预外汇市场,维护汇率稳定;应对因突发事件引起的紧急国际支付;国际信贷保证(一国的国际储备充足与否直接关系到该国的国际信誉高低,充足的国际储备不仅可以作为一国对外借贷和国际融资的信誉保证,而且有助于提高一国的债信和货币稳定性的信心)。

出于以上原因,一国需要保持一定存量规模的国际储备。各国究竟需要多少国际储备,国际上并没有一个统一的标准。不同类型的国家因为经济发展状况不一样,对国际储备的需求是不一样的。即使是同一个国家,在不同的经济发展阶段,对国际储备的需求也是不一样的。因此,各国必须从本国的实际情况出发,综合考虑各种影响因素来确定最佳的国际储备量。

（三）影响适度国际储备量的因素

一般来说,适度的国际储备量是一国政府为平衡国际收支和维持货币汇率稳定所持有的黄金和外汇的需求量。影响一国适度国际储备量的因素主要有以下六个方面。

①对外贸易状况。贸易收支往往是决定国际收支的重要因素,而国际储备的最基本作用也是弥补国际收支逆差,因此,对外贸易状况是决定一国国际储备需求量的重要因素。对外贸易状况主要包括对外贸易规模、对外贸易条件以及商品的国际竞争力。对外贸易规模大,对外贸依存度高的国家,对外贸易在国民经济中所处的地位和发挥的作用大,就需要较多的国际储备;相反,较少的国际储备就可以满足需求。

②汇率制度。储备需求与汇率制度有着密切的关系。如果一国实行的是固定汇率制度,并且政府不愿意经常性地改变汇率水平,则该国的储备规模就应该相对高些,以应对国际收支可能产生的突发性巨额逆差或外汇市场突然爆发的大规模投机行为。如果该国实行的是浮动汇率制度,对国际储备需求的大小取决于政府对汇率波动幅度大小的规定,即政府为本国货币汇率波动制定一个范围,汇率在这个范围之内波动,政府不予干预;如果超出这个范围,政府才进行干预,使汇率重新回到规定的范围之内。如果一国汇率波动幅度规定得大,对国际储备的需求就较少,反之则多一些。

③外汇管制程度。实行管制的国家,在发生国际收支逆差时,可以既不通过经济政策来调整,也不通过汇率来调整,而是通过对外汇的直接管制来扩大外汇收入和限制外汇支出,从而实现国际收支平衡。管制越严,需要的储备就越少;反之,需要的储备就越多。

④货币的国际地位。一国货币如果处于储备货币的地位,那么它可以通过输出本国货币的办法来弥补国际收支逆差,不需要较多的国际储备;相反,则需要较多的国际储备。本国货币在国际储备体系中的地位较强,本国货币的输出规模可以大一些,对国际储备的需求就少一些;相反,就多一些。

⑤持有储备货币的机会成本。国际储备实际上是对国外实际资源的购买力。若利用得好,就可以增加国内投资和加快经济发展。它表明持有国际储备所付出的代价。同时,由于储备资产中在国外的银行存款和外国政府债券有一定利息,因此一国持有国际储备的成本等于投资收益率与利息率之差。这一差额越大,表明持有国际储备的成本越高:反之,则表明持有国际储备的成本越低。

⑥金融市场的发育程度。一国的金融市场发达程度越高,其国际储备水平就可以低一些,因为发达的金融市场能够提供较多的诱导性储备,这些储备对利率和汇率等调节政策的反应比较灵敏;相反,则需要较高的国际储备规模。

二、国际储备规模管理的必要性

国际储备规模管理就是适度控制国际储备量问题。如果一国的国际储备不足,容易发生支付危机或债务危机;国际储备不足,影响本国干预外汇市场的能力,金融危机到来时可能导致本币过度贬值;国际储备不足,反映其偿债能力有限,影响一国在国际金融市场上的信誉和举债能力;国际储备不足时会减少必要的进口,不利于一国经济的稳定增长。但同时,国际储备的规模也不宜过大,否则将产生以下不利的影响。

①国际储备过多,将人为地减少本国国民经济对其资源、物资的有效利用。国际储备的

来源,主要是出口商品换取的外汇资金,这部分储备资产实质是国内的物资以资金形式存放在国外。因此,外汇储备越多,意味着从国内抽出的物资越多,这是一种变相的物资闲置,是资源的浪费。

②国际储备过多,将对一国的通货膨胀带来压力。一国的国际储备增加将导致该国货币供应量的增加,因而必然对其通货膨胀产生压力。

③国际储备过多,要承受外汇汇率波动的损失。由于国际储备的构成中外汇储备占大部分,而外汇储备是一国存放在其他国家银行的国外资产,因此难免受到外汇汇率波动的冲击。

④国际储备过多,对于发展中国家来说尤其不利。国际社会认为该国具有充裕的资金,就可能失去享受国际金融组织低利息优惠贷款的机会,从而难以借助国际力量加快本国经济发展。

第三节　国际储备的结构管理

国际储备结构管理是指各国货币当局对储备资产所进行的最佳配置,使黄金储备、外汇储备、普通提款权和特别提款权四种形式的国际储备资产的持有量及其构成要素之间保持合理比例,以便分散风险、获取收益,充分发挥国际储备资产应有的作用。

一、国际储备结构管理的原则

各国货币当局在进行储备结构管理中应该遵循以下三个原则:

①安全性,即要保持国际储备资产的安全、有效和价值稳定。

②流动性,即国际储备资产能及时转化为满足需要的各种国际支付手段。这些需求包括国际贸易所引起的国际支付,对外债务的到期还本付息,外商直接投资企业合法收益的汇出,以及对外汇市场的必要干预,战争、自然灾害等突发事件的应急需要等。

③盈利性,即在国际储备资产保值的基础上能够增值、获利。

由于储备资产的安全性、流动性和盈利性呈负相关关系,安全性与流动性高,盈利性较低;如果盈利性高,安全性与流动性较差,所以货币当局对这三个原则应统筹兼顾,互相补充,在安全性、流动性有保证的前提下,争取最大盈利。

二、国际储备结构管理的内容

一国对国际储备的管理,除了在量上将国际储备保持在最适度水平上外,还需要在质上拥有一个适当的国际储备结构,尤其是各种储备货币的构成,具体包括储备货币种类的比例安排和储备资产流动性结构的确定。

(一)储备资产基本形式的结构管理

在国际储备的四种基本形式中,在国际货币基金组织的储备头寸和特别提款权的持有数量主要取决于国际货币基金组织的政策,各国政府在这种结构管理中主要是调整黄金储备和外汇储备的比例。调整黄金储备与外汇储备比例的基本手段是在国际黄金市场上买卖黄金。从基本趋势来看,黄金比重逐步下降。这一方面是由于黄金产量增长较慢;另一方面是由于黄金不能直接用于国际支付,而且保管成本较高。

(二)储备货币种类的安排

储备货币种类的安排指确定各种储备货币在一国外汇储备额中各自所占的比重;浮动汇率制下各主要货币之间比率的波动造成了以不同货币持有储备资产的收益差异和不确定性。趋利避害是人类社会的自然本能,人们安排证券投资的组合都希望在获得一定预期收益率的情况下将风险减低到最小限度,或者说在承担一定的风险条件下获取尽可能高的预期收益率。同样,各国货币当局也会根据资产管理的这一原则来安排外汇储备结构。

预期收益率等于名义利率加上该资产的预期升值率。不同储备货币的名义利率是容易确定的。然而在收益率中重要的是一种资产对另一种资产的升值,在浮动汇率制下部分收益难以事先确定,由此也使得整个收益率具有不确定性。对于外汇储备,收益不确定的风险表现为一国当局将持有的储备资产转化为其他资产进行使用时面临购买力下降的可能性,例如,一国可以以美元来持有储备资产,由此把以美元计值的风险减少到最低限度。但如果一国的贸易伙伴主要是欧洲国家,则该国美元储备的购买力将随美元对欧洲国家货币的汇率升降而波动。因此,为了减少汇率风险,一国可以考虑设立与弥补赤字和干预市场所需用的货币保持一致的储备货币结构。

减少外汇储备风险的另一种可行办法是实行储备货币多样化。目前世界储备货币多样化的格局也正是在浮动汇率制度下各国货币当局避免风险、保持外汇储备购买力的决策结果。根据詹姆士·托宾的投资组合选择理论,把各种相互独立的不同资产混合搭配进行投资所承担的风险,一般要低于投资于任何一种资产所承担的风险。因此一部分资产的亏损可以由另一部分资产的升值来抵冲,从而维持预期的收益率,或保证资产的价值不受亏损。同样,一国货币当局实行储备货币多样化组合,也可以避免"将所有鸡蛋放在同一个篮子中"的风险,使整个储备资产的购买力保持不变。

(三)储备资产流动性结构的确定

在外汇储备中,为了减少外汇汇率变动的风险,各种货币要占一定的比重。那么,在一种货币储备中存款和各种证券又应各占多大比重为好呢? 如果说储备货币构成的安排需要考虑的是安全性与盈利性之间关系的话,那么此处需要进行权衡的主要是流动性与盈利性之间的关系。一般来说,流动性是与盈利性呈反方向关系的。流动性(或变现性)高的资产,盈利性往往就低,而盈利性高的资产,其流动性往往就低。有些学者和有些货币当局(如英格兰银行)根据流动性将储备资产划分为三个档次:

①一级储备或流动储备资产,指流动性非常高的资产,即活期存款和短期票据(如90天国库券),平均期限为三个月。

②二级储备,指收益率高于一级储备,而流动性低于一级储备但仍然很高的储备,如中期国库券,平均期限为2～5年。

③收益率高但流动性低的储备资产,如长期公债和其他信誉良好的债券,平均期限为4～10年。至于这流动性的三个档次在储备资产中如何具体安排,则视各国的具体情况而

定。大体来说,一国应当拥有足够的一级储备来满足储备的交易性需求。这部分储备随时可以动用,充当日常干预外汇市场的手段。一旦满足这种交易性需要,货币当局就可以将剩余的储备资产主要在各种二级储备与高收益储备之间进行组合投资,以期在保持一定的流动性条件下获取尽可能高的预期收益率。

一国在安排储备资产的流动性结构中,还应将黄金、特别提款权和储备头寸考虑进去,以保持整个国际储备较优的流动性结构。从流动性程度来看,会员国在 IMF 的储备头寸随时可以动用,类似于一级储备。特别提款权的使用尽管不附带限制条件,但必须向 IMF 申请,并由 IMF 安排给接受特别提款权的国家提供可兑换外汇,这一过程需要一定的时日,故可以将特别提款权视同二级储备。而黄金的投机性最强,一国当局往往只有在被认为是合适的价格水平上才愿意出售,来换得所需的储备货币。因此,黄金应列为高收益低流动性的储备资产。

由于国际储备本身的性质,各国货币当局在安排其资产结构时通常较私人投资者更注重资产的安全性和流动性,而相对不那么积极追求盈利性。各国大都尽量限制储备资产投资于世界银行和存在国家风险的国家或投资于公司证券,而愿意投资在政府债券和 AAA 级的欧洲债券上。储备资产中一般不包括公司证券,这是因为公司证券的信誉和安全性不如政府债券,而且从政治角度考虑,一国政府不宜与他国的公司打交道。

阅读材料

全球储备资产结构演进

一、黄金储备:份额大幅下降,21 世纪以来触底反弹

在金本位体系下,黄金为主要储备资产。布雷顿森林体系建立以来,全球储备资产规模增速平稳,黄金在储备资产中份额呈下降趋势。1950—1969 年,全球储备资产由 476.5 亿美元升至 772.5 亿美元,黄金份额由 68.5% 降至 49.0%。牙买加体系黄金非货币化原则的推出,加快了黄金储备份额的下降。2008 年年末,全球储备资产中黄金储备的份额已降至 6.3%。21 世纪以来,储备资产管理者增持黄金储备的意愿有所提高。一方面,1999 年,欧洲国家央行签署中央银行黄金协议,对支撑金价发挥重要作用;另一方面,黄金价格与债券实际收益率和美元指数呈负相关关系,对美元外汇储备风险具有较好对冲效果,成为储备资产管理者进行资产组合管理的重要选项。另外,全球地缘政治格局的变化也使部分国家逐步减持美元储备,增持黄金,例如俄罗斯、委内瑞拉等。2021 年末,全球黄金储备规模为 13 822 亿美元,约占储备资产总规模的 9%,较历史低点 6% 有所提升。

二、外汇储备:美元有价证券占主导地位,非传统货币份额不断提升

外汇储备币种结构能够反映国际货币体系的整体变化趋势。第一次世界大战前,英镑在全球外汇储备中占比超过 60%。布雷顿森林体系建立后,美元外汇储备份额持续攀升,并在 2000 年前后达到峰值。21 世纪以来,外汇储备币种结构日趋多元化,以美元、欧元、英镑和日元为代表的传统国际货币份额趋降,而以人民币、澳大利亚元、加拿大元为代表的非传统货币外汇储备占比不断提升。2000—2021 年,美元外汇储备份额由 78.4% 降至 58.8%;而非传统货币外汇储备占比则由不足 2% 升至 10.2%。非传统货币份额提升的主要原因包括主要储备货币利率水平长期处于低位,电子化技术发展显著降低非传统货币资产交易成本等。

以债券为代表的有价证券是全球外汇储备的主要资产构成。2021 年年末,有价证券占主要国家外汇储备资产规模的 85.2%。2008 年金融危机前,外国商业银行存款是外汇储备

资产重要的配置选项。2006 年，主要国家和地区外汇储备中银行存款占比达到 19.6%。2008 年金融危机对国际大型银行的信用产生冲击，储备管理者持续缩减商业银行存款。2010 年，商业银行存款比例降至 7.4%。近年来，外汇储备中金融机构存款份额有所回升，2021 年年末已升至 15.8%。其中，主权和超主权机构存款替代商业银行存款，成为储备资产管理者更青睐的投资标的。2021 年年末，央行及超主权机构存款占主要国家外汇储备比例的 13%，较 2006 年提高了 11.2 个百分点。

三、持有者：集中度变化趋于平稳，"中心-外围"国家存在明显差异

（一）全球储备资产集中度变化趋于平稳

1990—2010 年，全球储备资产规模快速攀升，黄金储备和外汇储备集中度均呈大幅提高态势。前十大黄金和外汇储备持有者份额分别由 1990 年的 59.7%、57.5% 升至 2010 年末的 69.5%、67.4%。2010 年以来，随着全球储备资产增速的放缓，黄金和外汇储备集中度变化趋于平稳。2021 年年末，前十大黄金和外汇储备持有者份额分别为 69% 和 65.9%，基本与 2010 年相当；而最大、前三大和前五大持有者份额均呈下降趋势。

（二）新兴经济体和发展中国家的持有份额大幅上升

1990—2008 年，新兴市场和发展中国家持有的全球储备资产份额由 19.6% 升至 62.2%。其中，持有全球外汇储备份额由 20.9% 升至 65.2%；持有全球黄金储备份额由 13.7% 升至 16.8%。驱动发展中国家储备增加的主要原因包括提高抵御外部冲击（特别是短期资本急停）的能力；调节汇率，形成更有利的出口条件；降低主权风险和外部融资成本等。新兴市场储备资产规模上升主要由外汇储备，特别是持有美国国债规模增长推动。2008 年金融危机之后，受新兴经济体逐步扩大汇率波动区间、发达经济体整体的贸易逆差程度有所下降等因素影响，新兴经济体持有的储备资产份额有所下降，2021 年年末降至 54.5%。其中，外汇储备份额由 65.2% 降至 56.1%，黄金储备份额由 16.8% 升至 38.2%。

（资料来源：陈卫东，熊启跃，赵雪情. 全球储备资产：历史趋势、形成机制和中国启示国际金融研究 [J]. 2023（4）：3-16.）

第四节　中国的国际储备

自从进入信用货币制度体系后，国际储备资产就成为信用货币币值稳定的物质保证。黄金和外汇储备一直是各国国际储备的主要内容。新中国的国际储备资产主要由外汇储备与黄金储备构成。

一、新中国国际储备资产的历史演变

（一）极度匮乏期（1949—1973 年）

新中国成立之初，人民政府继承的是极其匮乏的国际储备。这种局面的产生一方面是自鸦片战争以来，中国长期饱受列强的欺凌，通过贸易逆差以及其他途径外流的贵金属非常多。据统计，仅 1932—1936 年，中国就有共计价值近 10 亿关两的金银净流往国外。20 世纪

60年代初,中国经历了三年困难时期,需从国外进口粮食等物资,多用黄金进行国际支付。1962—1964年,中国的黄金储备不断下降,跌至历史最低点93.3吨。1965年后,国家开始重视黄金生产,源自国内积累的黄金储备开始增多。1968年,我国又从国外购入黄金62吨。经过国内国外的双重累积,到20世纪70年代初,我国黄金储备已达280吨。中华人民共和国成立后的二十多年里,国家黄金储备持续慢速增长,一直没有突破300吨。由于面临着国际上的经济封锁,外汇储备的获取渠道极少。相对于外汇储备的不易获得,黄金在管制生产与流通体制下更容易获取,除少部分工业用金外,黄金成为主要的国际储备资产。值得注意的是,“文化大革命”期间,中国黄金储备量大幅增长。1968年和1971年,我国两次增持黄金400万盎司。1971年后,由于美国政府宣布对外停止兑换黄金,国际金价开始上涨。1973年3月,我国又增持黄金380万盎司,到1973年底,我国共持有黄金储备280吨。

新中国成立之初,外汇储备也同样匮乏。当时以美国为首的主要资本主义国家对新中国实行封锁、包围和孤立的外交政策。面对国际经济封锁,我国与西方国家正常的贸易往来中断,仅维持香港的部分周转贸易,及与少数社会主义国家的贸易往来。对外贸易往来的贫乏使得外汇的获取十分不易。

从总体上看,1949—1973年,我国国际储备可谓极度匮乏。尽管实行统收管制,黄金储备的积累一直未能突破300吨;外汇储备方面,由于出口不够稳定,总量也很小,本阶段年外汇储备额最高仅为5.43亿美元。

(二)突破性增长时期(1974—1978年)

进入20世纪70年代,中国的外交关系开始突破坚冰。随着外交关系的恢复与新建,西方国家对中国的封锁遏制逐渐被打破。我国的出口增长迅速,外汇储备加快,黄金重要性淡化。

1974年,我国从国际金融市场购入黄金118吨,黄金储备增至398吨。新中国成立25年后,我国黄金储备首次突破300吨大关。随着出口贸易的增长,我国外汇储备出现较大增幅,1975—1977年外汇储备持续突破性增长,1976年突破10亿美元大关,1977年突破20亿美元大关。1978年,我国以现汇方式引进了22个大型项目,其中包括宝山钢铁厂一期工程、大庆炼油厂等,我国外汇储备出现较大幅度减少。

1974—1978年,我国国际储备出现突破性增长。黄金储备经过二十多年的积累以及两次从国际金融市场购入,到1978年时已经累积为398吨。外汇储备的积累起伏较大,一方面与西方国家经济贸易逐渐正常化而得以逐步累积,另一方面多次进口重要设备,加上唐山大地震后我国多次从国际上购入物资支持灾区重建,因此,到1977年时,作为本阶段外汇储备最高的年份,我国积累的外汇储备仍然不多,仅为23.45亿美元。因为外汇资源短缺,国际储备资产仍然以黄金为主。

(三)快速增长时期(1979—1990年)

本阶段,我国国际储备的积累速度有所增加,但增长速度总体上还是平缓的。

1.外汇储备方面

1979年开始,我国实行改革开放政策,外贸体制从国营外贸公司垄断经营走向允许多种体制经营。相互竞争促使企业的出口能力提高。1980年,我国恢复了在IMF和世界银行的合法席位,对外贸易往来的国家增多,经贸往来的规模和内容也不断增加。因此,从本时期起,外汇储备资产的增长呈快速趋势。1983 年,实行外汇留成制度和贸易外汇内部结算价,出口大幅度增加,当年的外汇储备增加到 89 亿美元。1984 年后,我国经济出现过热倾向,进口猛增,经常项目出现逆差,致使到 1986 年,我国外汇储备减少到 21 亿美元。1988 年,经济再次过热,进口快于出口,经常项目逆差,但由于此时国家已开始注意招商引资,外资流入的增加弥补了经常项目逆差,使得 1988 年和 1989 年外汇储备在低位维持。整个 20 世纪 80 年代,我国的国际储备基本上保持在一百多亿美元的水平,说明这段时期的积累速度虽然较改革开放之前有所增加,但增速仍然平缓。1989 年和 1990 年,人民币汇率两次下调,货币贬值推动了出口,同时资本流入平稳增长,外汇储备增加较快,1990 年我国外汇储备迅速突破 100 亿美元大关,达 110.93 亿美元。

2. 黄金储备方面

1978 年经济领域实行改革开放后,黄金市场也在酝酿松动。1982 年 8 月,中国人民银行发布《关于在国内销售黄金饰品的通知》,中断 20 多年的黄金饰品市场重新得以恢复。而与其他经济领域内改革开放的步伐相比较,黄金市场的放开是十分缓慢的。从 1981 年开始的 20 年间,黄金储备始终保持在 395 吨的水平。

从总体上看,1979—1990 年,我国国际储备可谓快速增长。从国际储备结构上看,外汇储备比重很快超过黄金储备,多数年份外汇储备占总储备的比例高于 85%。

(四)规模猛增及外汇储备畸重时期(1991—2010 年)

20 世纪 90 年代,中国国际储备的增长大大提速,从 1989 年的 185.47 亿美元,到 1996 年美元跨入千亿美元时代,仅用了 7 年时间,从千亿美元进入万亿美元大关也用了 7 年时间。国际储备资产的迅猛增长与外汇储备的快速增长密不可分。到 1994 年,我国已初步建立起社会主义市场经济体制。经济的快速发展带动了出口的快速增长以及外汇储备的持续增加。20 世纪 90 年代,汇率并轨后,在资本与金融项目严格管制的同时,对经常项目实施强制结售汇制度。1996 年 12 月,人民币经常项目实现可兑换。这一时期,国家还出台了各种利用外资的优惠政策来吸引外资。这些措施有利于外汇储备快速增长。2002 年,我国成为吸引外商直接投资最多的国家之一。外商直接投资的持续增加带来了我国国际收支的双顺差,成为外汇储备持续增加的重要基础。

中国加入世贸组织以后,人民币的升值预期又促进外汇储备增加。自 2002 年 2 月起,作为国际货币的美元开始贬值,人民币钉住美元,对其他货币贬值,造成币值低估。升值压力最终促成 2005 年 7 月 21 日的人民币汇率体制改革,国家放弃钉住美元,转盯一篮子货币,同时宣布人民币汇率立即升值 2.1%。随后几年人民币的汇率走势证明,汇率弹性依然有限。这部分是因为政府一直将维持汇率稳定作为宏观经济目标之一,频频干预外汇市场。人民币升值的市场预期仍然持续。一方面是资本项目顺差。人民币的升值预期刺激国际资本继续向我国流动,以谋求人民币升值的更多收益。另一方面是经常项目顺差。稳定的汇率消除了汇率风险,促进我国的出口增长,外汇收入增加。外汇储备以年均 20% 的速度增长。2006 年,我国外汇储备突破 1 万亿美元大关,超越日本成为外汇储备第一大国。2009 年,我国外汇储备又突破 2 万亿美元,截至 2011 年 12 月 31 日,我国拥有的外汇储备达 3.181 万亿美元。外汇持有量连续六年居世界之冠。巨额外汇储备引发持续的人民币升值预期。2005 年汇率改革后,我国汇率水平持续上升。

随着我国外汇储备的超高速增长,外汇储备总量在全球外汇储备总量中的比重也逐年上升。2001年,我国外汇储备突破2 000亿美元,在全球外汇储备中占比为10.38%。2002年开始,随着入世效应逐步显现,我国外汇储备的积累提速,到2006年突破万亿大关,在全球外汇储备中占比也突破了20%。到2010年,我国外汇储备持有量约占全球外汇储备量的1/3。

与上一时期的持续慢速增长相比,这一时期前十年中国的黄金储备没有任何增长。整个20世纪90年代里,我国黄金储备一直保持在395吨以上。1997年爆发亚洲金融危机,部分国家外汇储备枯竭敲响了国际储备积累的警钟。危机之后,增持黄金储备成为亚洲国家一致的选择。这一时期,我国的外汇储备虽然已达2 121.65亿美元,但自2001年起仍适时增持了黄金储备,当年增持105.8吨,2006年又增持近100吨,达到600吨的水平。

2008年,美国金融危机蔓延至全球,并最终拖累全球实体经济陷入衰退。黄金则因其价值的稳定性优势成为官方和民间保值财富的主要手段。2009年,中国增持黄金454吨,从世界排名第8位跃升至第5位。民间对于黄金的需求也处于极端旺盛状态,国际金价均价由2007年的723.6美元/盎司,跃升至2010年的1 172美元/盎司。到2011年更创下了1 920.94美元/盎司的历史高位。受国际形势影响,国内金价在2010年上涨了24.89%,2011年上涨了23.23%,达到327.53元/克。

2015年末国家外汇储备33 304亿美元,比上年末减少5127亿美元。2020年,因交易形成的储备资产(剔除汇率、价格等非交易价值变动影响)增加280亿美元。其中,交易形成的外汇储备上升262亿美元,保持基本稳定。综合考虑交易、汇率折算、资产价格变动等因素后,截至2020年末,我国外汇储备余额32 165亿美元,较2019年末增加1 086亿美元。国家外汇管理局统计数据显示,截至2023年6月末,我国外汇储备规模为31 930亿美元,较5月末上升165亿美元,升幅为0.52%。

综上所述,本阶段中国的国际储备资产实现了大规模增长,但就国际储备结构来分析,在巨大的成就背后也隐藏着巨大的风险隐患。我国的国际储备资产过度集中于外汇储备资产,尤其是近些年来,这一比重甚至高达99%,完全违背了"不把鸡蛋放在一个篮子"里的风险分散原则。

二、中国国际储备的结构优化

从规模上看,新中国成立80多年来,国际储备资产经历了初期极度匮乏,外交破冰后突破性增长,改革开放后特别是进入21世纪以来的快速增长。这一增长过程从侧面反映了中国经济发展的巨大成就,同时也大大增强了我国宏观调控的实力。从组成来看,改革开放前黄金储备增长较快,外汇储备几无积累;改革开放之后,黄金储备增速缓慢,仅有三次增长。1978年后,尤其是进入21世纪以来,外汇储备增速迅猛,从2006年起年年蝉联世界第一。

但是,我国的国际储备资产结构并不合理,黄金储备所占比例大大低于外汇储备。1990—2010年的黄金储备平均占比仅为0.94%,大大低于3%~5%的一般标准。从黄金方面来看,作为重要的战略资源,其增长量受限于自然资源的限制以及生产效率低等因素。从外汇储备方面来看,这是与我国外向型经济格局以及结售汇制度密不可分的。

目前我国外汇储备畸重,尤其是持有过多的美元储备,存在着极大的隐患。我国国际储备结构优化是一种必然趋势。国际储备资产结构优化的一般性原则是:首先是安全性要求,可投资于高流动低风险的金融资产。其次是盈利性要求,可投资于高收益的金融资产和战略性资源储备。在经济稳定运行期,作为生息资产,外汇储备短期收益更高。在经济下行时期,黄金保值优势明显。受国际金融危机的拖累,全球实体经济远未走出萧条,扩张性货币政策的持续性也意味着短期内信用货币不可能走出贬值趋势。相比较,黄金因其价值稳定性,表现出了更好的保值增值功能。事实证明,在经济下行期,黄金比其他任何外汇资产更具有保全资产的优势。

黄金是公认的最重要的国际资产和保值手段。美国经济学家伯恩斯坦在《黄金简史》中指出:"从以往的经验来看,拜占庭币、第纳尔、英镑,都没有在世界金融体系中占据永久的统治地位。当美元或欧元无法在世界范围内履行支付工具职能时,黄金也许会再一次充当终极总裁者的角色。"主要发达经济体一直持有充足的黄金储备。传统售金主力——欧洲国家,在金融危机后售金力度明显下降。危机后,许多发展中国家也已开始增持黄金储备。因此,在当前全球经济尚未明显复苏的大背景下,适当提升我国国际储备中黄金储备的比例是必要的。

由于中国外汇储备总量庞大,大规模调整储备资产结构,必然会对国际金融市场产生影响,因此建议循序渐进地减持外汇储备。在增持黄金储备方面,可以采取发展黄金市场促进藏金于民,间接地增持中国的总黄金储备,最终提高黄金储备在国际储备中的地位和比重。

本章小结

1. 国际储备是指各国政府为了弥补国际收支赤字,保持汇率稳定,以及应付其他紧急支付的需要而持有的国际普遍接受的所有流动资产的总称。国际储备应该满足三个条件:可获得性、流动性和普遍接受性,即一国金融当局必须具有无条件地获得这类资产的能力;该资产必须具备高度的流动性;该资产必须得到国际普遍接受。

2. 外汇储备指为了应对国际支付的需要,各国的中央银行及其他政府机构所集中掌握的外汇资产。外汇储备的具体形式是政府在国外的短期存款或其他可以在国外兑现的支付手段,如外国有价证券,外国银行的支票、期票、外币汇票等。主要用于清偿国际收支逆差,以及干预外汇市场以维持该国货币的汇率。

3. 黄金储备指一国货币当局持有的,用以平衡国际收支,维持或影响汇率水平,作为金融资产持有的黄金。它在稳定国民经济、抑制通货膨胀、提高国际资信等方面有着特殊作用。黄金储备的管理意义在于实现黄金储备最大可能的流动性和收益性。

4. 特别提款权是国际货币基金组织创设的一种储备资产和记账单位,也称"纸黄金"(Paper Gold)。它是基金组织分配给会员国的一种使用资金的权利。

5. 国际储备与国际清偿能力的联系与区别:国际清偿能力的内容要广于国际储备,一国的国际清偿能力,除包括该国货币当局持有的各种形式的国际储备之外,还包括该国在国外筹借资金的能力,即向外国政府或中央银行、国际金融组织和商业银行借款的能力。因此,国际储备仅是一国具有的、现实的对外清偿能力,而国际清偿能力则是该国具有的、现实的对外清偿能力和可能有的对外清偿能力的总和。

6. 国际储备需求指一国货币当局愿意使用一定数量的实际资源以换取的国际储备数量。具体而言,它是指持有储备和不持有储备的边际成本二者之间的平衡。国际储备需求的影响因素:持有国际储备的成本;外部冲击的规模和频率;政府的政策偏好;一国国内经济发展状况;对外交往规模;借用国外资金的能力;该国货币在国际货币体系中所处的地位;各国政策的国际协调等。

7. 国际储备规模管理,又称为总量管理或水平管理,就是对国际储备的规模大小进行有效的选择和确定,以便把国际储备规模维持在一个相对合理的水平上。所以,国际储备规模管理的实质,就是确定和保持国际储备的适度规模水平。而一个国家如何实现国际储备的适度规模,主要取决于该国国际储备资产的供求状况。

8. 国际储备结构管理是指各国货币当局对储备资产所进行的最佳配置,使黄金储备、外汇储备、普通提款权和特别提款权四种形式的国际储备资产的持有量及其构成要素之间保持合理比例,以便分散风险、获取收益,充分发挥国际储备资产应有的作用。

9. 国际储备资产结构优化的一般性原则是:首先是安全性要求,可投资于高流动低风险的金融资产。其次是盈利性要求,可投资于高收益的金融资产和战略性资源储备。在经济稳定运行期,作为生息资产,外汇储备短期收益更高。在经济下行时期,黄金保值优势明显。受国际金融危机的拖累,全球实体经济远未走出萧条,扩张性货币政策的持续性也意味着短期内信用货币不可能走出贬值趋势。相比较,黄金因其价值稳定性,表现出了更好的保值增值功能。

课后思考题

一、单项选择题

1. 国际储备对一国经济实现(　　)发挥着重要作用。
   A. 内部均衡　　　　　　　B. 外部均衡　　　　　　C. 经济增长　　　　　　D. 物价稳定
2. 外汇储备是一国政府所持有的备用于(　　)的资产。
   A. 实现该国经济的外部均衡　　　　　　　B. 弥补国际收支赤字、维持本币汇率
   C. 加强该国的货币地位　　　　　　　　　D. 促进该国的经济增长
3. 一国国际储备的最主要来源是(　　)。
   A. 购进的外汇　　　　　　　　　　　　　B. 特别提款权
   C. 央行购买的黄金　　　　　　　　　　　D. 国际收支盈余
4. (　　)确定了一国国际储备的适度规模,它解决的是国际储备"量"的问题。
   A. 国际储备的总量管理　　　　　　　　　B. 国际储备的结构管理
   C. 国际储备的区间管理　　　　　　　　　D. 国际储备的分散化管理
5. 特别提款权的定值中,(　　)一直是篮子货币中比重最大的。
   A. 欧元　　　　　　　　B. 英镑　　　　　　　　C. 日元　　　　　　　　D. 美元

二、多项选择题

1.通常,国际储备包括(　　)。
   A.黄金　　　　　　　　　　　　　B.外汇储备
   C.SDR 特别提款权　　　　　　　　D.在货币基金组织的储备头寸

2.一国用于国际储备的资产,所具备的三个基本特征是(　　)。
   A.可得性　　　　　B.流动性　　　　　C.普遍接受性　　　　D.收益性

3.目前各国外汇储备中最主要的储备货币是(　　)。
   A.英镑　　　　　　B.欧元　　　　　　C.美元　　　　　　D.瑞士法郎

4.国际储备的作用有(　　)。
   A.弥补国际收支赤字　　　　　　　B.调节本币汇率
   C.充当信用保证　　　　　　　　　D.货币发行准备

三、判断题

1.黄金已不再是一国国际储备的重要组成部分。　　　　　　　　　(　　)
2.国际储备水平有一个统一适用的标准。　　　　　　　　　　　　(　　)
3.特别提款权是当前各国最重要的国际储备资产。　　　　　　　　(　　)
4.其他条件不变,持有储备的成本与国际储备需求成反比。　　　　(　　)
5.从总体来看,国际收支冲击的概率与规模越大,所需的国际储备就越多。(　　)

四、简答题

1.简述国际储备的构成。
2.比较分析国际储备与国际清偿能力。
3.如何理解国际储备需求与国际储备供给?
4.分析国际储备规模管理的必要性。
5.简述国际储备结构管理的内容。
6.分析新中国国际储备资产的历史演变。
7.如何理解中国国际储备的结构优化?

五、案例分析题

2022 年我国外汇储备名减实增

2022 年,我国经常项目顺差为历史次高,货物贸易顺差、进出口规模创历史新高,我国国际收支在各种不利因素影响下延续了自主平衡。其中,经常项目顺差 4 175 亿美元,同比增长 32%;非储备性质的资本项目逆差(含净误差与遗漏)3 176 亿美元,同比增长 1.46 倍;储备资产增加 1 000 亿美元,同比下降 47%。

从总量看,2022 年我国经常项目顺差为历史次高,仅次于 2008 年的 4 206 亿美元,占全年名义国内生产总值(GDP)比重为 2.3%,同比上升 0.5 个百分点,继续位于 ±4% 的国际警戒线以内。近年来,我国经常项目顺差绝对规模持续扩大,但顺差占 GDP 比重一直处于合理区间,显示我国对外经济平衡。这有助于人民币汇率保持在合理均衡水平,市场汇率有涨有跌、双向波动,而不易出现经常项目顺差占比过高、汇率明显低估时的趋势性单边行情。

2022 年,我国非储备性质的资本项目逆差(含净误差与遗漏)3 176 亿美元,为仅次于 2015 年、2016 年的第三高,占全年名义 GDP 比重为 -1.8%,虽然负值同比上升 1.04 个百分点,但明显好于 2015 年、2016 年平均 -5.7% 的占比水平。与 1998 年我国资本项目逆差 250 亿美元、约占当年 GDP 的 -2.4% 相比,2022 年资本项目逆差规模占 GDP 比重却不足 -2%,这反映了我国作为大型开放经济体的体量优势,凸显了我国具有更强的抗外部风险冲击能力,是理解我国金融开放和货币国际化政策立场的重要出发点。

2022 年,我国储备资产累计增加 1 000 亿美元,其中外汇储备资产增加 982 亿美元。截至 2022 年 12 月末,我国外汇储备余额为 31 277 亿美元,较上年末下降 1 225 亿美元,降幅为 3.8%。这主要反映了 2022 年美元升值、非美货币储备资产折美元减少,以及全球股票和债券资产价格下跌的影响,合计负估值效应 2 207 亿美元,贡献了外储余额降幅的 180%。从全球范围看,2022 年海外通胀高企、美联储超预期紧缩,多个经济体经历了罕见的股债汇"三杀",主要非美货币和资产价格普跌,日本、韩国等经济体通过消耗外汇储备的方式稳定本币汇率,同时一些主权财富机构和境外央行披露出现较大亏损。相较而言,我国外汇储备名减实增,规模稳定在 3 万亿美元以上,继续发挥着国家经济金融安全的"稳定器"和"压舱石"作用。

2022 年四季度以来,在美国经济连续超预期回落,美联储紧缩预期放缓的背景下,美元指数下跌,股票等风险资产价格反弹,市场风险偏好回暖,我国外汇储备也实现了"四连增"。截至 2023 年 1 月末,我国外汇储备规模为 3.18 万亿美元,较 2022 年三季度末增加 1 555 亿美元,增幅为 5.5%。未来随着我国经济稳固回升,国际收支将继续保持基本平衡。与此同时,国际金融市场对中国市场预期改善、人民币资产吸引力的增强,将有助于外汇储备规模保持基本稳定。

(资料来源:新经济学家)

1. 请根据案例内容,分析 2022 年我国外汇储备余额下降的主要原因,并讨论我国外汇储备规模稳定在 3 万亿美元以上对国际收支平衡有何重要意义?

2. 结合案例内容,从政策制定者角度,提出至少两条建议,以进一步促进我国国际收支平衡和外汇市场的稳定发展。

第三章

外　汇

【学习目标】

1. 了解外汇的概念和特征；
2. 熟悉外汇的种类；
3. 掌握外汇市场的概念；
4. 熟悉外汇市场的构成；
5. 熟悉传统外汇交易方式和类型。

【知识能力】

1. 区分不同外汇类型；
2. 掌握外汇市场的组成要素及类型；
3. 计算即期和远期外汇交易。

【工作任务】

1. 理解外汇的作用；
2. 查阅并了解世界主要外汇交易市场；
3. 计算即期外汇交易；
4. 计算远期外汇交易。

【思维导图】

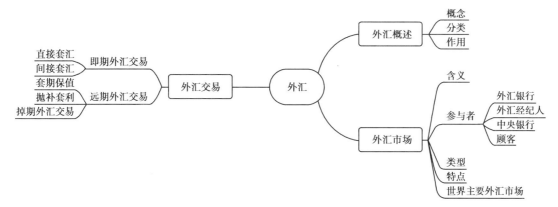

案例导入

1992 年英镑危机

欧洲货币体系于 1978 年 12 月 5 日欧洲理事会决定创建,1979 年 3 月 13 日正式成立,其实质是一个固定的可调整的汇率制度。它的运行机制有两个基本要素:一是货币篮子——欧洲货币单位(ECU);二是格子体系——汇率制度。欧洲货币单位是当时欧共体 12 个成员国货币共同组成的一篮子货币,各成员国货币在其中所占的比重大小是由他们各自的经济实力决定的。欧洲货币体系的汇率制度以欧洲货币单位为中心,让成员国的货币与欧洲货币单位挂钩,然后再通过欧洲货币单位使成员国的货币确定双边固定汇率。这种汇率制度称为格子体系或平价网。

欧洲货币单位确定的本身就孕育着一定的矛盾。欧共体成员国的实力不是固定不变的,一旦变化到一定程度,就要求对各成员国货币的权数进行调整。虽规定每隔五年权数变动一次,但若未能及时发现实力的变化或者发现了未能及时调整,通过市场自发地进行调整就会使欧洲货币体系爆发危机。1992 年 9 月中旬在欧洲货币市场上发生的一场自第二次世界大战后最严重的货币危机,其根本原因就是德国实力的增强打破了欧共体内部力量的均衡。当时德国经济实力因东西德统一而大大增强,尽管德国马克在欧洲货币单位中用马克表示的份额不变,但由于马克对美元汇率升高,马克在欧洲货币单位中的相对份额也不断提高。因为欧洲货币单位是欧共体成员国商品劳务交往和资本流动的记账单位,马克价值的变化或者说德国货币政策不仅能左右德国的宏观经济,而且对欧共体其他成员的宏观经济也会产生更大的影响。而英国和意大利经济则一直不景气,增长缓慢,失业增加,他们需要实行低利率政策,以降低企业借款成本,让企业增加投资,扩大就业,增加产量,并刺激居民消费以振兴经济。但当时德国在东西德统一后,财政上出现了巨额赤字,政府担心由此引发通货膨胀,引起习惯于低通膨胀的德国人不满,爆发政治和社会问题。因此,通货膨胀率仅为 3.5% 的德国非但拒绝上次七国首脑会议要求其降息的要求,反而在 1992 年 7 月把贴现率升为 8.75%。这样,过高的德国利息率引起了外汇市场出现抛售英镑、里拉而抢购马克的风潮,致使里拉和英镑汇率大跌,这是 1992 年欧洲货币危机的直接原因。

对德国利率提高首先作出反应的是北欧的芬兰。芬兰马克与德国马克自动挂钩,德国提高利率后,芬兰人纷纷把芬兰马克换成德国马克,到 9 月芬兰马克对德国马克的汇率持续下跌。芬兰央行为维持比价不得不抛售德国马克购买芬兰马克,但芬兰马克仍不止跌,芬兰央行的德国马克有限,在 9 月 8 日芬兰政府突然宣布芬兰马克与德国马克脱钩,自由浮动。

当时英法政府就深感问题的严重性而向德政府建议降低利率,但德国认为芬兰马克脱钩微不足道,拒绝了英法政府的建议,德国央行行长施莱辛格在 9 月 11 日公开宣布,德国绝不会降低利率。货币市场的投机者获得这个消息后就把投机的目标肆无忌惮地转向不断坚挺的德国马克。9 月 12 日,欧洲货币体系内一直是软货币的意大利里拉告急,汇率一路下挫,跌到了欧洲货币体系汇率机制中里拉对马克汇率的最大下限。在这种情况下,虽然意政府曾在 7 日和 9 日先后 2 次提高银行贴现率,从 12% 提高到 15%,同时还向外汇市场抛售马克和法郎,但也未能使局外缓和。9 月 13 日意政府不得不宣布里拉贬值,将其比价下调 3.5%,而欧洲货币体系的另外 10 种货币将升值 3.5%,这是自 1987 年 1 月 12 日以来欧洲货币体系比价的第一次调整。

到了此时,德国政府才出于维持欧洲货币体系的运行而作出细微的让步,于 9 月 14 日正式宣布贴现率降低半个百分点,由 8.75% 降到 8.25%,这是德国五年来的第一次降息。

德国的这一举动受到美英法的高度赞赏,但为时过晚,一场更大的风暴在英国的外汇市场上刮起。就在德国宣布降息的第二天,英镑汇率一路下跌,英镑与马克的比价冲破了三道防线达到 1 英镑等于 2.78 马克。英镑的狂跌使英国政府乱了阵脚,于 16 日清晨宣布提高银行利率 2 个百分点,几小时后又宣布提高 3 个百分点,把利率由 10% 提高到 15%。一天 2 次提高利率在英国近代史上是绝无仅有的。英国作出这种反常之举的目的是要吸引国外短期资本流入,增加对英镑的需求以稳定英镑的汇率。但是,市场的变化是微妙的,一旦信心动摇,大势已成,汇率变动趋势就难以遏阻了。

英镑狂跌,宣布退出欧洲货币体系,从 1992 年 9 月 15 日到 16 日,各国央行注入上百亿英镑的资金支持英镑,但也无济于事。16 日英镑与马克的比价又由前一天的 1 英镑等于 2.78 马克跌至 1 英镑等于 2.64 马克,英镑与美元的比价也跌到 1 英镑等于 1.738 美元的最低水平。在一切办法用尽之后,9 月 16 日晚上,英国财政大臣拉蒙特宣布英国退出欧洲货币体系并降低利息率 3 个百分点,17 日上午又把利率降低 2 个百分点,恢复到原来 10% 的水平。

意大利里拉在 13 日贬值之后,仅隔了 3 天又一次在外汇市场上处于危机,马克对里拉的比价再次超过了重新调整后的汇率下浮的界限,意政府为了挽救里拉下跌花了价值 40 万亿里拉的外汇储备终未奏效,只好宣布里拉退出欧洲货币体系,让其自由浮动。

欧共体财政官员召开了长达六小时的紧急会议后宣布同意英意两国暂时脱离欧洲货币体系,西班牙比赛塔贬值 5%。从 1987 年 1 月到 1992 年 9 月,五年多时间内欧洲货币体系的汇率只进行过一次调整,而在 1992 年 9 月 13 日至 16 日,三天之内就进行了二次调整,可见这次欧洲货币危机的严重性。

直到 1992 年 9 月 20,法国公民投票通过了其中心思想是把在文化政治上仍有很大差别的国家建立成一个近似欧洲合众国的政治实体,其成员国不仅要使用同一种货币,而且还得奉行共同外交和安全政策的《马斯特赫条约》,才使欧洲货币风暴暂时平息下来,英镑、里拉趋向贬值后的均衡的状态。

(资料来源:游于艺.1992 年英镑危机回顾[EB/OL].(2010-10-28)[2023-06-30].金投网.)

第一节 外 汇

一、外汇的概念

(一)外汇的定义

世界上绝大多数国家都有本国的法定货币。一般情况下,外币在本国是不允许流通的,本国货币在别的国家也无法正常流通。当一个国家对外进行经济往来时,其使用的货币往往与其在国内所使用的货币是不同的。当某国将本国货币兑换成外国货币并用其发挥货币的作用,我们说这个国家使用了外汇。所以,外汇实际是站在某个国家的角度,对其他国家货币的一种称谓。

在国际贸易和其他国际交往中常常引发国际的债权债务关系,而要清算这种关系,就必须使用国际公认的货币和贸易双方皆认可的货币作为购买支付的手段,因此便产生了外汇的问题。外汇,即国际汇兑(Foreign Exchange)的简称。关于外汇的概念有动态和静态之分。

(二)定义的解释

1. 动态的定义

外汇指国际汇兑的过程,是指把一个国家的货币兑换成另一个国家的货币,借以清偿国际债权债务关系的一种专门性的金融活动。其中"汇"是指货币在资金地区之间移动;而"兑"是指将一国货币兑换成另一国货币的行为。

例如,中国的进口商向英国的出口商购买一套机器设备,作为债权人的英国出口商可能要求中国进口商以人民币进行支付,这时,中国的进口商就必须将人民币通过金融机构兑换成英镑或者购买英镑汇票汇往英国来完成支付,这一兑换的过程即称为动态的外汇。

2. 静态的定义

外汇是指以外国货币表示的用于国际结算的支付手段,主要包括外国货币、外币有价证券和以外币表示的信用工具等。国际货币信用活动中所广泛使用的"外汇"一词,一般而言是指静态的外汇。

静态的外汇可以从广义和狭义两个方面进行理解。

(1)广义的外汇

按照国际货币基金组织(IMF)的解释:"外汇是货币行政当局(中央银行、货币管理机构、外汇平准基金组织及财政部)以银行存款、国库券、长短期政府债券等形式所保有的在国际收支逆差时可以使用的债权。其中包括由中央银行及政府间协议而发行的在市场上不流通的债券,而不管它是以债务国货币还是以债权国货币表示。"

根据 IMF 的定义,我国对外汇作了更为明确的规定。我国于 1997 年 1 月 20 日颁布并实施的《中华人民共和国外汇管理条例》规定,外汇包括以下 5 种形态:①外币现钞,包括纸币、铸币等;②外币支付凭证,包括票据、银行存款凭证、邮政储蓄凭证等;③外币有价证券,包括政府债券、公司债券、股票等;④特别提款权、欧洲货币单位;⑤其他外汇资产。

从广义的外汇含义看,外汇实际上是指不具有商业特征或不完全具有货币特征的一些金融资产。

(2)狭义的外汇

狭义的外汇是指以外币表示的可用于国际之间结算的支付手段。这个概念具有两方面的含义:其一,外汇必须是以外币表示的资产;其二,外汇必须是能在国际上得到偿付,能为各国普遍接受并可以转让,可以自由兑换成其他形式的资产或支付手段的货币及外币凭证。反之,凡是不能在国际上得到偿付或不能自由兑换的各种外币证券、空头支票及拒付汇票等均不能视为外汇。

这里,自由兑换货币主要指该货币的发行国对该国经常项下的支付和资本项下的收支不进行管制或限制。国际货币基金协定第 30 条 F 款认为自由兑换货币指:①该货币在国际支付领域中被广泛使用;②该货币在国际外汇市场上是主要买卖对象;③英镑、美元、日元、欧元等是主要的自由兑换货币。非自由兑换货币主要指该货币发行国对该国经常项下的支付和资本项下的收支进行管制或限制。像以越南元、缅甸元表示的支付凭证对一国不能算作外汇,因此该货币的发行国对经常项下的支付和资本项下的收支进行严格管制。

所以,偿付性、可接受性、可转让性及可兑换性成为判断某一外币资产是否是外汇的前提条件。按照这一定义,以外币表示的有价证券和黄金不能视为外汇,因为它们不能用于国际结算,而只有把它们变为国外银行存款,才能用于国际结算。对于外币现钞,严格说来也不能算作外汇。虽然外币在其发行国是法定货币,然而,它一旦流入其他国家,便立即失去了其法定货币的身份与作用,外币持有者必须将这些外币向本国银行兑成本国货币才能使用。即使是银行,也必须将这些外币运回其发行国或境外的外币市场(如中国香港)出售变为在国外银行的存款,以及索取这些存款的外币票据与外币凭证,如汇票、本票、支票和电汇凭证等才是狭义的外汇。

二、外汇的分类

(一)根据外汇可自由兑换性的标准来分类,外汇可分为自由外汇和记账外汇

1. 自由外汇

自由外汇(Free Foreign Exchange)是指不需货币发行国的批准,可以自由兑换成其他国家货币,并对任何国家自由支付的外汇。世界上虽有不少国家宣布其货币可自由兑换,但鉴于其经济活动总量及其在世界上的地位,真正能在国际上广泛使用和接受的仅有美元、日元、英镑、欧元等少数货币,通常所说的外汇指的是自由外汇。自由外汇运用灵活,因此被各国选择为国际储备资产。

2. 记账外汇

记账外汇(Foreign Exchange of Account)是指根据两国政府贸易清算协定在进行国际结算时用作计价单位所使用的外汇。记账外汇可使用交易双方任何一方的货币,也可使用第三国的货币。不过这种货币不能兑换成其他货币,也不能支付给第三国。记账外汇只能用于支付协定当中规定的两国间贸易货款及从属费用,在双方银行开立专门账户记载使用,故又称为协定外汇。

比如中国和俄罗斯两国政府在支付协定中规定使用瑞士法郎,也就是说在交易中双方银行的账户上以瑞士法郎为记账外汇,但并不是指实际上支付瑞士法郎,只是以其他为计价单位的货币来记载双方贸易额。那么其收支差额在一定时期进行冲抵,余额或者转入次年,或者用双方可以接受的货币进行清偿或者也可以以实物来轧平。

(二)根据外汇的来源和用途来分类,外汇可分为贸易外汇和非贸易外汇

1. 贸易外汇

贸易外汇(Foreign Exchange of Trade)是指一国通过出口贸易所取得的外汇以及用于进口商品及从属费用的支付的外汇。贸易外汇主要是包括与商品进出口直接关联的运输、广告宣传、保险、银行等服务而引起的外汇收付,它是一国外汇收支的主要项目。

2. 非贸易外汇

非贸易外汇(Foreign Exchange of Invisible Trade)是指经常项目中除掉进出口贸易及其从属费用以外的项目所获得并用于这些项目支付的外汇。非贸易外汇主要包括侨汇、旅游外汇、劳务外汇、捐款外汇、援助外汇及驻外机构或境内外国机构经费等,是一国外汇收支中越来越重要的组成部分。

（三）按照外汇的交割期限来分类，外汇可分为即期外汇和远期外汇

1. 即期外汇

即期外汇（Spot Foreign Exchange）又称现汇，是指在外汇买卖成交后，交易双方于当天或两个交易日内办理交割的外汇。即期外汇交易是外汇市场上最常用的一种交易方式，即期外汇交易占外汇交易总额的大部分。主要是因为即期外汇买卖不但可以满足买方临时性的付款需要，也可以帮助买卖双方调整外汇头寸的货币比例，以避免外汇汇率风险。在中国香港市场，港元兑美元的即期交易是在当天交割，港元兑日元、新加坡元、澳元等则在次日交割，除此之外的其他货币则在第三天即成交后的第二个营业日交割。

2. 远期外汇

远期外汇（Forward Foreign Exchange）又称期汇，是指交易双方在成交后并不立即办理交割，而是事先约定币种、金额、汇率、交割时间等交易条件，到期才进行实际交割的外汇。

（四）按照外汇的形式来分类，外汇可分为外汇现钞与外币现汇

1. 外币现钞

是指外国钞票、铸币，或者以钞票、铸币存入银行所生成的存款，主要由境外携带入境。

2. 外币现汇

是实体在货币发行国本土银行的存款账户中的自由外汇，主要由国外汇入。或者就是我们所说的从境外汇入外汇或携入的外汇票据转存于境内商业银行的存款。它是账面上的外汇，可以用它来进行国际结算。需要注意的是各种外汇标的物，一般在只有转化为货币发行过本土的银行存款账户中的存款货币及现汇后，才能进行实际上的对外国际结算。

在现实生活和实际业务中，货币报价区别现汇和现钞有重要的意义，其中最重要的是现汇和现钞是不等值的。现钞卖出价和现汇的卖出价是相同的，而现钞的买入价要比现汇的买入价要低，也就是说银行向客户购入外汇现钞时支付给客户的本币要比银行向客户购入外汇现汇时要少。

除以上常见划分外，外汇还有许多种分类，如官方外汇、黑市外汇、劳务外汇、旅游外汇等。

三、外汇的作用

（一）实现购买力的国际转移，便利国际货币流通的发展

各国货币不能直接在他国进行流通使用，外汇使一些国家货币的价值国际化，除了运送国际共认的清偿手段——黄金以外，不同国家的购买力是不可能转移的。同时由于外汇是一种国际上清偿债权债务的支付手段，故一国若拥有大量的外汇也就意味着拥有大量的国际购买力。随着银行经营外汇业务的发展，在国际上大量运用代表外汇的各种信用工具，使不同国家货币购买力的转移成为可能。所以外汇使各国的购买力得到相互转换以利于清偿国际债权债务，又便利了国际结算，极大地便利了国际货币流通的发展。

（二）有利于国际经济交易特别是国际贸易的发展，推动全球经济的同步增长

外汇作为国际间清偿债权债务的工具，极大地加速了国际资金的周转速度，从而便利了

各国间的投资活动和资本移动,同时各种信用工具在国际贸易中的广泛使用,使国际信用增加扩大了国际间商品流通的速度与范围,促进了国际经济交易特别是国际贸易的发展,推动了全球经济的同步增长。

(三)促进国际资金的供求平衡,推动世界经济的发展

世界各国经济发展水平和周期极不平衡,国际资金供求失衡现象也尤为严重,各国都在努力寻找新的国际经济合作,特别是在国际资金借贷方面的合作。而外汇作为国际上的支付手段,可使得双方资金在供求平衡方面实现互补,调剂余缺,从而活跃整个资金市场,促进整个世界经济的发展。

第二节 外汇市场

一、外汇市场的含义

外汇市场(Foreign Exchange Market)是指从事外汇买卖的交易场所或交易网络。外汇市场是随着各国间货币交易的产生而出现并发展起来的。它是一个由现代通信设施与通信服务连接起来的无形的世界性网络系统。一般以外汇银行为中心,由外汇供求双方和交易中介机构组成,是国际金融市场的重要组成部分,它可以是有形的,也可以是无形的。

在国际贸易中对于进出口商之间贸易关系和债权债务关系的结算清算,各国银行之间进行的外汇头寸轧低对冲交易,以及各国中央银行的入市干预等活动,都要通过在外汇市场上的外汇买卖活动来实现。

具体买卖主要有以下两种基本形态。

(一)本币与外汇之间的相互买卖

本币与外汇之间的相互买卖,是指作为外汇的持有人,包括外币、外币支付凭证以及外币有价证券的持有人,可以在外汇市场上以一定的价格出售外汇,兑换成本国货币;而作为外汇的需求者,也可以在外汇市场上用本国货币以一定的价格购入外汇。

(二)不同币种的外汇之间的相互买卖

不同币种的外汇之间的相互买卖,是指作为持有外汇并需要兑换成另一种外汇者,在外汇市场上按照一定的汇率在两种外汇之间进行交换。例如,中国居民以日元购买美元,或以欧元购买日元,就属于两种不同外汇或外币的交易。

二、外汇市场的参与者

外汇市场的参与者主要包括外汇银行、外汇经纪人、中央银行和顾客四类。不同的参与者出于各种不同的目的进行交易,在外汇市场中有着不同的地位和作用。

(一)外汇银行

外汇银行(Appointed or Authorized Bank)是有权进行外汇交易的银行,不仅包括可以专营或兼营外汇业务的境内银行和其他金融机构,还包括境外银行在境内设立的分支机构、代办处或其他金融机构。外汇银行主要通过与客户的买卖交易赚取买卖差价,也通过与其他银行的交易来轧平在零售市场上的交易带来的敞口外汇头寸。此外一些大型的跨国银行还在外汇市场上承担做市商(Market Maker)的职责,即他们给出外汇的买卖报价,随时按客户要求制定的报价买卖外汇。由于所有的外汇交易都必须与外汇银行进行,因此外汇银行是外汇市场上最主要的参与者。

为了避免遭受汇率风险,外汇银行在经营外汇业务时遵循买卖平衡原则。如果某种外汇卖出多于买进,称为空头(Short Position)或超卖(Oversold);如果某种外汇买进多于卖出,称为多头(Long Position)或超买(Overbought)。多头和空头通称为敞口头寸(Open Position)。银行为轧平头寸,要将多头抛出,空头补进,简称抛补(Cover)。

外汇银行在对客户买入或卖出外汇后,其自身所持有的外汇就会出现多余或短缺,某种货币买入过多,就会形成多余的情况,我们称为多头头寸;而某种货币卖出过多,就会形成短缺的情况,称为空头头寸。银行账户上的多头头寸或空头头寸都会形成外汇敞口和风险,因此外汇银行通常会根据其头寸的总差额和汇率走势,在银行当日零售业务结算后,在银行同业外汇市场上作外汇即期或远期的抛补交易,以保持本行资产的合理配置,保持外汇头寸的平衡,将风险减少到最低限度。

对于外汇银行在外汇市场上所起的作用,可以概括为以下三个方面:①外汇银行能为外汇供求者提供外汇买卖服务;②根据市场行情,外汇银行随时对汇率进行双向报价;③中央银行需通过与外汇银行进行交易调节市场汇率。

(二)外汇经纪人

外汇经纪人(Foreign Exchange Broker)是指外汇交易双方接洽交易的中介机构,即撮合外汇买卖的媒介者,它们本身并不是交易的主体,他们不用自有资金在外汇市场上买卖外汇,而主要是利用各种通信工具和交通工具为外汇银行之间以及外汇银行与客户之间提供外汇交易的咨询分析服务,也就是传播当时的外汇价格信息及市场供求信息,撮合外汇买卖双方成交,并从中赚取佣金。

外汇经纪人报价通常是以匿名的方式报给市场,当交易完成时,经纪人则会通知两位交易当事人(当然通常是银行)。只要这两位当事人之间没有受到类似信用额度的限制,双方都可以各自签发单据给对方。

现在的外汇经纪人已经被大经纪商所垄断。大型经纪人通常属于全球性机构,并为银行间市场提供一天24小时的服务,才能够使初级报价者(也就是专业的交易员)为客户做全天候的服务,专业的外汇交易员按承担工作的责任不同,可以分为首席交易员、高级交易员、交易员、初级交易员和实习交易员。另一种经纪人就是我们通常所说的掮客,是通过专门代理客户买卖外汇来赚取佣金,比前面我们讲的经纪人规模要小。

总之作为外汇经纪人,首先必须经过其所在国的中央银行批准后才能营业。

外汇经纪人在介绍即期外汇交易时通常采用三种方式:

1. 询价

银行向外汇经纪人进行询价,当外汇经纪人报出报价后,若银行觉得报价可以接受,则说明买入还是卖出某种外汇以及买卖的数额。此后经纪人再通知该银行这笔交易是与哪一家银行做成的,并开出佣金通知书。

2. 报价

外汇经纪人进行主动报价,为了改进服务质量,外汇经纪人往往会无偿为银行交易室安装电信设备,并频繁向各银行进行报价,一旦当某银行觉得经纪人的报价对自己有利或符合自己的某种需要便可立即接受。

3. 订单配对

订单是指客户发出的按一定条件进行交易的指令,外汇经纪人可将交易条件相符的买方订单和卖方订单进行配对,并分别向交易双方开出交易确认书,在确认书中说明交易货币种类、买入或卖出数额、汇率、交割日、交易银行和账户等。

(三)中央银行

中央银行(Central Bank)在外汇市场上处于主导地位。它不仅是外汇市场的参与者,而且是外汇市场行情的实际操纵者。但是在一般情况下,中央银行并不直接参与外汇市场活动,而是委托外汇经纪人或商业银行进行外汇交易。中央银行主要通过在外汇市场进行外汇交易,以此来增加外汇储备或卖出多余的外汇资产,从而影响本国货币的币值,但是作为中央银行参与外汇交易的目的不是出于盈利的目的,而是为了调控汇率并保持外汇市场的稳定。也就是说当市场上外汇供不应求的时候,外汇汇率通常会上涨,这里中央银行会抛售外币,收回本币;而当市场上外汇供大于求,外汇汇率下跌时,中央银行则会买进外币,投放本币,以此来调整外汇市场资金的供求关系。所以,当一个国家货币的汇价发生剧烈波动时,这个国家的中央银行则不仅会在本国外汇市场上,而且也还会在国际外汇市场上,特别是波动最剧烈的国外市场上进行买进或卖出外汇来进行干预。一些国家也有专门的机构和专门的资金从事这项活动,比如中央银行通常设立的外汇平准基金。

(四)顾客

顾客(Customer)是指出于交易、保值或投机性需要而参与外汇买卖的机构和个人,如进出口商、国际投资者、跨国旅游者、外汇投机买卖者、留学生等都是外汇市场的主要供求者,他们都有可能需要利用外汇市场进行商业和投资活动,他们还会利用外汇市场来管理和规避国际交易中的汇率风险。主要有两类:

1. 外汇的实际供求者也就是外汇市场的最初供应者和最终需求者

是指那些利用外汇市场完成国际贸易或投资交易的个人或公司,比如从事进出口贸易的企业、进行跨国投融资的国际借贷者,或有外汇供需的个人等。它们是外汇的最初供应者和最终需求者,一般客户的外汇买卖反映了外汇市场的实质性供求关系。20世纪80年代以来,跨国公司成为外汇市场上的主要顾客,其雄厚的资金和巨大的业务量对外汇市场有着较大的影响。

2. 外汇投机者

外汇投机者在承担了外汇市场的风险的同时也制造风险,是外汇市场充满活力的基本因素。通常外汇投机者是通过预测汇率的涨跌趋势,利用某种外汇汇率在不同的时间和地点的差异,进行低买高卖,赚取投机价差的市场参与者。作为外汇投机者,他们本身对外汇并没有真实的需求,也就是说他们参与外汇买卖纯粹是为了寻找因市场障碍而可能获利的机会。外汇投机者通常是以风险承担者形象出现在外汇市场上的,他们通过出入于各个外汇市场,频繁地买卖外汇,使得外汇市场的汇率趋于一致,同时汇率更接近于外汇的供求状况,因此,我们说外汇投机者是外汇市场上不可缺少的力量,投机活动是使外汇市场完善的有效途径之一。但外汇投机也是一把双刃剑,外汇投机者往往操纵巨额资金,能对某种货币顺势发动突然袭击,从而影响这种货币的正常趋势,而加剧外汇市场的动荡。

三、外汇市场的类型

(一)以外汇交易的对象划分为客户市场、银行间市场和中央银行与银行间的外汇交易市场

1. 客户市场

客户市场(Customer Market)也称商业市场,是指银行与客户之间进行外汇交易的市场。在外汇交易中,客户出于各种动机向银行买卖外汇,银行在客户市场是被动的交易者,但可以因此获得买卖价差收入。

在外汇交易中,商品和劳务进出口双方,或者对外投资双方等一旦构成了买方和卖方,一般来讲,由于寻找合适的交易对象和交易方法比较困难,交易的双方是很难在外币种类、数额、交割等各方面条件上达成完全一致的,也就是说,很难做到卖方所有的货币正好是买方所要的,从而使外汇交易顺利进行。同时,由于双方的信用、财力的差异使得交易和交割的风险加大。因此,外汇交易通常是由承办外汇业务的银行(或者其他的金融机构)来承担的。这样一来,客户收到外汇时,只需要将外汇卖给外汇银行,外汇银行付出本国货币,而客户需要外汇时也只需要将本币付给外汇银行,再买入自己所需要的外汇。大家各取所需。当然,外汇银行对法人的外汇交易,可以采用转账结算,而居民个人的外汇交易则需要在银行柜台上结算。客户与银行之间所进行的交易往往金额较小,笔数又较多,故称为零售外汇市场。客户是外汇市场上的直接供给者和需要者。客户与银行间的交易是外汇市场的第一个层次。

作为银行来讲,在银行与客户的外汇交易中,一方面从客户手中买入外汇,另一方面又将外汇卖给客户,实际上是在外汇的终极供给者与终极需求者之间起中介作用,赚取外汇的买卖差价。客户与银行之间进行外汇交易时,只有银行有报价权,由于交易量小客户往往也无法与银行进行讨价还价,只能选择接受或不接受。

2. 银行间市场

银行间市场(Inter-bank Market)也称同业市场,是指银行与银行之间互相买卖外汇的市场。银行为了规避汇率风险或者赚取收益,会主动与其他银行进行外汇交易。

银行同业间的外汇交易的原因:

①银行在对客户买入或卖出外汇后,其自身所持有的外汇就会出现多余或短缺,即外汇敞口头寸。及时进行外汇头寸调拨,轧平(Square)各币种的头寸,规避汇率风险。(外汇头寸也称外汇地位,又称外汇持有额,是指银行对客户的外汇交易,不可避免地会发生买入多于卖出或者买卖大致相等的情况。外汇银行在一定时间所持有的外汇差额。)

②银行从事套利、套汇等投机目的的外汇交易。

③中央银行的外汇干预。中央银行在外汇市场上买卖外汇的行为,称为外汇干预(Exchange Intervention)。这就是我们后面所要说的第三个层次。

银行间市场主要采取整数批发交易,单笔交易金额一般都比较大,通常在100万美元至500万美元之间,交易量大,占外汇市场总额的90%以上,交易成本低,买卖差价较小。通常由外汇经纪人充当交易中介安排成交,经纪人向双方收取佣金作为报酬。这种银行与银行或与其他金融机构之间的外汇交易又称为批发性市场,构成外汇市场的第二个层次。银行间外汇交易由于交易量巨大,所以报价行在报价之后,询价行往往可以与报价行就汇率进行协商。

3. 中央银行与商业银行之间的外汇交易市场

中央银行干预外汇市场所进行的交易必须进入批发外汇市场,与外汇银行或外汇经纪人之间进行。通过这种交易,中央银行可以使外汇市场自发供求关系所决定的汇率相对地稳定在某一期望的水平上。当然,中央银行外汇干预活动主要受两个因素的制约:一是该国的国际储备总量及该国政府向国际金融组织和别国政府融通资金的规模;二是市场汇率变动的性质。成交后的外汇交割,采用对银行在国外往来行(分行、代理行)活期存款账户作划拨处理方式。

(二)以外汇交易组织形式划分为有形外汇市场和无形外汇市场

1. 有形外汇市场

有形外汇市场,是指有固定的交易场所和规定的交易时间的外汇市场。有形外汇市场是早期形成的外汇市场,参与外汇市场交易的双方于一定的时间集合于一定的地点,面对面地进行洽谈和交易,也可以通过银行柜台、电话、互联网等方式委托场内交易员交易。欧洲大陆国家大多采用此种形式,故也称"欧洲大陆式外汇市场"。目前,它逐步被无形外汇市场所取代。有形外汇市场有德国的法兰克福外汇市场、法国的巴黎外汇市场、荷兰的阿姆斯特丹外汇市场以及中国上海的外汇市场等。

2. 无形外汇市场

无形外汇市场是指没有设置固定交易场所的外汇市场。这种外汇市场的交易是通过电话、电传、传真、计算机网络等通讯设施来达成外汇交易。因为最初流行于英国和美国,故也称英美式外汇市场。无形外汇市场有伦敦、纽约、东京、苏黎世、香港等地的外汇市场。无形外汇市场上的交易瞬间可以完成,因此大大提高了外汇市场的运作效率。现在它不仅广泛流行于欧洲以外的地区,而且成为欧洲外汇交易的主要组织形式。

(三)按照外汇市场的发展程度划分为国内外汇市场和国际外汇市场

1. 国内外汇市场

国内外汇市场是只允许银行和境内居民进行交易的外汇市场。例如我国内地的外汇市场就是典型的地区性外汇市场。

2. 国际性外汇市场

国际性外汇市场是银行可以与境内外居民进行交易的外汇市场。国际性外汇市场一般不存在资金流动的限制,交易成本低,且各个国际性外汇市场的交易时间具有连续性,交易者可以进行全天候交易。

(四)按照交易期限划分为即期外汇市场和远期外汇市场

1. 即期外汇市场

即期外汇市场是指外汇交易达成后,交易双方于当天或两个交易日内办理交割手续的市场。

2. 远期外汇市场

远期外汇市场是指外汇交易达成并签订契约,买卖双方按契约的规定,在将来某个时日办理交割活动的市场。

(五)按照外汇管理划分为自由市场、官方市场和黑市

1. 自由外汇市场

自由外汇市场(Free Exchange Market)是指外汇供求各方基本上不受限制地进行外汇买卖的市场。如伦敦、纽约、苏黎世、法兰克福、新加坡、中国香港、东京等外汇市场。

2. 平行市场

平行市场(Parallel Market)也称替代市场,是在政府默许下存在的、受官方管制、替代官方市场的市场。政府之所以默许它的存在,一是可以缓解官方市场的外汇供求矛盾;二是该市场形成的汇率较真实地反映着外汇供求,政府可据此对官方汇率进行调整。

3. 外汇黑市

外汇黑市(Exchange Black Market)是指政府法律不允许存在的、非法的外汇市场。在实行严格或较严格外汇管制的国家多有这种外汇市场。

(六)按照交易工具的基本差别划分为传统和衍生的外汇市场

1. 传统的外汇市场

即进行原生工具外汇买卖的市场。如运用电汇、信汇、票汇等方式进行的外汇买卖。

2. 衍生市场

即进行从外汇交易派生出来的衍生工具交易的市场。如外汇期货、外汇期权等。

四、外汇市场的特点

(一)外汇交易规模巨大,且交易相对集中在各大金融中心

在全球金融市场不断开放和融为一体的背景下,外汇交易量持续增长,外汇市场不仅是国际结算的最大市场,而且已成为资本流动、保值避险、投资、投机的重要市场。据国际清算银行统计,2010年4月全球外汇市场日成交额达4万亿美元,如此规模是当今世界上任何其他市场无法比拟的。

全球各地外汇市场都是集中在全球的国际金融中心来进行交易的。目前世界上大约有30个主要的外汇市场,它们遍布于世界各大洲的不同国家和地区。根据传统的地域划分,可以分为欧洲、北美洲和亚洲三大部分。其中最重要的有伦敦、纽约、东京、新加坡、法兰克福、苏黎世、中国香港、悉尼等外汇市场。特别是伦敦外汇市场和纽约市场起着全球外汇市场的主导作用。

（二）全球外汇市场一体化运作，交易全天24小时进行

这是外汇市场区别于其他市场最明显的一点，它是一个全球性的市场。由于全球各个金融中心的地理位置不同，亚洲市场、欧洲市场、美洲市场因时间差的关系，刚好连接成一个全天24小时连续作业的全球外汇市场，因此可以说外汇市场具有时间上的连续性和空间上的统一性。换句话说，外汇市场是一个24小时不停止的市场，主要的波动和交易时间是在周一新西兰开始上班到周五美国芝加哥下班，见表3-1。周末在中东也有少量的外汇交易存在，但基本上可忽略不计属于正常的银行间兑换，并非平时的投机行为。

表3-1 世界主要外汇交易市场开收盘时间表

地 区	城 市	开市时间	收市时间	活跃品种	活跃程度
大洋洲	惠灵顿	4:00	13:00	AUD、NZD	较小
	悉尼	7:00	15:00	AUD、NZD	较小
亚洲	东京	8:00	16:00	JPY	一般
	香港	9:00	17:00	JPY、HKD	一般
	新加坡	9:00	17:00	NZD、JPY	一般
	巴林	14:00	22:00	USD	较小
欧洲	法兰克福	16:00	0:00	JPY、EUR、GBP、CHF	较好
	苏黎世	16:00	0:00	CHF	一般
	巴黎	17:00	1:00	EUR	一般
	伦敦	18:00	2:00	所有币种	活跃
北美洲	纽约	20:00	4:00	所有币种	活跃
	洛杉矶	21:00	5:00	所有币种	一般

（三）交易币种集中在热门货币，汇率变动传递迅速

世界各大外汇市场虽然各有特点，但并非所有的货币都可以交易，绝大多数交易集中于可自由兑换货币，即美元（USD）、欧元（EUR）、日元（JPY）、英镑（GBP）、瑞士法郎（CHF）、加拿大元（CAD）、澳大利亚元（AUD）、新加坡元（SGD）和港元（HKD）等。其中，伦敦外汇市场上的交易货币几乎包括所有的可兑换货币，交易量最大的是英镑兑美元。纽约外汇市场上交易的主要货币是美元兑欧元。东京外汇市场上的交易货币比较单一，主要是日元兑美元和欧元的交易。

从全球角度看，由于现代电子通信技术的发达，外汇市场已经成为一个国际大市场，不仅没有空间上的限制，也不受交易时间的限制，外汇交易可以在24小时内连续进行。任何一个外汇市场上有关货币的交易情况及汇率变动的信息，通过先进的计算机和远程通信技术，会在一瞬间异常迅速地处理并传递到世界各地。

（四）金融衍生工具不断涌现，政府干预频繁

20世纪70年代布雷顿森林体系崩溃后，各国汇率波动频繁，外汇风险日益加大。各外

汇交易主体迫切需要更多的避险方式和避险工具,加上信息技术的推动和回避金融管制的需要,金融创新应运而生。外汇市场上产生了许多金融衍生工具,如远期交易、货币期货、货币期权等。这些金融衍生工具一经产生,就得到了广泛应用和迅速发展,其增长速度远远超出股票、债券、即期外汇买卖等传统"基础工具"。金融衍生产品的交易,特别是场外衍生品交易和国际贸易与投资活动发生了密切的联系,并越来越成为国际金融市场的重要组成部分和发展的驱动力。

由于外汇市场的高风险和汇率多变的特殊性,对经济的影响力和破坏力也是极大的。因此各国政府都在一定程度上对外汇市场进行干预和调节。伴随着 20 世纪 90 年代以来全球外汇市场一体化,一国外汇市场上货币汇率的变化往往波及全球,这使得单靠一个国家的中央银行干预外汇市场显得势单力薄。因此,各国中央银行联合干预的情况便成为浮动汇率制度下全球外汇市场的重要特点之一。

五、世界主要外汇市场

世界主要外汇市场有很多,这里主要介绍英国伦敦、美国纽约和日本东京三大外汇市场的基本情况和特点以反映世界外汇市场的概况。

(一)英国伦敦外汇市场

英国伦敦外汇市场又称伦敦证券交易所(London Stock Exchange,LSE),是建立时间最早的世界性的市场,也是久负盛名的国际外汇市场,它历史悠久,交易量大,拥有先进的现代化电子通信网络,是全球最大的外汇市场之一。它同时也是典型的场外型市场,即无形市场,通过电脑、电话、电报、电传达成交易,规模最大的是英镑兑美元交易,其次是英镑兑欧元、美元兑瑞士法郎、美元兑日元等交易。BIS 的报告显示,2022 年英国仍然是全球最重要的外汇交易地,占全球营业额的 38%,世界排名第一。

在伦敦外汇市场上,参与外汇交易的外汇银行机构约有 600 家,包括本国的清算银行、商人银行、其他商业银行、贴现公司和外国银行。在英国实行外汇管制期间,外汇银行间的外汇交易一般都通过外汇经纪人进行。1979 年 10 月英国取消外汇管制后,允许居民自由使用和保留外币,使伦敦外汇市场基本上变成了一个自由外汇市场。

英国伦敦外汇市场之所以能够有如此大规模的外汇交易量,与其悠久的世界金融中心的历史分不开,从 19 世纪初到第一次世界大战结束为止,英国一直是世界经济最强的国家,英镑是世界主要通用货币,为各国所广泛使用。长期以来,伦敦作为世界金融中心的地位不断加强,包括交易设施先进、金融人才聚集、服务效率高、与欧洲货币市场联系密切、交易货币品种齐全、电子网络的无形市场规模大等。同时,伦敦市场有其地理上的优势,正好介于东京市场和纽约市场之间,亚洲交易结束时,伦敦开盘,下午又与纽约市场的交易时间重合。

(二)美国纽约外汇市场

美国纽约外汇市场是北美地区最活跃的外汇市场,是世界第二大交易量的外汇交易中心。它不但是美国国内外汇交易中心,而且是世界各地外汇结算的枢纽,90% 以上的美元收付都是通过纽约银行间清算系统(Clearing House Interbank Payment System,CHIPS)进行的,所以在交易清算方面具有一定优势,加上美国经济背景和与之配套的完善发达的金融市场,投资者、投机者、套期保值者等不同目的的交易者在这里达成交易。纽约外汇市场作为一个无形的和完全自由的外汇市场，除了大量交易美元之外，其他主要交易货币按交易量依次排序为欧元、英镑、瑞士法郎、加拿大元和日元。纽约外汇市场外汇交易量占全球的比例由2019年的17%增长为2022年的19%，世界排名第二。

由于美国没有外汇管制，对经营外汇业务没有限制，政府也不指定专门的外汇银行，所以几乎所有的美国银行和金融机构都可以经营外汇业务。但纽约外汇市场的参加者以商业银行为主，包括50余家美国银行和200多家外国银行在纽约的分支机构、代理行及代表处。

（三）日本东京外汇市场

东京外汇市场是一个无形市场，交易者主要通过现代化通信设施联网进行交易。

日本过去实行严格的外汇管制，20世纪50年代后，逐渐放松外汇管制。从20世纪70年代起，东京外汇市场有了很大发展，经营业务较为多样化，涉及范围也与以前大不相同。但还是不能像伦敦和纽约外汇市场那样，成为一个真正的国际性的金融市场，只是一个地区性的外汇市场。这是由于日本是个出口贸易占国民经济比重较大的国家，外汇波动对其整个国民经济的影响巨大，如果外汇发生供不应求的现象，则将导致外汇汇率上升，日元汇率下降，国内物价随之上涨的危险。日本政府为防止汇率波动，不得不采取一定的干预市场的措施，这就是日本外汇市场上的平衡管理。20世纪80年代以来，日本政府力图使日元走向国际化，摆脱东京外汇市场地区性限制的羁绊，使之与日本在世界经济中的实力地位相适应，在1980年修改了战后初期制定的《外贸和外汇管理法》，改变过去只有经过政府批准的外汇银行和经纪商才能经营外汇业务的规定，使所有银行都可在国内经营外汇业务。因此外汇市场有了较快发展，与纽约外汇交易市场规模的差距越来越小。

东京为全球第三大外汇交易中心，其交易的货币品种比较单一，主要是日元兑美元，约占全部外汇市场交易量的80%。东京外汇交易市场的交易量占全球外汇交易量的6%。

阅读材料

英国商人的失算——消费欲望与需求

2022年10月，外汇市场的交易量达到每天7.5万亿美元，高于三年前的6.6万亿美元。增长达到14%，外汇行业蓬勃发展。2022年4月，交易商间交易，即"报告交易商"之间的交易达到3.5万亿美元，占全球营业额的46%，高于以往调查的份额。美元保持其主导货币地位，占所有交易的88%。人民币成为全球第五大货币。

美元占所有交易的88%（与2019年相比没有变化）。欧元的份额小幅下降至31%（2019年为32%），日元和英镑的份额分别保持在17%和13%不变。人民币的份额上升至7%，使其成为2022年第五大交易货币（高于2019年的第八位，份额为4%）。在五个司法管辖区——英国、美国、中国香港特别行政区、新加坡和日本——的销售台进行的交易占所有外汇交易的78%（"净毛额"基础）。

一、外汇市场成交量

2022年4月，场外外汇市场的平均交易额为每天7.5万亿美元。由于对未来路径的预期变化，导致外汇波动加剧，主要发达经济体的利率、商品价格上涨，俄罗斯入侵乌克兰后的地缘政治局势紧张。同时，包括中国和香港特别行政区在内的多个报告辖区实施的新冠疫情限制抑制了营业额。

二、交易工具份额

即期和外汇掉期交易继续占外汇交易量的大部分,占到外汇交易总量的79%。

三、交易机构对手份额

2019年至2022年期间交易量的增长反映了更多的交易商之间的交易。2022年,交易商间交易占全球外汇交易量的46%,高于2019年的38%。按工具进一步细分显示,交易商间交易占现货交易量的40%,占交易量的54%。交易商间交易的增加可能反映了2022年货币市场的波动加剧。

相反,与"其他金融机构"(包括非报告银行、对冲基金和自营交易公司(PTF)、机构投资者和官方部门金融机构在内的客户群)的交易量在2019年至2022年期间变化不大。2022年4月每天3.6万亿美元,该行业的营业额占全球营业额的48%,低于2019年的55%。

在这个"其他金融机构"客户群中,与主要由较小的区域银行组成的非报告银行进行交易仍然占主导地位。2022年,该子行业的日交易额平均为1.6万亿美元,占全球交易额的22%,低于2019年的24%。其他一些货币的市场份额也出现了较大的变化。虽然港元仍然是第九大交易货币,但其在全球外汇交易量中的份额从2019年的3.5%下降至2022年的2.6%。相比之下,加元和新加坡元的份额明显增加。

四、货币及货币对份额

美元仍然是世界主要的货币工具。2022年4月,它占所有交易的88%,与上次调查持平。接下来的三种交易量最大的货币——欧元、日元和英镑——保持了它们的相对排名。欧元继续成为全球第二大交易货币。日元和英镑分别占所有交易的17%和13%,自2019年调查以来几乎没有变化。自2019年调查以来,中国人民币的市场份额增幅最大,占2022年所有交易的7%(高于2019年的4%)。结果,人民币成为第五大交易货币,高于三年前的第八位。

五、地域变化

外汇交易继续集中在主要金融中心。2022年4月,英国、美国、新加坡、中国香港特别行政区和日本这五个地点的销售柜台占所有外汇交易的78%。英国仍然是全球最重要的外汇交易地,占全球营业额的38%。虽然自2019年调查以来主要交易中心的排名保持不变,但它们在全球营业额中的相对份额发生了变化。美国报告的交易份额从17%增加到19%。亚洲主要金融中心的活动增长出现分化。新加坡的营业额增长速度高于全球总额,而中国香港特别行政区和日本的营业额增长较慢。因此,新加坡的营业额占全球营业额的比例从2019年的8%上升到2022年的9%,而中国香港特别行政区的营业额从8%下降到7%,日本从5%下降到4%。

总体来看,三年以来外汇交易量仍然以较高的速度发展,人民币国际化步伐加快!外汇交易市场仍然是世界上最具活力、最具实力的交易市场。

(资料来源:7.5万亿美元每天! 2022年BIS全球外汇市场外汇交易统计[N].汇头条,2022-10-28.)

第三节　外汇交易

外汇交易(Foreign Exchange,FX)也称外币兑换或者外汇买卖,是指外汇买卖的交易主体为了满足某种经济活动的需求,按照一定的汇率,在特定交割日下买入或卖出不同货币间的交易。外汇交易市场是指从事外汇买卖的场所或领域。外汇交易产生的原因可能是由国际贸易所产生的债权债务关系,也可能是国际投资、融资需要,还可能是外汇的保值、增值的需要。在国际外汇市场上,由于外汇的动机、目的、交易时间等各有不同使得外汇的交易方式多种多样,其中,传统的外汇交易以即期外汇交易、远期外汇交易为主,而在传统的外汇交易基础上又衍生出各种创新的外汇交易方式,主要包括掉期交易、外汇期货交易、外汇期权交易和货币互换交易等。

一、即期外汇交易

(一)定义

即期外汇交易(Spot Exchange Transaction)也称现汇交易,是指买卖交易双方以固定汇价交换两种不同的货币,并在两个营业日(Working Day)内进行结算并办理交割(Delivery)手续的外汇交易。

在这里,"成交"是指确定外汇买卖协议。"营业日"是指两个清算国银行全都开门营业的日期。如果两个货币交割时其中的任何一个国家,在交割日是节假日,则交割日顺延,直到两个国家的银行都营业为止。"交割"是指成交后,买卖双方实际收付货币的行为。

即期外汇交易的基本作用主要是满足临时性的付款需要,实现货币购买力的转移;调整各种货币头寸;进行外汇投机等。

(二)报价方式

外汇银行的报价一般都采用双向报价方式,即银行同时报出买入价和卖出价。所报的汇率一般用 5 位有效数字表示,由大数和小数两部分组成。大数是汇价的基本部分,一般不报,只有在需要证实交易的时候,或是在变化剧烈的市场才会报出。小数是汇价的最后两位数。在即期外汇交易中,报价的最小单位,市场称为基点,是标价货币最小价格单位的 1%。

此外,除特殊标明外,所有货币的汇价都是针对美元的,且除英镑、爱尔兰镑、澳大利亚元、新西兰元和欧元的汇价是采用间接标价法外,其他可兑换货币的标价均采用直接标价法。

(三)即期汇率的形式

即期外汇交易是外汇市场上最常见、最普遍的交易形式,其占据整个外汇市场交易量的60% 以上,是所有外汇汇率的基础,主要有银行同业间的批发市场和客户交易的零售市场两个层次。其中,银行同业间的交易为主体,金额较大。根据交割方式不同,可将即期外汇交易分为电汇、票汇、信汇三种形式:

1. 电汇

银行卖出电汇(Telegraphic Transfer,T/T)是汇款人的申请,直接用电报、电传通知国外的汇入银行,委托其支付一定金额给收款人的一种汇款方式。

电汇交割方式就是用电报、电传通知外汇买卖双方开户银行(或委托行)将交易金额收付记账。电汇的凭证就是汇款银行或交易中心的电报或电传汇款委托书。电汇的费用包括手续费和电报费。对汇款者而言,电汇方式成本高,但结算安全及时,可加速收款人(出口商)资本周转,能减少其外汇风险,有利于收款人;适用于急需购买的商品的汇款和大额汇款。

2. 票汇

银行卖出汇票(Demand Draft,D/D)是指汇款银行应汇款人的申请,开立以国外汇入银行为付款人的汇款,交由汇款人自行寄给收款人或亲自携带前往,凭票向付款行取款的一种汇款方式。

票汇交割是指通过开立汇票、本票、支票的方式进行汇付和收汇。这些票据即为汇票的凭证。

汇入行不需要通知收款人前来取款,由收款人持票上门自取;收款人通过背书可以转让汇票;到银行领取汇票的很可能不是汇票上列明的收款人本人,而是其他人,所以票汇涉及的当事人较多。票汇费用较低,只包括手续费与差价费(外汇现汇不收差价费)。

3. 信汇

银行卖出信汇(Mail Transfer)是汇款银行应汇款人的申请,直接用信函通知国外的汇入银行委托其支付一定金额给收款人的一种汇款方式。

信汇交割方式是指用信函方式通知外汇买卖双方开户行或委托行将交易金额收付记账。信汇的凭证就是汇款行或交易中心的信汇付款委托书。

采用信汇方式,由于邮程需要的时间比电汇长,银行有机会利用这笔资金,所以信汇汇率低于电汇汇率,其差额相当于邮程利息。

在即期交易中所使用的即期汇率是指电汇汇率,即期汇率最高,信汇汇率和票汇汇率是在电汇汇率的基础上计算出来的。因通过电汇划拨货币的时间最短,交易双方互不占用资金。所以,如果没有特别说明,即期汇率都是电汇汇率。

(四)即期外汇交易的类型

即期交易的交割日又叫起息日,是指外汇买卖双方必须履行支付义务的日期,交易双方在这一天将各自的货币交割完毕。其共有三种类型:通常所说的即期交割就是指的标准的交割日(T+2),即交割时间为成交后的第二个营业日,需要保证(T+1)营业日也存在,遇到休息日则应自动向后推至下一个营业日;第二种类型为次日(明日)交割(T+1),即交割时间为成交后的第一个营业日;第三种类型为当日交割(T+0),即交割时间为成交当日。

交割日必须是两种交割货币共同的营业日,只有这样才能将货币交付对方,故其规则如下:

①交割日必须是两种交割货币共同的营业日,至少应该是付款地外汇市场的营业日。

②交易必须遵循"价值抵偿原则",即一项外汇交易合同的双方必须在同一时间进行交割,以免任何一方因交割不同而蒙受损失。

③成交后的若不是营业日,则即期交割日必须向后顺延。

(五)即期外汇交易的操作程序

即期外汇交易一般要经历询价—报价—成交或放弃—证实—交割这五个步骤来完成。

1. 询价

当一家外汇交易部门接到顾客的委托,要求代为买卖外汇,或银行自身要调整外汇头寸而买卖外汇时,交易员首先要通过电话或电传向其他银行进行询价(Asking Price),询价时通常要自报家门,以便对方做出交易对策。

2. 报价

当一家外汇交易银行接到询价时,一般要求做出回答,即报价(Quotation)。一个银行报价是否合理,关系到外汇买卖是否能成交。报价时银行要同时报出买价和卖价,并且通常只报出买价或卖价的最后两位数。报价时必须遵守"一言为定"的原则,只要询价方愿意按报价的原则交易,报价行就不得反悔或变更。

3. 成交或放弃

当报价行报出价格后,询价行就必须给予答复,明确表示是否买进或卖出。若不满意报价,询价方可回答"Thanks. Nothing",表示谢绝,报价便对双方无效。

4. 证实

在报价行做出交易承诺后,通常给对方的答复是:"Ok Done"or"Agreed"。然后将买卖双方交易的货币币种、汇率、金额、起息日期以及结算方法、银行账户等细节给予确认。

5. 交割

交割(Deal)是即期外汇交易的最后一个环节,即双方交易的交易员将交易的文字记录交给后台交易员,由后台交易员根据在交割日根据交易要求指示其代理行将卖出的货币划入对方指定的银行账户。

即期外汇交易实例见表3-2。

表3-2 即期外汇交易实例

交易过程	意义说明
A:GBP 5 Mio	A(银行)询价:英镑兑美元,金额500万
B:1.677 3/78	B(银行)报价:价格 GBP1 = USD 1.677 3/78
A:My Risk	A 不满意 B 的报价,在此价格下不作交易,即此价格不再有效,A 可以在数秒之内再次向 B 询价
A:NOW PLS	A:再次向 B 询价
B:1.677 5 Choice	B:以 1.677 5 的价格任 A 选择要买或卖
A:Sell PLS	A:选择卖出英镑,金额 500 万英镑
My USD To A NY	我的美元请汇入 A(银行)的纽约账户
B:OK Done	B:此交易已成交
at 1.677 5 We Buy	在 1.677 5 我买入
GBP 5 Mio AGUSD	500 万英镑
Val May-20	交割日 5 月 20 日
GBP To MY London	我的英镑请汇入 B 伦敦的英镑账户
TKS for Deal,BIBI	谢谢惠顾,再见

(六)利用即期交易进行套汇

套汇是指套汇者在同一时间利用两个或两个以上国家或地区的外汇市场上某些货币在即期汇率上的差异进行即期外汇买卖,在汇率低的市场买进某种货币,同时在汇率高的市场将其卖出,从中套取差价以获得利润的行为。简单来讲,利用即期交易进行套汇可分为直接套汇和间接套汇两种形式。

1. 直接套汇

直接套汇是指利用两个不同地点的外汇市场上某些货币之间的汇率差异,在两个市场上同时买卖同一货币以获取汇差收益。

假设在 A 外汇市场上 GBP/USD = 2,但在 B 外汇市场上 GBP/USD = 1.5,人们便可以在 B 市场上以 GBP1 = USD1.5 的价格用 1.5 美元买入 1 英镑,然后在 A 市场上以 GBP1 = USD2 的价格将 1 英镑卖出从而换回 2 美元,这样通过两个外汇市场上对于英镑兑美元汇率上出现的差异进行低买高卖,便可净赚 0.5 美元。同样,人们也可从 A 市场上以 GBP1 = USD2 的价格用 1 英镑换到 2 美元,然后在 B 外汇市场以 GBP1 = USD1.5 的价格用 2 美元换回约 1.33 英镑(2/1.5),净赚约 0.33 英镑。

根据一价定律,由于两点套汇的存在,其最终的结果会使不同外汇市场的汇率差价消失,这主要归功于现代化通信工具的发展,使得信息公开化、透明化以及时传达给交易者。在上例中,由于人们在 B 市场购买英镑抛售美元,会使 B 市场英镑需求增加,从而英镑对美元汇率上升;反之,由于在 A 市场抛售英镑购买美元,会导致 A 市场英镑对美元汇率下跌,直至 A、B 两市场英镑对美元的汇差消失,套汇的机会就随之消失。

2. 间接套汇

间接套汇是指利用三个或三个以上不同地点的外汇市场中三种或多种不同货币之间汇率的差异,赚取外汇差额。

【例 3-1】某日市场行情如下:

东京外汇市场:

$$USD/JPY = 100.50/60$$

纽约外汇市场:

$$GBP/USD = 1.632\ 0/30$$

伦敦外汇市场:

$$GBP/JPY = 165.10/20$$

一纽约套汇者持有 100 万美元,问他如何做才能获取套汇利润(不考虑套汇费用)?

【解题思路】

第一步,判断套汇的可行性,可采用以下两种方法:

1. 乘积法

先将三地的汇率换算成统一标价法下的汇率(直接标价法或间接标价法),然后将三个汇率连乘起来,若乘积等于 1,则不存在汇率差异;若乘积不等于 1,则存在汇率差异。

2. 套算汇率法

在三个市场中选择其中一个作为基本市场,然后根据另两个市场套算出交叉汇率,再将套算出的交叉汇率与基本市场的汇率比较,若相同,则不存在汇差;若不同,则存在汇差。

第二步,根据上述技巧决定套汇的方向路线。

1. 乘积法

(1)统一标价法:将伦敦市场的汇率换成直接标价法:

$$JPY/GBP = 1/165.20/1/165.10$$

(2)汇率乘积判断套汇可行性:

$$100.50 \times 1/165.20 \times 1.632\ 0 = 0.992\ 8 < 1$$

（3）用上述技巧决定套汇的方向线路：

①东京卖美元买日元—伦敦卖日元买英镑—纽约卖英镑买回美元×

②纽约卖美元买英镑—伦敦卖英镑买日元—东京卖日元买回美元√

2．套算汇率法

（1）选择两个市场套算出交叉汇率：以东京市场作为基本市场，计算纽约市场和伦敦市场上的套算汇率。

（2）判断汇率是否存在汇差：USD/JPY的套算汇率更高。

（3）用以上技巧决定套汇线路：若以美元进行套汇，则应选择：纽约卖美元买英镑—伦敦卖英镑买日元—东京卖日元买回美元。

除间接套汇外，还可以从三种以上外汇交叉汇率的不一致中进行套汇，其方法与间接套汇相似。

由于当今世界各国外汇市场之间的信息传递和交易速度更为快捷，外汇市场上任何微小的汇率差异都将会被套汇者捕捉到，并很快消失，因而任何套汇机会都很难长时间地存在。但套汇仍然具有重要的意义，由于套汇可能性的存在，各国外汇市场内以及国际外汇市场间不同货币的任何公开或隐含的汇率都会趋于一致。

二、远期外汇交易

（一）定义

远期外汇交易（forward exchange transaction）也称期汇交易，指买卖双方先行签订合约，规定买卖外汇的币种、数额、汇率和将来交割的时间，到规定的交割日，按合同规定，卖方交汇，买方收汇的外汇交易。

这里，"远期合约"是指远期外汇交易中买卖双方所达成签订的交易协议。它是一种非标准化的协议，但在协议中必须约定有关交易币种、交易汇率、远期期限等内容。"远期期限"是指远期合约到期进行交割的期限。远期合约的期限各有长短，常见的有1个月、2个月、3个月、6个月及9个月，也有1年及1年以上的，长的甚至可达5年乃至7年，一般在实务中1年以上的远期期限称之为超远期外汇交易，出现较少，比较常见的远期期限多在1年以内。"保证金"在远期外汇交易中是指客户需向外汇银行缴存一定数量的押金或抵押品。当汇率变化不大时，银行可以用客户所缴存的押金或抵押品来抵补其应负担的损失。当汇率变化较大使客户的损失超过押金或抵押品的金额时，银行就应通知客户加存押金或抵押品，否则，远期合同就视为无效。客户所存的押金，银行则将其视为存款予以计息。

远期外汇交易的报价方式与即期外汇交易的报价方式相同。

（二）远期外汇交易的应用

1．套期保值

套期保值也称抛补保值，是指在买进或卖出一笔远期外汇时，为了使这笔外汇不会受到未来汇率的影响带来一定损失而对它进行保值时所做的一种措施。远期外汇交易是进行套期保值的最实惠的一种保值方式，特别是当金融市场不完善时，远期外汇交易成本低，市场流动性相对较大，一般只涉及一笔资金流动，但其并非唯一方式，外汇期权等也可进行套期保值。例如,假设中国某企业从国外借入一笔美元进行投资,半年后归还借款。该企业并不知道半年后美元汇率会怎么样变化,如果他现在做一笔卖出即期美元的同时买入 6 个月远期美元的远期外汇交易,就可以避免半年后美元可能发生进一步贬值的风险。

2.投机

外汇投机是指根据对未来汇率变动趋势的预测,有意持有外汇的多头或空头以便从汇率的变动中以获取利润为目的的交易。它有两种形式:①买空(Buy Long)或称"多头"。即当投机者预测某种外汇汇率将会上升时,则做一笔先买(远期)后卖(即期/远期)的远期外汇交易。例如,法兰克福外汇市场,若某德国外汇投机商预测英镑对美元的汇率将会大幅度上升,他就可以做买空交易:先以当时的 1 英镑=1.555 0 美元的3月期远期汇率买进100万3 个月英镑远期,3 个月后,当英镑对美元的即期汇率涨到 1 英镑=1.755 0 美元时,他就在即期市场上卖出100 万英镑。轧差后他就会获得100 万×(1.755 0-1.555 0)=20 万美元的投机利润。②卖空(Sell Short)或称"空头"。预测某种外汇汇率将会下跌,则先卖(远期)后买(即期/远期)。例如,东京外汇市场,某年3月1日,某日本投机者判断美元在以后 1 个月后将贬值,于是他立即在远期外汇市场上以 1 美元=110.03 日元的价格抛售1月期1 000 万美元,交割日是 4 月 1 日。到4 月 1 日时,即期美元的汇率不跌反升,为 1 美元=115.03 日元。该日本投机者在即期外汇市场购买1 000 万美元现汇实现远期合约交割,要遭受 1 000 万×(115.03-110.03)=5 000 万日元的损失。

(三)利用远期外汇交易进行抛补套利

抛补套利是指套利者为了套利利用不同国家或地区的利率差异,将资金从利率较低的国家或地区转移到利率较高的国家或地区,从中套取利息差额收益。具体的操作步骤是在进行即期外汇交易的同时,反向进行一笔远期的外汇交易以确保今后的收入。

套利与套汇一样,都是外汇市场上重要的交易活动,都具有一定的投机性。套利活动是利用不同货币市场利益的差异赚取利差利润,而套汇活动是利用不同外汇市场上汇率差异赚取汇差利润。汇率波动过小而利率差很大的情况下,套利的收益相对较高;反之,当汇率波动过大而利率差别很小的情况下,套利的收益相对较低。

由于目前各国外汇市场联系十分密切,一有套利机会,大银行或大公司便会迅速投入大量资金到利率较高的国家。套利活动将外汇市场与货币市场紧密联系在一起。

【例 3-2】假设日本市场年利率为3%,美国市场年利率为6%,USD/JPY 的即期汇率为109.50/110.00。

为谋取利差收益,一日本投资者欲将1.1亿元日元转到美国投资一年。

(1)如果一年后 USD/JPY 的市场汇率为105.00/50;

(2)如果一年后 USD/JPY 的市场汇率为115.00/50;

请比较该投资者进行套利和不套利的收益情况。

【解】

1.假设不套利,在日本投资一年本利和为:

$$1.1 亿×(1+3\%)=11 330 万日元$$

2.假设套利:

$$1.1 亿日元折合美元:11 000 万÷110=100 万美元$$

$$1 年后美元投资本利和:100 万×(1+6\%)=106 万美元$$

（1）106 万美元按 105.00 汇率折合日元：

$$106 \text{ 万} \times 105.00 = 11\ 130 \text{ 万日元}$$

套利净收益：

$$11\ 130 \text{ 万} - 11\ 330 \text{ 万} = -200 \text{ 万日元}$$

即：套利比不套利亏损 200 万日元。

（2）若一年后美元/日元的市场汇率为 115.00/50

则套利的结果为：

$$11\ 000 \div 110 \times (1+6\%) \times 115 = 12\ 190 \text{ 万日元}$$

套利净收益：

$$12\ 190 \text{ 万} - 11\ 330 \text{ 万} = 860 \text{ 万日元}$$

即：套利比不套利多获利 860 万日元。

三、掉期外汇交易

（一）定义

掉期交易（Swap）是指交易者在买进或卖出一种期限的某种货币的同时，卖出或买进另一种期限的数额相等的同种货币的外汇交易。即交易双方约定以货币 A 交换一定数量的货币 B，并以约定价格在未来的约定日期用货币 A 反向交换同样数量的货币 B。

在掉期交易中，一种货币在被买入的同时又被卖出，或相反。买入和卖出同时进行，买卖的货币数额相等，交割期不同。所以，掉期交易改变的不是交易者手中持有的外汇数额，只是改变交易者的货币期限，这也正是"掉期"的含义所在。掉期交易实际上是由两笔外汇交易组成的，一般是一笔为即期外汇交易，另一笔为远期外汇交易，也可以两笔都是远期，或是把即期卖出与远期买进相结合，两笔交易买卖数额相同，买卖方向相反，交割期不同。

（二）掉期交易的类型

根据交割期限不同划分，可分为三种掉期交易方式。

1. 即期对远期的掉期交易

即期对远期的掉期交易是最常见的交易，是指在即期市场上买入（或卖出）某种货币的同时在远期市场上卖出（或买入）相同数额的外汇交易。例如，美国某银行 2012 年 2 月收到 100 万欧元货款，准备在即期市场上兑换成美元使用，而其又将于 2012 年 5 月支付另一笔欧元贷款。为了防止 5 月欧元因升值而随汇率损失，于是该银行做了一笔在即期市场卖出 100 万欧元的同时在远期市场上买入 100 万 3 个月远期欧元。这样，此笔外汇掉期交易同时做了两笔交易，两笔交易的金额相等，方向相反，交割期限不同。经过这种即期对远期的掉期操作，该公司就规避了欧元（外币）收付时间不一致而导致的外汇风险。

2. 即期对即期的掉期交易

即期对即期的掉期交易是指交易者在即期市场上买入（或卖出）某种货币的同时卖出（或买入）相同数额的外汇交易。两种即期交易的区别在于它们的交割日不一致。这种交易主要用于银行同业间的交易，目的在于进行短期资金拆借时避免遭受汇率变动的风险。

3.远期对远期的掉期交易

远期对远期的掉期交易是指交易者在买进并卖出两笔同种货币但不同交割期限的远期外汇交易。该交易有两种形式,一种是买短卖长,即买入短期限远期外汇的同时卖出长期限远期外汇;一种是卖短买长,即卖出短期远期外汇的同时买入长期限的远期外汇。由于该方式可以使银行及时利用汇率时机,并在汇率变动中获利,因此也越来越被金融界广泛运用。

(三)掉期交易的应用

掉期交易是联系外汇市场交易和货币市场操作的桥梁。一般银行或企业将掉期交易主要应用于调整银行的外汇头寸,调整外汇交易的交割日,进行盈利操作和进行套期保值。

阅读材料

2022 年人民币外汇衍生品市场回顾

2022 年全球疫情反复,俄乌冲突爆发,欧美地区通胀加剧,美联储与多家央行相继开启加息通道,美元指数大幅上涨,多数非美货币大幅贬值。在此国际环境下,人民币外汇掉期曲线全年整体下行,刷新了 2008 年 6 月以来最低,其全年振幅创下 2009 年以来最大。整条掉期曲线经历了从陡峭转平坦再转向倒挂的剧烈震荡。总体来看,2022 年掉期市场走势与中美利差变化高度相关。外汇期权波动率则主要跟随即期汇率的实际波动率变动。从市场波动情况和主流交易逻辑来看,2022 年人民币衍生品市场的整体走势大体可以分为三个阶段。

第一阶段:2022 年初至 4 月中。中国央行先行降息,美联储加息起步,中美利差从高位回落的预期带动市场掉期曲线趋平。期权波动率窄幅波动,曲面右倾度逐渐加大。在美国通胀不断升温下,市场对美联储开启加息通道的预期不断强化。对比中国彼时正面临疫情散发和经济稳增长的压力,中国央行选择在美联储加息前的窗口期降准降息以维稳经济。央行在 1 月全面启动降息,7 天逆回购、14 天逆回购、1 年期 MLF 和 1 年期 LPR 利率均下调 10BP(Basis Point,基点),5 年期 LPR 下调 5BP。美联储 3 月加息 25BP 落地,中美货币政策背向而行带动中美利差从高位回落。

在外汇掉期市场,这个阶段长短端的驱动因素出现分化。掉期曲线短端 3 个月以内尤其是 1 个月以内期限主要受到机构资金调剂余缺的需求驱动。由于年初境内美元流动性泛滥状况依旧,这导致掉期市场上机构为处理淤积美元头寸的短端 S/B 需求仍然旺盛,期限掉期点隐含利差大部分时间仍高于实际利差,尤其在跨月时点偏离程度更为显著,这也意味着机构为此多支付了流动性管理边际溢价成本。供需关系失衡令短端曲线跟随利差下行幅度相对滞后;而中长端尤其是 6 个月至 1 年期限的影响因素除了利率平价水平以外还包含了市场对未来利差走势的博弈,期限掉期点原已大幅偏离利率平价水平且叠加中美利差将继续收窄的一致预期令此段曲线卖压更为激进,相对下行幅度更大,掉期曲线趋于平坦化。

在外汇期权市场,由于人民币汇率基本保持在窄区间波动,实际波动率不断走低,期权隐含波动率随之窄幅波动,长短期限溢价保持在 1 ~ 1.5 个 vol。2 月中下旬,俄乌局势曲折反复,市场避险情绪驱使市场主体倾向于买入右侧期权,带动风险逆转期权价格上涨。从 3 月开始,美元逐渐开始走强,非美货币走弱。由于我国出口强劲,加上人民币资产收益率良好,导致人民币指数偏强,在非美货币中贬值相对滞后。人民币仍维持着极低的实际波动率水平,但是风险逆转期权价格继续抬升至年内较高水平。

第二阶段:2022 年 4 月中至 9 月。美联储超预期激进加息缩表,中国央行货币政策坚持

"以我为主"再度降息降准,人民币汇率大幅贬值,中美利差倒挂深化,带动掉期曲线中枢显著下行,掉期曲线全面转负。期权波动率保持高位,期限出现倒挂。在创40年新高的通胀压力与强劲就业市场的背景下,美联储于5月加息50BP,随后的6月、7月和9月连续大幅加息各75BP,幅度创下1980年以来最大。市场对于"通胀见顶"和"衰退"的预期屡次在经济数据和美联储鹰派态度下破碎,本轮加息的终端利率预期从3月的2.8%大幅修正至9月底的4.5%;而中国则在稳增长的诉求下维持宽松的货币环境,在4月15日实施全面降息0.25%后,于8月再度开启新一轮降息:下调7天逆回购、MLF利率各10BP,1年LPR调降5BP,5年LPR调降15BP。

在货币政策分化的影响下,中美利差急速收窄并开始走向全面倒挂。中美1年期国债收益率于4月21日出现倒挂,2年期国债收益率于3月28日出现倒挂,5年期收益率于4月1日出现倒挂,10年期收益率于4月11日出现2010年以来的首次倒挂。与历史不同的是,这一轮在资金市场和政策利率均出现中美利率倒挂:自6月以来,中美更短端的资金市场利率(以R001-SOFR为例)持续倒挂;7月28日之后,中美政策利率也迈入了罕见倒挂阶段。

在外汇掉期市场,掉期曲线的影响因素主要表现在两个方面:一方面,受利率平价和境内本外币流动性边际变化的影响,掉期点中枢明显下移。以境内外币存贷款差额来看,该数从2020年4季度开始转正并在2022年3月创下1 068亿美元的峰值,这正对应了大量美元资金在境内银行间体系内流转、美元流动性泛滥的时间段;但此后伴随美联储开启货币紧缩,境内外币存贷款数均双双回落,且存款回落速度更快,境内美元流动性明显较年初边际收紧。此前机构为处理过剩美元带来的短端买盘溢价对掉期曲线的支撑消退,掉期曲线加速向利率平价水平靠拢。另一方面,6个月至1年中长端曲线创纪录的大幅下摆,主要原因有二:一是掉期短端B/S压力逐渐向长端传导;二是市场对于美联储加息预期的大幅上调,中美利差倒挂加剧的一致看空预期和套保平仓卖盘令长端加速下行。以债券通数据来看,3—9月外资对中国债券减持创下历史记录,环比月均减持835亿元人民币。这也相应使境内美元人民币掉期S/B套保买盘快速退潮,而平仓带来的B/S卖盘开始起势。

在外汇期权市场,从4月下旬开始,人民币出现较快速度的贬值,期权波动率随之快速上涨。短期限波动率的上涨幅度显著高于长期限,一周隐含波动率最高至9.3,一个月波动率最高到7.5,一年波动率跟随短端波动率的快速抬升而出现较大幅度的上涨,最高至4.5附近,上行幅度明显较短端更弱。ATM波动率出现期限倒挂,差值在2~3个vol。风险逆转期权RR和蝶式期权Fly成交价格上涨,风险逆转期权RR的回升说明市场对于未来人民币贬值存在合理预期。

第三阶段:2022年10月至年底。美联储释放加息放缓信号,中国防疫政策优化及地产政策"三支箭"刺激国内资本市场乐观情绪回温,央行再度降准但对通胀风险关注度上升,掉期点渐有筑底迹象。

在外汇掉期市场,9—10月境内美元人民币掉期点尤其是1年掉期点出现了急速跳跃式下行的行情,不到一个月的时间一年掉期点从-1 100点左右单边快速滑落至年内最低点-2 500点附近,首次跌至利率平价下方。此轮行情主要起源于在人民币对美元汇率贬值速率加快背景下大行在一年期限的集中抛压,超卖行情下至10月一年掉期点隐含中美利差已经高于名义利差,这意味着经过掉期套保后的中美利差已实际转正,市场纠偏力量在此阶段也表现得较为明显:在掉期点明显低于利率平价水平时市场长端买盘快速涌现,并在-2 500～2 300点附近有筑底企稳迹象。

进入 11 月后美联储 75BP 加息和中国 0.25% 降准落地,中美货币政策分化边际的缓和迹象逐渐清晰,跨境资本流出及人民币对美元汇率均开始企稳,大行卖压减轻令掉期点重回利差逻辑主导,一年掉期点伴随中美利差倒挂程度的收敛触底回升。

在外汇期权市场,这个阶段的人民币汇率贬值破 7,并有效跌破前期汇率低点,实际波动率明显抬升,带动隐含波动率进一步突破历史高位,风险逆转期权波动率没有跟随波动率抬升而出现进一步大幅上升,而是保持高位震荡。从 10 月开始,美联储通胀水平开始回落,伴随市场对衰退、通胀的均衡成为关注焦点,美元开始出现回调,强美元周期对人民币汇率的冲击减弱,加之国内防疫政策不断优化,跨境资金出现净流入,人民币逐渐开始回升。进入 11 月,风险逆转期权出现一定程度的回落,反映出人民币大幅贬值后的恐慌基本回归平静。

(资料来源:王世奇,陈叶紫,蔺顺锋.2022 年人民币外汇衍生品市场回顾与展望[J].中国货币市场,2023(1):33-37.)

本章小结

1. 外汇是指以外币表示的可用于国际之间结算的支付手段。这个概念具有两方面的含义:其一,外汇必须是以外币表示的资产;其二,外汇必须是能在国际上得到偿付,能为各国普遍接受并可以转让,可以自由兑换成其他形式的资产或支付手段的货币及外币凭证。反之,凡是不能在国际上得到偿付或不能自由兑换的各种外币证券、空头支票及拒付汇票等均不能视为外汇。

2. 外汇市场是指从事外汇买卖的交易场所或交易网络。外汇市场是随着各国间货币交易的产生而出现并发展起来的。它是一个由现代通信设施与通信服务连接起来的无形的世界性网络系统。一般以外汇银行为中心,由外汇供求双方和交易中介机构组成,是国际金融市场的重要组成部分,它可以是有形的,也可以是无形的。

3. 外汇市场的参与者主要包括外汇银行、外汇经纪人、中央银行和顾客四类。不同的参与者出于各种不同的目的进行交易,在外汇市场中有着不同的地位和作用。

4. 外汇交易也称外币兑换或者外汇买卖,是指外汇买卖的交易主体为了满足某种经济活动的需求,按照一定的汇率、在特定交割日下买入或卖出不同货币间的交易。

5. 套汇是指套汇者在同一时间利用两个或两个以上国家或地区的外汇市场上某些货币在即期汇率上的差异进行即期外汇买卖,在汇率低的市场买进某种货币,同时在汇率高的市场将其卖出,从中套取差价以获得利润的行为。简单来讲,利用即期交易进行套汇可分为直接套汇和间接套汇两种形式。

6. 抛补套利是指套利者为了套利通过利用不同国家或地区的利率差异,将资金从利率较低的国家或地区转移到利率较高的国家或地区,从中套取利息差额收益。具体的操作步骤是在进行即期外汇交易的同时,反向进行一笔远期的外汇交易以确保今后的收入。套利与套汇一样,都是外汇市场上重要的交易活动,都具有一定的投机性。套利活动是利用不同货币市场利益的差异赚取利差利润,而套汇活动是利用不同外汇市场上汇率差异赚取汇差利润。汇率波动过小而利率差很大的情况下,套利的收益相对较高;反之,当汇率波动过大而利率差别很小的情况下,套利的收益相对较低。

课后思考题

一、不定项选择题

1. 狭义的外汇指以( )表示的可直接用于国际结算的支付手段。
   A. 货币　　　　　　　B. 外币　　　　　　　C. 汇率　　　　　　　D. 利率

2. 目前世界上最大的外汇交易市场是( )。
   A. 纽约　　　　　　　B. 东京　　　　　　　C. 伦敦　　　　　　　D. 香港

3. 外汇市场的主要参与者是( )。
   A. 外汇银行　　　　　B. 中央银行　　　　　C. 顾客　　　　　　　D. 中介机构

4. 按外汇交易参与者不同,可分为( )。
   A. 银行间市场　　　　　　　　　　　　B. 客户市场
   C. 外汇期货市场　　　　　　　　　　　D. 外汇期权市场

5. 即期外汇交易的交割方式有( )。
   A. 电汇　　　　　　　B. 信汇　　　　　　　C. 票汇　　　　　　　D. 套汇

6. 掉期交易的特点是( )。
   A. 同时买进和卖出　　　　　　　　　　B. 买卖的货币相同,数量相等
   C. 必须有标准化合约　　　　　　　　　D. 交割期限不同

7. 在套利的同时能规避外汇风险的是( )。
   A. 时间套汇　　　　　B. 抛补套利　　　　　C. 利息套汇　　　　　D. 非抵补套利

8. 抛补套利实际是( )相结合的一种交易方式。
   A. 远期和掉期　　　　　　　　　　　　B. 非抵补套利和即期
   C. 非抵补套利和远期　　　　　　　　　D. 非抵补套利和掉期

9. 套利交易中,两国货币市场的利率差异是指( )。
   A. 同一种类金融工具的名义利率　　　　B. 不同种类金融工具的名义利率
   C. 同一种类金融工具的实际利率　　　　D. 不同种类金融工具的实际利率

10. 在短期资本投资或资金调拨中,如果将一种货币调换成另一种货币,为了避免汇率
    波动的风险,常常运用( )。
    A. 择期交易　　　　　　　　　　　　　B. 掉期交易
    C. 期权交易　　　　　　　　　　　　　D. 远期外汇交易

11. 某投机商预测将来某种外汇会贬值,现在就卖出该种外汇,待将来便宜的时候再把
    这种外汇买回来的外汇交易是( )。
    A. 卖空　　　　　　　B. 买空　　　　　　　C. 掉期交易　　　　　D. 套利交易

二、计算题

1. 某日,纽约:USD1=CHF1.235 0,苏黎世:GBP1=CHF1.595 0,伦敦:GBP1=USD1.551 0。请问市场是否存在套汇机会? 若以1 000万美元切入,应如何套汇,能获利多少?

2. 美国某公司从日本进口了一批货物,价值1 136 000 000日元。根据合同规定,进口商在3个月后支付货款。由于当时日元对美元的汇率呈上升的趋势,为避免进口付汇的损失,美国进口商决定采用远期合同来防范汇率风险。纽约外汇市场的行情如下:即期汇率USD1=JPY141.00/142.00,三个月的远期日元的升水JPY0.5-0.4请问:

(1)通过远期外汇合同进行套期保值,这批进口货物的美元成本是多少?

(2)如果该美国进口商未进行套期保值,3个月后,由于日元相对于美元的即期汇率为USD1=JPY139.00/141.0Q该进商的美元支出将增加多少?

3. 某日即期汇率USD1=S=CHF1.321 0-1.322 0,6个月汇率点数变化为80/60。该进口商6个月后将向出口商支付1 000万美元,届时需要瑞士法郎进行兑换,问该进口商在进行套期保值的前提下需要多少瑞士法郎进行兑换?

4. 假设纽约市场年利率为10%,苏黎世市场利率为8.4%,即期外汇市场为1美元=1.675 0/1.684 0,三个月远期差价为80-50,若在纽约以100万瑞士法郎抛补套利能否获利?

5. 一家瑞士投资公司需用10万美元投资美国91天的国库券,为避免3个月后美元汇率下跌的风险,公司做了一笔掉期交易,即在买进10万美元现汇的同时,卖出10万美元3个月期汇。假设成交时美元/瑞士法郎即期汇率为1.287 0/90,3个月的远期汇率为1.284 0/60,若3个月后美元/瑞士法郎的即期汇率为1.273 0/50,比较该公司做掉期交易与不做掉期交易的风险情况(不考虑其他费用)。

6. 某港商1个月后有一笔100万欧元的应付账款,3个月后有一笔100万欧元的应收账款。在掉期市场上,1个月期欧元汇率为EUR/HKD=7.780 0/10,3个月期欧元汇率为EUR/HKD=7.782 0/35,该港商如何进行掉期交易才可以套期保值?

三、简答题

1. 简述外汇的种类和作用。
2. 简述外汇市场的种类。
3. 简述世界主要外汇市场。
4. 简述即期外汇市场的交易方式。
5. 简述远期外汇市场的作用。
6. 识别每一类外汇市场参与者买卖外汇的动机。
7. 比较即期外汇交易与远期外汇交易、掉期外汇交易的异同。

四、案例分析题

伦敦人民币外汇市场

近年来,随着人民币国际化的进展,人民币汇率波动幅度加大,全球人民币外汇市场快速发展。伦敦凭借国际金融中心地位与外汇交易的传统优势,在人民币外汇交易领域增长动能强劲。根据环球同业银行金融电讯协会(SWIFT)的统计,截至 2021 年 2 月,英国人民币即期外汇交易市场份额达 38.4%,排名全球第一。我国应借鉴伦敦经验,立足国内与实需,加快推动国内外汇市场的发展,保障国家经济金融安全。

近年来,全球人民币外汇市场更加活跃,交易规模快速增长。BIS 的调查显示,2019 年 4 月,人民币日均外汇交易金额达 0.28 万亿美元,较三年前增长了 40.6%,成为全球第一大新兴市场外汇交易货币、全球第八大外汇交易货币。SWIFT 统计显示,2021 年人民币进一步跃居全球第五大即期外汇交易货币。在全球人民币外汇交易中,伦敦占据份额不断提升,并呈现以下四个特征:

第一,伦敦人民币外汇交易规模快速增长。根据英格兰银行伦敦离岸市场人民币使用调查报告,截至 2020 年第四季度,伦敦人民币外汇交易日均金额由 2015 年第一季度的 437 亿英镑上升至 887.6 亿英镑,增幅达 103.1%。2015 年以来,伦敦离岸人全球前十大离岸人民币市场份额(数据截至 2021 年 2 月,按国际支付交易量)人民币市场加速发展,且随着人民币汇率波动加大,伦敦人民币外汇交易需求日趋活跃。

第二,伦敦即期人民币外汇交易量居全球首位。截至 2020 年第四季度,伦敦人民币即期外汇日均交易规模达 399 亿英镑,较五年前增长了 98.2%。根据 SWIFT 的统计,2021 年 2 月,人民币位居全球第五大外汇即期交易货币。从地域分布来看,英国是全球第一大人民币即期外汇交易市场,其市场份额为 38.4%;美国、中国香港、中国内地、法国位居第二至五位,市场份额分别为 14.6%、10.9%、10.7% 和 7.1%。

第三,伦敦人民币外汇交易以现货为主。从产品结构来看,2020 年第四季度,人民币即期、远期、掉期与期权交易规模分别为 399 亿英镑、155 亿英镑、165 亿英镑和 149 亿英镑,在交易总量中的占比分别为 45%、17%、19% 和 17%。与其他主要货币以及全球水平(约 30%)相比,伦敦人民币外汇交易中即期产品占比偏高。这从一个侧面反映出人民币金融交易功能仍不成熟,对冲和投机需求较低。

第四,伦敦人民币外汇交易对手以银行为主。从交易对手结构看,伦敦人民币外汇交易的参与主体为银行机构,非英国银行与英国银行的交易份额分别占 23.5% 和 33.2%,合计占比 56.7%,超过其他市场参与者。这与全球外汇市场形成鲜明对比。近年来,机构投资者、对冲基金、私募股权基金等其他市场参与者的外汇交易规模快速扩张,在全球外汇市场的交易份额达 54.6%。

近年来,伦敦人民币外汇交易市场快速发展,主要得益于以下五个方面:

第一,伦敦稳居全球第二大离岸人民币中心,人民币产品及服务种类日益丰富。根据 SWIFT 的统计,截至 2021 年 2 月,英国人民币国际支付交易的全球占比达 7.4%,已赶超新加坡,仅次于中国香港,连续数年位居第二大离岸人民币中心。近年来,随着对人民币产品需求的不断升温,伦敦人民币计价投资产品更加丰富,除人民币债券以外,还推出了交易型开放式指数基金(ETF)、人民币债券基金等。在货币市场工具和衍生品方面,伦敦离岸市场已拥有人民币货币期货以及人民币利率衍生品等。在服务创新方面,伦敦在大宗商品领域开始提供人民币计价服务。伦敦金属交易所于2015年推出人民币现金抵押品服务,离岸人民币成为继美元、欧元、英镑和日元之后第五个被伦敦金属交易所接受的作为银行和经纪商在该平台交易的质押货币。

第二,受益于先天自然条件和监管改革,伦敦外汇交易市场历史底蕴深厚。从18世纪工业革命到19世纪70年代殖民扩张,英国统治了近五分之一的大陆面积,并在全球范围内广泛进行贸易往来,成为世界上最重要的海上贸易枢纽和国际金融中心。英国经济和贸易的优势为其日后发展外汇交易市场创造了有利条件。20世纪50年代,美国境外银行不受监管的美元存款集中存放在伦敦,形成了欧洲美元市场。伦敦成为最早的全球离岸金融市场,外汇交易中心由此出现,并得以巩固。1979年,英国政府全面取消外汇管制,有效促进了伦敦外汇交易市场的完全自由开放与全球化发展。1986年,时任英国首相的撒切尔夫人领导了"金融大爆炸",对伦敦金融市场进行了全面改革,通过放松监管,大力推动伦敦金融市场发展,促使伦敦成为全球主要的货币交易中心。

第三,伦敦市场具有强大的集群效应,外汇交易生态环境健全完善。集群效应是外汇交易中心发展的重要因素之一,需要具备主要参与者和丰富的流动性。伦敦金融市场体系成熟,监管规则先进,具有独特的经营时区优势,形成了一个完整的外汇交易生态。一方面,伦敦市场汇聚了主要外汇银行和外汇经纪商,全球前二十位的投行以及国际大型商业银行均在伦敦设立了外汇交易簿记中心,并配备有顶尖的外汇交易队伍;另一方面,自20世纪80年代起,大型跨国企业普遍开始在伦敦设立司库中心等特殊职能,进行全球范围的现金管理和产品创新。由此,伦敦具备了外汇交易市场的产业集群和交易集群的核心优势。

第四,伦敦金融基础设施完善,是全球主要的外汇清算地。英国较早建立了完善的支付清算架构,包括大额支付系统(CHAPS)、以商业银行为主体的社会零售支付系统(BACS)、为金融市场提供资金结算服务的支票和贷记清算系统(C&CC)等,并拥有伦敦清算所(LCH)、洲际交易所伦敦清算公司(LCE Clear Europe)、伦敦金属交易所清算公司(LME Clear)等多家重要的金融基础设施,是全球金融交易与外汇清算中心。根据BIS的调查,全球约50%的OTC利率衍生品和约43%的OTC汇率衍生品在伦敦市场交易。同时,伦敦美元清算规模长期高于纽约,约70%的欧元清算业务也在伦敦,规模远高于欧洲大陆任何金融中心。作为金融市场、金融机构和金融交易的聚集地,全球巨额的资金清算与货币交易集中在伦敦。

第五,相较于中国香港市场,伦敦人民币外汇交易优势明显。尽管伦敦离岸人民币市场总体规模不及中国香港市场,在人民币房地产投资信托(REITs)、人民币理财产品等产品体系与创新方面仍存在一定差距,但伦敦凭借其传统优势,在人民币即期外汇交易领域快速发展。首先,伦敦是全球最大的外汇交易中心,而中国香港外汇市场规模相对有限,且长期面临新加坡和东京等其他亚洲金融中心的挑战与业务分流。BIS的统计显示,伦敦日均外汇交易量达3.58万亿美元,是中国香港市场的5.7倍。其次,伦敦市场交易货币多达80种,人民币与其他货币更容易进行交易;而中国香港外汇市场则以港币、美元和人民币交易为主,主要服务于中国内地投资与交易。再次,中国香港金融体系以股票市场为主,外汇交易市场参与者有限,主要为互联互通的投资者,以及有汇率对冲需求的企业。此外,伦敦市场较中国香港市场具备更好的流动性,并且交易时间在早上可以覆盖中国内地市场,即便在中国香港闭市后还可以继续提供流动性。

(资料来源:赵雪情,施东方,瞿亢.伦敦人民币外汇市场的发展经验[J].中国外汇,2021(15):70-73.)

思考：

1. 概述伦敦人民币外汇交易快速增长的比较优势。

2. 伦敦人民币外汇交易快速增长对人民币国际化有何作用和启示？

第四章

汇　率

【学习目标】

1. 熟悉汇率的概念与标价；

2. 理解购买力平价理论；

3. 理解利率平价理论；

4. 了解国际收支说和资产市场说；

5. 掌握影响汇率波动的因素；

6. 理解汇率波动对经济的影响。

【知识能力】

1. 会区分直接标价法与间接标价法；

2. 能推导购买力平价的形式；

3. 能推导利率平价的形式；

4. 能运用汇率影响因素分析各国汇率变动。

【工作任务】

1. 区分直接标价法和间接标价法；

2. 推导利率平价理论的一般形式；

3. 计算套算汇率；

4. 举例说明汇率波动对经济的影响。

【思维导图】

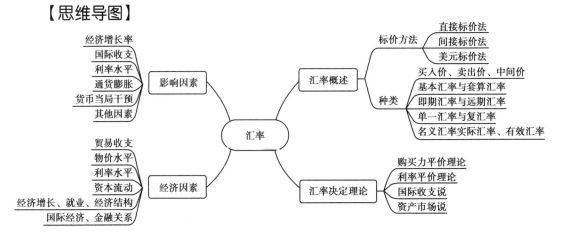

案例导入

人民币"朋友圈"再扩容

当地时间 3 月 30 日,据法新社等多家外媒报道,中国和巴西已经达成协议,将使用本国货币代替美元进行贸易。这也意味着,今后在中国和巴西的双边贸易中,既可以使用人民币进行贸易结算,也可以使用巴西雷亚尔结算,不用再使用美元作为中间货币。

据中国海关统计,2022 年中巴双边贸易额为 1 714.9 亿美元,同期利好双边贸易。

巴西政府日前表示,巴西已与中国达成协议,不再使用美元作为中间货币,而是以本币进行贸易结算。

巴西贸易和投资促进局在一份声明中表示,"预计这将降低成本……促进更大的双边贸易,促进投资"。

"今后,中国和巴西两个国家之间的贸易,可以使用人民币,也可以使用巴西雷亚尔,这对中国和巴西带来的好处显而易见:一方面节省了第三方货币的兑换成本,另一方面也有助于避免美元汇率波动本身对中国和巴西贸易造成的不确定性,减少进出口价格的波动频率。"商务部研究院国际市场研究所副所长白明向记者表示。

此外,总部位于萨尔瓦多、由中国交通银行控股的巴西 BBM 银行加入了中国银行间支付系统(CIPS),中国工商银行巴西分行"将作为人民币在巴西的清算银行"。

巴西财政部国际事务秘书塔蒂亚娜·罗西托称,通过这两个机构,双方的出口商都将收到以原产国货币支付的货币付款。

巴西贸易和投资促进局在声明中表示,我们希望通过雷亚尔和人民币之间的直接兑换来降低贸易交易的成本,而 BBM 银行将成为南美第一个直接参与这一体系的国家。

事实上,从 2009 年至今,中国已连续 14 年成为巴西最大的贸易伙伴,也是巴西的主要投资来源。

据中国海关统计,2022 年中巴双边贸易额为 1 714.9 亿美元,同比增长 4.9%。其中,中方出口额 619.7 亿美元,同比增长 15.7%;进口额 1 095.2 亿美元,与上年持平。据巴方统计,截至 2022 年,巴中贸易额已连续 5 年突破 1 000 亿美元。

根据巴西—中国商业委员会的数据,2007 年至 2020 年间,巴西是中国在拉丁美洲投资的主要目的地,总投资价值超约 700 亿美元,主要投资领域包括石油和发电、汽车工业、重型机械、采矿、农业和信息技术等。

此外,双方在金融领域的合作也取得了新进展。据中国人民银行网站 2 月发布的消息,近日,中国人民银行与巴西中央银行签署了在巴西建立人民币清算安排的合作备忘录。巴西人民币清算安排的建立,将有利于中巴两国企业和金融机构使用人民币进行跨境交易,进一步促进双边贸易、投资便利化。

一、卢拉的雄心

日前,虽然巴西总统卢拉因身体原因推迟了原定访华行程,但巴西农业和畜牧业部长卡洛斯·法瓦罗与数百位巴西商业代表已于 3 月 22 日抵达北京,为两国间的潜在合作铺路。卢拉的新闻秘书皮门塔也透露,卢拉总统预计将于 4 月 11 日访华。

巴西人民币清算协议的达成,可以说为卢拉的访华行程锦上添花,也是两国对双边贸易充满信心的证明。

去年 10 月,左翼出身的卢拉一举击败极右翼前任博索纳罗,成为巴西新当选总统。随着博索纳罗的影响日渐消散,卢拉正在不失时机地恢复与盟友的关系。20 年前,正是卢拉将巴西带入发展的黄金年代,在其多年的总统生涯中,卢拉将多边外交作为优先事项,而由巴西、俄罗斯、印度、中国和南非(2011年加入)组成的金砖国家新兴经济体也成立于卢拉执政时期。

上任后,卢拉已先后访问了阿根廷和美国。外媒评价,对巴西最大的贸易伙伴中国进行为期六天的访问是卢拉实现抱负的关键,卢拉访华也是一个非常明确的信号,表示他期待进行高层双边对话,深化两国关系。

二、破除美元霸权

有外媒形容,这一清算协议是中国对"全能美元"的最新抨击。迄今为止,美元仍旧享有世界主要储备货币的地位,该协议将使美国经济霸权的头号对手中国和拉丁美洲最大的经济体巴西能够直接进行大规模的贸易和金融交易,而不用再通过美元。

直接使用本币有多重要?据了解,在中巴双边贸易中,坚持使用人民币将有助于降低交易成本。使用美元作为中间货币会使交易成本更高,这在套期保值业务上表现尤为明显。此外,使用中间货币还会使业务面临额外的货币风险。

"这是企业规避汇率风险的最佳选择。"在接受《国际金融报》记者采访时,中国人民大学国际货币研究所副所长涂永红这样评价,"我们可以看到,美联储这一年来的激进加息,硅谷银行等一系列银行风险事件,都让美国经济衰退、金融风险增加,市场对美联储货币政策的走向难以判断,加剧了美元的波动。"

美元波动,意味着更大的汇率风险。中巴双边贸易如果使用美元定价,成本和收益都要受到美元汇率波动的深刻影响,而这是与市场供求无关的第三方因素。绕过美元,利用双边货币进行计价,就可以规避美元波动所带来的汇率风险,由双方根据外汇市场供求关系直接确定汇率,增加双边贸易的确定性。

涂永红指出,第二次世界大战以后,以美元为核心的国际货币体系建立起来,简单来说,这套体系的规则就是美元与黄金挂钩,其他货币与美元挂钩,所以,大宗商品的计价结算、国际借贷、资本流动等领域大多使用美元,这就形成了一种对美元的路径依赖。

然而事实上,美元在国际贸易当中的份额大约不超过20%,但是在国际结算当中的份额超过了60%,这二者是不匹配的。

"我们可以看到,2008年全球金融危机之后,国际货币体系加快了从单一的美元向多元化货币的转变,尤其是2015年,人民币加入了特别提款权(SDR)货币篮子,这样一种多元化的国际货币体系,更有助于国际金融的稳定。"涂永红说。

三、人民币国际化加速

不只是巴西,中国与俄罗斯、巴基斯坦以及其他一些国家也有类似的协议。

涂永红表示,由于人民币币值比较稳定,投资收益比较高,现在已经有70多个国家将人民币纳入他们的官方外汇储备资产,在全球贸易中,人民币的份额已接近3%,人民币"朋友圈"的格局,基本上是一个互惠互利的格局,人民币资产得到越来越多国际投资者的青睐,信誉也在不断增高,今年春节期间,数千亿国际资本都流入到中国,购买中国的股票和债券就是例证之一。

在人民币的"朋友圈"里,有受美国制裁、美元货币较少的国家,也有一些国家,因美联储不断加息而寻求替代方案。一些国家的经济情况和巴西类似,比如向中国出口大宗商品,且本国货币对美元有贬值趋势,如阿根廷、巴基斯坦和哈萨克斯坦。对这些国家来说,使用人民币是一种避免依赖美元、避免外汇储备恶化的路径,考虑到中国在贸易平衡中的权重,也可以降低成本、促进交易,这是至关重要的。俄罗斯、伊朗、阿联酋和安哥拉等对中国的主要石油出口国也越来越多地使用人民币。

2009年,中国推行了一项新的计划,即人民币结算试点计划,以期逐步实现人民币的国际化。中国推动人民币国际化的关键动力包括2000年中国入世、2008年金融危机,以及对更加稳定、互惠互利的贸易关系的渴望。

14年来,中国一直努力在全球范围内提振人民币的影响力,中国鼓励公司在贸易交易中使用人民币,主要用于能源商品、农产品和稀有金属等战略商品。例如,中国宝钢和巴西淡水河谷在2020年达成协议,以人民币支付铁矿石费用。

2015年,人民币被纳入国际货币基金组织的货币篮子,这促使很多国家考虑用人民币进行国际储备。2021年,巴西将人民币资产在其国际储备中所占份额增加至4.99%,比此前一年的1.21%增加了三倍多。与此同时,美元的比例约为80%,为2014年以来的最低值。

但不容忽视的一点是,即使在中国经济参与度大幅提高、国际美元储备不断下降的背景下(2021年最后一个季度末达到25年来的最低水平),人民币仍难以在国际交易中占据重要地位。国际货币基金组织数据显示,人民币只获得了约2.88%的国际储备份额,未来提升空间还很广阔。

(资料来源:周秭沫.人民币"朋友圈"再扩容[N].国际金融报,2023-04-01.)

第一节 汇率概述

一、外汇汇率

外汇汇率(Foreign Exchange Rate)是指两个不同国家货币的兑换比率。通常用一个国家的货币来表示其他国家货币的价值。

二、汇率标价方法

在外汇市场上,一种货币可以用其他货币来表示其价值。不同国家和地区有不同的汇率标价方法,以下是主要的汇率标价方法。

(一)直接标价法

直接标价法(Direct Quotation)是指以本国货币作为参照,将其他国家货币的价值表示为某一单位本国货币的数量。例如,2023年6月19日,我国国家外汇管理局公布的外汇牌价中,每100美元价值712.01元人民币。

(二)间接标价法

间接标价法(Indirect Quotation)是指以外国货币作为参照,将本国货币的价值表示为某一单位外国货币的数量。例如,2023年6月19日,我国国家外汇管理局公布的外汇牌价中,每 100 元人民币价值 17 911.0 韩元。

(三)美元标价法

美元标价法是指将其他国家货币的价值表示为一定单位(如 11 001 000 等)美元等于多少单位该国货币。这种标价方法在国际贸易和金融领域中广泛使用。

(四)各标价法的特点

直接标价法下,由于外币不变,若本币数额增加,则本币贬值,外币升值;反之,若本币数额减少,则本币升值,外币贬值。

间接标价法下,由于本币不变,若外币数额增加,则外币贬值,本币升值;反之,若外币数额减少,则外币升值,本币贬值。

美元标价法下,由于美元不变,若其他国家货币数额增加,则美元升值;反之,若其他国家货币数额减少,则美元贬值。

三、汇率的种类

在实际运用中,外汇汇率根据不同的角度可以划分为多种不同的类型。

(一)买入价、卖出价和中间价

从银行外汇买卖的角度,可以分为买入价、卖出价和中间价。

买入价(Buying Rate)也称买入汇率,是指商业银行等金融机构买入外汇时依据的汇率。银行在买入外汇时会有两个价格:现汇买入价和现钞买入价。一般而言,现钞买入价要比现汇买入价低,因为其中涉及现钞的运输、保管、利息损失等成本费用。

卖出价(Selling Rate)也称卖出汇率,是指商业银行等金融机构卖出外汇时依据的汇率。

中间价(Middle Rate)也称中间汇率,是指买入价和卖出价的平均值,即(买入价+卖出价)/2,常见于新闻报道和经济分析中。

无论买入价还是卖出价都是从银行角度出发,银行买入外汇的价格较低,卖出外汇的价格较高,低买高卖后的中间差价是银行的利润来源。2023 年 6 月 19 日中国工商银行人民币即期外汇牌价见表 4-1。

表 4-1 中国工商银行人民币即期外汇牌价(2023 年 6 月 19 日)100 外币/人民币元

币 种	现汇买入价	现钞买入价	现汇卖出价	现钞卖出价
英镑(GBP)	913.79	887.66	920.21	920.21
港币(HKD)	91.4	90.65	91.74	91.74
美元(USD)	714.37	708.64	717.23	717.23
瑞士法郎(CHF)	796.97	774.18	802.57	802.57
新加坡元(SGD)	531.93	516.72	535.67	535.67
巴基斯坦卢比(PKR)	2.484 1	2.406 3	2.501 5	2.501 5
瑞典克朗(SEK)	66.65	64.74	67.11	67.11

币 种	现汇买入价	现钞买入价	现汇卖出价	现钞卖出价
丹麦克朗（DKK）	104.57	101.58	105.31	105.31
挪威克朗（NOK）	67.06	65.15	67.54	67.54
日元（JPY）	5.028 3	4.884 5	5.063 7	5.063 7
加拿大元（CAD）	540.2	524.75	544	544
澳大利亚元（AUD）	488.42	474.46	491.86	491.86
马来西亚林吉特（MYR）	154.14	149.31	155.22	155.22
欧元（EUR）	779.02	756.74	784.5	784.5
卢布（RUB）	8.25	8.21	8.76	8.76
澳门元（MOP）	88.72	88.01	89.08	89.08
泰国铢（THB）	20.51	19.87	20.65	20.65
新西兰元（NZD）	442.03	429.39	445.13	445.13
南非兰特（ZAR）	39.24	37.33	39.52	39.52
哈萨克斯坦坚戈（KZT）	1.590 9	1.541 1	1.602 1	1.602 1
韩元（KRW）	0.556 2	0.540 3	0.560 2	0.560 2

（二）基本汇率和套算汇率

从汇率制定方法的角度，可以分为基本汇率和套算汇率。

基本汇率（Basic Rate）又称基础汇率，是指本国货币与关键货币的汇率。由于外国货币有很多，不可能把本国货币与每一个国家货币之间的汇率都制定出来，因此通常都会选择某一种关键货币（一般为国际贸易中常用的货币）作为汇率制定的基础。例如，我国曾长时间以美元为关键货币，则人民币与美元的汇率为基本汇率。

套算汇率（Cross Rate）又称交叉汇率，是指通过基本汇率套算出来的本国货币与非关键货币的汇率。例如，想要了解人民币与菲律宾比索之间的汇率，某日我国人民币对美元的基本汇率是 USD 1 = CNY 7.131 4，而当时菲律宾比索与美元的汇率是 USD 1 = PHP 55.744 5，则可套算出人民币与菲律宾比索的汇率为 CNY 1 = PHP 7.816 8，此时该汇率为套算汇率。

（三）即期汇率与远期汇率

从外汇买卖交割时间的角度，可以分为即期汇率和远期汇率。

即期汇率（Spot Exchange Rate）是指在两个营业日内办理外汇交割业务时使用的汇率。

远期汇率（Forward Exchange Rate）是指外汇业务买卖双方事先签订协议，在未来的某一日期（如 1 个月后、3 个月后或 6 个月后）按照协议约定进行交割的汇率。

即期汇率与远期汇率通常不一致，两者之间的差价称为远期差价。远期差价的三种形式见表 4-2。

表 4-2　远期差价的三种形式

差价形式	差价名称
远期汇率>即期汇率	远期升水
远期汇率<即期汇率	远期贴水
远期汇率=即期汇率	平价

(四)固定汇率与浮动汇率

从汇率制度的角度,可以分为固定汇率和浮动汇率。

固定汇率(Fixed Exchange Rate)是指一个国家或地区的政府和中央银行决定将其货币与一种基本参照物(黄金、某一种外国货币或某一组货币)的汇率维持在一个固定的水平。这种制度通常由官方进行干预,保证汇率波动限制在一定的范围内。

浮动汇率(Float Exchange Rate)是指货币汇率的变动完全由市场供求关系决定,不需要政府或央行进行大量干预的汇率制度。在这种制度下,汇率会随着市场需求变化而波动,反映出货币的实际价值和国家经济状况。

(五)单一汇率与复汇率

从汇率统一的角度,可以分为单一汇率和复汇率。

单一汇率(Single Exchange Rate)是指一个国家或地区只有一种固定的官方汇率,用来规范该国家或地区的经济和金融活动。复汇率(Multiple Exchange Rate)是指一个国家或地区为不同种类的货币交易设置的多种汇率。复汇率允许政府或央行根据具体情况和政策目标,为不同种类的货币交易(如外汇交易、出口、进口、旅游等)设定不同的汇率。

(六)名义汇率、实际汇率与有效汇率

从汇率测算方法的角度,可以分为名义汇率、实际汇率和有效汇率。

名义汇率(Nominal Exchange Rate)是指由政府或央行公布的官方汇率。名义汇率反映了货币之间的相对价值关系,但并不能完全反映出实际的经济活动和资本流动。

实际汇率(Real Exchange Rate)是指名义汇率与政府财政补贴和税收减免之和或者之差,即实际汇率=名义汇率±财政补贴和税收减免。实际汇率的另一个含义是考虑到通货膨胀率等实际因素后的汇率水平,用名义汇率减去通货膨胀率,即实际汇率=名义汇率−通货膨胀率。

有效汇率(Effective Exchange Rate)是指一个国家货币相对于一组其他主要货币的加权平均值,通常由央行或政府公布。有效汇率可以反映该国货币在全球外汇市场上的相对实力和竞争力。有效汇率的权重根据每种外汇在该国国际经济交易中的重要程度来确定,计算公式如下:

$$A \text{ 币的有效汇率} = \sum_{i=1}^{n} A \text{ 货币对 } i \text{ 国货币的汇率} \times \frac{A \text{ 国对 } i \text{ 国的出口贸易值}}{A \text{ 国的全部对外出口贸易值}}$$

第二节 汇率决定理论

一、购买力平价理论

购买力平价理论(Theory of Purchasing Power Parity,简称"PPP"理论)由瑞典经济学家卡塞尔于 1992 年提出,该理论从汇率与价格水平的关系出发研究汇率如何决定。购买力平价有两种形式:绝对购买力平价和相对购买力平价。

(一)一价定律

购买力平价理论是建立在一价定律的基础上。一价定律是指在没有贸易成本和贸易壁垒的自由竞争市场上,同质产品在不同国家均按照同一货币衡量的相同价格出售。比如,P_i 为产品 i 的国内价格,P_i^* 为产品 i 的国外价格,e 为直接标价法下的汇率,则

$$P_i = e \cdot P_i^*$$

如果某一同质商品在两个地区的价格不同,则地区间的差价必然会带来地区间的商品套利活动,即在价格低的地方购入商品后在价格高的地区售出商品。如某商品在美国售价 100 美元,在中国售价 500 元人民币,此时,美元兑人民币汇率为 1:6,即美国售价折合为人民币 600 元,商家可以在中国以 500 人民币的价格购入该商品,再以 100 美元的价格在美国出售。为了获得套利利润,交易者会不断在两地进行商品贸易,最终会导致两地供求关系发生变化,中国的产品价格会上升,美国的产品价格会下降,最后趋于价格趋于一致,即一价定律成立。

当然,一价定律在现实生活中一般很难实现,其成立条件非常严格,在开放经济中,很难实现没有贸易成本和贸易壁垒的自由竞争市场。

(二)购买力平价的基本形式

购买力平价有两种形式:绝对购买力平价和相对购买力平价。

1. 绝对购买力平价

绝对购买力平价是指不考虑贸易壁垒、运输成本和其他交易成本等因素,相同商品在不同国家的价格应当完全相同,货币汇率应该以此为基础实现调整。

绝对购买力平价的前提包括:第一,对于任何一种可贸易商品,一价定律都成立;第二,在两国物价指数的编制中,各种可贸易商品所占的权重相等。假定 α_i 表示第 i 种商品的权重,P_i 表示第 i 种商品的国内价格,P_i^* 表示第 i 种商品的国外价格。则

$$\sum_{i=1}^{n} \alpha_i P_i = e \cdot \sum_{i=1}^{i=n} \alpha_i P_i^* \tag{4-1}$$

如果将这一物价指数分别用 P 和 $P*$ 表示,则有

$$P = e \cdot P^* \tag{4-2}$$

上式的含义是:不同国家的可贸易商品的物价水平以同一种货币计量时是相等的。

将上式变形,即

$$e = \frac{P}{P^*} \qquad (4-3)$$

这就是绝对购买力平价的一般形式,它表明两国货币的汇率取决于两国物价水平之比。

2. 相对购买力平价

相对购买力平价是研究一段时期内的汇率变化,它认为两国货币的汇率会根据两国通货膨胀率的差异进行相应的调整。

当两国发生通货膨胀时,e_0 和 e_1 表示基期和计算期的汇率,$\triangle P$ 表示从基期到计算期国内商品物价变化,$\triangle P^*$ 表示从基期到计算期商品国外价格变化,则有

$$e_1 = e_0 \cdot \frac{\triangle P}{\triangle P^*} \qquad (4-4)$$

这就是相对购买力平价的一般形式,它表明两国货币的汇率变化由两国的通货膨胀率的差异决定的。如果本国通胀率高于外国,则本币将贬值,外币升值;反之,如果本国通胀率低于外国,则本币将升值,外币贬值。比如某个时期中国的物价水平从 100 升到 150,同期美国的物价水平由 100 升到 125,假定基期汇率为 USD1 = CNY5,根据相对购买力平价可以计算出汇率

$$e_1 = 5 \cdot \frac{\frac{150}{100}}{\frac{125}{100}} = 6$$

即 USD1 = CNY6,此时,美元升值,人民币贬值。

(三)对购买力平价理论的评价

购买力平价理论在所有的汇率决定理论中最有影响力,具有一定的理论贡献:

①购买力平价理论阐述了汇率与通货膨胀率之间的关系,揭示了汇率变动的长期原因,通常作为汇率的长期均衡标准应用于其他汇率理论分析中。在世界各国普遍实行浮动汇率制度的今天,该理论在一定程度上符合汇率变动的现实,因而具有较强的生命力。

②购买力平价理论从货币的交易媒介功能角度分析了货币交换的问题,符合逻辑,易于理解。

③购买力平价理论使理论上的汇率得以量化,且表达简单明了,使之成为计算均衡汇率的常用方法,同时汇率通过购买力平价关系成为影响一国产品竞争力的重要因素。

但是,该理论也存在一些缺陷:

①忽略了决定汇率水平的众多实际因素。购买力平价理论的基础是货币数量说,假定货币数量是影响购买力和物价水平的唯一因素,从而忽略了生产条件、投资、储蓄、消费水平、资本流动、贸易壁垒、利率变化等各种实际因素对汇率变动产生的影响。

②理论假设在现实中难以满足,实际生活中,受到贸易壁垒、信息成本、交易成本等因素的影响,贸易产品通常是异质的,一价定律难以成立,汇率也难以通过套利机制实现购买力平价理论。

③在实践运用当中,该理论存在一定的技术困难,如基期的选择、同质产品和劳务的选择、物价指数的选择等,不同的选择会导致不同的购买力平价,因此实证检验的结果难以达成一致。

阅读材料

"巨无霸指数":美元被低估了70%

麦当劳快餐连锁店的旗舰汉堡巨无霸是一致性的典范。这种双层三明治由七种原料制成,在100多个国家的36 000多家餐厅以几乎相同的方式生产。巨无霸指数(Big Mac Index)是一个非正式的经济指数,用以测量两种货币的汇率理论上是否合理。这种测量方法假定购买力平价理论成立。根据最新数据,几乎每一种货币兑美元都被低估了。其结果是,相对于基本面,美元本身看起来比30年来的任何时候都更强劲。

巨无霸指数是基于购买力平价理论(PPP),该理论指出,货币应该进行调整,直到一篮子相同商品的价格——或者在这种情况下,是一个巨无霸——在所有地方都是一样的。以这个标准衡量,大多数汇率都偏离了目标。例如,在俄罗斯,一个巨无霸的价格是110卢布(1.65美元),而在美国是5.58美元。这表明卢布兑美元汇率被低估了70%。在瑞士,麦当劳的顾客必须支付6.50瑞郎(6.62美元),这意味着瑞郎被高估了19%。

根据该指数,大多数货币对美元的低估程度甚至超过了6个月前,当时美元已经走强。在一些地方,这是由汇率变化推动的。与7月相比,美元兑阿根廷比索和土耳其里拉分别上涨了35%和14%。在其他方面,汉堡价格的变化是主要原因。在俄罗斯,当地的巨无霸价格下跌了15%。

在我们的指数中,新兴市场货币表现疲软并不罕见。但今天,美元无论对富人还是穷人都具有压倒性的优势。例如,5年前英镑的价格还算合理。今天,到英国旅游的美国人会发现巨无霸比在国内便宜27%。

2019年,这种偏离汉堡平价的情况可能会持续下去。由于货币政策或投资者风险偏好的变化,汇率可能偏离基本面。在2018年,更高的利率和减税使得美国资产更具吸引力,提升了美元的价值。对于负债以美元计价的新兴市场经济体来说,这是个坏消息。随着投资者越来越紧张,这些国家的货币贬值。今年年底,随着全球经济减速,投资者预计美联储将变得更加温和,美国国债收益率开始下降。但美元迄今仍保持强劲。

尽管购买力平价在短期内并不能很好地预测汇率,但长期来看,购买力平价的表现要好一些。一项追溯到1986年的数据分析显示,被巨无霸指数视为低估的货币,在随后的十年里,平均会走强(反之亦然)。

(资料来源:美元被严重高估?"巨无霸指数":这一货币被低估了70%[N].金融界,2019-01-15.)

二、利率平价理论

利率平价理论(Theory of Interest-Rate Parity)由英国经济学家凯恩斯于1923年在《货币改革论》中系统地阐述,在国际资本流动日渐繁荣的背景下,该理论从汇率与利率的关系出发研究汇率如何变动。利率平价理论包括套补的利率平价(Covered Interest-Rate Parity,CIP)与非套补的利率平价(Uncovered Interest-Rate Parity,UIP)。

(一)套补的利率平价

为了说明问题,我们以中美两地为例。

假定中国的利率为$I_{中}$,美国的利率为$I_{美}$,即期汇率为S,远期汇率为F,汇率的标价方法为直接标价法,两国资金可以自由流动。

1 元人民币在国内的一年期投资收益为:

$$1\times(1+I_中)=1+I_中 \tag{4-5}$$

如果把这 1 元人民币拿到美国投资,则要先把人民币换成美元,即 $1/S$,一年后的投资收益为:

$$\frac{1}{S}\times(1+I_美) \tag{4-6}$$

此时,再把以上美元投资收益按远期汇率兑换成人民币,则:

$$\frac{1}{S}\times(1+I_美)\times F$$

即

$$\frac{F}{S}\times(1+I_美) \tag{4-7}$$

如果两地的投资收益相同,则不会出现套利行为,即

$$1+I_中=\frac{F}{S}\times(1+I_美) \tag{4-8}$$

整理可得:

$$\frac{F}{S}=\frac{1+I_中}{1+I_美} \tag{4-9}$$

两边各减去1,可得

$$\frac{F-S}{S}=\frac{I_中-I_美}{1+I_美} \tag{4-10}$$

在上式中,如果中国的利率水平高于美国的利率水平,即 $I_中>I_美$,则 $F>S$,即远期美元升水,如果中国的利率水平低于美国的利率水平,即 $I_中<I_美$,则 $F<S$,即远期美元贴水。

令贴水率 $(F-S)/S$ 为 P,则有

$$P=\frac{I_中-I_美}{1+I_美} \tag{4-11}$$

变形可得

$$P+P\times I_美=I_中-I_美 \tag{4-12}$$

在上式中,P 和 $I_美$ 都是百分数,其乘积数值非常小,可以忽略不计,即

$$P\approx I_中-I_美 \tag{4-13}$$

上式为套补的利率平价的一般形式,它表明汇率的远期升贴水率取决于两国的利差,低利率国家的货币,其远期汇率必然升水;高利率国家的货币,其远期汇率必然贴水,远期汇率升、贴水率约等于两国利差。

(二)非套补的利率平价

上文分析中,投资者是按照远期交易进行投资,但有投资者会按照自己对汇率变动的预期计算预期收益,并承担一定汇率风险。那么上文中的 F 则表示为预期的远期汇率,P 为预期的远期汇率变动率。同样的,非套补利率平价表明预期的汇率远期变动率等于两国货币利率之差。如果本国利率高于外国利率,则意味着市场预期本币在远期将贬值;如果本国利

率低于外国利率,则意味着市场预期本币在远期将升值。

(三)对利率平价理论的评价

利率平价理论从资本流动的角度分析了利率与汇率的关系,与购买力平价理论形成了互补,具有一定的贡献:

①利率平价理论提供了一个相对简单和直观的框架,它从资本流动的角度揭示了汇率预期变动与利率差异之间的关系,可以作为市场参与者的参考工具,帮助他们预测和理解国际货币市场中的利率差异。尽管这个理论并不总是完全准确,但它可以为投资者和交易者提供一种思考的框架。

②利率平价理论为中央银行提供了一种有效的工具,通过利率调节对汇率进行灵活的调控。在实际操作中,中央银行可以通过调整利率水平来影响投资者的预期和行为,从而对汇率产生直接的影响。利用利率尤其是短期利率的变动来对汇率进行调控,中央银行可以培育一个发达且高效的货币市场。这种调节手段使得中央银行能够快速应对外汇市场的波动,维护货币稳定性。

但是,该理论也存在一些缺陷:

①利率平价理论建立在许多理想化的假设之上,如无风险套利机会存在、交易成本为零、市场参与者具有完全相同的信息水平等。然而,在现实市场中,这些假设并不总是成立,因此理论的适用性受到限制。

②利率平价理论没有考虑到资本流动的限制和管制。在现实中,许多国家会采取各种形式的资本管制来限制资本的自由流动,从而导致货币的利率差异无法迅速通过资本流动来消除。

③利率平价理论忽视了高频交易对市场的影响。现代金融市场存在大量的高频交易和算法交易,这些交易可能导致利率和汇率之间短期波动的非理性行为,使利率平价理论的预测失效。

④利率平价理论没有充分考虑到政府和央行对货币政策的干预和调整。各国央行在实践中会通过货币政策来影响利率水平,以实现宏观经济管理和汇率稳定的目标。这种干预可能使利率平价理论的预测受到扭曲。

三、国际收支说

国际收支状况与汇率之间存在密切联系。国际收支说是一种从国际收支角度分析汇率决定的理论,其渊源可追溯到 14 世纪。在 1861 年,英国学者葛逊较为完整地阐述了汇率与国际收支的关系,他的理论被称为国际借贷说(Theory of International Indebtedness)。第二次世界大战后,随着凯恩斯主义的宏观经济分析广泛运用,许多学者运用凯恩斯模型来解释影响国际收支的主要因素,进而分析这些因素如何通过国际收支对汇率产生影响,形成了国际收支说的现代形式。

(一)国际收支说的早期形式:国际借贷说

国际借贷说认为流动借贷是汇率决定的主要因素。只有当国家已进入支付阶段和收入阶段的国际收支,才会影响外汇的供求,从而影响汇率。具体表现为:

①一国流动债权>流动债务 → 外汇供给>外汇需求 → 外汇汇率下跌(本币升值);

②一国流动债权<流动债务 → 外汇供给<外汇需求 → 外汇汇率上升(本币贬值);

③一国流动债权=流动债务 → 外汇供给=外汇需求 → 汇率不变。

尽管国际借贷说从国际收支的角度解释了外汇供求关系的变化及汇率变动的原因,在金本位制度时期盛行一时,但它并未说明影响汇率变动的具体因素,目前而言,也存在一定的历史局限。

(二)现代国际收支说

国际借贷说的缺陷在现代国际收支说中得到弥补。现代国际收支说假定汇率完全自由浮动,政府不对外汇市场进行任何干预。在这种条件下,该理论认为:

①当其他条件不变时,本国国民收入增加,对进口的需求增加,导致外汇需求上升,外汇汇率上升,本币贬值;反之,外国国民收入增加,本国出口的需求增加,导致外汇供给增加,外汇汇率下降,本币升值。

②当其他条件不变时,本国利率上升或外国利率下降,会刺激外国投资者到本国投资,国外资金流入,外汇供给增加,外汇汇率下降,本币升值;反之,本国利率下降或外国利率上升,国外资金流出,外汇需求增加,外汇汇率上升,本币贬值。

③当其他条件不变时,本国物价水平上升会导致出口产品价格上升,产品的竞争力下降,外国对本国出口产品的需求下降(即出口减少),外汇供给下降,外汇汇率上升,本币贬值;反之亦然。

④当其他条件不变时,如果预期本币在未来将贬值,资本将会流出以避免汇率损失,此时外汇供给减少,外汇汇率上升,本币贬值;反之亦然。

(三)国际收支说的评价

国际收支说具有其特定的理论贡献。一方面国际收支说是带有浓厚凯恩斯主义色彩的汇率决定理论,是凯恩斯主义的国际收支理论在浮动汇率制下的应用。它阐述了汇率与国际收支之间的紧密联系,同时把具体的影响因素收纳其中,对分析短期内汇率的变动和决定具有重要意义。另一方面,国际收支说是关于汇率决定的流量理论,是国际收支引起的外汇供求流量决定了短期汇率水平及其变动。

与购买力平价理论及利率平价理论一样,国际收支说也不能被视为完整的汇率决定理论。国际收支说并没有对影响国际收支的众多变量之间的关系及其与汇率之间的关系进行深入分析,并得出具有明确因果关系的结论。同时,汇率终归是在外汇市场供求平衡时才处于稳定状态的,从这个意义讲,任何汇率理论都要以这一关系为分析前提。因此,国际收支说只是更深入的分析中可利用的一种工具。

四、资产市场说

资产市场说认为汇率是一种资产价格,这一价格是在资产市场上产生的,因而在分析汇率时应使用资产价格决定理论。资产市场说可分为货币分析法和资产组合分析法。

(一)货币分析法

货币分析法假定本币资产与外币资产可以完全替代,投资者可根据不同资产间的预期收益率来进行投资。由于价格弹性不同,货币分析法又可以进一步分为弹性价格和黏性价格两种分析方法。

汇率的弹性价格货币分析法(Flexible-Price Monetary Approach)简称汇率的货币模型,主要代表人物有弗兰克尔和比尔森等,是1975年在斯德哥尔摩召开的"浮动汇率与稳定政策"的国际研讨会上提出的。该模型假定本币资产和外币资产是完全可以替代的(即这两种资产是统一的市场),只要本国与外国的货币市场平衡,则资产市场也必然平衡。该模型基于以下几个核心概念:①模型假设市场参与者对价格变动具有不同程度的反应,即存在弹性。当价格上升时,需求可能会下降,导致货币贬值;当价格下降时,需求可能会增加,导致货币升值。②一个国家的价格水平相对于其他国家的价格水平,会影响该国货币的汇率。较高的价格水平可能导致货币贬值,较低的价格水平则可能导致货币升值。③货币供应量的变化也会对汇率产生影响。如果一个国家的货币供应量增加,可能导致货币贬值;如果货币供应量减少,可能导致货币升值。④除了价格水平和货币供应量,还考虑了其他外部因素的影响,如利率差异、经济增长率等。这些因素也可以通过它们对价格水平和货币供应量的影响来间接地影响汇率。

黏性价格货币分析法(Sticky Price Approach)又称超调模型(Overshooting Model),是由美国经济学家鲁迪格·多恩布什首先提出,弗兰克尔、布依特和米勒等进一步发展。黏性价格货币分析法认为,由于价格黏性存在,市场上的价格调整相对较慢,因此价格水平可能无法立即反映货币供求关系的变化。这可能导致汇率在短期内保持相对稳定,而在长期内才逐渐调整以反映经济基本面的变化。这种模型尤其强调价格黏性对汇率的影响,并认为市场参与者的预期和利率差异也会影响汇率。该模型基于以下几个核心概念:①该模型假设市场参与者对价格的调整反应相对较缓慢或有限,即价格具有一定程度的黏性。这意味着市场上的价格不会立即或完全调整以反映货币供求关系的变化。②货币供应量的变化会对经济产生影响,并通过这些影响间接地影响汇率。当货币供应量增加时,可能导致物价上涨,货币贬值;当货币供应量减少时,可能导致物价下降,货币升值。③模型考虑了国际利率差异对汇率的影响。高利率国家通常会吸引资本流入,导致本国货币升值;低利率国家可能会面临资本外流,导致本国货币贬值。④模型还考虑了市场参与者的预期对汇率的影响。市场预期可能会导致投资者行为的变化,从而影响汇率。

(二)资产组合分析法

根据国内外资产的预期收益和风险差异,理性经济人会合理配置财富,以实现风险规避和最大化收益的目标。随着经济状况变化,经济代理人需要调整资产组合,这会引发本币和外币需求的变化以及跨国资本流动,进而导致汇率波动。资产组合平衡模型是由美国普林斯顿大学的布朗森教授、多恩布什、库里和伊萨提出的。

该理论认为资产存量的变化会对短期汇率均衡产生影响。具体来说,当货币存量增加(国内债券供给减少或国内货币供给增加)时,本国的汇率会贬值。而当外币资产存量增加(国外债券供给增加)时,本国的汇率会升值。此外,如果投资者购买本币资产,则本币将贬值;相反,如果他们购买外币资产,则本币将升值。另外,在浮动汇率制度和政府不干预外汇市场的情况下,长期均衡时,如果经常项目为顺差,那么资本项目就会为逆差。这意味着本国居民持有的国外债券会增加,从而导致本国货币升值。随着本币升值,出口可能减少,进口可能增加,最终导致经常项目的顺差减少,使经常账户保持平衡。

(三)资产市场说的评价

货币分析法重点关注货币供求关系及其对汇率的影响,特别强调货币供应量、利率差异和市场预期等因素。这种方法相对简单直接,可以提供一定程度上的理论依据和解释。但该理论忽略了其他经济因素(如贸易状况、政策变化等)对汇率的影响。此外,它假设市场参与者行为理性且信息完全,但实际市场可能存在非理性行为和信息不对称。

资产组合平价学说将经常账户纳入存量分析,其政策含义是通过控制债券供给量的变化达到调整汇率的目的和央行冲销干预的有效性。但资产组合分析法需要大量信息和数据,并且需要根据历史表现和市场预期进行分析和决策。它也对投资者的目标和风险偏好有较高的要求,且在实践中可能面临模型不准确和数据不完善等挑战。

第三节　汇率波动的影响因素

作为一国货币对外价格的表示形式,汇率受到国内和国际因素的影响。因此,汇率的变动常常捉摸不定,预测亦十分困难。以下对影响汇率变动的主要因素进行归纳。

一、经济增长率

一个国家的经济增长率对其货币汇率有着重要影响。如果一个国家的经济增长强劲,投资机会多,那么该国货币可能会升值。具体来说,经济增长可以使得该国生产率提高,生产成本相应降低,从而增强了本国产品在国际市场上的竞争力。这会促进出口并抑制进口,从而推动国际收支平衡。作为结果,外国投资者更有信心持有该国货币,从而增加对该货币的需求,推动其升值。此外,正常的经济增长反映了一个国家经济实力的提升。这可以增强人们对该国货币的信心,并促使他们更倾向于持有该货币或将其他货币兑换为该货币。这种增强的需求会对该货币产生推动作用,导致其升值。而如果一个国家面临经济衰退,投资者可能会撤离,导致货币贬值。

二、国际收支

当一国的国际收入大于支出时,即国际收支顺差,在外汇市场上,外汇的供应大于需求,使外汇汇率下降。相反,当一国的国际收入小于支出时,即国际收支逆差,在外汇市场上就表现为外汇的供应小于需求,从而导致外汇汇率上升,如图4-1所示。

需要强调的是,国际收支状况不一定会影响到汇率,主要要看国际收支顺(逆)差的性质。小规模和短期的国际收支差异通常会受到其他因素的干扰和抵消。例如,国际资金的流动、利率差异、通货膨胀以及政府在外汇市场上的干预等因素都可以对汇率产生影响。因

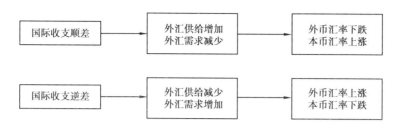

图 4-1　国际收支与汇率的关系

此,小规模和短期的国际收支差额可能不会显著地影响汇率。然而,长期的巨额国际收支逆差通常会对本国货币汇率产生较大的下跌压力。当一个国家持续出现大规模的国际收支逆差时,这意味着需求外溢,本国货币供应过剩。为了支付巨额的逆差,通常需要将大量的本币兑换成外币,从而导致本币贬值。

三、利率水平

利率水平的差异是货币市场参与者在进行投资和借贷决策时考虑的一个关键因素。如果一个国家的利率相对较高,通常意味着更高的投资回报率,这可以吸引其他国家的投资者来购买该国的金融资产。资本流入的增加会导致该国货币的需求增加,从而推动该货币升值。同时,当一个国家的利率较高时,使用本国货币进行借贷或投资的成本会上升,这可能导致外汇市场上该国货币的供应量减少,推动货币升值,如图 4-2 所示。

图 4-2　利率与汇率的关系

在考察利率变动对汇率的影响时,相对利率的比较是至关重要的。当本国利率上升但幅度不如其他国家利率上升时,或者本国利率上升幅度不如国内通货膨胀率上升时,相对利率差异会导致资本流向其他国家以追求更高的回报。这可能会导致资金流出本国,并降低对本国货币的需求,从而使本国货币贬值。同样的,国际投资者倾向于将资金投资到可以获得更高回报的地区。因此,相对利率的比较对他们的投资决策具有重要影响。如果其他国家的利率上升幅度更大,国际投资者可能更倾向于将资金转移到那些能够提供更高回报的地方,而不是本国。这会导致本国货币供应增加,推动其贬值。

利率对长期汇率的影响通常相对有限,而在短期内可能会产生更大的影响。利率是国家货币政策的一个重要工具,用于调控经济活动和实现宏观经济目标。由于利率是根据经济情况和政策需要进行调整的,它在很大程度上属于政策的范畴。因此,利率的改变往往是在政府或央行的干预下进行的,这种干预在短期内可能对汇率产生更直接和显著的影响。相对于利率,长期汇率更多受到一系列结构性因素的影响,如国际收支、通货膨胀、经济增长等。这些因素在较长时间内发挥作用,影响着货币市场供求关系和投资者对货币的信心。相比之下,利率调整的影响往往是短期的,不能单独决定长期汇率趋势。

四、通货膨胀

通货膨胀水平是衡量一国一定时期内物价总水平持续上升的变量,体现了本国商品市场上货币供过于求的情形,通货膨胀水平对汇率的影响是通过国际贸易和本国利率政策来实现的。

一方面通货膨胀可能影响一个国家的出口竞争力。如果通货膨胀导致本国商品价格上涨较快,那么出口产品的竞争力可能受到影响。此时,外国购买者可能更倾向于购买价格相对稳定或较低的外国产品,从而减少对本国货币的需求,进一步推动其贬值。与此同时,高通货膨胀率可能削弱外国投资者对一个国家的信心。通货膨胀意味着持有该国货币的实际购买力下降,这会引起外国投资者的担忧。如果外国投资者预期通货膨胀将持续或加剧,他们可能会减少对该国货币的投资,导致本国货币贬值。

另一方面当发生通货膨胀时,央行通常会采取紧缩货币政策,即提高利率以抑制通货膨胀。较高的利率可以吸引外资流入该国,因为它们可以获得更高的回报。外资流入会增加对本国货币的需求,推动其升值。

五、货币当局的干预

货币当局干预是指中央银行或政府采取措施来影响汇率的走势和波动。这种干预可以通过直接干预外汇市场或间接调整货币政策来实现。

(一)直接干预

货币当局可以通过买卖外汇市场上的本国货币来直接影响汇率。当货币贬值时,央行可以购买本国货币以增加需求,从而推动其升值。相反,当货币升值时,央行可以出售本国货币以增加供应,从而推动其贬值。这种直接干预通常被称为干预型汇率管理制度。

(二)间接干预

货币当局可以通过调整货币政策来影响汇率。例如,央行可以提高或降低利率,改变货币供应量,以影响投资者对本国货币的需求。如果央行采取紧缩货币政策,即提高利率,可能会吸引更多外资流入,从而推动本国货币升值。相反,如果央行采取宽松货币政策,即降低利率,可能会减少对本国货币的需求,从而推动其贬值。

(三)削弱波动性

货币当局还可以通过干预来削弱汇率的波动性。这种干预通常是为了稳定货币市场,防止过度波动。货币当局可以采取措施,如提供外汇流动性支持、限制资本流动等,以抑制汇率波动。

六、其他因素

汇率的变动除了受到上述经济因素的影响外,还受到其他因素的影响,包括心理预期、政治因素、自然因素等非经济因素。

市场参与者的心理预期对汇率变动起着重要作用。如果投资者预期某国经济将表现良好,他们可能会购买该国货币,推动其升值。相反,如果预期不佳,投资者可能会转而卖出该国货币,导致其贬值。心理预期可以受到许多因素的影响,如政策变化、媒体报道、舆论情绪等。

政治事件和政策变化可以对汇率产生短期影响。例如,选举结果、政策调整、国际关系紧张等政治因素都可能引发市场的不确定性和风险偏好的变化。这种不确定性可能导致投资者对该国货币的需求增加或减少,从而影响汇率。

自然灾害和其他突发事件也可能对汇率产生短期影响。例如,自然灾害可能导致供应链中断、资源短缺等情况,引发市场对该国经济前景的担忧,从而影响汇率。类似地,其他突发事件,如恐怖袭击、战争等,也可能引起市场的不确定性和风险偏好的变化,从而影响汇率。

需要注意的是,非经济因素的影响通常是短期的,并且在各种经济因素和市场力量中发挥作用。此外,市场参与者对这些因素的解读和反应也可能因个体和市场情绪的差异而有所不同。因此,在分析和预测汇率变动时,需要全面考虑多个因素,并了解其相互关系及其对市场心理和预期的影响。

阅读材料

土耳其里拉货币危机的背后

2021 年末,土耳其又一次遭遇货币危机。自 2021 年 9 月开始,土耳其央行连续四次下调基准利率至 14%。12 月 10 日,里拉兑美元连续两次突破 16:1 和 17:1 两个整数大关。与此同时,土耳其股市和债市也遭遇重创,股市开盘即大幅下跌,两度触发交易熔断机制。12 月 20 日,里拉兑美元汇率一度创下 18.3:1 的历史新低。这是自 2018 年以来土耳其经历的第二次货币危机。此次危机严重侵蚀了民众和投资者对土耳其里拉与经济增长的信心,暴露出土耳其政府经济治理的缺陷,也给未来土政局发展平添了诸多不确定性。

一、货币危机的深层原因

土耳其现任执政党正义与发展党(简称正发党)自 2002 年执政以来,对土耳其经济实施了系列改革,并在执政的前十年取得了一定成效,一度被西方世界称赞为结构调整的"优等生"。但是,埃尔多安政府并未彻底解决经济增长中的高通胀、经常账户赤字严重和债务负担过重等结构性问题。

第一,因能源依靠进口且储备不足,土耳其易因国际油价变动带来输入性通胀。2021 年12 月,土耳其的消费物价指数同比上涨 36.08%,高于同年 11 月的 21.31%,也远高于市场预期的 30.6%。这是自正发党执政以来的最高水平,主要价格上涨压力来自食品和非酒精饮料价格的上升。同月,土耳其年度核心通胀率升至 31.88% 的历史最高水平。按月计算,消费者价格指数 12 月上涨 13.58%,创历史最大月度涨幅。而土央行自 2021 年 9 月以来连续四次下调基准利率,在通胀飙升的情况下,投资者对央行货币政策方向的担忧成为引发货币危机的主因。

第二,土耳其的"经常账户"作为其国际收支的主要组成部分,长期处于高逆差状态。土耳其能源和矿产资源高度依赖进口,且其进口额长期占据进口总额的一半以上。2021 年 11月,由于全球需求持续复苏、大宗商品价格上涨和里拉贬值,土耳其贸易逆差为 54 亿美元,成为 2020 年 8 月以来最大月度逆差额。与此同时,贸易额较 2020 年同期激增,其中出口额增长33.7%，达到215.1亿美元的历史新高；进口额增长27.3%，达到创纪录的269.1亿美元，其中，能源和矿物质进口占55%。

第三，高外债且外债期限结构不合理。近年来土耳其外债规模明显扩大。2021年第二季度土耳其外债为446亿美元，第三季度为453.4亿美元，增长了7.4亿美元。2021年11月，土债务总量继续攀升，政府债务占GDP比重从10月的32.6%上升到39.5%，环比增长6.9%。此外，一国外债期限的合理结构是短期外债占比应低于外债总额的20%，但土耳其短期外债占外债总额比例高达33%，这使得土耳其的还债成本受汇率波动影响较大。近期里拉大幅贬值，推高偿债风险。土耳其有可能出现债务违约并引发债务危机。

第四，埃尔多安对土央行货币政策的干预。埃尔多安"特立独行"的个人风格使其经济治理具有鲜明特点。埃尔多安政府利用大规模投资和大型项目建设，创造就业机会，追求经济快速增长的举措，使土耳其始终存在经济过热的风险，非常容易引发推动型通货膨胀。高通胀成为土耳其的社会常态也加大了利率作为宏观经济调节工具的重要性。但埃尔多安反对通过提高利率来收紧流动性进而抑制通胀，反而通过央行降息来释放流动性，这造成了土通货膨胀率的不断上升。

第五，外部市场环境的影响。长期以来，土耳其为了吸引外资流入，避免采取任何形式的资本管制，金融市场完全对外开放，使外资对土耳其经济增长的支撑度高。2020年新冠疫情暴发后，美国为解决本国经济危机，采取量化宽松的货币政策，不断超发的美元流入土耳其等新兴市场国家，推高商品价格，导致新兴经济体大多出现通货膨胀。

二、埃尔多安的经济治理思路

2023年土耳其将迎来大选年与建国100周年，因此里拉货币危机及其衍生问题使正发党和埃尔多安面临能否继续执掌土耳其政坛的考验。从2020年至今，埃尔多安宣布了一系列改革举措，试图为2023年赢得大选奠定民意基础。

第一，注重工业发展，致力于将土耳其打造成"全球制造业中心"。自2014年8月埃尔多安就任土耳其第一届直选总统开始，他明确认识到土耳其经济严重依赖外部投资和融资的不利局面，希望通过发展工业、提高生产力进一步增强土耳其国力。与此同时，为了将外资引入实体经济，埃尔多安提出"高利率是罪恶之母"的货币政策思想，希望此举将资金引入工业部门。这一观点也构成了被舆论普遍称为"埃尔多安经济学"的核心思想。

第二，实施由低利率驱动经济增长的新模式。2021年12月16日，土耳其提出了关于土耳其扩大出口、提高就业的新经济模式。政府提出加快经济结构调整步伐、改善公共项目支出、改善民生、降低土耳其经济脆弱性。目的是尽量减少土耳其对进口的依赖，优先增加高附加值的生产和出口。根据土耳其央行数据，2021年第三季度土耳其GDP增长率为7.4%。截至2021年第三季度，土耳其GDP年化增长率已达到10.2%。

第三，"埃尔多安经济学"的影响依然存在。正发党执政前期的经济成就造就了埃尔多安对经济高速增长带来的社会发展与经济繁荣的"痴迷"，宽松的货币政策和积极的财政政策成为埃尔多安政府宏观经济政策的总基调。国际资本的自由流入为土耳其经济发展注入了大量资金。埃尔多安政府通过投资医疗保健、基础设施项目和教育等领域建立了一定民意基础。

面对此次危机，埃尔多安政府也采取了系列措施进行应对。首先，加大对外汇市场干预力度，稳定里拉币值。自2021年12月以来，土耳其央行累计抛售了73亿美元外汇，同时政府推出金融替代方案，为里拉储户和投资者提供汇率损失补偿，减少汇率波动对储户和投资者的影响。其次,在民生方面重点遏制通货膨胀。土政府成立金融稳定委员会,评估通胀风险并制订干预政策,承诺年内将通胀率降至个位数,并计划在 2023 年将通货膨胀率降至 5% 以下。土政府还宣布,从 2022 年 1 月开始,最低工资标准将提高至 4 250 里拉,涨幅达 50%。同时,土耳其国家对个人养老金系统的补贴率将从 5% 大幅提高到 30%,以减轻民众生活成本压力。

当前,土耳其政府推出的各项应对措施已收到一定成效,民众对里拉的信心也开始逐步上升。但是,美联储已经释放出加息信号,里拉兑美元仍有贬值趋势,土耳其经济的未来发展走势也仍待进一步观察。

(资料来源:魏敏.土耳其里拉货币危机的背后[J].世界知识,2022(3):56-57.)

第四节　汇率波动对经济的影响

汇率变动受到多种经济因素的影响,而这些变动反过来也对经济产生多方面的影响。以下是汇率变动(尤其是货币贬值)的一些经济影响。

一、汇率波动对贸易收支的影响

一般来说,当外币汇率上升(即本国货币贬值)时,以外币表示的本国出口商品价格相对下降,这会提高本国产品的竞争力,刺激出口增加。同时,本币贬值也使进口商品的相对价格上升,导致进口减少。这种情况下,贸易收支可能会改善,即出口超过进口,形成贸易顺差。相反,当本币汇率上升(即本国货币升值)时,以外币表示的本国出口商品价格相对上升,这可能导致出口减少。与此同时,本币升值还使进口商品的相对价格下降,促使进口增加。因此,在本币汇率上升时,贸易收支可能会恶化,即进口超过出口,形成贸易逆差。

但汇率贬值对贸易的具体影响需要考虑更多的因素,如商品需求弹性、国内供给能力以及是否存在闲置资源。①进出口商品的需求弹性。如果进出口商品的需求对汇率变动非常敏感,即需求弹性较大,那么汇率贬值可能会显著提高出口,同时降低进口。这意味着贸易收支可能会改善。相反,如果需求弹性较小,汇率贬值可能对贸易平衡的改善效果较小。②国内总供给的数量和结构。如果国内供给能够迅速调整并满足出口的增加需求,那么汇率贬值将更有助于促进出口增长。然而,如果国内供给量有限或无法灵活调整,可能会限制出口的增长潜力。③闲置资源的存在与否。在面临汇率贬值时,如果存在大量的闲置资源,即可以立即用于出口和进口替代品生产的资源,那么汇率贬值将更有可能带来出口增加和进口减少。这是因为资源的可用性可以迅速满足市场需求的变化。

二、汇率波动对物价水平的影响

汇率波动的一个直接后果是对物价水平的影响。当本国货币贬值时,它可能通过多个渠道对物价产生影响,并且可能存在一定的循环上升效应。第一,货币工资机制。在某些情况下,货币贬值可能导致物价水平上升。如果工资无法及时调整以适应物价上涨,员工购买力可能会下降。然而,如果工资随着物价上涨而上涨,这可能形成一个循环效应,使得物价进一步上涨。第二,生产成本机制。货币贬值可能导致进口原材料和能源价格上涨,从而增加了企业的生产成本。如果企业将这些成本上涨转嫁给消费者,物价可能会上涨。第三,货币供应机制。货币贬值可能导致货币供应增加,因为中央银行倾向于采取措施来刺激经济增长。如果货币供应增加过快,可能会导致通货膨胀,进而推高物价水平。第四,收入机制。货币贬值也可能影响收入分配。如果价格上涨速度高于工资增长速度,那么实际收入可能会下降。这可能导致进一步的需求推动物价上涨。

尽管货币贬值可能带来一定好处,如提高出口竞争力和促进经济增长,但它也可能通过上述渠道对物价水平产生影响,并最终抵消其潜在好处。反之,货币升值通过货币工资机制、生产成本机制、货币供应机制和收入机制,有可能导致国内工资和物价水平的下降。

三、汇率波动对利率水平的影响

一般而言,汇率波动会通过货币政策、资本流动和市场预期等因素对利率产生复杂的影响。一来,汇率变动可能导致资本流动的增加或减少。如果本国货币贬值,外国投资者可能会更倾向于将资金投入该国,以寻求较高的回报率。这可能会增加资本流入,提高本国的资本供给,从而降低利率。相反,如果本国货币升值,外国投资者可能会减少对该国的投资,因为回报率变低。这可能导致资本流出,降低本国的资本供给,进而推高利率。二来,汇率变动也会对货币政策产生影响。当本国货币贬值时,中央银行可能采取货币紧缩政策,以避免通货膨胀,并维持货币稳定。这可能导致利率上升。相反,当本国货币升值时,中央银行可能采取宽松货币政策来促进经济增长,并降低利率。再者,汇率变动可能会引发市场参与者的预期变化和市场心理的影响。如果市场预期本国货币贬值将持续,那么投资者可能会要求更高的利率来补偿汇率风险。这可能导致利率上升。相反,如果市场预期本国货币升值,投资者可能接受较低的利率。

四、汇率波动对资本流动的影响

当外币汇率上升、本币汇率下跌时,资本(尤其是短期资本)可能会流向其他国家,以避免本币贬值所带来的损失。这种资本外流可以进一步加剧本币贬值的压力。相反,当本币汇率上升时,资本可能会更倾向于流入该国,以追求较高的回报。这种资本流入有助于支撑本币汇率上升,并可能对经济产生积极影响。

严重的货币贬值可能引发资本外逃和货币替代的问题。资本外逃是指大规模的资本流出,可能导致金融市场动荡和经济不稳定。货币替代则是指人们将本币转换为其他更稳定的外币来保护财富和购买力。尽管货币替代和资金外流是两个不完全相同的概念,但它们之间存在密切关系。当发生货币替代时,居民将本币兑换为外币,这可能导致大规模的资金外流或者资金逃避。居民对本币失去信心通常会导致对本币资产的抛售,进而触发资金外流。货币替代往往在国内通货膨胀或预期通货膨胀率上升,而本国货币资产的利率无法足够补偿通货膨胀带来的损失时发生。居民更愿意将资金转移到相对稳定且回报较高的外币资产。然而,货币替代的前提是货币的自由兑换。如果没有货币的自由兑换,货币替代只能在非正规的外汇市场(如黑市)上进行,其规模和影响会受到限制。

货币替代和资金外流可能破坏国内的金融秩序,导致货币供需机制扰乱,使得政府难以有效地控制货币流通总量和利率。这种不稳定性可能影响经济运行和实现国内经济目标。同时,由于本币被替代,中央银行对外币需求的精确估计变得困难,从而使中央银行在制定和执行货币政策时面临许多未预料到的挑战。货币替代和资金外流还可能破坏国内的积累基础。当居民将大量资金转移到外币资产时,国内的投资和积累可能受到抑制,从而对经济长期增长产生负面影响。

五、汇率波动对经济增长、就业和经济结构的影响

传统的理论认为货币贬值可以对经济产生扩张性影响,并通过乘数效应实现多倍的收入增长和就业率提高。具体来说,货币贬值使得本国货币相对于外币更便宜,从而提高了出口商品和服务的价格竞争力。这可能导致出口增加,因为外国买家将会更倾向于购买本国的产品。出口的增加可以刺激相关行业的需求,推动产业扩张和增加就业机会。当本国货币贬值时,进口商品变得更昂贵,而本国生产的替代品则更具竞争力。因此,货币贬值可以促使本国企业增加对进口替代品的生产,从而刺激本国工业和制造业的发展,增加就业机会。通过上述的出口增加和进口替代品生产增加,货币贬值可以在经济中产生乘数效应。乘数效应是指一个初始的支出或投资增加,会引发一系列的连锁反应,最终导致国民收入的多倍增长。这种增长潜力可以带来更多的就业机会,提高一国的就业率。

但是货币过度贬值时,可能会出现一些负面效应。比如,货币过度贬值可能导致以高成本低效益生产出口产品和进口替代品的企业得到保护。这种保护可能阻碍了经济中那些更具竞争力和创新能力的企业的发展,从而限制了企业竞争力的提高;过度贬值也会使资源分配偏向于出口和进口替代行业,而忽视了其他潜在有竞争力的行业。这可能导致社会资源的配置失去优化,从而限制了经济结构的改善和效率的提高;过度贬值还可能导致高科技产品或其他国内价格昂贵的商品难以进口。这可能阻碍了国内企业获取先进技术和设备,限制了经济的技术升级和创新能力的提高;尽管过度贬值可以促进出口,但同时也会加重进口企业的成本压力。进口成本上升可能导致供应链中的生产环节成本上升,甚至使得进口商品价格上涨。这可能对消费者造成负面影响,并对经济结构调整和劳动生产率提高产生不利影响。相反,本币升值有利于促进本国淘汰落后产能,进行产业结构的调整和劳动生产力的提高。

六、汇率波动对国际经济、金融关系的影响

在浮动汇率制度下,各国货币汇率频繁的、不规则的波动,不仅给各国的国内经济造成深刻影响,而且影响各国之间的经济关系,乃至整个国际货币体系。

当某些国家采取货币贬值政策以促进出口和改善贸易逆差时,可能会引起其他国家货币的相对升值。这可能给那些依赖出口的国家造成压力,并引发贸易争端和报复措施。具体来说,货币贬值政策可能导致出口国竞争力下降,因为其他国家的货币相对升值。这可能使得那些依赖出口的国家面临更加激烈的市场竞争,导致贸易逆差增加。这可能引发贸易摩擦、关税措施和其他贸易限制,加剧国际贸易的不确定性。不仅如此,货币竞相贬值可能

导致各国之间的分歧和矛盾加深。不同国家采取不同的汇率政策会对国际经济关系产生复杂影响,加剧合作难度和沟通问题。这可能导致国际经济体系的不稳定性,限制跨国投资和合作的发展。

汇率不稳定性可能加速国际储备货币多元化的趋势。持有储备的国家可能寻求将其资金分散到多个货币中,以分散风险和增加流动性。这可能推动其他货币的储备货币地位上升,同时减少对某个特定货币的依赖。英镑和美元在过去几个世纪一直是主要的国际储备货币。然而,由于各种因素导致的汇率波动和贬值,这两种货币的储备货币地位逐渐受到削弱。例如,英镑的相对贬值主要源于第二次世界大战后英国的经济衰退和排除国际市场的决策,而美元则受到 20 世纪 70 年代的通胀和经济问题的影响。在这样的背景下,其他货币开始充当国际储备货币的角色。日本的日元和德国的马克在 20 世纪后半叶逐渐崛起,成为国际金融体系中的重要角色。此外,1999 年欧元的引入标志着欧洲货币联盟(EMU)的建立,欧元作为多个欧洲国家的共同货币,也在国际上扮演了重要角色。

汇率不稳会加剧国际投机和金融市场的动荡。一方面,汇率不稳定常常为投机者提供了利润机会。投机者可以通过买卖货币来赚取汇率波动的差价。汇率的快速波动可能吸引更多投机资本流入,从而加剧市场的不稳定性。这种投机行为可能导致市场过度波动和风险扩大,对经济和金融体系造成潜在威胁。另一方面,汇率的不稳定性通常与金融市场的动荡相互关联。当汇率波动较大时,投资者和交易商可能面临较高的风险和不确定性。这可能导致投资者迅速调整其投资组合和交易策略,加大市场的波动性,甚至引发金融危机。

阅读材料

卢布汇率走强的原因及对俄罗斯经济的影响研究

一、俄罗斯稳定卢布汇率的措施

乌克兰危机爆发后,俄罗斯外汇市场出现剧烈震荡,卢布汇率断崖式贬值。据莫斯科交易所数据,2022 年 3 月 11 日美元兑卢布汇率跌至 1∶120 的历史新低。但在俄罗斯的一系列金融与贸易稳汇率举措下,卢布汇率企稳后逐步波动走强。6 月 23 日,美元兑卢布汇率升至 1∶53.15,达到七年以来的高点,较危机前汇率(2 月 23 日为 1∶78.8)升值超 30%,成为当前全球表现最佳的货币。俄罗斯卢布汇率在乌克兰危机中发生逆转,主要受贸易顺差扩大及央行外汇管制影响,导致外汇市场供需关系转变。一方面,能源价格飙升导致俄出口收入上涨,外币供给增加;另一方面,西方制裁导致俄进口暴跌,叠加俄官方严格的外汇管制措施,国内市场对外币的需求骤降。此外,俄实施一揽子稳汇率举措创造出卢布的大量需求。短期内通过提高利率、外汇管制抑制卢布抛售压力,长期内通过“卢布结算令”增加卢布国际市场需求。综合来看,卢布走强虽部分受到贸易顺差的推动,但起决定性作用的是俄当局出台的一系列政策措施,而并非市场主体自发性卢布需求增加。

(一)乌克兰危机期间俄贸易顺差扩大对卢布汇率走强起支撑作用

进口方面受欧美制裁影响,俄进口额相比去年缩减近一半。据估计,2022 年 3—4 月,俄自主要贸易伙伴(欧盟、中国、美国、日本和韩国)的进口额下降了 44%;出口方面受能源和粮食商品弹性小、价格上涨影响,贸易顺差较同期增长 3.5 倍以上。2022 年 1—5 月,俄经常账户盈余超过 1 100 亿美元,贸易顺差使得国内市场外汇供给增加,同时进口暴跌导致外汇需求下降,相对卢布本币来说出口贸易结汇对卢布需求增加,对维护卢布升值起到重要支撑作用。

（二）大幅提高基准利率抑制外汇市场卢布抛售压力

2022年2月28日,俄央行将基准利率从9.5%提高至20%,创下二十年新高,以减少挤兑压力,进一步提振卢布。俄央行在同年4月表示,当前银行融资情况趋于稳定,已吸纳1.3万亿卢布家庭存款,几乎完全抵消2月至3月的总体流出量。当前,在金融市场逐渐稳定的情况下,俄央行已逐步下调基准利率至9.5%。

（三）强制实行多重外汇管制措施防止外汇流出

一是要求出口企业强制结汇。2022年2月28日起,要求出口企业外汇收入的80%强制结汇,国内市场对卢布的需求上升。二是限制居民、企业及企业家提取外汇、境外汇款,从而限制外汇需求和资本外流。

（四）出台"卢布结算令"提高卢布外汇市场需求

2022年3月31日,俄总统普京签署天然气"卢布结算令",要求"不友好国家和地区"（包括美国、欧盟国家、英国、加拿大、日本等在内的48个国家和地区）的交易对象使用卢布作为天然气结算货币,否则就将被"断气"。据俄气数据,在2022年1月,销往欧洲和其他国家的天然气中有58%为欧元结算、39%为美元结算、3%为英镑结算。俄罗斯依托于全球第一大天然气出口国的地位,通过天然气"卢布结算令",绑定"不友好国家和地区"用卢布结算天然气货款,迅速增加国际市场对卢布的需求。当前,在俄对欧洲供应的所有天然气中,通过卢布支付的天然气比例已达到90%至95%,市场形成卢布升值强烈预期,进一步推动卢布汇率稳步走强。

（五）更改官方汇率计算程序排除美元对卢布币值影响

2022年4月25日,俄央行宣布更改美元、欧元、人民币官方汇率的计算程序:美元对卢布的官方汇率由莫斯科交易所10:00—15:30相关交易数据加权平均计算,此前计算时间为10:00—16:30。俄罗斯央行利用外汇市场交易时差,缩短官方汇率计算时间,剔除美国离岸外汇市场与莫斯科外汇市场交叉时段,排除美元对卢布汇率的波动影响。

二、俄罗斯推动卢布汇率走强的表现

俄自2014年11月实行自由浮动汇率制度,卢布汇率变动由市场外汇供求因素决定,正常情况下俄央行不会对卢布汇率进行外汇干预。但在乌克兰危机爆发并持续扩大的情况下,美欧国家对俄罗斯制裁全面升级,卢布汇率迅速大幅贬值,剧烈波动对国家金融稳定构成严重威胁。同时,俄罗斯推出资本管制措施,俄罗斯卢布汇率逐步升值走强,具体表现为:

（一）卢布汇率脱离国际金融市场

乌克兰危机爆发后,卢布变成制裁与资本管制货币。欧美制裁使国外银行做市商停止卢布报价,离岸卢布流动性大幅减弱。2022年3月7日—9日,卢布在离岸市场出现恐慌性抛售,创下卢布贬值的最高点（1美元兑138.5卢布）,境内外价差最大相差32.6卢布。俄罗斯先后实行强制结汇、防止资本外流、卢布结算令等一系列资本管制措施,在岸市场莫交所成为企业结汇与银行交易主要场所,在岸市场走势开始主导带动离岸市场（图4-3）。同时,限制资本项下的跨境资金流动,资本项下主导的卢布汇率变动已发生转变,2022年3月美元兑卢布的汇率走势开始与美元指数走势相背离（图4-4）,充分表明卢布汇率与全球金融市场相关度大幅下降。

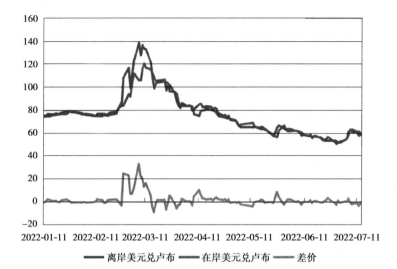

图 4-3　在岸和离岸美元兑卢布汇率走势

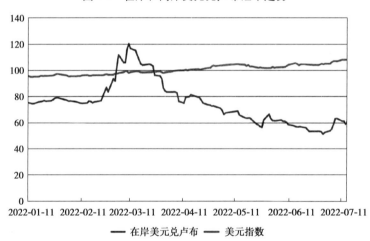

图 4-4　在岸卢布汇率与美元指数走势

（二）欧美制裁下卢布汇率核心决定因素转变为能源出口

欧美制裁将俄主要银行排除出欧美金融体系，冻结其外汇储备和限制进出口。根据能源与清洁空气研究中心（CREA）2022 年 6 月 12 日报告，乌克兰危机发生 100 天内，俄罗斯通过油气出口获得 930 亿欧元收入，其中六成由欧盟进口，欧盟暂时无法摆脱对俄罗斯能源的依赖。在俄罗斯进口贸易受到欧美禁运情况下，国际收支以经常项下能源产品出口收汇顺差扩大，尤其"卢布结算令"规定"不友好国家"购买天然气必须以卢布结算，卢布与天然气能源商品绑定，在能源价格不断上涨稳定卢布汇率的同时，进一步引发外汇市场卢布国际需求增加，推动卢布不断升值走强。基于 1 美元兑 70～80 卢布的"最佳"汇率估算，目前卢布汇率已经高估接近 30%。

（三）卢布在外汇市场交易量低迷偏离公允价格

乌克兰危机后因资本管制、强制结汇以及缩短外汇交易时间等措施，使俄罗斯外汇市场参与者和交易量锐减，在岸市场和离岸市场被割裂引发市场有效性不足，市场买卖双方在非公平、不自愿的交易条件下撮合出卢布汇率价格，致使卢布汇率偏离公允价格。根据高盛数据,当前卢布对美元的单日交易量接近30亿美元,相比危机前百亿美元日交易量大幅下滑(图4-5),市场交易量严重萎缩放大卢布汇率升值波动幅度,不能充分体现卢布汇率的真实价格水平。

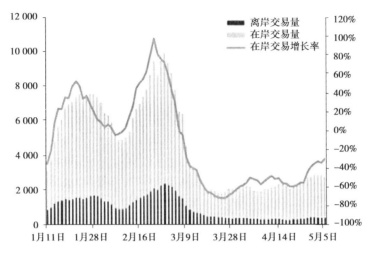

图 4-5 卢布对美元交易量(百万美元)

(四)俄罗斯动用外汇储备干预支持卢布汇率

乌克兰危机发生以来,随着能源大宗商品价格上涨,俄罗斯经常账户盈余在前四个月期间增加了两倍,达到958亿美元,在俄罗斯资本管制前提下,贸易顺差强制结汇将增加俄罗斯的国际储备。但俄罗斯央行经常账户盈余增加两倍与外汇储备资产变动不匹配,截至2022年6月17日俄罗斯国际储备为5 823亿美元(图4-6,数据包括被认为已被西方制裁冻结的近3 000亿美元),较危机前国际储备减少609亿美元,俄罗斯国际储备不增反降突出反映俄央行一直积极在外汇市场干预卢布汇率,使卢布汇率保持稳定并呈现强势升值态势。

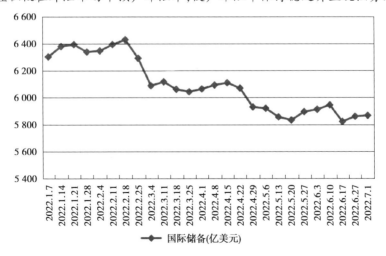

图 4-6 俄罗斯国际储备变化

三、强势卢布汇率对俄经济产生负面影响

(一)损害俄出口竞争力,降低财政收入

当前的强势卢布提高了俄商品的出口价格,损害俄罗斯产品在国际市场上的竞争力,促使国外进口商选择替代供货渠道。在西方制裁力度增强的背景下,将加剧俄出口面临的严峻局面。此外,俄罗斯的预算收入主要来自出口税收,根据国际能源署,2021 年俄政府预算的 45% 来自油气出口。卢布走强导致出口商换汇后的卢布收入下降,从而减少政府财政收入。

(二)减缓进口替代过程,不利于缓解卢布升值压力

在当前俄进口受制裁的影响下,俄需寻求进口替代项目与渠道,保障其国内产品的生产和供应。但强势卢布将降低进口产品价格,削弱国内企业竞争力,导致国产商品价格承压,从而损害其寻找进口替代项目的积极性。恢复进口是削弱卢布的有效方式,进口替代过程放缓不利于提振国内市场对外汇的需求,难以缓解卢布升值压力。

(三)俄需警惕高科技产业退步的"荷兰病"风险

多位专家表示,俄需警惕当前卢布走强和能源出口收入上涨造成产业发展出现"荷兰病"风险。能源行业收入在俄占主导地位,2021 年燃料和能源产品在俄总出口中占比达54.3%,当前能源价格上涨将进一步加大俄罗斯能源出口在经济中所占的比重,增强其主导产业的优势地位,削弱其他产业发展动力。俄专家丹尼斯·多马申科提醒,卢布汇率高将导致高科技产业发展落后,长线产品价格上涨。

(四)政策调控面临"稳物价"和"稳汇率"两难

俄央行货币政策的核心目标是维持物价稳定,即可持续的低通胀。通胀目标制决定了卢布实行浮动汇率制度。当前卢布走强有利于降低进口成本,减轻国内通胀压力。但俄第一副总理安德烈·别洛乌索夫表示,卢布兑美元的"最佳"汇率应在 1 美元兑 70 到 80 卢布之间。若俄政策转向卢布汇率管理,通过调控利率等手段增加卢布供给,将导致其通胀水平进一步升高,与货币政策目标相悖,且丧失货币政策的独立性。

四、预计未来卢布汇率将呈现短期维稳、长期贬值走势

短期内,卢布汇率预计维持在高位。外汇供求方面,预计短期内俄国内市场外汇仍将供大于求。一是高油价以及出口惯性将为俄提供稳定的外汇流入,即使欧盟在第六轮制裁中包含对俄的石油禁令,但仍存在 6~8 个月的窗口期;二是俄进口较难在短期内恢复至危机前水平,国内外汇需求不足。政策调控方面,短期内俄政策调控手段及空间有限。一是在通胀目标制前提下,为控制通胀压力,俄央行进一步下调基准利率的空间有限;二是俄目前已放松了外汇管制措施,包括取消强制结汇比例要求、放宽居民提取外汇及境外汇款的限制等,但当前乌克兰危机持续导致卢布贬值和资本外流压力犹存,俄方无法完全放开管制;三是"卢布结算令"短期内取消的可能性较低,在俄外汇储备被冻结的情况下,俄方需要依托其能源出口优势为卢布币值稳定提供支撑。

长期内,卢布汇率将呈现贬值走势。俄罗斯央行宏观调控政策坚定执行通胀目标制,并维护货币政策有效性。俄罗斯综合衡量局势变化,根据乌克兰危机走势、欧美对其制裁变化情况以及本国宏观经济运行态势等状况,在宏观经济政策导向下将不断放松外汇管制,扩大进口增加国内供给,回调利率降低通胀水平,逆转经济低迷走势。在俄罗斯经济恢复中实现卢布汇率自由浮动,卢布汇率将逐步贬值,最终俄罗斯卢布回归均衡、最优、真实汇率水平。

(资料来源:郑鹏程,张奎.卢布汇率走强的原因及对俄罗斯经济的影响研究[J].黑龙江金融,2022(9):10-13.)

本章小结

1. 外汇汇率是指两个不同国家货币的兑换比率。通常用一个国家的货币来表示其他国家货币的价值。

2. 直接标价法是指以本国货币作为参照,将其他国家货币的价值表示为某一单位本国货币的数量。间接标价法是指以外国货币作为参照,将本国货币的价值表示为某一单位外国货币的数量。美元标价法是指将其他国家货币的价值表示为一定单位(如 1 100 1000 等)美元等于多少单位该国货币。

3. 外汇汇率根据不同的角度可以划分为多种不同的类型:如买入价、卖出价和中间价;基本汇率和套算汇率;即期汇率和远期汇率;固定汇率和浮动汇率;单一汇率和复汇率;名义汇率、实际汇率和有效汇率。

4. 购买力平价理论(简称"PPP"理论)从汇率与价格水平的关系出发研究汇率如何决定。购买力平价有两种形式:绝对购买力平价和相对购买力平价。

5. 利率平价理论从汇率与利率的关系出发研究汇率如何变动。利率平价理论包括套补的利率平价与非套补的利率平价。

6. 国际收支说是一种从国际收支角度分析汇率决定的理论;资产市场说认为汇率是一种资产价格,这一价格是在资产市场上产生的,因而在分析汇率时应使用资产价格决定理论。

7. 影响汇率变动的主要因素包括经济增长率、国际收支、利率水平、通货膨胀、货币当局的干预以及其他如心理预期、政治因素、自然因素等非经济因素。

8. 汇率波动会对一个国家贸易收支、物价水平、利率水平、资本流动、经济增长、就业和经济结构等产生重要影响。

课后思考题

一、单项选择题

1. 出口商将出口所得的外汇卖给银行时,应该用(　　)进行折算。
    A. 买入价　　　　　　B. 卖出价　　　　　　C. 中间价　　　　　　D. 现钞价
2. 目前,大多数国家使用(　　)标价法。
    A. 直接　　　　　　B. 间接　　　　　　C. 美元　　　　　　D. 非美元
3. 外汇买卖的价格用(　　)表示。
    A. 货币　　　　　　B. 汇率　　　　　　C. 利率　　　　　　D. 有价证券
4. 我国采用的标价方法是(　　)。

A. 直接标价法　　　　　B. 间接标价法　　　　　C. 美元标价法　　　　　D. 黄金标价法

5. (　　)以一定单位的本国货币为标准,折算成若干数量的外国货币的汇率标价方法。

A. 直接标价法　　　　　B. 间接标价法　　　　　C. 美元标价法　　　　　D. 黄金标价法

6. (　　)是指外汇银行从同业或客户手中买进外汇时所使用的汇率。

A. 买入汇率　　　　　　B. 卖出汇率　　　　　　C. 中间汇率　　　　　　D. 现钞汇率

7. 按照(　　)不同,可以分为基本汇率和套算汇率。

A. 制定汇率的方法　　　　　　　　　　B. 汇率制度

C. 外汇管制程度　　　　　　　　　　　D. 银行营业时间

8. 下列关于汇率的描述错误的是(　　)。

A. 汇率是两国货币之间的兑换比率

B. 两种货币所具有的价值比例关系是决定汇率的基础

C. 各个国家决定汇率的基础是相同的

D. 两国之间的汇率主要取决于商品在本国的价格与在外国的价格的对比关系,即客观经济因素的影响较大

9. (　　)是影响汇率的最基本、最主要的因素。

A. 经济增长率差异　　　　　　　　　　B. 国际收支

C. 利率差异　　　　　　　　　　　　　D. 通货膨胀率差异

10. 直接影响外汇市场上的供求关系从而影响汇率的因素是(　　)。

A. 经济增长率差异　　　　　　　　　　B. 国际收支差额

C. 利率差异　　　　　　　　　　　　　D. 通货膨胀率差异

11. 汇率变化的一个最为直接也是最为重要的影响就是(　　)。

A. 对贸易收支的影响　　　　　　　　　B. 对非贸易收支的影响

C. 对资金流动的影响　　　　　　　　　D. 对外汇储备的影响

12. 当远期外汇比即期外汇贵时,两者之间的差额称为(　　)。

A. 升水　　　　　　　B. 贴水　　　　　　　C. 平价　　　　　　　D. 中间价

13. 根据国际收支说一国货币汇率下跌,是因为(　　)。

A. 对外流动债权减少　　　　　　　　　B. 对外流动债务减少

C. 对外流动债权大于对外流动债务　　　D. 对外流动债权小于对外流动债务

14. 在直接标价法下,外汇汇率上升表示为(　　)。

A. 本币数额不变,外币数额增加　　　　B. 外币数额不变,本币数额增加

C. 本币数额不变,外币数额减少　　　　D. 外币数额不变,本币数额减少

15. 根据利率平价原理,汇率的变动取决于两国的(　　)。

A. 价格差异　　　　　　　　　　　　　B. 收入差异

C. 利率差异　　　　　　　　　　　　　D. 经济增长率差异

二、多项选择题

1. 从银行买卖外汇的角度,汇率可以分为(　　)。

A. 买入汇率　　　　　　B. 卖出汇率　　　　　　C. 中间汇率　　　　　　D. 现钞汇率

E. 基本汇率

2. 根据银行买卖外汇价格的不同,外汇汇率可分为( )。

    A. 买入汇率   B. 卖出汇率   C. 中间汇率   D. 现钞汇率

3. 一般而言,汇率不稳对国际经济的影响表现为( )。

    A. 阻碍国际贸易的正常发展   B. 加剧国际金融市场的动荡

    C. 促进国际储备货币的统一   D. 增加投机机会

    E. 促进国际金融业务的不断创新

4. 下列属于影响汇率的经济因素的是( )。

    A. 经济增长率差异   B. 国际收支

    C. 利率差异   D. 通货膨胀率差异

    E. 政府干预

5. 一国货币汇率下跌,对该国内经济的影响有( )。

    A. 使国内商品供应相对减少   B. 有利于进口,不利于出口

    C. 带动国内同类商品价格上升   D. 货币供给减少,促使物价上涨

    E. 在资源闲置的前提下,使国内生产扩大、国民收入和就业增加

6. 远期汇率、即期汇率和利息率三者的关系是( )。

    A. 其他条件不变,利率较高的货币,其远期汇率为贴水

    B. 其他条件不变,利率较高的货币,其远期汇率为升水

    C. 其他条件不变,利率较低的货币,其远期汇率为贴水

    D. 其他条件不变,利率较低的货币,其远期汇率为升水

    E. 远期汇率与即期汇率的差异,决定于两种货币的利率差异

三、简答题

1. 对购买力平价理论有何评价?
2. 对利率平价理论有何评价?
3. 影响汇率波动的因素主要有哪些?
4. 汇率波动会对经济产生什么影响?

四、案例分析题

关于人民币汇率波动因素的讨论

    汇率直接关系着各国之间的贸易往来,因此全球各个国家都非常重视汇率稳定的问题。对汇率浮动因素的深入分析有利于中国深入推进汇率市场化改革。在国际上,人民币正在扮演越来越重要的角色。很多人认为,人民币将沿着"区域性的储备货币逐步走向全球各大经济体的储备货币"这个方向发展。自2014年以来,人民币汇率的稳定得益于中国实施的"有管理的浮动汇率"政策。结合我国采用的人民币汇率管理政策,深入研究分析影响人民币汇率波动的长短期因素,使其可以在更加合理的范围内波动,让人民币汇率在更加符合市场逻辑的波动区间增加其弹性和韧性,从而提高我国对人民币汇率的管理和调节政策制定水平,进一步促进我国经济的快速发展。

    汇率是某种货币与另一种货币展开交换的比例。通常情况下,人民币汇率所采取的形

成机制基本和其他货币汇率相同,把一定的外币单位转化成规定标准的人民币,也叫作直接标价。

一、影响人民币汇率波动的长期因素

影响汇率波动的长期因素需要客观辩证地去看待,真正决定汇率长期走势的是三大因素:经济基本面、地缘政治、国家干预。

(一)经济基本面

如果一个国家经济增长强劲,贸易长期保持顺差,那么本币汇率一定是持续升值的。比如,1994—2014 年的中国就处于人民币汇率升值的状态,对美元汇率从 1994 年汇改后的 8.61 一路升值到了 2014 年的 6.14;从 2020 年的 3 月到 2020 年年底,中国也处于这种状态。当时中国作为世界上最先控制住疫情扩散和最先复工复产的国家,出口非常强劲,对美元汇率从 2020 年 3 月的 7.01 一路暴涨至 2020 年年底的 6.52,这次的上涨趋势甚至持续到了 2021 年 3 月初的 6.46。

(二)地缘政治

受美国长期封锁的国家,一般都会出现官方汇率和民间汇率(更市场化的指标)的分离,这两者差别会非常大。比如,中国在 1953—1971 年,兑美元汇率长期稳定在 2.46;1980—1987 年,汇率在 1.1～3.7 间波动。当官方汇率和民间汇率出现较大分离的时候,会为黑市汇率的滋生提供土壤,不利于中国有效地疏导官方汇率形成机制,更不利于中国提升在国际市场的竞争力。

(三)国家干预

在计划经济年代和改革开放初期,中国把人民币汇率定得那么高的主要原因有两个:一是国家在国际舞台上需要"面子";二是那时的中国还在大量引进外部技术搞建设,外汇储备非常低,国内没有多少商品可以出口,能出口的商品在国际上也没有竞争对手(如那时候的某些中国特产),所以索性把汇率定得高一些。由此可见,在国家层面上是可以管控汇率的,但过分管控甚至扭曲汇率,会产生黑市汇率,不利于国际贸易和公平化竞争。

从改革开放一直到 1994 年的汇改,人民币汇率从 5.7 一直跌到了 8.7 附近。这既是中国推进汇率市场化的初步成果,也是为了促进出口和树立一个中国可以在国际舞台上提供一个市场化经济的平台的形象,为中国 2001 年加入 WTO 做好前提条件和准备工作。正是 1994 年的汇率改革,"出口加工"才让中国挣到了第一桶金,为后来的"城镇化+房地产+大基建"模式打下基础,由此奠定了中国 30 多年的飞速发展。所以,关于汇率大致有以下两个基本结论。

第一,升值不一定是好事,贬值不一定是坏事,根据每个人的身份能够同时存在利多和利空。比如,如果人民币汇率下跌,则出国留学人员成本提升;人民币汇率上涨,则国内出口企业竞争力下降。如果认为人民币一味升值就是好,那中国汇率最强劲的时候应该是计划经济时代(1.1～1.5 的人民币就可以兑换 1 美元),但是那个年代,几乎所有家庭都无法承担出国旅游或留学的费用。

第二,美国从来不会阻碍一个国家汇率升值,但它会阻拦你贬值。比如,1994 年汇改后,人民币兑美元汇率从 5.7 调整到 8.7,美国把中国列为汇率操纵国;2019 年 8 月,中美贸易战时期,人民币汇率破 7,被美国前总统特朗普在推特上直接宣布中国为汇率操纵国。美国会阻碍后进崛起的经济体发展,如对日本的广场协议,逼迫日元升值,剥夺了日本近 20 年的经济发展成果。2018 年前后,美国也一直希望人民币升值,尤其是美国前总统特朗普对中国

发动贸易战时期。由此可见,如从政治角度解读人民币对美元汇率的变化走势,就可以观察出人民币汇率的变化一度反映了各段时期中美之间的关系缓和程度。

二、影响人民币汇率波动的短期因素

除长期因素外,在短期内对人民币汇率产生影响的因素体现在三方面,分别为世界最大的两大经济体的经济周期因素、内外部政治因素和中国人民银行的阶段性调控因素。

(一)世界两大经济体的经济周期因素

中国经济周期自2020年以来跟美国经济周期的不同步进一步加剧,一定程度上也造成了人民币汇率的阶段性波动。在美联储加息、缩表的同时,中国央行在降准、降息。比如,中国于2022年8月全面不对称降低了LPR利率,9月15日又开始降低存款利率。而此时的美国加息预期仍然强劲,此时的中美利差和房贷利率倒挂。目前,中美货币政策处于背离的状态,导致了人民币汇率承压,所以,此时的人民币汇率破7是非常正常的。

(二)内外部政治因素

2022年11月以来,美国的中期选举如火如荼。如果民主党中期选举的形势不乐观,美国国内民主党对内势必会拿出政治筹码,如对华强硬、搁置之前的互降关税谈判,加大对中国科技领域的封锁等,这些也会让中国国内的降息预期拉升,进一步让人民币汇率下行承压;如果民主党中期选举形势比较乐观,那么就不排除中美高层之间有释放积极信号和阶段性缓和迹象的可能性,进一步把"中美仍在谈""中美还没有撕破脸"这样的氛围传递到两国资本市场。在中美关系剑拔弩张的当下,可以对资本市场起到积极的稳定作用。由此,人民币汇率就有可能迎来一波短期回升。

(三)中国人民银行的阶段性调控因素

2022年11月,中国的股市和汇市大涨,由此投资风格出现转换,引发了热钱进入股市和汇市,其中部分热钱就来自债券市场遭遇抛售的债市。另外,值得注意的是,央行在11月15日收回了部分流动性,MLF(中期借贷便利)只续作了8 500亿元,同比降低了1 500亿元。少的这1 500亿元,央行用七天逆回购的流动性来替代,就说明了央行想把未来中长期利率往一个较高的水平引导。另外,不容忽视的一点是,金融机构间质押式回购七天利率(DR007)十几天前还在1.6%徘徊,最近已在2%徘徊了(差不多25%的涨幅);一年期同业存单到期收益率(AAA级)半个月前为2.05%,最近为2.51%(差不多22.4%的涨幅)。以金融机构间质押式回购七天利率为核心的市场基准利率和一年期同业存单到期收益率(AAA级)同时上升,这意味着各个银行与银行之间和各个银行与各个金融机构的短期资金成本大幅上升,短期资金更"贵",从而导致了短期市场利率在近期攀升的现象。

类似的情况可以回看2020年5月的那次债市下跌,当时中国以最快速度控制住疫情的扩散并成为最先复工复产的国家,出口非常强劲,经济恢复增长幅度大。国家为了控制经济热度,收回了2020年初以来释放的部分流动性,由此也引发了债市下跌。所以这次央行想把流动性从债市里"赶"一些出来,再结合11月发布的"防疫二十条"和"楼市十六条",引导流动性进入房市和股市,带来实体经济的复苏和回暖。中国目前没有具体实施UBI(universal basic income,全民基本收入)制度,所以,股市的上涨就意味着每个人有多出的钱去消费、去投资,进而对冲今年因居民存款急剧上升对实体经济复苏所带来的负面影响。

从根本原因上来看,这一次的债市下跌与2020年5月那次债市下跌的相同点都是对国内实体经济复苏的支撑,但不同点在于在2020年5月那次债市下跌之前,央行在2020年4月15日全面降过一次准,共计释放长期资金约5 300亿元;这次的债市下跌前没有降准,而是先把一年期的短期利率"打"上去,这样既可以间接性减少当前中美倒挂的利差,也可以进一步对冲人民币汇率下行压力。在提振消费和投资的同时,人民币汇率下行压力的减弱有利于稳定人民币汇率的波动预期。

三、稳定人民币汇率的策略

(一)调整经济因素

从经济增长的速度方面来分析,要想实现经济的可持续发展,需要注重对经济结构进行调整,并且需要注意两方面:一方面,对经济的增长来说,需要避免过分依靠投资及外部市场的情况,转而立足于强调内需在推进经济增长方面的价值;另一方面,在保证经济增长的同时,需要在国内生产总值中,涵盖有相当竞争力的优势商品。从通货膨胀方面来分析,如果居民的消费价格指数较高,就容易出现通货膨胀的状况。所以,政府必须注意发挥市场价格对资源配备方面的价值,以减少各种因素对通货膨胀的冲击。从国际收支方面来分析,必须适时对进出口退税措施和防止骗税的有关措施做出优化,以便对影响国际收支平衡的问题加以处理。从外汇储备方面来分析,需要货币储备的总量比较充裕,以便为人民币汇率稳定性和国民经济可持续发展提供坚实基础。从利率方面来分析,必须重视利率变化对汇率所带来的影响,以保证对人民币汇率的调节和市场化利率调整能够在一起进行。从货币供应量方面来分析,需要央行结合当前的经济形势,以紧缩或者宽松的货币政策,对货币的供应量进行控制,进而实现经济的刺激或者抑制,稳定人民币的汇率。

(二)完善汇率形成机制

对汇率制度来说,属于货币当局针对汇率问题所制定的标准,可以制约汇率的波动。现阶段,我国会对有管理的浮动汇率制度加以运用。通过对这样的制度加以优化,就可以在遭遇各种因素的影响时,及时对汇率做出调节,从而确保汇率的变化能够掌握在较为合理、适宜的程度之内,防止汇率出现大范围波动的现象。所以,坚持对人民币汇率的市场形成机制加以动态优化符合中国深入推进的汇率市场化改革。从汇率的政策方面来分析,人民币汇率会受许多变量的干扰。中国应从汇率政策入手,对汇率的灵活性做出调适及改善,把人民币汇率的波动控制在较为适宜的范围之内。要达到这些目标,就必须注意根据当前经济社会发展的需要,动态性调节汇率政策,选择较为灵活的手段。从货币政策角度来考虑,必须注意灵活选择货币政策手段,以此对流动性进行调节。比如,在市场普遍预期下降并形成了自我强化风险的形势下,可能由央行对人民币实行购入,并且出售外币,以保护人民币汇率的稳定性。由此,中国也需要选择更加稳妥的货币政策,以防止出现货币供给过分扩大的情况。而且,还可以通过设置人民币实时监控系统,并以此系统随时监测人民币汇率的波动情况,直观了解最新的相关数据,在第一时间对人民币汇率以相应的手段加以调整,使得其波动可以控制在更加合理的范围之中。

(三)强化进出口贸易的建设

进出口贸易会对人民币汇率的波动产生一定的影响。当人民币汇率发生非理性下跌的状况时,国家需积极地出台更加有力的稳定政策举措,以此稳定与促进正常进出口贸易。

首先,政府可以积极营造更加完善的国际贸易氛围,以推动进出口贸易,提高企业在国际中的竞争力,推进进出口贸易的进一步发展。同时,完善减税或者采购制度,降低企业的成本。

其次,需要对创新制度进行完善,提高进出口贸易企业的自主创新能力,实现产品的迅速升级,促进企业的良好发展。

最后,进出口的贸易企业需要注重对期货、期权、利率互换、利率掉期等金融衍生的工具加以运用,提前管理和抵消汇率的波动风险。企业更加灵活地运用金融衍生工具并积极参与金融市场的交易,有助于优化人民币在市场上的供求关系结构,达成人民币汇率总体稳定的基本目标。

(四)调整贸易投资结构与内需

通过对交易各方在宏观经济政策层面上的同步并结合对吸引国际资本投资交易平台的结构调整优化,减轻人民币汇率的外部压力和风险。另外,通过出台更多吸引战略投资者的措施,并且吸引高技术、高增长的技术人才,积极推动"中国优质企业走出去、外国优质企业走进来"。这就能够从最大意义上实现人民币汇率的长期稳定。不仅如此,中国还应该积极地实施扩大内需的政策,并且通过对国内需求市场加以扩张,打通国内经济"内循环"。这样,能够保障中国经济的持续增长,并以此更有效地应对外部压力及其风险,保障人民币汇率的稳定。

(五)注重监管资本项目

就人民币汇率制度的改变而言,主要是根据更加具有韧性和灵活度的目标而进行的。同时,我国政府也必须着眼于动态改善汇率水平变化所要求的宏观调控能力。

其一,中国需要对外汇储备加以保护,保持总量充裕,以保障人民币汇率的稳定。

其二,我国还必须对人民币汇率调控不合理的行为加以限制,并及时地对不合理做法加以遏制。在汇率机制以外,利率的变化也会对人民币汇率波动产生一定影响。所以,国家必须注重对资金的控制。有效控制热钱的大量流出,从而使人民币的汇率能够平衡稳定。通过对资本的流出及流入进行控制,实现国际收支平衡,改变监管的手段,推进资金市场的开放,强化对资金流向的监督,以防止出现投机资金进入的情况,保障我国宏观经济和金融市场的安全。

结合当下的中国和国际形势,在中国国际贸易强劲的背景下,人民币只要没有长期的贬值基础,阶段性的人民币汇率贬值会给中国的货币政策腾挪出来之不易的操作空间。目前,中国央行应对人民币短期阶段性贬值有充足的政策工具来进行合理调节和预期管理。总体来讲,让人民币汇率的长期波动在符合市场逻辑的合理区间以内是中国的政策目标。所以短期阶段性的人民币贬值可以为中国 2022 年年内的降息和降准提升缓冲效果,对 2022 年第四季度乃至 2023 年的中国经济回暖是利好的。

(资料来源:王仁松.关于人民币汇率波动因素的讨论[J].中国产经,2023(10):38-40.)

思考:

1.影响人民币汇率波动的长期因素有哪些?

2.影响人民币汇率波动的短期因素有哪些?

3.如何维持人民币汇率稳定?

第五章

外汇管制和汇率制度

【学习目标】

1. 了解外汇管制的发展历程；

2. 熟悉外汇管制的内容；

3. 熟悉人民币的汇率制度改革进程；

4. 掌握汇率制度的种类；

5. 理解外汇风险及防范。

【知识能力】

1. 能说明外汇管制的内容；

2. 能判断各阶段人民币汇率制度的特点；

3. 会判断汇率制度的类型；

4. 能区分外汇风险的类型。

【工作任务】

1. 举例说明外汇管制的利弊；

2. 列举主要国家的汇率制度；

3. 梳理人民币汇率制度改革的进程；

4. 讨论人民币汇率制度改革趋势。

【思维导图】

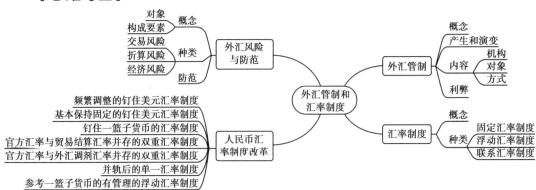

案例导入

重启外汇管制 阿根廷心急难"救火"

金融市场持续的动荡让阿根廷总统马克里不得不向现实低头。四年前,意气风发的马克里夺得总统宝座,上任不久后便宣布取消持续了四年之久的严格的资本管制,如今时移世易,比索仿佛跌进了一个无底洞,央行出手效果甚微,不信任的情绪已经开始蔓延,不久前的大选初选恰恰证明这位对市场友好的总统正在失掉人心。正如经济学家们的分析所言,随着马克里政府的选择越来越少,很可能不得不采取非常让人难以接受的措施。

一、外汇管制重来

四年仿佛是一个轮回。外汇管制持续了四年,取消了四年,如今又要重新折回来了。据新华社消息称,当地时间 1 日,马尔里签署了一项法令,宣布将采取一系列外汇管制措施减少金融市场波动。

按照法令,自即日起至年底,阿根廷出口商应在央行规定的条件和期限内,将出口所得外汇汇至阿根廷。法令还规定在阿根廷外汇市场购买外币、贵金属及向国外转账时需提前获得相关授权。这意味着主要出口企业只有获得央行的批准,才能进入外汇市场购买外汇并向海外转移。

相比起来,个人受到的限制要低一些。阿根廷央行随后公布的声明详细介绍了具体的相关措施,其中提到不限制任何人从账户中取出美元,不过法令却限制个人每月可购买外汇或者向境外汇款的限额为 1 万美元。

按照阿根廷财政部部长埃尔南·拉昆萨的说法,阿根廷政府采取的措施为"过渡性"措施,旨在防止未来通货膨胀、贫困和社会不公平现象的恶化。法令中也提到,鉴于各种因素影响阿根廷经济的发展和金融市场的不确定性,政府需要采取一系列非常措施确保经济的正常运转,维持经济活动和就业水平,保护消费者。

外汇管制的苗头早已有之。8 月 30 日,阿根廷央行便宣布,为避免缺乏资金和保障国家金融体系的流动性,各大银行在分配收益前需要提前获得授权。当时,一些经济学家便预言,阿根廷央行的政策看起来像是在重新实行资本管制,如今一语成谶。

上个月,马克里在大选初选中落败,反对派总统候选人费尔南德斯大幅领先马克里多达15 百分点,一夜之间,阿根廷股、汇、债三杀。如今 20 多天过去了,阿根廷比索依旧没能从漩涡中抽身。路透社的报道提到,自上周三以来,阿根廷央行为了支撑比索,已经耗费了近 10 亿美元的外汇储备,但收效甚微,国家风险指数升至 2005 年以来的高位。另有数据显示,自初选落败至今,比索贬值接近 25%,而自今年以来,比索的跌幅已经达到了 36%。

二、水深火热的 20 天

重启外汇管制的背后有诸多无奈。1 日晚,拉昆萨在接受采访时评价称,这些措施令人不舒服,但这对于避免更糟糕的情况是必要的,"它们不是一个正常国家的措施","但如果我们不这样做,后果将是严重的"。

此前大选初选的失败仿佛打开了阿根廷的潘多拉魔盒,自那以后,比索崩盘、资本出逃、外汇失血……麻烦一波接着一波。阿根廷经济学家马蒂亚斯·卡鲁加蒂表示,自 8 月 9 日以来,阿根廷的外汇储备减少了 122 亿美元,约占该国外汇储备的 20%。而彭博社的数据显示,如果继续以当前的速度抛售美元,阿根廷的外汇净储备可能会在几周内耗尽,目前的净储备只剩不到 150 亿美元。

金融市场动荡的背后,是国际投资者对于阿根廷信心的直线下降。国家风险指数的飙升恰恰可以证明这一点,据了解,该指数数值越高,则意味着阿根廷对其债权人履行义务的希望就越小。上个月中旬,阿根廷国家风险指数一度攀升到1607,达到近10年来的高点,而这一数字已经接近阿根廷2001—2002年的数据,那一年,阿根廷无法偿还到期债务,最终经历了史上最大规模的债务违约和最严重的经济和社会危机。

债务违约的风险本就在上升,阿根廷政府的一项举措宛如雪上加霜,直接加剧了投资者的恐慌。上周三,阿根廷财政部的一份声明提到,正在寻求重新安排IMF和私人债权人持有的570亿美元债务。其中,阿根廷计划推迟偿付70亿美元的短期债务到期本金,但会继续支付相关利息。一天之后,标普便警告阿根廷的本币和外币主权信用评级为"选择性违约"。作为拉美第三大经济体,阿根廷频频亮起的红灯让人担心未来是否会因此而再度引发全球市场的震荡。

中国社科院拉丁美洲研究所助理研究员史沛然对北京商报记者分析称,目前,国际市场对阿根廷近期的经济表现持悲观态度,担忧阿根廷经济"故态重演",再次走向经济危机的边缘。

三、马克里的双重"失败"

费尔南德斯的意外获胜和阿根廷债务违约的风险让投资者变得战战兢兢。"市场认为,费尔南德斯可能会宣布国家破产、引入资本管制,并且与国际货币基金组织就一项新的一揽子援助计划进行谈判。简言之,市场把费尔南德斯看作民粹主义的回归。"对于当下的境况,美洲银行策略师克劳迪奥·伊里戈延如此形容道。

颇为讽刺的是,马克里当初亲手结束外汇管制,如今却又不得不将其重启。而费尔南德斯的主张便是采取外汇管制和贸易保护注意等政策,当时初选结果一出,外界便开始为阿根廷的经济前景和国际融资能力担忧。马克里来了一个大转弯。2015年12月,出身商家的马克里打败"胜利阵线"候选人肖利,当选阿根廷新一任总统,当时外界给出的评论是,这是一个世纪以来,阿根廷第一个不是激进分子、不是将军也不是贝隆主义拥趸的总统。

凭借"让我们来改变"的竞选口号登上总统职位的马克里,上任不到一周便宣布取消实施了四年的外汇管制。当时,时任阿根廷财政部部长阿方索·普拉特·加伊提到,自实施外汇管制以来,阿根廷比索大幅贬值,外汇储备下降了近一半,严重遏制了经济增长活力,如同"在杀死一只下金蛋的母鸡"。

但亲商似乎没有给阿根廷带来实际的好处。数据显示,在马克里执政的四年时间里,阿根廷GDP已经累计下降了18%,累计通胀超过150%,贫困率超过30%。马克里上任时美元对比索的汇率是9.8,但如今这一数字已经超过50。

史沛然认为,马克里态度的转变只能证明阿根廷的经济形势无法承担自由兑换带来的压力,其根源还在于阿根廷薄弱的宏观经济基础,当然竞选压力也是马克里政府态度转移的原因之一——希望能尽快稳定国内局面,缩小民调差距。但整体来看,还是属于治标不治本的举措,毕竟机构投资者乃至在阿根廷开展业务的跨国企业,对阿根廷的信心正在减弱。20世纪80年代拉美债务危机带来的是"失去的十年",对现在的阿根廷来说,到底是"旧事重演",抑或是"旧瓶新酒",还需要进一步观察。

(资料来源:杨月涵.重启外汇管制　阿根廷心急难"救火"[N].北京商报,2019-09-03)

第一节　外汇管制

一、外汇管制的概念

一个国家或地区为了平衡国际收支,维持货币汇率,对外汇买卖、外汇资金流动及外汇进出国境加以限制,为控制外汇的供求而采取的一系列政策措施,就是外汇管制(Exchange Control or Exchange Restriction)。

一般来说,不同国家的外汇管制的侧重点有所不同。经济实力较强的国家,外汇管制的重点是防止资本过剩,维持经济主权,控制通货膨胀;经济实力较弱的国家则主要是为了防止资本外逃,维持汇率稳定与国际收支平衡。

二、外汇管制的产生和演变

在历史上,外汇管制的主要目的是应对国际收支危机和货币信用危机。在第一次世界大战之前,世界采用金本位制度,这意味着一个国家所获得的货币可以用于支付给任何其他国家,国际支付采用多边结算制度。然而,第一次世界大战爆发后,各个主要发达国家都卷入了战争,实行了黄金禁运措施,这剥夺了国际金本位制度所依赖的基础。各国不得不采取纸币流通制度,并实施外汇管制,以防止汇率剧烈波动和资本外流。

在第一次世界大战后的一段时期,国际货币制度经历了一系列的变革和动荡。1929年至1931年的大危机导致国际货币制度的崩溃。世界各国信用制度瓦解,出现严重的国际收支危机。这使得许多国家重新实施外汇管制,并采取措施来保护自己的货币和国内经济。在这一时期,一些国家如德国、日本、意大利等实行了严格的全面集中的外汇管制措施,以控制资本流动和维护国内外汇储备。同时,债权国如英国、美国、法国等则组成了货币集团,采取贬值货币和动用外汇平准基金等手段来解决国际收支问题。美国建立了以美元为中心的美元集团,英国建立了以英镑为主的英镑集团,而法国、比利时、荷兰、意大利、波兰和瑞士六国组成了"黄金集团"。

第二次世界大战和冷战期间,由于战争和政治紧张局势,许多国家实行了更加严格的外汇管制。这种管制旨在限制敌对国家的经济资源和资金流动,同时保护本国经济利益。20世纪后半叶以来,全球化进程推动了贸易和资本的自由流动。许多国家逐渐放宽了外汇管制,以促进经济的发展和增长。国际组织如国际货币基金组织(IMF)也提倡自由贸易和资本流动。2008年的全球金融危机导致许多国家重新实施了一些形式的外汇管制,以保护国内金融体系免受外部冲击。然而,这种限制往往是短期的,随着危机的缓解,国家会逐步放松这些措施。目前总体趋势是,随着全球化的推进,大多数国家都倾向于放宽外汇管制,以便更好地融入全球经济体系。

三、外汇管制的内容

(一)机构

实行外汇管制的国家,一般都设有外汇管理机构。外汇管理机构的设立有三种类型:一是成立专门的管理机构,一些国家成立了专门的外汇管理机构,如中国的国家外汇管理局,意大利的外汇管理局和法国的外汇管理委员会。这些机构独立于中央银行或其他政府部门,并负责制定和执行外汇管理政策。二是授权给中央银行,在某些国家,政府会将外汇管制工作的职责授权给中央银行。例如,英国的英格兰银行负责外汇管制工作,包括制定政策、监管外汇市场和管理外汇储备。中央银行通常具有独立性和专业知识,能够有效地履行外汇管理职责。三是由国家行政管理部门直接负责外汇管制工作。例如,美国的外汇管理工作由财政部负责,日本的外汇管制工作由大藏省负责。这种安排可以确保外汇管理与其他行政事务相互协调。

(二)管制对象

外汇管制的对象可以分为人和物两个方面:

1. 关于"人"的方面

大多数国家将人根据居住时间划分为居民和非居民。居民指在本国居住或者经营超过一定时间(通常为一年)的自然人和法人。非居民则指未达到该居住时间标准的个人或公司。不同类型的居民和非居民在外汇管制方面会受到不同的法律规定和限制。一般来说,对非居民的外汇管制要相对宽松一些,而对居民的管制则更为严格。

2. 关于"物"的方面

外汇管制的范围通常涉及外国钞票和铸币、外币表示的支付工具(如旅行支票、信用卡等)、有价证券的输出入、本国货币的输出入,以及贵金属(如黄金、白银)等的输入和输出。这些物品的进出会受到外汇管制的限制和监管,目的是控制货币流动、维护金融稳定和防止资本外逃等。

(三)管制方式

外汇管制主要是从数量管制和价格管制两个方面入手:

数量管制就是对外汇交易的数量进行限制,常见的方式包括进出口结汇制度、外汇配给制度、进口许可证制度以及对非贸易外汇收支和资本输出入管制。

①出口结汇制度是指国家强制性规定出口商必须在一定时间内按照官方汇率将其出口收入结售给指定外汇银行。这意味着出口商必须将所得外汇按规定的汇率兑换成本国货币,并将其出口收汇交给指定的外汇银行。为了鼓励出口,有时候政府也会给企业一定数量的外汇留作自留使用或在自由市场上按市价出售。这使得企业可以根据自身需求合理利用外汇资金,增加其灵活性和竞争力。通过出口结汇制度,国家能够掌握出口收入的外汇流入情况,并对外汇市场进行有效的管理和监控。

②外汇配给制度是指政府按照一定程序将其持有的外汇分配给外汇需求者。在这种制度下,政府通过限制和管理外汇供应来控制外汇交易的数量和方向。在外汇配给制度下,通常有限定条件和程序供外汇申购者遵循。例如,进口商可能需要向外汇管理当局申请进口

许可证,在获得许可后,按照规定的官方汇率从指定的外汇银行购买所需的外汇额度。

③非贸易外汇收支的管制主要针对服务收支和转移收支。服务收支包括旅游、运输、金融和保险等服务领域的跨国交易;而转移收支则涉及无形资产的转移、赠与、捐助以及外国工人的汇款等。一般来说,发达国家对非贸易外汇收支的管制较为宽松。这是因为发达国家经济相对成熟,服务业发达,并且具有高度开放的金融市场,这使得发达国家能够更灵活地进行跨国服务交易和资金转移,以满足国内和国际经济活动的需求。相比之下,发展中国家在非贸易外汇收支方面往往采取较为严格的管制措施。这主要是因为发展中国家在服务业发展、金融体系稳定程度以及外汇储备数量等方面相对较弱。为了维护国家的外汇储备和经济稳定,这些国家通常会实施更严格的非贸易外汇管制政策。

④对于资本输出入的管制,除了积极鼓励外资流入,还采取各种方法防止资金外流,主要包括:冻结非居民存款账户,未经管汇部门批准,不得动用;限制本国银行和企业向国外提供贷款;对本国居民在国外的投资收益加征利息平衡税等。

价格管制是通过政府干预市场来限制或控制货币的汇率和外汇市场的价格。这种管制通常会导致政府设置固定的汇率或限制外汇市场的交易。其中复汇率制度是一种常见的价格管制措施,其核心思想是通过设定不同的汇率来引导和控制特定类型的外汇交易。根据政府的政策目标和需求,对不同类型的交易规定不同的汇率。在这种制度下,政府会针对需要鼓励的交易规定较为优惠的汇率,以刺激相关活动。例如,对出口商品,政府可能会规定较高的外汇价格,以提高出口企业的收入和竞争力。同时,对国内急需的先进技术、设备等,政府可能会规定较低的外汇价格,以促进其进口并推动相关领域的发展。相反,对奢侈品的进口,政府可能会规定较高的外汇价格,以限制相关消费和外汇流出。

四、外汇管制的利弊

(一)外汇管制的好处

1.维护国际收支平衡

外汇管制可以帮助国家控制资本流动和外汇市场,从而维持国际收支平衡。通过限制或引导外汇交易,政府可以调整国际资金流动,防止过度的资本外流或过度的外汇储备耗竭。

2.维护金融稳定

外汇管制有助于维护国内金融市场的稳定。在金融危机、货币贬值风险等情况下,政府可以采取一些限制性措施来防止大规模的资本外流,保护国内金融体系的稳定,并减少金融风险传递。

3.促进产业发展

外汇管制可以通过调整汇率或限制进口来保护国内产业的发展。政府可以设定汇率水平,使出口商品更具竞争力,刺激出口业务;同时,对某些敏感行业或关键产业实施进口限制,以促进本国产业的发展和保护国内市场。

4.控制通胀和物价水平

外汇管制可以通过控制外汇市场来影响货币供应量和物价水平。政府可以采取一些限制性措施,防止过度的资本流入或外汇占用,以控制通胀压力并维护物价稳定。

(二)外汇管制的局限

1. 限制经济自由

外汇管制意味着政府对资本流动和交易进行干预和控制,这限制了市场的自由运作。这可能使得市场资源无法高效配置,阻碍了国际投资和贸易自由化。

2. 增加非法交易和黑市活动

严格的外汇管制可能导致非法交易和黑市活动的增加。当官方的外汇管制措施严格到一定程度时,人们可能会寻求其他途径进行外汇交易,包括利用非法渠道进行交易,从而增加了不稳定和风险。

3. 扭曲市场和造成资源错配

外汇管制可能导致市场扭曲和资源错配。通过干预汇率和限制进出口,政府可能使得市场价格与实际供求关系脱节,从而导致资源配置的失衡和市场扭曲。

4. 激发贸易争端和经济摩擦

严格的外汇管制可能引发贸易争端和经济摩擦。其他国家可能对国家实施的外汇管制政策采取报复性措施,导致贸易壁垒增加,阻碍了国际贸易和经济合作。

5. 阻碍资本流入和投资

过度的外汇管制可能阻碍外国资本的流入和投资。如果外国投资者无法自由地将资金转移回本国或遇到其他限制,则可能减少对该国经济的投资和发展。

第二节　汇率制度

一、汇率制度的概念及内容

汇率制度是一个国家或地区为管理和决定本币与外币之间的兑换比率而采取的一系列规则、政策和机制。它是一个国家货币体系中的重要组成部分,影响着经济发展、贸易竞争力和金融稳定。

汇率制度应包含以下几个内容:①汇率确定的基础;②汇率波动的界限;③汇率应该如何调整;④维持汇率应采取的措施。

二、汇率制度的种类

(一)固定汇率制度

固定汇率制度是指政府或央行通过设定和维持一种固定的汇率,使本国货币与其他国家或地区货币之间的兑换比率始终保持不变或维持在一定波动幅度范围内。

固定汇率制度的发展经历了两个时期:一是从 1816 年到第二次世界大战前的国际金本位体系时期的固定汇率制度;二是从 1944 年到 1973 年的布雷顿森林体系下的固定汇率

制度。

1. 金本位体系下的固定汇率制度

在国际金本位体系下的固定汇率制度中,货币的价值与一定数量的黄金相对固定。金本位体系下固定汇率制度的关键特点包括:固定兑换比率,每个国家的货币被设定为以固定比例兑换成黄金或其他国家货币。例如,在金本位体系下,英镑的价值被设定为固定数量的黄金;自由的金银流动,根据金本位制度,可以自由买卖黄金和银。这样的自由使得国际支付更加便捷,因为交易双方都知道他们可以按照固定汇率将货币兑换成黄金;中央银行干预,各国央行或政府在需要时会干预外汇市场,以维持固定汇率。如果某国货币贬值,央行会出售外汇储备购买本币,从而提高本币的需求并稳定汇率;国际债务结算,在金本位体系下,国际债务通常以黄金支付,确保国际债务的价值和支付方式与固定汇率一致。

然而,这种固定汇率制度在 20 世纪初遇到了一系列挑战。第一次世界大战、经济萧条和各国通货膨胀等因素破坏了金本位体系的稳定性。最终,固定汇率制度在布雷顿森林体系的引入后被取代,布雷顿森林体系是建立在以美元为基础的固定汇率制度上的新的国际货币秩序。

2. 布雷顿森林体系下的固定汇率制度

布雷顿森林体系是在 1944 年成立的国际货币制度,旨在促进经济稳定和国际贸易。在布雷顿森林体系下的固定汇率制度中,各国的货币与美元挂钩,并将美元与黄金挂钩(即"双挂钩")。该制度的关键特点主要包括:美元主导,根据布雷顿森林体系,美元被确定为国际货币,作为世界储备货币的核心。其他国家的货币与美元存在固定的兑换比率,各国货币汇率只能在平价上下 1% 的幅度内波动;黄金兑换保证,根据布雷顿森林体系,美元可以以固定价格兑换成黄金。这使得各国央行可以将自己持有的美元兑换成黄金,从而确保汇率的可信度和稳定性;国际债务往往以美元支付,确保国际债务的支付方式与固定汇率一致。

然而,布雷顿森林体系在 20 世纪 70 年代初遇到了诸多挑战。美元面临通胀压力和贸易逆差,导致其他国家对美元的信心下降。1971 年,美国宣布停止将美元兑换成黄金,结束了布雷顿森林体系的黄金兑换保证。最终,在 1973 年,该体系正式解体,各国货币开始采取浮动汇率制度。

3. 维持固定汇率制度的措施

(1)外汇市场干预

政府或央行会积极干预外汇市场,购买或销售本币以影响供求关系,从而维持固定汇率。当本币过强时,它们会出售本币以购买外币,增加本币供应并降低本币需求;反之亦然。

(2)资本流动限制

政府可能会实施一系列资本流动限制措施,以防止大量资本流入或流出,并避免对汇率造成压力。这包括设立外汇管制、限制外汇交易额度、限制资本转移等。

(3)调整货币政策

政府或央行可能通过调整货币政策,如利率、货币供应量等来影响汇率。适当的货币政策措施可以吸引外国投资者和资金流入,从而维持固定汇率。

4. 固定汇率制度的优缺点

(1)固定汇率制度的优点

稳定性和可预测性:固定汇率制度为企业和投资者提供了稳定的汇率环境,使他们能够更好地规划和决策。在稳定的汇率下,国际贸易和跨国投资更容易进行,因为交易双方可以确保货币之间的兑换比率不会突然波动。

投资吸引力:固定汇率制度可以增加对外国直接投资(FDI)的吸引力。外国投资者更愿意投资于具有稳定汇率的国家,因为他们可以更好地预测投资回报和风险,并减少由汇率波动引起的不确定性。

货币稳定性和信任:固定汇率制度可以提高货币的稳定性,并增强国内外市场对该国货币的信任。这为国内经济提供了稳定的货币环境,促进金融市场的健康发展,并吸引更多的外商投资。

减少汇率风险:固定汇率制度可以减少企业和个人面临的汇率风险。在浮动汇率制度下,汇率波动可能导致商业交易和投资的不确定性增加,但固定汇率制度可以降低这种风险。

(2)固定汇率制度的缺点

无法应对外部冲击:固定汇率制度在面临外部冲击时,如经济衰退、贸易不平衡或资本流动剧烈变动等,可能无法灵活应对。由于汇率被固定,国家无法通过调整汇率来适应变化的经济条件。

限制货币政策自主性:固定汇率制度限制了国家的货币政策自主性。如果一个国家需要实施货币政策来刺激经济增长或控制通胀,但受到固定汇率的限制,央行将难以自由地进行利率调整和货币发行。

市场干预成本:维持固定汇率制度需要政府和央行进行大量干预市场。这可能包括购买或销售外汇储备以支撑汇率,从而增加了成本和风险。此外,市场干预可能引发不稳定的资本流动和投机行为。

缺乏灵活性:固定汇率制度可能限制了国家在国际贸易中的竞争力。当其他国家的货币大幅贬值时,固定汇率制度的国家可能会面临出口减少和进口增加的问题,从而导致贸易不平衡。

扭曲资源配置:固定汇率制度可能导致资源在经济中的扭曲分配。由于汇率无法根据市场供需变化自由浮动,某些行业或部门可能过度依赖进口,降低了本国产业的竞争力。

(二)浮动汇率制度

浮动汇率制度是指对本国货币与外国货币的比价不加以固定,也不规定汇率波动的界限,而听任外汇市场根据供求状况的变化自发决定本币对外币的汇率。

1.浮动汇率制度的类型

(1)按政府是否干预可分为自由浮动和管理浮动

自由浮动是指汇率完全由市场供求关系决定,政府和央行不进行干预或设定汇率。汇率会根据市场参与者的需求和供给情况,在外汇市场上自由波动。

管理浮动是指政府和央行会对汇率进行一定程度的干预和管理,以防止汇率过度波动或出现剧烈变化。

(2)按浮动的形式可以分为单独浮动、联合浮动

单独浮动是指一个国家或地区的货币相对于其他国家或地区的货币在市场供求条件下自由浮动,而不与任何特定货币或一篮子货币挂钩。目前,包括美国、英国、德国、法国、日本等在内的30多个国家实行单独浮动。

联合浮动是指国家集团对成员国内部货币实行固定汇率,对集团外货币则实行联合的

浮动汇率。

2.浮动汇率制度的优缺点

（1）浮动汇率制度的优点

自主性和灵活性：在浮动汇率制度下，汇率是由市场供求关系决定的，而不是由政府或央行的干预来设定。这使得国家可以根据自身经济状况和政策目标来调整货币政策，以适应外部环境的变化。国家可以自主地采取措施来维护宏观经济稳定和货币价值的合理水平。

更好地反映市场需求和供给：浮动汇率能够更准确地反映市场参与者对货币的需求和供给情况。汇率的波动可以及时传递市场信息，对经济状况和贸易条件进行调整和反馈。这有助于提高市场的效率和竞争力。

减少外汇风险：浮动汇率制度可以降低国家面临的单一货币风险。相对于固定汇率制度，浮动汇率制度能够更好地抵御外部冲击和金融市场的波动。它允许国家通过汇率调整来应对经济冲击和外部变化，从而减少外汇风险和贸易不平衡。

自然的调节机制：浮动汇率制度能够通过市场供求关系自然地调节汇率。当一个国家的货币供过于求时，浮动汇率会导致其贬值，从而提高出口竞争力并促进经济增长。反之，当货币供应不足时，浮动汇率可能导致升值，帮助控制通货膨胀并吸引资本流入。

防止汇率操纵和保护主权：浮动汇率制度可以防止其他国家通过人为干预来操纵汇率，从而保护国家的货币主权和利益。此外，这种制度还能够提高透明度和市场可预期性，使市场参与者更容易制定决策和风险管理策略。

（2）浮动汇率制度的缺点

不稳定性：浮动汇率制度可能导致汇率的波动性增加，这给企业和投资者带来不确定性。过度的汇率波动可以对经济活动产生负面影响，使国际贸易更加困难，并增加货币风险。

资本流动风险：在浮动汇率制度下，资本流动可能会受到预期汇率变动的影响。短期的资本流入或流出可能导致汇率剧烈波动，造成金融市场的不稳定。这种资本流动风险可能对国家的金融稳定和经济发展构成挑战。

通货膨胀压力：浮动汇率制度可能会导致通货膨胀的传导效应。如果一个国家的货币贬值，进口商品价格上涨，从而推高通货膨胀率。这可能导致货币政策的困境，央行需要在保持汇率稳定和控制通胀之间进行权衡。

风险管理问题：浮动汇率制度需要企业和投资者更加主动地进行汇率风险管理。汇率波动可能给企业带来不确定性，并增加贸易成本。企业需要使用金融工具，如外汇衍生品，来对冲汇率风险，但这也可能带来额外的复杂性和成本。

国际竞争力：如果一个国家的货币升值过快或过度波动，可能会使其出口商品在国际市场上变得更加昂贵，从而影响国际竞争力。这可能对国家的经济产生负面影响，特别是依赖出口的国家。

（三）联系汇率制度

联系汇率制度（也称货币局制度）是一种介于固定汇率制度和浮动汇率制度之间的混合型汇率制度。在联系汇率制度下，参与国或地区的货币相对于一篮子货币或特定货币维持某种程度的固定汇率，但仍允许有一定的波动范围。

联系汇率制度旨在平衡固定汇率制度和浮动汇率制度的优点,以实现汇率的稳定性和市场的灵活性。具体实施方式可以因国家或地区而异,但通常包括以下三个要素。①汇率锚定:联系汇率制度中的参与国或地区将自己的货币与一篮子货币或特定货币进行关联,并设定一个相对稳定的汇率锚定。这个汇率锚定可以是固定的,也可以是有一定幅度的波动范围。②调节机制:虽然参与国或地区的汇率与汇率锚定相关,但其仍然存在一定的浮动空间,以适应市场供求关系的变化。当汇率偏离预设的范围时,参与国或地区的央行可能会采取干预措施来调节汇率,并维持汇率在合理的范围内。③协调和合作:联系汇率制度要求参与国或地区之间进行协调和合作,以确保汇率的稳定和平衡。这可能包括定期的政策协商、信息共享和相互支持的货币政策措施。参与国或地区需要密切合作,以应对共同面临的经济挑战和外部冲击。

中国香港的联系汇率制度就是一个典型代表。根据这一制度,香港特别行政区的货币(港币)与美元以固定汇率1美元兑换7.8港币的比率进行连汇。香港特别行政区政府和香港金融管理局(即货币发行局)承诺,在汇市上维持这个汇率范围内的稳定。联系汇率制对香港的经济稳定和发展起到了积极作用。在1983年最危急的时刻,联系汇率制挽救了香港经济,稳定了港元汇率。随着金融体系的稳定,香港经济开始迅速复苏。此外,联系汇率制具有很强的承受突发事件冲击的能力。在1987年的股灾、1990—1991年的海湾战争以及1997年的东南亚货币危机等多次事件中,港元兑美元的汇率均能保持在约7.8的水平,并没有出现持久或大幅度的偏离。这表明联系汇率制对突发事件冲击具备较强的承受能力。通过十几年的运作,联系汇率制基本实现了最初的目标,即稳定港元汇价,进而稳定整个金融体系。这也是联系汇率制最本质且最主要的作用。当然,联系汇率制也存在一些不足之处。联系汇率制实际上是港元对美元的固定汇率,其最大的问题在于失去了利率和货币供应两个重要的货币政策工具。由于无法通过调控利率和货币供应来应对经济波动,当面临高通胀时,政府难以有效地采取金融工具进行控制。另外,为了维持联系汇率的稳定,港元的价值必须与美元同步升降,这可能限制了港元的国际化进程。表面上看,港元与美元的兑换率坚如铁钩,牢不可破。然而,联系汇率制确实存在一些弱点,如果处理不好,港元汇率有发生危机的可能性。

第三节　外汇风险与防范

一、外汇风险的概念

外汇风险是指由于汇率波动而导致的金融损失的潜在风险。当一个国家的货币与其他国家的货币之间的汇率发生变化时,持有外汇的个人、企业或金融机构可能会面临损失。

(一)外汇风险对象

外汇风险对象是指在外汇市场中面临潜在风险的主体或实体。以下是外汇风险的常见对象。

个人投资者：个人投资者在进行国际投资或持有外汇资产时，面临汇率波动带来的风险。他们可能需要购买外汇以进行旅行、教育等用途，或通过投资海外资产来追求收益。

企业和跨国公司：企业和跨国公司在进行国际贸易和跨境经营时，经常涉及不同货币之间的交易。他们面临着汇率波动对进出口成本、销售收入、海外子公司盈利等方面的影响。

金融机构：银行、保险公司和投资基金等金融机构在进行外汇交易和提供外汇相关服务时也面临外汇风险。他们可能持有大量的外汇资产或承担外汇交易中的对冲和中介角色。

中央银行和政府：中央银行和政府在进行国际储备管理和货币政策时面临外汇风险。他们通常持有大量外汇储备，并需要管理这些储备以维护国家的金融稳定和经济利益。

（二）风险构成要素

外汇风险的构成要素主要包括汇率波动、交易规模、交易周期、外汇头寸规模和对冲策略等。

汇率波动是外汇风险的核心构成要素。汇率是两种货币之间的兑换比率，其变动可能会对进出口、投资和资金流动等产生影响。不同国家的宏观经济因素、政策变化以及市场供求关系等都会对汇率产生影响，从而引发外汇风险。

外汇交易规模是外汇风险的重要构成要素。较大的外汇交易规模意味着更高的敞口，即更大的潜在风险。个人、企业和金融机构在进行跨国贸易、投资或持有外汇资产时，所涉及的交易规模越大，其面临的外汇风险也越高。

交易周期是指持有外汇头寸的时间长度。如果持有外汇头寸的时间较短，那么受到汇率波动的影响就相对较小。然而，如果持有头寸的时间较长，那么可能会面临更多的汇率波动风险。

外汇头寸规模是指个人、企业或金融机构所持有的特定货币的数量。持有较大规模的外汇头寸将增加其在汇率波动中承受的潜在损失风险。

对冲策略是管理外汇风险的关键要素之一。不同的对冲策略可能会对外汇风险产生不同的影响。选择合适的对冲工具和方法，以及时调整对冲策略，能够帮助降低外汇风险的程度。

二、外汇风险的类型

（一）交易风险

交易风险是外汇市场中的一种重要风险是指由于市场波动、流动性变化、技术故障或操作错误等原因，导致交易结果与预期不符的风险。外汇市场受到众多经济因素的影响，包括政治事件、经济数据发布、央行政策变动等。这些因素可能导致货币价格急剧波动，使得交易者的头寸出现损失。外汇市场的流动性可能会受到市场参与者数量的影响。低流动性时，市场中的买卖挂单可能减少，成交价格容易出现较大偏离。这会给交易者带来困扰，特别是在大量交易需求时。交易平台或系统出现故障可能导致订单无法执行、延迟成交或其他技术问题。这种情况下，交易者可能错过有利的交易机会或无法及时止损，从而导致损失。交易者在下单、设置止盈止损位、仓位管理等方面犯错误也会导致交易风险。例如，过度杠杆操作、没有合理设置止损等都可能增加交易的潜在风险。

（二）折算风险

折算风险是指跨国公司或个人在进行外汇交易时，由于货币兑换存在汇率波动，导致资产、负债或收入等在本币与外币之间的转换价值发生变化的风险。汇率会随着市场供求关系和经济因素的变化而波动，导致持有的外币资产、负债或收入在本币计量下的价值发生变化。折算风险可能导致跨国公司的资产负债表出现波动，从而影响企业的财务状况和偿债能力。汇率波动也会对企业的利润和现金流产生影响，尤其是对于那些依赖外汇收入或面临外币债务偿还的公司。

（三）经济风险

经济风险是指由于外汇汇率变动造成企业未来一定时期收益发生变化的可能性，这会影响企业现金流量的折现值损失程度。收益变化的大小取决于汇率变动对产品数量、价格和成本的影响程度。例如，当一个国家的货币贬值时，出口商面临以下情况：一方面，由于出口商品的外币价格下降，出口商有可能通过刺激出口增加销售额而获益；另一方面，如果出口商使用的主要原材料是进口的，本币贬值会导致以本币表示的进口原材料价格上涨，从而增加出口商品的生产成本。因此，该出口商的未来净收益可能增加或减少，其市场竞争力和份额也会相应变化，进而影响该出口商的生存和发展潜力。这种风险属于经济风险范畴。

三、外汇风险的防范

在防范外汇风险方面，关键是了解并评估自身的风险敞口，采取适当的对策和工具来管理风险，并密切关注市场变化以及国际经济情况。以下是一些常见的防范措施。

多元化投资组合。通过在不同货币和地区分散投资，可以降低对特定货币或地区的依赖程度。多元化投资组合能够减轻某个国家或地区的经济、政治或其他因素引起的风险。

使用衍生品工具。衍生品（如期权、远期合约和期货合约等）可以用于对冲外汇风险。通过购买或销售这些衍生品，可以锁定特定的汇率或降低汇率波动对资产或负债的影响。

财务规划和预算管理。建立健全的财务规划和预算管理体系，可以更好地控制和管理外汇风险。包括评估汇率风险对预算和现金流的影响，并采取相应的措施来缓解潜在损失。

监测和研究市场变化。及时监测和研究国际金融市场的变化，包括宏观经济指标、货币政策和政治事件等。这有助于预测汇率趋势，并为决策制定提供参考。

合理管理外汇风险敞口。评估和管理自身的外汇风险敞口，确保持有适当数量的外汇头寸。这包括对现有外汇头寸进行监测和控制，以及通过对冲和调整头寸来管理风险。

保持良好的信用状况。建立和维护良好的信用记录，以减少与他人进行外汇交易时的信用风险。这可提高交易对手方信任度，有助于获得更优惠的交易条件。

寻求专业咨询。外汇市场是复杂而动态的，因此寻求专业的金融顾问或机构的帮助能够提供更全面和精确的风险管理建议。

阅读材料

企业如何应对汇率波动？厦门交行专家建议坚持汇率风险中性原则

企业需如何应对汇率波动？近日，交通银行厦门分行国际业务专家许霆就近期汇率走势和应对措施这个热门话题，与大家进行交流分享。

许霆认为，自2023年开年以来，人民币汇率迅速升值，1月从7直接升值至6.7附近，2月贬值至6.9左右，之后在6.9附近震荡。5月17日以来人民币兑美元汇率再次跌破"7"这一关口，人民币汇率双向波动明显。虽然近期全球经济金融形势复杂严峻，但美国通胀仍处高位，就业市场依然保持强劲，对美元汇率短期偏强形成支撑，人民币汇率双向波动态势明显。从2022年3月开始至2023年5月，美联储先后十次加息，将基准利率推至5.25%，市场预期加息接近尾声。

许霆表示，从短期看，大家认为美联储紧缩政策的尾部风险仍然存在，海外经济衰退不确定性、美欧银行风险事件以及美债上限问题等，也将对风险偏好带来一定压制。近期央行会议指出，人民币汇率双向波动态势明显，强调强化预期引导，必要时对顺周期、单边行为进行纠偏，遏制投机炒作。从中长期看，国内经济复苏加上美元加息近尾声带来的海外流动性压力释放，人民币资产未来仍相对占优；在人民币双向波动日趋明显的情况下，建议坚持汇率风险中性原则。

据介绍，交通银行可为企业提供包括远期结售汇、期权、汇率管家等丰富的线上及线下产品，帮助企业规避汇率风险。

（资料来源：企业如何应对汇率波动？厦门交行专家建议坚持汇率风险中性原则[N].金台资讯，2023-06-08.）

第四节　人民币汇率制度改革

新中国成立以来，人民币汇率制度的变迁大致经过了以下几个阶段。

一、频繁调整的钉住美元汇率制度（1949—1952年）

这一阶段人民币汇率的特点是：人民币对外币变化与国内物价变化紧密结合，变动频繁。这一阶段可以分为两个时期。

第一个时期是从1949年到1950年3月全国财经工作会议之前。在这段时间内，人民币经历了大幅度贬值。由于中国人民银行公布的各大行政区人民币外汇牌价不同，不同地区执行的外汇牌价也不同。直到1950年7月8日，全国实行了统一的外汇牌价，由人民银行总行制定和公布人民币兑换美元的汇率，首先在天津这个全国第一个解放的大口岸开始实施。为了促进对外贸易和鼓励侨汇，国家采取了"鼓励出口，兼顾进口，照顾侨汇"的方针。根据大宗出口商品加权的平均换汇成本（75%～80%）、加上5%～15%的利润以及依据侨眷四口之家的生活消费品指数，制定了人民币汇率。这种方法计算出的人民币汇率水平基本上符合当时人民币在国际市场的购买力水平，即符合其国际价值。在这个时期，国内面临着恶性通货膨胀、生产停滞和工农业生产濒于崩溃的情况。国内外的物价水平变动很大，人民币汇率的波动幅度也非常大。

第二个时期是 1950 年至 1953 年初,人民币汇率的变动频繁且受到多种因素的影响。在这段时期,发生了一系列事件和政策的改变。首先,于 1950 年 3 月全国实行了统一财政制度。这导致国民经济逐步恢复,并使得财政状况有所好转。同时,国内物价也开始出现下降趋势。例如,1950 年 3 月的批发物价为 100,而到了同年 12 月,物价下降至 86.2,降幅达到 13.8%。这一情况表明国家的财政调控对于稳定物价起到了一定作用。然而,另一方面,美国发动了朝鲜战争,进一步加剧了国内的通货膨胀问题,导致物价上升。以 1950 年 1 月为基准(指数 100),到了 1950 年 7 月,物价已上升至 123.2,涨幅达到 23.2%。这一阶段通胀的加剧给国内经济带来了挑战。与此同时,人民币汇率也开始出现反向变动。在 1950 年 7 月 8 日全国统一外汇牌价实施时,1 美元兑换旧币 35 000 元。然而,到了 1952 年 12 月,人民币汇率上升至 1 美元兑换当时的 26 170 元。这表明人民币汇价经历了先贬值后升值的过程。在这个时期,由于经营外贸的企业主要是私营企业,因此市场调节在汇价机制中起到了主导作用。人民币汇率的变化对进出口贸易起到了调节作用,同时也反映了国内外部环境和经济形势的变化。

二、基本保持固定的钉住美元汇率制度(1953—1973 年)

这一时期人民币汇率的特点是:除个别情况外,人民币汇率基本保持稳定不变。

从 1953 年起,我国进入了国民经济全面实行计划的社会主义建设时期。工农业生产逐渐恢复,物价得到有效控制,进出口贸易由国营外贸机构全面垄断。对外结算属于国家统一经营,并按照统负盈亏的原则进行。在这种背景下,人民币汇率实际上仅用于内部核算,不再对进出口贸易起调节作用。在这个时期,人民币汇率的制定参照了各国政府公布的汇率,并根据稳定的方针进行调整。只有当资本主义国家货币升值时,人民币汇率才做相应的调整。例如,1953 年至 1958 年期间,每一美元兑换人民币 2.604 元;1959 年至 1960 年期间,每一美元兑换人民币 2.617 元;而 1961 年至 1971 年期间,人民币汇率一直稳定在每一美元兑换人民币 2.461 8 元的水平上。与 1953 年相比,到 1971 年,人民币升值了 0.14 元,升值幅度达到 5.5%。此外,1955 年 3 月 1 日,我国发行了新人民币,旧币以 1∶10 000 的比例回收。这一举措进一步稳定了货币体系,也对人民币汇率的稳定起到了积极的作用。

1955—1971 年,人民币兑美元的汇率一直保持稳定,即 100 美元兑换 246.18 元人民币。这种长达 16 年的稳定局面可以通过以下原因进行分析。首先,这一时期以美元为中心的固定汇率制度发挥了重要作用。在这个时期,各国货币之间的汇率基本保持相对稳定。西方国家的汇率波动幅度通常限于 1% ~2.5% 的上下限范围内。由于主要经济体间的货币关系相对稳定,人民币与美元的汇率也受到影响,保持了稳定的水平。其次,国内物价稳定是保持人民币汇率稳定的重要因素。在这段时间里,我国实施了多个五年计划和三年调整时期,国内物价基本保持稳定,零售物价每年上升大约 1%。这种物价稳定有助于维持人民币的购买力,并减少了汇率波动的可能性。同时,在这一时期,我国与美国、日本等国家的直接贸易关系和借贷关系较少。因此,其他国家汇率的变动并没有对我国产生明显的影响。这种相对独立性使得人民币汇率能够保持稳定,因为外部因素对其影响较小。

三、钉住一篮子货币的汇率制度（1973—1980 年）

1973 年以美元为中心的固定汇率制度的崩溃标志着西方国家开始实行浮动汇率制度。各国中央银行不再限制本国货币汇率波动的上下限，而是允许其按照市场供求关系自由浮动。这导致了西方主要货币汇率频繁波动的时期的到来，同时我国也结束了参照西方国家公布的固定汇率制定人民币汇率的历史。为了适应国际汇率制度的变化，尤其是为了避免西方主要货币大幅波动带来的损失，我国采取了一系列措施。首先，在对外贸易中推广使用人民币计价结算，以减少对外汇市场的依赖，降低汇率波动风险。这使得人民币在国际贸易中发挥了更重要的作用，并增加了人民币的国际化程度。其次，我国采取了人民币汇率钉住一篮子货币的做法。具体做法是选取了几种与我国贸易关系密切且可自由兑换的货币作为一篮子成分货币。根据这些货币在国际市场上的重要程度和政策需求，确定权重，并通过加权计算出人民币汇率。这种做法旨在维持人民币对一篮子货币的相对稳定性，以稳定我国经济和进出口贸易。这一钉住一篮子货币的做法在一定程度上减少了人民币汇率波动的风险，使得人民币相对稳定地与多种外币进行交易。同时，这也为我国货币政策的制定提供了更多的灵活性和可预见性。

1973—1980 年，人民币汇率的变化特点表现为频繁波动且逐步升高的趋势。这段时期每 100 美元兑换人民币的年平均汇率分别为 224.51 元、198.14 元、196.12 元、185.78 元、168.36 元、155.49 元和 149.84 元。其中，1979 年的汇率甚至跌至解放以来的最低点。这一时期，我国对外贸易经营逐步转变为由国营企业全面承担，并实行全国进出口计划的制订。外贸部门统一核算进出口贸易的盈亏，并调剂或由财政进行补贴出口亏损。由于这种体制下利用汇率变化来调节进出口贸易变得困难，因此人民币汇率呈现上升的趋势。其中的主要原因在于，我国推广使用人民币计价结算的目的是保值。因此，对人民币汇率的指导思想和要求是将其设定在相对较高的水平上。这样做的目的是确保人民币的购买力和国际竞争力。通过保持较高的汇率水平，可以减少进口商品的成本和压力，同时提高出口商品的竞争力，促进国内产业的发展。然而，需要注意的是，由于国际金融市场的波动、全球经济形势的变化以及我国内部经济状况的调整，人民币汇率在这一时期仍然会受到多种因素的影响。因此，尽管存在着将人民币汇率维持在较高水平的指导思想，但实际上人民币汇率的波动是不可避免的。总体而言，在这段时间里，人民币汇率的频繁波动和逐步升高主要受到了外贸体制改革和对人民币保值的需求的影响。这一时期的汇率变化反映了我国经济发展和外贸政策的调整，以及对汇率管理的探索和适应国际金融环境的努力。

四、官方汇率与贸易结算汇率并存的双重汇率制度（1981—1984 年）

这一阶段，我国进入了以经济建设为中心的年代。随着国民经济的快速发展，我国需要大量进口先进的技术、设备以及关系国计民生的重要原材料和消费品。为了满足国家的外汇支出需求，我国对汇率进行了较大的调整。从 1981 年开始，我国实行了人民币双重汇率制度。在这一时期，随着外贸体制改革的深入和国内物价的调整，我国的出口额出现了大幅上升。然而，由于一些独立核算经营出口的单位受到高估的人民币汇率影响越来越大，出口亏损问题日益突出。以 1980 年上半年为例，当时我国出口 1 美元商品的全国平均换汇成本为 2.30 元人民币,但牌价却为 1 美元兑换 1.50 元人民币。这意味着每出口 1 美元的商品就要造成 0.80 元人民币的亏损,导致出口越多,亏损也越大。为解决这个问题,我国自 1984 年 1 月 1 日起实行了贸易内部结算价。这个价格是根据全国出口平均换汇成本再加上外贸部门的利润来确定的。对于美元而言,内部结算价定为 1 美元兑换 2.80 元人民币,其他外币的内部结算价则根据人民币兑美元的内部结算价进行套算。同时,对外公开的人民币对外币牌价主要适用于非贸易的外汇收支结算,按照原牌价汇率折算,每一美元兑换人民币 1.50 元。这样,我国的人民币汇率实际上呈现了双重汇率制度。

双重汇率制度的使用历时 4 年,随着我国经济体制改革的不断深化,人们逐渐认识到该制度对贸易发展存在一定的局限性。尽管双重汇率制度在一定程度上确保了外汇的稳定供应,但其复杂性和不确定性也给企业带来了困扰。由于官方汇率和贸易结算汇率的存在,企业在进行国际贸易和外汇交易时需要面对不同的汇率体系和计价方式。这增加了企业的操作成本和管理难度,使得跨境交易更加复杂。此外,官方汇率和贸易结算汇率之间的差异也导致了一些不确定性。企业难以准确预测和计划外汇成本和收入,因为这取决于政府的干预和调控。这种不确定性可能会影响企业的决策和经营战略,增加了市场风险。独立核算经营出口的单位受到高估的人民币汇率影响,出口亏损问题逐渐凸显。为了解决这些问题,自 1984 年下半年起,我国采取了调整人民币汇率的措施。随着美元汇率的持续上升,人民币汇率开始有意向贸易内部结算价靠拢,并逐步进行调低。这一调整目的在于降低出口单位的亏损,促使出口企业能够更好地适应市场竞争。在此过程中,人民币汇率的下降幅度达到了 36%。为了进一步推动汇率市场化改革,1984 年底,我国决定取消贸易内部结算价,重新实行单一的钉住汇率制度。这意味着人民币汇率将固定在特定的水平上,以保持汇率的稳定性。这一决策旨在为企业提供更可靠的汇率预期,减少外汇市场波动对贸易造成的不确定性。重新实行单一的钉住汇率制度为我国经济发展提供了基本的汇率稳定环境。然而,随着时间的推移和国际经济环境的变化,我国的外汇市场逐渐呈现出更大的开放程度,进一步加强了对汇率市场化改革的需求。总之,双重汇率制度作为我国在特定时期的一项临时措施,为国家的外汇供应提供了一定的保障。然而,随着经济体制改革的深入和外汇市场的发展,单一的钉住汇率制度更加符合我国经济发展的需要。这一时期的汇率调整经验为我国未来汇率制度的完善和进一步市场化提供了有益的借鉴。

五、官方汇率与外汇调剂汇率并存的双重汇率制度(1985—1993 年)

1985 年重新实行单一汇率制度后,我国的理论界和实际部门对人民币汇率政策展开了激烈的讨论。他们认为人民币的定价偏高,不利于扩大出口和解决外贸亏损问题,因此提出了必须进行人民币贬值的要求。在接下来的几年里,人民币经历了 4 次大幅度的贬值,分别是在 1985 年 1 月、1986 年 7 月、1989 年 12 月和 1990 年 11 月,人民币对美元的汇率贬值幅度分别达到了 12.5%、13.6%、21.2% 和 9.57%。由最初的 1 美元兑换 2.80 元人民币,逐步调低到 1 美元兑换 5.20 元人民币。这几次人民币汇率的大幅度贬值主要是以外贸出口的换汇成本为主要依据,并考虑了美元汇率的变动情况。人民币贬值的目的是通过降低汇率来刺激出口,以解决外贸亏损问题。人民币的几次大幅度贬值确实对扩大出口起到了一定的刺激作用。当人民币贬值后,一些过去可能亏损或低亏的出口商品变得有利可图,这在一定程度上激发了外贸出口的积极性。然而,这种刺激作用只能持续一段时间。原因在于,当某种商品由于汇率下跌、换汇成本降低而从亏损转为盈利时,外贸部门会竞相提高收购价格。这样一来,汇率下调的效果就被抵消了,换汇成本重新上升,迫使汇率再次下跌。这形成了一个非良性循环,即"汇率下调—收购价上升—出口换汇成本提高—汇率下调"的恶性循环。

人民币汇率的几次大幅度贬值都在不同程度上提高了以人民币计价的进口商品价格。对于那些价格已经较高的进口商品来说,这种贬值使得它们的价格更高,当贬值导致进口商品价格上涨时,可能会对财政收支产生不利影响。政府如果依赖进口商品,特别是关键性商品和原材料,其采购成本将增加,可能会对预算平衡造成困难。同时,这也导致了进口商品价格的上涨,加重了我国的物价压力,当人民币贬值时,以人民币计价的进口商品的成本会增加。承担这种成本增加的压力通常会转嫁给消费者。这将对居民的生活造成直接影响,因为他们需要支付更多的钱购买进口商品。此外,对于以人民币计价的进口商品来说,关税和产品税的税额绝对上升,当进口商品的成本增加时,一些经营单位可能难以一时将这种成本转嫁给消费者。如果他们无法调整销售价格来反映成本增加,那么他们的利润将受到压缩甚至出现亏损。在这种情况下,经营单位面临经营积极性下降的问题。减少利润或亏损导致企业不愿意扩大规模、投资新项目或开拓新市场。这对商业活动和经济增长产生不利影响。从1991年4月开始,人民币汇率开始进行微调,并在1991年至1993年期间保持在一定范围内波动。其中,1美元兑换人民币的年平均汇率分别为5.32、5.51和5.76元。尽管官方汇率进行了小规模的调整,但是到了1993年初,官方汇率与市场调节汇率之间的差价扩大到45%左右。政府希望通过市场调控来控制汇率,以保持稳定和合理的汇率水平。然而,这种调控并不完全有效,因为市场对于汇率的需求和交易活动更倾向于黑市,黑市汇率通常是由市场供求关系决定的,并可能较高于官方汇率。这种情况下,人们可能转向黑市进行交易,以获取更有利的汇率。因此,这种控制方式在1993年6月被取消。取消后,汇率的溢价再次扩大到80%,但之后汇率仍然保持逐步波动的趋势。

六、并轨后的单一汇率制(1994—2005年)

1994年1月1日起,我国对外汇体制进行了一系列重大改革,将外汇管理的重心从额度管理转向了银行结售汇制度,进一步巩固了市场交易的基础,并扩大了交易范围。同时,人民币汇率也实现了并轨,不再存在官定汇率和市场调节汇率两个并存的情况,而是转变为"以市场供求为基础的单一的、有管理的汇率"。在这一改革的基础上,1996年,人民币进一步实现了经常项目下的可兑换。国家主要运用经济和法律手段来实施对外汇和国际收支的宏观调控,以保持经济的平稳运行。当时的汇率情况是,1994年1月1美元兑换8.7元人民币,但是从1994年4月开始,人民币逐月以小幅度升值。到了1996年12月,1美元兑换8.29元人民币。至此,我国形成了零售和批发两个层次的外汇市场。

①外汇零售市场是指银行与企业、个人等客户之间进行柜台式外汇买卖的市场。在这个市场中,银行与客户进行外汇交易时会产生买卖差额,形成外汇头寸的盈亏。为了规避外汇风险,银行需要对多余头寸进行抛出,并补进短缺头寸,于是形成了银行间外汇市场。在外汇零售市场中,银行经营这类业务需要事先获得外汇管理部门的批准,取得结售汇业务的市场准入资格。同时,银行也需要遵守结售汇综合头寸限额管理规定,及时通过银行间外汇市场平衡超过限额的结售汇头寸。此外,银行还需要按照汇价管理相关规定制定并公布挂

牌汇价,以便为客户办理结售汇业务等。外汇零售市场的运作有助于满足企业和个人对外汇的需求,支持跨境贸易和投资活动。通过银行与客户之间的外汇买卖交易,客户可以方便地进行货币兑换和跨境资金流动。同时,银行间外汇市场的存在为银行提供了平衡外汇头寸的机会,降低了外汇风险的影响。

②外汇批发市场是指银行与其他金融机构、企业等大额交易参与方之间进行大宗外汇买卖的市场。除了银行,外汇批发市场中还包括其他金融机构(如证券公司、基金公司)以及大型企事业单位等。这些实体通常具备较高的交易规模和资金实力,需要进行大额外汇交易,以满足其跨境投资、贸易结算等需求。根据《中华人民共和国外汇管理条例》的规定,外汇批发市场的交易币种、形式等由外汇管理部门进行规定和监管。这意味着在外汇批发市场中,不同币种的交易可能受到一定的限制或者有特定的规定要求。外汇批发市场通常遵循一定的市场规则和定价机制。交易双方根据市场供求关系,以及国际外汇市场的走势,进行报价和成交。参与者可以根据市场行情和预期,自主决策进行买卖操作。

七、参考一篮子货币的有管理的浮动汇率制(2005年至今)

2005年7月21日,中国央行宣布改革人民币汇率制度,将人民币与美元的固定汇率改为参考一篮子多种货币进行调整的制度,这个篮子货币包括美元、欧元、日元等主要货币,通过参考多种货币的汇率来确定人民币的基准汇率。在改革初期,人民币汇率设定了一个初始汇率,并允许其在一定范围内浮动。这个范围最初被设定为0.3%。随后,央行逐渐扩大了人民币汇率浮动的波动幅度。在2005年12月初,扩大到0.5%;在2007年5月,再次扩大到1%;在2012年4月,扩大到2%。人民币的汇率是由央行单方面设定和管理的,到改革后,引入了市场化的元素,允许人民币在一定范围内浮动,并由市场供求力量决定最终的汇率走势。这意味着,人民币的汇率将更加受到市场需求和国际外汇市场波动的影响。从2015年8月11日起,中国央行宣布改变人民币汇率形成机制,将汇率的参考基准价直接与前一交易日收盘价挂钩并进行调整。2016年底,人民币加入了国际货币基金组织(IMF)的特别提款权(SDR)货币篮子,这进一步促进了人民币国际化和汇率市场化。与此同时,改革后,中国政府通过市场化的方式逐渐放开了资本项目管制,允许居民和企业更自由地进行跨境资金流动,这使得人民币具备更大的国际流通性和可兑换性,提高了人民币在国际金融市场的地位。虽然人民币汇率有一定程度的市场化,但中国政府仍会通过央行等机构进行干预和管理,以维持汇率的稳定和防范金融风险。政府会采取必要的措施来平衡市场供求,维护外汇市场的流动性,防止过度波动和投机行为。

整个改革过程是一个逐步推进的过程,旨在逐渐实现人民币汇率的市场化,并提高人民币的国际地位。这一改革对中国经济和国际经济产生了重大影响,使得人民币的汇率更加灵活,并促进了中国金融市场的开放和国际化。

阅读材料
人民币汇改这十年

人民币汇改这十年来,汇率中间价市场化程度和基准性增强,货币政策自主性增加,国际收支平衡性改善,市场反应更趋理性化,货币国际化稳步提速。

党的十八大以来,在有管理浮动汇率制度框架下,人民币汇率形成机制进行了2014年"3·17"和2015年"8·11"两次重大改革。到2019年8月,人民币汇率破七,终于实现了惊险的一跃。汇改十年来,汇率中间价市场化程度和基准性增强,货币政策自主性增加,人民币国际化稳中有进。

一、"3·17"汇改直指单边预期

2005 年"7·21"汇改以来,人民币退出亚洲金融危机不贬值政策,重归真正有管理浮动,人民币汇率浮动区间逐渐扩大,克服了 2008 年全球金融危机、2011/2012 年主权债务危机和 2013 年美联储缩减恐慌的影响,小步快走、渐进升值。到 2014 年 1 月,人民币加速升值,中间价升破 6.10:1(图 5-1)。当时,市场普遍预期人民币即将进入五时代。当月,银行即远期结售汇顺差 797 亿美元,刷新当时的历史记录;2 月,顺差 546 亿美元(图 5-2)。

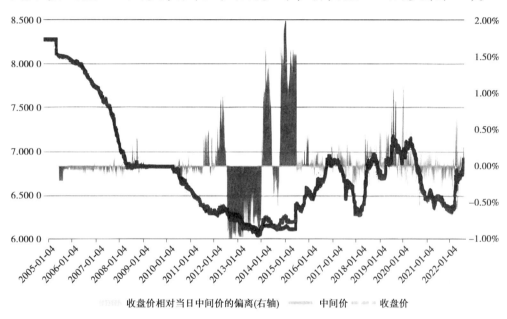

图 5-1 境内人民币汇率走势(单位:元人民币/美元;%)

为打破单边升值预期,2014 年 3 月 17 日,人民银行宣布将银行间市场人民币汇率浮动区间由 ±1% 扩大至 ±2%。之后,人民币不仅未加速升值,反而快速走弱。到 6 月底,收盘价较年内高点下跌 3.5%(图 5-1)。这分化了市场预期,促进了外汇平衡。3 月,银行即远期结售汇顺差 306 亿美元,环比下降 43.9%;二季度,月均顺差 8 亿美元,远低于上季月均 550 亿美元(图 5-2)。

二、"8·11"汇改如同逆水行舟

2014 年初,美联储启动缩减购债,到年底停止购债并酝酿加息,资本加速回流美国,美元指数加快升值。到 2015 年 6 月底,洲际交易所(ICE)美元指数较 2013 年底累计升值 21.2%。同期,人民币兑美元汇率保持了基本稳定,国际清算银行(BIS)编制的人民币实际和名义有效汇率均升值 10% 以上,出现一定程度高估(图 5-3)。

受此影响,境内外汇形势悄然反转。2014 年 7 月起,银行即远期结售汇转为持续逆差; 2014 年 11 月底起,银行间市场收盘价相对当日中间价持续为偏贬值方向,且从 12 月底起偏离程度都在 1% 以上。2015 年 3 月,人民币加速回调,当月银行即远期结售汇逆差 777 亿美元,环比增加 1.6 倍;7 月,国内股市异动向外汇市场传染,当月银行即远期结售汇逆差 561 亿美元,环比增加 7.0 倍(图 5-1 和图 5-2)。到 2015 年 6 月底,外汇储备余额较 2014 年 6 月

银行即远期(含期权)结售汇差额(右轴)　　　银行即远期结售汇差额

图 5-2　境内主要外汇供求状况(单位:亿美元)

┈┈人民币:实际有效汇率指数　━ ━人民币:名义有效汇率指数　━━ICE美元指数:月末

图 5-3　人民币汇率指数和美元指数(单位:2010＝100;1973/3＝100)

底高点下降 2994 亿美元,其中交易引起的外汇储备资产(不含汇率与资产价格变动产生的估值效应,下同)减少 963 亿美元(图 5-4)。

2015 年 8 月 11 日开盘前,人民银行宣布完善中间价形成机制,做市商参考上日收盘汇率,综合考虑外汇供求情况及主要货币汇率变化提供中间价报价。汇改头两日,人民币连续跌停,引爆了贬值恐慌,触发了藏汇于民和债务偿还的集中调整。到 2016 年底,人民币汇率离破七、外汇储备离破三万亿仅一步之遥(图 5-1、图 5-2、图 5-4)。市场开始激辩保汇率还是保储备。

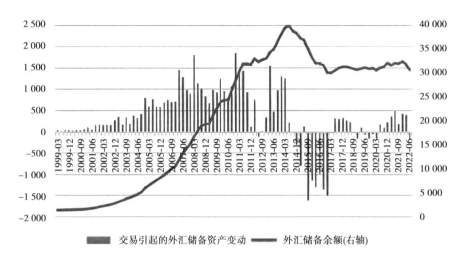

图5-4 交易引起的中国外汇储备资产变动与外汇储备余额(单位:亿美元)

"8·11"汇改受挫,暴露了有管理浮动"汇率中间解"存在的透明度和公信力问题。通过于2015年底编制发布人民币汇率指数、2016年2月披露汇率中间价报价机制,以及2017年5月底在报价机制中引入逆周期调节因子等措施,中国创造性地解决了这两个问题。

2017年,在境内外汇依然供不应求的情况下,通过引进逆周期因子,借美元指数大幅回调之际,人民币汇率实现了成功逆转。当年,美元指数下跌10%,银行即远期(含期权)结售汇逆差851亿美元,人民币升值6%以上,外汇储备余额增加1294亿美元(其中外汇储备资产增加929亿美元)(图5-1—图5-4)。这重挫了看空做空人民币的势力,重塑了央行汇率政策的市场信誉。

2017年9月起,有关部门陆续退出了"8·11"汇改之初引进的资本外汇管理措施,回归监管政策和汇率政策中性。之后,中国又遭遇了2018/2019年中美经贸摩擦升级,人民币汇率于2016年底、2018年底和2019年5月三次遇七不过后,终于在2019年8月中美经贸谈判再陷僵局时应声破七。至此,增强中间价市场化程度和基准性的"8·11"汇改目标基本达成。

三、汇改成果经受汇市震荡的检验

2019年底,受中美达成第一阶段经贸协议的利好提振,人民币汇率重新走强,到2020年初升破6.90。但2020年1月底,新冠肺炎疫情突然暴发,逐步演变成全球大流行、经济大停摆、金融大恐慌,人民币迅速跌破7.0。到5月底,叠加地缘政治风险影响,人民币跌破7.10(图5-1)。彼时,人民币汇率持续承压,跌至十二年来新低,却未触发新的贬值恐慌。前5个月,各月银行即远期(含期权)结售汇均为顺差,5月顺差208亿美元(图5-2)。

2020年6月初以来,在疫情防控有效、经济复苏领先、中美利差扩大、美元指数走弱等多重利好共振的推动下,人民币止跌反弹。到年底,人民币升值9%以上(图5-1)。这次升值是真正由市场供求驱动。6—12月,银行即远期(含期权)结售汇累计顺差1378亿美元(图5-2)。当年10月底,逆周期因子被淡出使用。

2021年,克服国内经济下行、中美利差收敛、美元指数反弹的不利影响,在疫情防控有效、贸易顺差较大的情况下,中国汇市走出"美元强人民币更强"的独立行情。全年,人民币兑美元双边汇率升值2%稍强,兑主要贸易伙伴货币多边汇率(CFETS人民币汇率指数)升值8%;银行即远期(含期权)结售汇顺差2742亿美元,增长27%,货物贸易代客结售汇顺差 3 635 亿美元,贡献了结售汇总顺差的 123%(图 5-1 和图 5-2)。

人民币强势延续到 2022 年 3 月初,最高升至 6.30 附近。至此,2020 年 6 月初以来的这波升值持续了 21 个月,最大涨幅为 13%(图 5-1)。2020 年三季度至 2022 年一季度,银行即远期(含期权)结售汇顺差合计 4 485 亿美元。同期,外汇储备资产累计增加 2 193 亿美元,央行外汇占款增加 1 752 亿元人民币,银行对外金融资产增加 3 280 亿美元(图 5-2 和图 5-5)。在本轮升值过程中,尽管央行从 2020 年底开始就对汇率升值预期进行管理和调控,但保持了外汇干预的克制。外汇储备资产增加主要来自储备经营收益,外贸盈余和银行结售汇顺差变成了银行、企业等商业机构分散化持有。

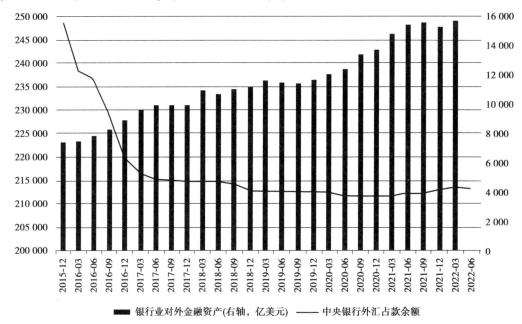

图 5-5 季末央行外汇占款余额及境内银行对外金融资产(单位:亿元人民币;亿美元)

2022 年 3 月中旬以来,在国内疫情多点散发、美元指数大幅走强、中美利差收敛甚至倒挂、俄乌冲突风险外溢等超预期冲击下,人民币汇率再度回调,接连跌破 6.40~6.70 的关口,到 5 月中旬交易价一度跌破 6.80,两个月就回撤 7% 以上。之后,止跌企稳。到 8 月底又出现急跌,跌破 6.80(交易价一度跌破 6.90),较年内高点下跌 8% 以上(图 5-1)。

这波人民币回调至今未引起市场恐慌。3—7 月,银行即远期(含期权)结售汇累计顺差 465 亿美元(图 5-2)。同期,市场结汇意愿增强、购汇动机减弱,“低(升值)买高(贬值)卖”的汇率杠杆调节作用正常发挥:不含远期履约的银行代客收汇结汇率平均为 56.9%,较 2020 年 6 月至 2022 年 2 月均值高出 2.9 个百分点;银代客付汇购汇率平均为 54.7%,则低 1.1 个百分点(图 5-6)。

2022 年二季度(本轮人民币急跌期间),银行即远期(含期权)结售汇累计顺差 400 亿美元;外汇储备余额减少 1 167 亿美元,其中,外汇储备资产减少 173 亿美元,美元汇率升值以及全球“股债双杀”产生的负估值效应 994 亿美元(图 5-2 和图 5-4)。这表明当期外汇储备减少不是因为干预汇率贬值而是因为负估值效应,后者贡献了外汇储备余额减少的 85%。同期,央行外汇占款仅减少 307 亿元人民币(图 5-5)。

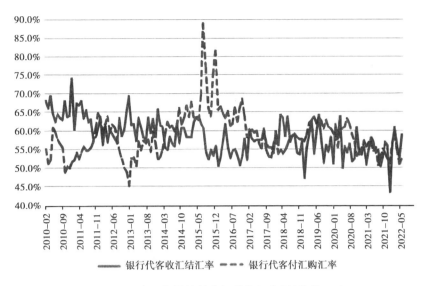

图 5-6　不含远期履约的市场结售汇意愿(单位:%)

银行代客收汇结汇率　　银行代客付汇购汇率

四、十年汇改结出累累硕果

汇率市场化程度提高。业内常说:"人民币汇改,机制比水平更重要。"改进人民币汇率形成机制,就是要让市场在汇率形成中发挥越来越重要的作用。十年来,人民币汇率浮动区间扩大,弹性增加。2008—2012 年,人民币汇率年度最大振幅平均相当于其他七种主要储备货币的 17.3%,2013—2017 年为 37.2%,2018—2022 年跳升至 68.5%,其中 2022 年前 8 个月为 66.7%(图 5-7)。人民币已初步具备成熟货币随机游走、类自由浮动的特征。央行基本退出外汇常态干预,2017 年 6 月至 2022 年 7 月,央行外汇占款月变动绝对值平均为 133 亿元,远低于 2005 年 8 月("7·21"汇改次月)至 2017 年 5 月(引入逆周期因子当月)月均 1 971 亿元的水平(图 5-8)。同时,还逐步建立健全了以逆周期因子、远期购汇外汇风险准备金、跨境投融资宏观审慎系数、金融机构外汇存款准备金率等工具为主的宏观审慎管理框架,有效防范化解顺周期跨境资本流动冲击风险。

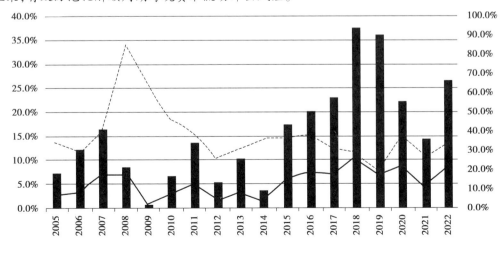

I/II(右侧)　　人民币汇率中间价年度最大振幅　　其他七种主要储备货币年度汇率最大振幅

图 5-7　人民币与其他主要储备货币年度汇率最大振幅的对比(单位:%)

中间价基准地位增强。2015年底人民币拟二度参加加入国际货币基金组织(IMF)特别提款权篮子货币的定值审查,是"8·11"汇改的重要背景。2015年7月,IMF发布中期评估报告指出,2010年以来人民币可自由使用程度有较大进展,但技术性障碍之一是,境内汇率中间价与收盘价以及境内外汇率之间持续较大偏离。经历短期市场动荡后,2018年以来,收盘价相对当日中间价、离岸人民币汇率(CNH)相对在岸人民币汇率(CNY)时强时弱,且偏离总体收敛(图5-1)。2014年初至2016年底,CNH相对CNY偏的绝对值日均为159BP,2017年初至2019年底降为111BP,2020年初至2022年8月底进一步降至98(图5-9)。尽管央行退出了外汇常态干预,并将逆周期因子淡出使用,但因2017年央行重塑了市场公信力,至今中间价仍有着重要的政策信号作用。

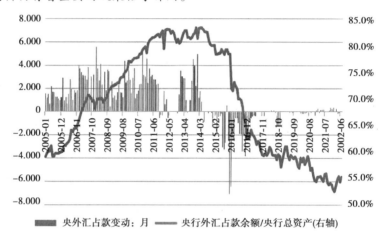

图5-8 央行外汇占款变动及外汇占款占总资产之比(单位:亿元人民币;%)

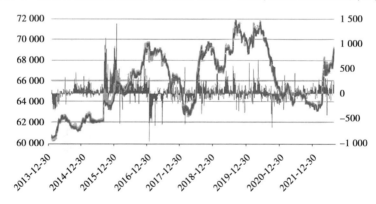

图5-9 境内外人民币汇率走势及其偏离(单位:元人民币/美元;BP)

市场反应更趋理性化。1994年汇率并轨以来,人民币长期单边升值,"8·11"汇改人民币意外下跌,触发了市场贬值恐慌。现在,人民币有涨有跌、双向波动成为新常态,及时释放了市场压力,避免了预期积累。市场对此已见怪不怪。经历2015年和2016年的集中调整后,民间货币错配明显改善,增强了市场承受力。截至2022年一季度末,民间对外净负债较2014年底下降8 598亿美元,与年化名义国内生产总值(GDP)之比回落14.0个百分点。有关部门持续督促企业加强市场风险中性意识,建立财务纪律,同时放松外汇衍生品交易限制,支持企业本币计价结算,鼓励银行提供汇率避险服务,也增强了市场对汇率波动的容忍度。2022 年前 7 个月,银行对客户外汇交易中衍生品占比较 2015 年上升 8.1 个百分点,银行代客结售汇中远期履约占比上升 4.3 个百分点。同期,银行代客涉外收付中人民币占比上升 13.0 个百分点;外贸进出口中,跨境人民币收付占比虽然较 2015 年仍低 8.6 个百分点,但较 2017 年低点高出 5.7 个百分点(图 5-10)。虽然境内股市和汇市有时仍会同涨同跌,但再没有因为信心危机传染引发的"股汇双杀"。

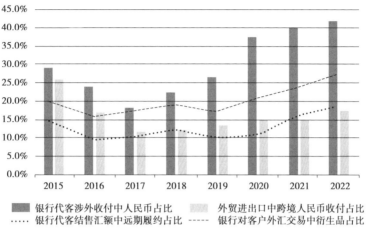

图 5-10　部分市场汇率风险管理指标

货币政策自主性增加。经历了"8·11"汇改初期用储备干预人民币贬值,以及 2017 年以来央行基本退出外汇干预后,央行总资产中外汇占款占比快速下降,由 2014 年 3 月的高点 83.3%降至 2022 年 7 月的 55.3%(图 5-8)。央行资产负债表管理由对外资产主导转为国内信贷主导,央行货币政策的自主性加强。同时,汇率浮动已成为吸收内外部冲击的减震器,减轻了汇率政策对央行货币政策的束缚。如 2018 年,面对国内经济下行、对外经贸摩擦,央行迎着美联储加息缩表的压力,多次降准稳增长。到年底,10 年期中美国债收益率差大幅收窄,人民币汇率再次跌到 7.0 附近。再如,2021 年下半年以来,央行坚持货币政策以我为主,顶住美联储超预期紧缩的压力,综合运用数量和价格工具,保持市场流动性合理充裕,降低实体经济融资成本。结果,2022 年 3 月初之前,人民币汇率延续强势,创下四年来新高。即便 3 月中旬开启人民币急跌行情后,央行继续为巩固经济回升趋势降准降息(图 5-11 和图 5-1)。

国际收支平衡性改善。2014 年之前,除个别年份外,中国国际收支经常项目与资本项目(含净误差与遗漏,下同)持续"双顺差"。2018 年以来,随着人民币汇率双向波动的弹性增加,汇率调节国际收支平衡和宏观经济稳定的稳定器作用正常发挥,促进了经常项目顺差、资本项目逆差、外汇储备资产小幅变动的国际收支自主平衡(图 5-12)。特别是近两年来,中国每年货物贸易顺差五六千亿美元,银行即远期(含期权)结售汇顺差两千多亿美元。它们没有转化为外汇储备的增加,而是变成了企业和银行持有,拓宽了抵御短期资本流动冲击的"护城河"。2022 年一季度,受内外部环境变化的影响,中国证券投资项下录得创纪录的单季净流出 798 亿美元,同比增加 667 亿美元,但其他投资项下对外资产运用减少 1 557 亿美元,其他投资项下净流出同比下降 697 亿美元。当季,交易引起的外汇储备资产增加 394 亿美元,同比增长 12%。

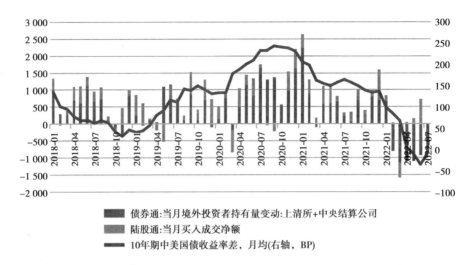

图 5-11　债券通和陆股通北上资金流动及中美利差（单位：亿元人民币；BP）

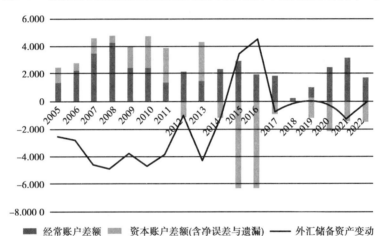

图 5-12　中国年度国际收支主要项目构成（单位：亿美元）

　　货币国际化稳步提速。2015 年下半年以来，中国加快了境内股市债市汇市开放，人民币国际化由离岸驱动转为在岸驱动。随着央行回归监管政策和汇率政策中性，无论人民币汇率涨跌，有关部门除了调整宏观审慎管理政策外，没有引入新的资本外汇管制措施，反而不断深化贸易投资便利化改革，增强了外国投资者信心。近年来，人民币股票和债券先后被纳入全球主要指数，吸引了外资增加人民币资产配置。到 2022 年 6 月底，境外持有境内人民币金融资产合计 10.07 万亿元，较 2014 年底增长 1.2 倍，境外持有境内人民币股票和债券合计占比由 27.3% 升至 71.7%（图 5-13）。据 IMF 统计，截至 2022 年一季度末，全球持有人民币外汇储备 3 364 亿美元，占比达到创纪录的 2.88%。尤其是最近外资减持人民币债券、人民币汇率急跌，中国不仅没有采取管制措施，反而进一步统筹推动境内银行间和交易所债券市场开放，稳定了市场预期，避免了"外资流出－汇率贬值"的恶性循环。陆股通项下，2022 年 3 月短暂净流出后，4—6 月又连续 3 个月净流入（图 5-11）。

　　（资料来源：管涛. 人民币汇改这十年[J]. 中国外汇，2022(19)：62-67.）

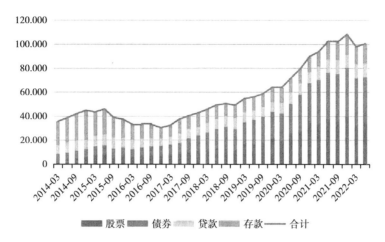

图 5-13　季末境外持有境内人民币金融资产情况（单位：亿元人民币）

本章小结

1. 外汇管制是指一个国家或地区为了平衡国际收支，维持货币汇率，对外汇买卖、外汇资金流动及外汇进出国境加以限制，为控制外汇的供求而采取的一系列政策措施。

2. 外汇管理机构的设立有三种类型：一是成立专门的管理机构；二是授权给中央银行；三是由国家行政管理部门直接负责外汇管制工作。外汇管制的对象可以分为人和物两个方面。外汇管制方式包括数量管制和价格管制。

3. 固定汇率制度是指政府或央行通过设定和维持一种固定的汇率，使本国货币与其他国家或地区货币之间的兑换比率始终保持不变或维持在一定波动幅度范围内。

4. 浮动汇率制度是指对本国货币与外国货币的比价不加以固定，也不规定汇率波动的界限，而听任外汇市场根据供求状况的变化自发决定本币对外币的汇率。

5. 联系汇率制度是一种介于固定汇率制度和浮动汇率制度之间的混合型汇率制度。在联系汇率制度下，参与国或地区的货币相对于一篮子货币或特定货币维持某种程度的固定汇率，但仍允许有一定的波动范围。

6. 外汇风险是指由于汇率波动而导致的金融损失的潜在风险。当一个国家的货币与其他国家的货币之间的汇率发生变化时，持有外汇的个人、企业或金融机构可能会面临损失。

7. 外汇风险主要分为交易风险、折算风险和经济风险。

8. 人民币汇率制度的变迁大致经过了下列几个阶段：频繁调整的钉住美元汇率制度、基本保持固定的钉住美元汇率制度、钉住一篮子货币的汇率制度、官方汇率与贸易结算汇率并存的双重汇率制度、官方汇率与外汇调剂汇率并存的双重汇率制度、并轨后的单一汇率制、参考一篮子货币的有管理的浮动汇率制。

课后思考题

一、单项选择题

1. 外汇管制的主要目的有(　　)。
   A. 平衡和改善国际收支　　　　　　　　B. 稳定外汇汇率
   C. 协调本国对外贸易,促进一国经济发展　D. 增加进出口总额。

2. 外汇管制对象中,(　　)主要涉及国际支付手段,如货币、铸币、黄金、有价证券和票据等。
   A. 对人的管理　　　　　　　　　　　　B. 对物的管理
   C. 对地区的管理　　　　　　　　　　　D. 对行业的管理

3. (　　)是指政府对外汇买卖和进出国境的外汇数量实行控制。
   A. 行政管制　　　　　　　　　　　　　B. 数量管制
   C. 汇率管制　　　　　　　　　　　　　D. 间接外汇管制

4. 第二次世界大战后,西方国家实行的浮动汇率制大部分都是(　　)。
   A. 联合浮动　　　　B. 自由浮动　　　　C. 肮脏浮动　　　　D. 清洁浮动

5. 由于外汇汇率变动而引起的应收资产与应付债务价值变化的风险为(　　)。
   A. 信用风险　　　　B. 交易风险　　　　C. 折算风险　　　　D. 经济风险

6. 1996 年底人民币实现可兑换是指(　　)。
   A. 经常项目下可兑换　　　　　　　　　B. 资本项目下可兑换
   C. 金融项目下可兑换　　　　　　　　　D. 储备项目下可兑换

7. 在香港的美元联系汇率制中,货币管理局(　　)。
   A. 要求商业银行提取存款准备金　　　　B. 可以持有香港政府债券
   C. 放弃货币政策的自主性　　　　　　　D. 以黄金外汇作为港币的发行基础

8. 当前我国实行的汇率制度是(　　)。
   A. 钉住浮动　　　　B. 联合浮动　　　　C. 自由浮动　　　　D. 管理浮动

9. (　　)汇率制度彻底放弃了货币政策的自主性。
   A. 有管理的浮动汇率制　　　　　　　　B. 钉住平行幅度制
   C. 联系汇率制　　　　　　　　　　　　D. 爬行钉住制

10. 正式确立浮动汇率制度合法化的是(　　)。
    A. 国际金本位制　　　　　　　　　　　B. 金汇兑本位制
    C. 牙买加体系　　　　　　　　　　　　D. 布雷顿森林体系

11. 在国际金本位制度下的汇率制度是(　　)。
    A. 固定汇率制　　　　　　　　　　　　B. 浮动汇率制
    C. 爬行盯住制　　　　　　　　　　　　D. 水平区间钉住汇率制

12. 传统上,按照(　　)汇率制度被分为固定汇率制度和浮动汇率制度两大类型。

A. 汇率变动的原因　　　　　　　　　　　　B. 汇率变动的幅度

C. 汇率的实施范围　　　　　　　　　　　　D. 汇率的变动的方式

13. 下列关于联系汇率制度优势的描述错误的是(　　　)。

A. 管理与操作非常简便　　　　　　　　　B. 赋予了货币政策高度可信性

C. 运行规则可以被公众所监督　　　　　　D. 操作步骤烦琐

14. 目前,我国采用的外汇管制类型是(　　　)。

A. 实行全面、严格的外汇管制　　　　　　B. 实行部分外汇管制

C. 基本上取消外汇管制　　　　　　　　　D. 自由外汇政策

二、多项选择题

1. 实行浮动汇率制度的主要优点是(　　　)。

A. 促进国际贸易的稳定发展　　　　　　　B. 便于经济主体进行成本和利润核算

C. 对国际储备需求少　　　　　　　　　　D. 可保持国内经济政策的相对独立性

E. 汇率能发挥自动调节国际收支的作用

2. 外汇风险构成因素一般有(　　　)。

A. 本币　　　　　　　B. 外币　　　　　　C. 利率　　　　　　D. 时间

E. 空间

3. 对资本输出的管制措施有(　　　)。

A. 规定银行对外贷款的最高额度　　　　　B. 对居民境外投资征收利息平衡税

C. 对非居民存款不支付利息　　　　　　　D. 限制非居民投资本国证券市场

E. 限制本国企业对外投资

4. 浮动汇率制的缺点有(　　　)。

A. 增加了不确定性和外汇风险　　　　　　B. 外汇市场动荡,投机活动频繁

C. 容易滥用汇率政策　　　　　　　　　　D. 输入国外的通货膨胀

E. 出现内外均衡的冲突

5. 固定汇率制的优点包括(　　　)。

A. 有利于国际贸易与投资活动　　　　　　B. 有利于抑制国内通货膨胀

C. 增强货币政策自主性　　　　　　　　　D. 防止外汇投机

E. 避免出现内外均衡冲突

6. 外汇风险有哪几种类型? (　　　)。

A. 交易风险　　　　　B. 折算风险　　　　C. 经济风险　　　　D. 信用风险

E. 国家风险

7. 外汇管制是国家通过法律、法令或法规对外汇资金的(　　　)所进行的管理。

A. 收支　　　　　　　B. 买卖　　　　　　C. 借贷　　　　　　D. 汇率

E. 本国货币的兑换

8. 外汇管制的主要内容包括(　　　)。

A. 对出口外汇的管制　　　　　　　　　　B. 对进口外汇的管制

C. 对非贸易外汇的管制　　　　　　　　　D. 对资本输出输入的外汇管制

E. 对黄金、现钞输出输入的管制

9. 外汇管制的积极作用有(　　　)。
　　A. 实现本国国际收支平衡　　　　　　　　B. 稳定本币汇率
　　C. 维护本国金融市场的稳定　　　　　　　D. 增加本国的国际储备
　　E. 增强金融安全性

三、简答题

1. 外汇管制的优缺点有哪些?
2. 固定汇率制度的优缺点有哪些?
3. 浮动汇率制度的优缺点有哪些?
4. 如何防范外汇风险?

四、案例分析题

人民币汇率制度改革的结构性演进

人民币汇率制度改革一直是国内外关注的重要问题。纵观人民币汇率制度改革的历史演进,自1994年以来大致经历了以10年左右为一期的三个阶段,即分别以汇率并轨、波幅扩大和中间价改革为重心的结构性演进历程。近年来,人民币在国际货币体系中的作用日益凸显,在全球交易结算中的地位日渐提高。当前,世界显现出"百年未有之大变局"和"进入新的动荡变革期"并存的局面。在此背景下,亟须对人民币汇改经验进行梳理总结,以更好地应对内外部宏观环境的变化,明确未来汇改的方向和路径,为建设更高水平开放型经济新体制做出准备。

从国际经验来看,一个国家的发展状况会影响该国最优汇率制度选择。布雷顿森林体系解体后,新兴经济体较多地选择了爬行钉住汇率制或管理浮动汇率制,选择固定汇率制或浮动汇率制的新兴经济体并不多。这是因为,新兴经济体尚未建立相对完善的财政和货币制度,很难维持浮动汇率制。相对而言,发达经济体能够更好地利用自由浮动汇率制来降低其他经济体宏观政策对本国的溢出效应。根据国际货币基金组织发布的《2020年度汇兑安排及汇兑限制年度报告》,在全球前十大经济体中,仅有中国没有采用自由浮动汇率制。有学者指出,中国的汇率制度演进显著滞后于自身国情国力发展,当前应选择偏自由的管理浮动汇率制或自由浮动汇率制。事实上,在2015年"8·11"汇改后,中国央行已经开始将汇率制度由"类爬行安排"过渡到浮动汇率制的尝试。

未来人民币汇率制度改革何去何从? 汇改模式和时机选择是解答该问题的关键所在。

就汇改模式而言,中国央行并没有完全遵照发达国家汇改经验,一步到位地采取自由浮动汇率制度,而是采取渐进式汇改策略。易纲和汤弦指出,没有一种汇率制度可以适用于所有国家。同时,一个国家的最优汇率制度并非一成不变,需要根据该国发展状况进行抉择。诸如经济总量、通胀水平、金融一体化程度等宏观经济因素都会影响汇率制度选择。

就汇改时机而言,中国央行往往会选择宏观环境较好的时期进行汇改。成功的汇改往往需要具备良好的宏观环境。在适宜的宏观环境下进行汇改,可以降低汇率失衡的压力,避免出现"资本流出(汇率贬值)—经济衰退—信心丧失"的恶性循环,以及避免汇改本身被误读。具体而言,外汇市场压力指数的变化较好地刻画了中国央行面临的宏观环境不确定性

（图 5-14）。在 2001—2013 年,中国面临持续为正的外汇市场压力(仅在次贷危机与欧债危机期间面临短暂负向压力)。2014 年,美联储退出量化宽松政策,美元指数开始走强。自此,在 2014 年下半年至 2016 年底,中国转为面临持续为负的外汇市场压力。2017 年至今,中国面临的外汇市场压力在规模和趋势上逐渐减弱,日益体现出双向波动的特征。

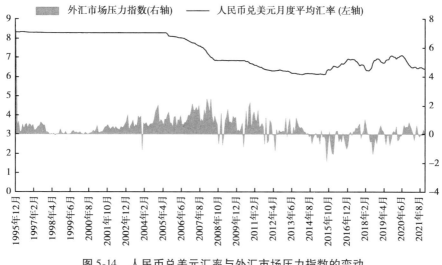

图 5-14　人民币兑美元汇率与外汇市场压力指数的变动

当前,中国面临较大的国内外宏观环境不确定性,增加了下一阶段人民币汇改的模式和时机选择的难度。2022 年 3 月,美联储开启陡峭加息缩表进程。从历史上来看,每当美联储进入货币政策紧缩期,新兴市场与发展中国家都会面临短期资本大量外流、本币汇率面临贬值压力、国内风险资产价格下跌、本国经济增速放缓的不利冲击。加之,2022 初俄乌冲突爆发给全球经济带来了极大的不确定性,其对国际货币体系的冲击给人民币国际化带来了新的机遇。

对于 1994 年以来的人民币汇率制度改革,本文将其总结为"三大阶段、两种方式、一个目标"。"三大阶段"是指自 1994 年汇改以来,人民币汇率制度改革大致经历了以 10 年左右为一期的"三大阶段",即以汇率并轨(1994 年至 2005 年上半年)、波幅扩大(2005 年下半年至 2015 年上半年)和中间价改革(2015 年下半年至今)为重点的结构性演进历程。"两种方式"是指在每一阶段,中国央行均采取了主导性改革和配套性改革相结合的方式。"一个目标"是指,人民币汇率制度改革的终极目标是实现人民币汇率的自由浮动。受制于国内外复杂的宏观环境,该终极目标在短期内较难实现。在过渡期内建议设立人民币篮子汇率的年度汇率宽幅目标区制度。

相比已有文献,本文的主要创新之处在于以下方面。第一,将人民币汇率制度改革分为三个阶段,区分主导性改革与配套性改革进行对比分析,并在此基础上评价汇改效果。第二,总结出人民币汇率制度改革的四条经验,其中关于保持适当资本账户管制以及通过重要结构性改革来保障汇改成果这两条经验,尤其值得重视。第三,根据人民币汇率制度改革的结构性演进,提出汇改的终极目标是实现自由浮动,过渡期目标是设立人民币篮子汇率的年度汇率宽幅目标区制度。本文的研究为中国这样的大型开放经济体探索"双循环"新发展格局下的汇率制度改革奠定基础,为实现全面扩大开放及建设更高水平开放型经济新体制提供实现路径。

一、人民币汇率制度改革的历史回顾

1994 年至今,人民币汇率制度改革经历了"三大阶段"(表 5-1):一是 1994 年至 2005 年上半年,汇改重点是汇率并轨;二是 2005 年下半年至 2015 年上半年,汇改围绕波幅扩大展开;三是 2015 年下半年至今,汇改重点是中间价改革。本部分首先对历次汇改的背景和内容进行分析,并参考张明(2011)的汇率形成机制评估方法,从汇率形成机制透明度、名义汇率调整灵活性、汇改目标是否实现、人民币升贬值预期、资源优化配置等方面,对三次重大汇改进行综合评价。

表 5-1　人民币汇率制度改革演进一览

阶　段	第一阶段	第二阶段	第三阶段
汇改区间	1994 年至 2005 年上半年	2005 年下半年至 2015 年上半年	2015 年下半年至今
汇改重点	汇率并轨	波幅扩大	中间价改革
外部压力	面临升值压力	面临升值压力	面临贬值压力
标志性汇改事件	1994 年汇率并轨	2005 年"7·21"汇改	2015 年"8·11"汇改
汇改效果与评价	成功	阶段性成功	汇改方向是正确的,汇改时机值得商榷

(一)1994 年至 2005 年上半年:双轨制向单一汇率制转型的过渡阶段

1994 年至 2005 年上半年,人民币汇率迎来第一个重要改革阶段。标志性汇改事件是 1994 年人民币汇率制度从双轨制向单一汇率制的转型。该阶段汇改的主要目标是"稳定汇率,增加储备,建立统一、规范的外汇市场"。

1. 汇改背景

中国央行实行人民币汇率并轨是为了更好地顺应国内外宏观环境及中国经济发展的需要。20 世纪 90 年代初,东欧剧变、苏联解体,紧张的国际政治局势迫使中国重新思考改革方向。1990 年,中国 GDP 增速仅为 3.9%。在内外压力下,1992 年邓小平南方谈话重申深化改革与加快发展的必要性和重要性,从而将中国的改革开放和现代化建设推向一个新阶段。

在汇改前夕,中国面临资本大规模外流、宏观经济过热的情况。一方面,1992—1996 年,中国面临规模高达 875.3 亿美元的资本外流。另一方面,1993 年,名义 GDP 增速高达 13.9%,通货膨胀高达 14.7%,固定资产投资增速达到 61.8%。同时,经常账户逆差为 119 亿美元,其中货物和服务贸易逆差达到 117 亿美元,外汇储备仅有 211 亿美元。

在内外部压力下,汇率双轨制已无法适应当时经济发展的需要,人民币汇率制度改革呼之欲出。一方面,汇率双轨制滋生寻租和腐败行为。在 1994 年以前,中国汇率制度实行双轨制,呈现官方汇率与外汇调剂市场汇率并存的局面。1993 年底,八成外汇交易采用外汇调剂市场汇率交易,仅有两成外汇交易采用官方汇率交易。外汇调剂价格持续高于官方价格,给寻租和腐败行为提供了套利空间。另一方面,汇率双轨制已无法适应当时经济发展的需要。十一届三中全会将"对外开放"作为长期基本国策。为了更好地对外开放、融入全球经济、促进对外贸易特别是出口贸易发展、积极吸引外商直接投资,经济方面的配套改革亟须推进。汇率作为影响国际贸易和国际投资的重要变量,"一市两价"的外汇市场格局已无法适应当时的经济发展需要。

在此背景下,中央明确了该阶段的汇改目标。1993 年 11 月召开的十四届三中全会第一次提出要全面深化以市场经济为导向的社会主义市场经济体制改革,明确要求"改革外汇管理体制,建立以市场为基础的有管理的浮动汇率制度和统一规范的外汇市场"。这表明中央已下决心推动市场经济改革。

2. 汇改内容

这一阶段的主导性汇率制度改革包含三方面内容。一是实行汇率并轨。1994 年初,中国央行实行以市场供求为基础的、单一的、有管理的浮动汇率制度,将官方汇率(1 美元兑 5.8 元人民币)与外汇调剂市场汇率(1 美元兑 8.7 元人民币)并轨,境内所有本外币转换均使用统一汇率,即 1 美元兑 8.7 元人民币。这意味着在汇改发生时,人民币兑美元汇率实现一次性的显著贬值。二是调整人民币汇率中间价。中国央行在新旧体制转换过渡期内采用一些过渡性安排,以保障汇率制度平稳运行。1994 年,中国央行使用 18 个主要外汇调剂市场的加权平均汇率作为汇率中间价。三是亚洲金融危机期间采用让人民币汇率暂时性钉住美元的临时应对措施。1997—1998 年亚洲金融危机的爆发给中国经济发展与金融稳定造成严重冲击,导致短期资本大规模流出中国,人民币汇率面临较大贬值压力。为防止危机进一步蔓延,中国做出人民币不贬值的承诺。该时期,中国央行采取让人民币汇率暂时性钉住美元的措施。

配套性汇率制度改革围绕着建立统一规范的外汇市场展开,具体包括如下四方面内容。一是建立全国统一规范的银行间外汇市场。1994 年,中国政府建立中国外汇交易中心(CFETS)。二是完善配套汇率制度改革。实施取消外汇留成和上缴、取消外汇收支的指令性计划等措施。三是改进外汇管理体制。1996 年取消了所有经常性国际支付和转移的限制,实现人民币经常项目可兑换。四是资本账户渐进开放。2002 年,建立合格境外机构投资者制度(QFII),跨境证券投资开放取得重大进展。

3. 汇改效果与评价

综合来看,这一阶段汇改是相当成功的。

第一,汇改目标基本实现。

"稳定汇率,增加储备,建立统一规范的外汇市场"是 1994 年的汇改目标。1994 年至 2005 年上半年汇改的主要成就是实现汇率并轨,建立全国统一规范的外汇交易市场,逐步完成配套性汇率制度改革。

第二,名义汇率调整灵活性增强,汇率形成机制透明度提高。

1994 年成为人民币由弱转强的分水岭。1994—2004 年,人民币兑美元汇率基本稳定在 8.2 ~ 8.7 的区间。

第三,汇改有利于资源优化配置,促进经济增长。

1994 年汇改后,经济发展势头逐步向好,外汇储备稳步增长。1994—2004 年,中国 GDP 年均增速高达 9.5%,外汇储备从 516 亿美元增长至 6099 亿美元。此外,汇率并轨解决人民币汇率高估难题,并从制度上解决了双轨制引发的寻租与腐败行为的问题。

第四,人民币汇率一次性调整到位,没有形成进一步贬值预期。

1994 年的汇改让汇率贬值接近 50%,不仅没有让国内通胀失控,还大大促进了出口导向型制造业的发展。从本质上来看,1994 年汇率并轨是人民币兑美元汇率的一次性大幅贬值,其背景是人民币兑美元名义汇率存在严重高估,而这次贬值是对汇率高估的修正,是顺应市场供求关系而动。由于这次贬值幅度相当之大,让市场产生贬值到位的心理,因此贬值之后不仅没有形成进一步的贬值预期,反而随着中国经常账户顺差的不断扩大,人民币兑美元汇率形成持续升值预期。

总结而言,1994 年汇改是相当成功的。1994 年汇率并轨是中国外汇史上难得的一次性大幅贬值尝试。这次贬值尝试再加上若干重要的制度层面的配套性改革,为中国出口导向型行业的腾飞,乃至为中国 2001 年入世后经常账户的强劲表现,都打下了很好的基础。

(二)2005 年下半年至 2015 年上半年:实行有管理浮动汇率制度的尝试阶段

2005 年下半年至 2015 年上半年,人民币汇率迎来第二个重要改革阶段,标志性事件是2005 年"7·21"汇改。"7·21"汇改标志着中国进入有管理的浮动汇率制度的尝试阶段。"完善人民币汇率形成机制,保持人民币汇率在合理、均衡水平上的基本稳定"是该时期汇改的主要目标。

1. 汇改背景

动荡的国际环境使汇改一再被搁置。2001 年中国加入 WTO,开始全面融入全球贸易网络。事实上,中国央行早已着手研究下一步的汇率制度改革,完善有管理的浮动汇率制被列入 2001 年下半年的经济体制改革工作计划。然而,国际环境的一系列重大变化使得酝酿中的汇改一再被延后。具体而言:一是 2000 年美国互联网泡沫破灭导致全球股市动荡;二是2001 年"9·11"恐怖袭击爆发,美联储大幅降息导致美元走势在 2002 年逆转;三是人民币汇率低估问题被国际化,2002 年,时任日本财务省主管国际事务的副财长黑田东彦发文,声称中国通过低估人民币向全球输出通货紧缩;四是伊拉克战争在 2003 年爆发,加剧了全球地缘政治的紧张局势。

良好的国内经济为汇改提供了较好的外部环境。该时期内,中国经济进入高速增长阶段。2000—2004 年,中国 GDP 增速从 8.5% 上升至 10.1%,经常账户顺差从 204 亿美元增长至 689 亿美元,实际使用外商直接投资额从 407 亿美元增长至 606 亿美元,外汇储备从1 656 亿美元增长至 6 099 亿美元。国内经济的高速发展为汇改做好了铺垫。

在此背景下,中央明确了该阶段的汇改目标。2003 年召开的十六届三中全会为下一阶段的人民币汇率制度改革定下总基调,人民币汇改总体目标为"完善人民币汇率形成机制,保持人民币汇率在合理、均衡水平上的基本稳定"。同时,会议对汇改和其他金融改革的顺序形成大致共识,认为在汇改之前应该先行完成银行部门改革、放宽外汇管制以及发展外汇市场等前期工作。

中国政府前期做了大量准备工作为汇改的启动做好铺垫。在 2005 年"7·21"汇改之前,中国政府做了如下准备:一是稳步扩大资本市场对外开放,取消部分对资本账户交易不必要的管制;二是完成商业银行改革重组,剥离不良资产,提高资本充足率,使商业银行进入良性发展阶段;三是放宽个人和企业经常项目下的交易限制。

2005 年国内外宏观环境良好,终于迎来汇改的时间窗口。2005 年上半年,世界经济运行平稳,国内经济较快增长,通货膨胀相对较低,前期准备工作取得显著进展,汇改的时间窗口开启。就政策缓冲空间而言,中国资本账户开放程度较低,外汇储备规模充足,国内货币错配程度也较低。

2. 汇改内容

该阶段,主导性汇率制度改革包含如下三方面内容。

第一,2005 年实施"7·21"汇改,中国央行果断进行重大调整。汇改内容包括四个方面。一是一次性调整汇率水平。2005 年 7 月 21 日,人民币兑美元一次性升值 2%,从 8.28上升至 8.11。二是改革汇率调控方式。实行以市场供求为基础、参考一篮子货币进行调节、有管理的浮动汇率制度。三是改革中间价定价机制。人民币汇率中间价由"参考上一日银行间市场加权价确定"改为"参考上一日收盘价确定"。四是每日银行间外汇市场美元兑人民币的交易价仍在人民银行公布的美元交易中间价上下千分之三的幅度内浮动。

第二，"7·21"汇改的后续改革主要围绕汇率波幅扩大展开。在"7·21"汇改之后的十年间，中国央行围绕着扩大人民币汇率每日波动幅度进行边际改革，2007 年 5 月将日浮动幅度由 0.3% 扩大至 0.5%，2012 年 4 月扩大至 1%，2014 年 3 月进一步扩大至 2%。

第三，全球金融危机期间采取暂时性钉住美元的措施。2008 年全球金融危机爆发后，为应对全球金融危机与世界经济衰退的冲击，人民币汇率采取暂时性重新钉住美元的措施。人民币汇率暂时性钉住美元持续了 18 个月。

这一阶段的配套性汇率制度改革包含如下两方面内容。

第一，外汇市场建设日渐完善。具体而言：一是在银行间市场丰富交易主体，增加交易品种，引入新的交易方式和制度安排，包括在即期外汇市场引入"两非机构"，开办外汇远期和掉期交易，引入询价交易模式和做市商制度。二是扩大结售汇市场办理主体和业务范围，实施结售汇综合头寸管理。三是进一步放宽汇价和头寸管理，增强银行自主性。四是着手构建人民币离岸金融市场，覆盖中国香港、英国伦敦等地，其中中国香港占主要地位。截至 2021 年 6 月，中国香港人民币国际支付交易全球占比高达 77%。

第二，资本账户逐步开放。在机构用汇方面，中国央行不断扩大 QFII 和合格境内机构投资者（QDII）的规模和投资范围。2006 年，推出 QDII 制度。2013 年至 2015 年上半年，中国资本账户开放进程明显加快。在个人用汇方面，为便利市场主体持有和使用外汇，中国央行陆续出台个人结售汇优惠政策。2007 年，个人年度购汇总额从 2 万美元提高至 5 万美元。

3. 汇改效果与评价

综合来看，这一阶段的汇改目标基本实现，取得阶段性成功。具体而言，第一，汇改目标基本实现。该阶段"完善人民币汇率形成机制，保持人民币汇率在合理、均衡水平上的基本稳定"的汇改目标基本实现。第二，汇率形成机制透明度有所提高。这体现在两方面：一是外汇干预程度下降，人民币汇率弹性化取得显著进展，国内货币政策自主性有所增强；二是汇率形成机制透明度提高，获得国际认可。该时期，人民币汇率稳步升值为人民币国际化提供较好环境。2015 年，人民币被 IMF 纳入特别提款权（SDR）的货币篮，这反映国际社会对人民币作为一种国际化货币的广泛认可。第三，名义汇率调整灵活性有所增强。事实上，在 2005 年"7·21"汇改后，中国实行了以"汇率篮子、波动范围和爬行速度"为核心的 BBC 制度。这种制度可以兼顾汇率调整的灵活性与稳定性，因此受到很多新兴市场经济体的青睐。第四，汇改有利于优化资源配置，经常账户失衡状况显著改善。2005 年汇改的目标之一是通过汇率调整实现商品和服务贸易的大体平衡。2009 年以来，中国经常账户顺差占 GDP 比重呈现下降趋势。按照美国的标准来衡量，中国经常账户失衡已不复存在。

在应对人民币升贬值预期时，中国央行没有一次性调整到位，导致人民币兑美元汇率变动不能顺应市场供求的变动进行调整。这是该阶段汇改的不足之处。一方面，中国央行在面对升值压力时，没有让人民币汇率一次升值到位。2005—2013 年，人民币兑美元汇率存在持续升值压力，中国央行采用外汇市场上购买美元、通过冲销行为对冲购买美元导致的国内流动性过剩等方式来进行应对，造成持续的经常账户顺差与外汇储备飙升，进而产生一系列福利问题与潜在风险。另一方面，中国央行在面临贬值压力时，也没有让人民币汇率一次性贬值到位。在 2014 年至 2015 年"8·11"汇改前后，人民币兑美元汇率存在持续的贬值压力,中国央行采用在外汇市场上出售美元的方式进行应对,而非采取让人民币兑美元汇率一次性贬值到位的措施,这就造成外汇储备规模的下降以及市场贬值预期的加强。

中国央行此阶段汇改存在如下两方面问题需要解决。其一,在这 10 年间,中国央行主要通过外汇市场上的公开市场操作来维持汇率稳定,由此积累了大量的外汇储备。过多的外汇储备除意味着投资收益偏低与国民福利损失外,还会带来外汇占款的增加与央行冲销压力,并增加市场的扭曲。其二,在 2014—2015 年“8·11”汇改之前,市场上积累了较大的人民币兑美元汇率贬值压力,这给“8·11”汇改带来较大挑战。这种贬值压力的积累,本身就说明人民币汇率不能充分反映市场供求的变化,人民币汇率形成机制的市场化改革仍需要进一步推进。

总结而言,2005 年“7·21”汇改仅仅取得了阶段性成功,表现为汇改目标基本实现,汇率形成机制透明度有所提高,名义汇率调整灵活性有所增强,经常账户失衡状况显著改善。由于中国央行没有一次性调整到位,导致人民币兑美元汇率变动不能顺应市场供求的变动进行调整。因该阶段汇改不够彻底,也增加了下一阶段汇改的难度和挑战。

(三)2015 年下半年至今:人民币汇率中间价改革的调整与重要尝试阶段

2015 年下半年至今,人民币汇率迎来第三个重要改革阶段,标志性事件是 2015 年“8·11”汇改。此次汇改是中国央行进一步推动汇率形成机制市场化,实现汇率制度由“类爬行安排”向浮动汇率制过渡的重要尝试。“完善人民币汇率市场化形成机制,强调市场在资源配置中发挥决定性作用”是该阶段汇改的主要目标。

1. 汇改背景

国内外宏观环境出现较大变化。一方面,自 2014 年第二季度起,中国非储备性质金融账户开始出现持续的逆差;另一方面,2008 年全球金融危机与 2010—2012 年欧洲主权债务危机结束后,随着美联储宣布退出量化宽松政策,美元指数从 2014 年 9 月起开始升值。当时,人民币汇率大致钉住美元,美元的走强使得人民币跟随美元兑其他货币呈现显著升值态势。从 2014 年第一季度起,人民币兑美元汇率由低估状态转为高估状态。

在政策方面,中国政府更加强调发挥市场在资源配置中的主导作用。2013 年,党的十八届三中全会明确要求完善人民币汇率市场化形成机制,强调市场在资源配置中发挥决定性作用。

为了适应新形势需要,新一轮汇率制度改革呼之欲出。一方面,为适应宏观环境变化与推动人民币国际化的需要,特别是推动人民币加入 SDR 货币篮的需要,中国央行需要推进新一轮汇率制度改革。另一方面,当时较强的人民币汇率贬值预期导致汇率中间价与市场汇率之间出现较大幅度的偏离,不仅影响中间价的基准地位和权威性,也使得市场汇率动辄“跌停”,制约人民币汇率弹性的改善。

在此背景下,2015 年中国央行实施“8·11”汇改,开启以调整中间价定价机制为重点的第三阶段汇改。

2. 汇改内容

这一阶段的主导性汇率制度改革是调整人民币汇率中间价定价机制,标志性事件是2015 年“8·11”汇改。自“8·11”汇改以来,人民币汇率定价机制经历了从单因子到双因子、再到三因子的发展历程。

第一,单因子定价机制。

2015 年 8 月 11 日,中国央行强调中间价报价要参考前一日收盘价,实施“中间价=收盘价"的单因子定价机制,组织中间价报价行改进人民币兑美元汇率的中间价形成机制。"8·11"汇改后,人民币兑美元汇率的贬值预期明显增强,一度形成了人民币贬值预期与短期资本外流相互交织、相互强化的不利局面。

第二,双因子定价机制。

2015 年 12 月 11 日,中国外汇交易中心发布人民币对一篮子货币的汇率指数,即 CFETS 货币篮汇率指数。自 2016 年初,中国央行开始实施"中间价＝收盘价+一篮子货币汇率变化"的双因子定价机制。双因子定价机制意味着人民币兑美元汇率的中间价制定要同时参考前一日收盘价,以及相对于一篮子货币的汇率变化。

第三,三因子定价机制。

在引入双因子定价机制后,人民币汇率贬值预期有所缓解,但尚未根除。2017 年 5 月,中国央行宣布实施"中间价＝收盘价+一篮子货币汇率变化+逆周期因子"的三因子定价机制,以遏制市场单边贬值预期。在逆周期因子引入之后,人民币兑美元汇率的单边贬值预期显著削弱并最终消失,人民币兑美元汇率进入双向波动时期。

这一阶段,汇改的配套性改革措施主要围绕如何遏制市场单边贬值预期而展开,具体包括如下三方面。一是中国央行通过在外汇市场上出售美元、买入人民币来稳定人民币兑美元汇率。大规模反向公开市场操作的结果是,2014 年 6 月至 2016 年底,中国外汇储备规模迅速缩水。二是为缓解外汇市场上美元供不应求的压力,中国央行从 2016 年起开始加强对外币计价的短期资本外流的控制。从 2016 年下半年起,短期资本外流的管控对象从外币计价扩展至所有货币计价。在 2015 年"8·11"汇改之后,中国逐渐形成跨境资本"宽进严出"的局面,并延续至今。三是逐渐推动金融市场的双向开放。在金融市场互联互通方面,先后推出"沪港通"(2014 年)、内地与香港基金互认(2015 年)、"深港通"(2016 年)和"债券通"(2017 年)等跨境证券投资新机制。在个人投资渠道方面,2021 年开始实施"跨境理财通"以扩宽居民部门的跨境投资渠道。

3. 汇改效果与评价

综合来看,该阶段的汇率制度改革方向是正确的,但汇改时机的选择值得商榷。从汇改效果来看,该阶段的汇改并不彻底,没有彻底打消人民币贬值预期。

第一,本次汇改难言获得全功。从汇改效果来看,"8·11"汇改后,人民币汇率的市场化程度更高,中国央行也逐渐退出常态化外汇市场干预,但本次汇改并不彻底。

第二,名义汇率调整灵活性有所增强。2015 年"8·11"汇改是人民币汇率形成机制市场化改革的一次关键性突破。"8·11"汇改后,人民币汇率的弹性更强。波动性增加的汇率能够更好地发挥国际收支调节与缓冲外部负面冲击的作用,并有助于进一步增强国内货币政策的独立性。尤其是最近五年来,人民币汇率弹性显著增强,双向波动态势更加明显,这与中国央行基本上退出常态化干预密切相关。这一点毫无疑问是值得高度肯定的。

第三,改革时机的选择影响汇改在资源优化配置中作用的发挥。由于国内外经济形势均不好,2015 年是历次汇改中难度最大的一年。因此,"8·11"汇改在时机选择上,仍是值得商榷的。一是在"8·11"汇改后,中国外汇储备一度缩水了 1 万亿美元,这意味着国民财富的重大损失。二是在"8·11"汇改之后,持续的人民币兑美元贬值预期使得人民币国际化进程速度显著放缓,各类货币国际化指标均明显下降。三是资本账户管制尤其是对资本外流的管制在"8·11"汇改之后显著加强,并呈现出鲜明的"宽进严出"的不对称特点。

第四,就汇率形成机制透明度而言,不断调整的人民币汇率中间价定价机制事实上增强了汇率形成机制的不透明程度。学者们对三因子定价模型的评价不一。有学者指出,逆周期因子降低了人民币汇率的波动性。逆周期因子的引入创造性地解决了汇率制度"中间解",即有管理的浮动汇率制度带来的政策公信力问题。但另一派学者则指出,相比于人民币定价的单因子模型,更多因子的加入事实上使人民币汇率形成的透明度与可预测性显著下降,事实上也重新增强了中国央行对汇率中间价的影响力。逆周期因子作为稳定汇率波动的政策工具,在短期内适当使用较为适宜。

第五,该阶段的汇改没有彻底打消人民币贬值预期。由于汇改并不彻底,该阶段汇改给外汇市场变化带来了不利的影响。人民币贬值预期的强化迫使中国央行不得不通过动用外汇储备干预外汇市场、收紧资本外流管制、干预香港离岸市场等手段来稳定人民币汇率,造成2015年"8·11"汇改事实上面临"进三退二"的尴尬局面。不过,最近几年,人民币兑美元汇率的双向波动特征进一步增强,中国外汇储备存量几乎没有明显变动,说明中国央行对人民币外汇市场的干预已经显著下降,人民币兑美元汇率越来越具备自由浮动的特征。但这种自由浮动依然是中国央行严密监控条件下的自由浮动,与真正的自由浮动汇率制度依然相差甚远。

总结而言,该阶段的汇率制度改革方向是正确的,名义汇率调整灵活性有所增强,但汇改时机选择值得商榷,也没有彻底打消人民币贬值预期,影响汇改在资源优化配置中作用的发挥。

二、人民币汇率制度改革的前景和展望

关于人民币汇率制度改革的前景和展望,需审慎考虑三个问题:什么是人民币汇率制度改革的终极目标? 当前国内外宏观环境是否有利于汇改终极目标的实现? 若是终极目标暂时无法实现,过渡期汇率制度的选择及其保障措施是什么?

(一)自由浮动是人民币汇率制度改革的终极目标

人民币汇率形成机制下一步演进方向如何? 有学者认为自由浮动汇率制度并非大多数国家的选择,基于现实的次优汇率制度选择应是对汇率进行不同程度的管理。最优汇率制度选择并不必然遵循由固定到中间再到浮动的唯一路径,一国政策制定者应根据自身宏观经济情况和国情选择最适宜的汇率制度。另一派学者则认为,对中国这样的大型开放经济体而言,为了实现对外开放,同时还能维持独立货币政策、降低外部冲击的负面影响,人民币从有管理浮动走向清洁浮动是大势所趋。

本文认为,人民币汇率制度改革的终极目标是实现人民币汇率的自由浮动。首先,未来中国必将实施资本账户的进一步开放政策,中国这样的大国也必须保证货币政策的独立性,根据"三元悖论",这就意味着中国央行必将实施更具弹性的汇率制度。其次,自由浮动的人民币汇率可以消除持续的汇率高估或汇率低估,并降低由汇率高估或低估造成的资源错配。再次,中国央行当前实施的三因子汇率中间价定价模型非常独特。从本质上来看,参考收盘价是参考市场供求(Free Floating),维持对篮子货币汇率稳定是钉住一篮子(Basket Pegging),逆周期因子则保持了中国央行干预汇率的能力。这是三种汇率机制的综合,短期内稳定汇率的能力较强,但也带来了更多的不透明与不确定性,因此注定是一种过渡时期的汇率安排。最后,从国际实践来看,目前全球排名前10位的经济体有9位都选择了自由浮动汇率制度,这意味着中国未来也将走向人民币汇率的自由浮动。

(二)复杂的国内外宏观环境阻碍短期内汇改终极目标的实现

目前人民币汇改进度并没有具体的时间表。缪延亮提出了人民币汇改的三条路线:若宏观条件恶劣、对货币政策独立性偏好强,汇改时短暂加强资本账户管制,待情况改善后再协同推进;若宏观条件较好、对货币政策独立性偏好一般,汇改时同步推进资本账户开放;若宏观条件和对货币政策独立性偏好位于前两者之间,汇改时维持资本账户管制程度不变,待情况改善后再协同推进。

作为大型开放经济体,中国不可能放弃货币政策的独立性。因此,未来的人民币汇率制度改革将会根据宏观环境变化,在资本账户管制和汇率市场化之间进行权衡。如果外部宏观环境较好,则同时放松资本账户管制和推进汇率市场化。如果外部宏观环境变差,则加强资本账户管制并暂缓汇率市场化进程。

就当前国内外宏观环境来看,短期内人民币汇率制度走向自由浮动的前景不太乐观。从国际环境来看,受新冠疫情冲击和俄乌冲突爆发的影响,全球经济逐渐由低增长、低通胀、低利率与高债务的"长期性停滞"格局切换到低增长、高通胀的滞涨格局。当前疫情演进、中美博弈、气候变化与俄乌冲突都给全球经济政治发展带来了较大不确定性。2022年,为了应对持续走高的通货膨胀,美联储开启了自20世纪90年代上半期以来最激进的加息进程。2022年3月、5月、6月、7月、9月,美联储分别加息25个、50个、75个、75个、75个基点。历史经验表明,伴随着美联储加息周期,从20世纪70年代起美元指数曾出现三轮强势周期,而2015年"811汇改"面临的是"二十年一遇的强美元"。未来一段时间,美联储货币政策调整将对中国国际收支产生负面冲击,人民币贬值压力较大。为了应对外部环境变化对中国宏观经济政策制定和执行的负面影响,需要人民币汇率保持足够弹性,对跨境资本流动保持必要的监管。

从国内环境来看,中国经济正处于经济结构转型、经济增速探底、系统性金融风险尚未得到根本性控制的局面。从理论上而言,人民币汇率制度走向自由浮动,能够让汇率波动成为抵御各种内外冲击的缓冲垫。但从现实来看,中国央行也对人民币贬值预期与短期资本外流相互强化甚至可能引爆国内系统性金融风险心存警惕。事实上,从2014年至今,中国在大多数时期面临非储备性质金融账户逆差以及误差与遗漏项净流出的局面。目前,中国国内的房地产领域、地方政府债务领域与中小商业银行领域存在着显著的系统性金融风险。一旦发生持续大规模短期资本外流,中国政府在消耗掉大部分外汇储备后,就可能不得不通过提高国内利率的方式来稳定汇率,而国内利率显著上升可能引爆房地产与地方债领域的相关风险。为防止上述系统性风险爆发,中国政府在短期甚至中期内都必须强化对跨境资本流动的管理。

为了避免系统性金融风险的爆发,除了保持必要的资本流动管制外,中国央行依然会在一定程度上保持对人民币汇率决定的影响力。基于对中国央行决策制定过程的长期观察,笔者对短期内人民币汇率走向自由浮动的前景不太乐观。

(三)过渡期人民币汇率制度的选择

在过渡期内,如何实现汇率既能波动又能大致稳定是汇率制度改革的关键考量。有学者指出,中国央行应继续完善"宏观审慎管理和微观市场监管"两位一体的管理体系,进一步退出外汇市场常态化干预,仅在少数市场异常波动状态下出手,平稳实现清洁浮动。余永定指出,不应过分强调汇率预期的作用,在特定条件下通过稳定汇率来稳定汇率预期的政策可能有效,但需付出较大代价。此外,还需加快推动外汇市场建设,在外汇市场引入更多市场交易主体,使得人民币汇率波动能够更好地反映市场供求和预期。

在过渡期内,人民币汇率制度改革可以考虑如下思路和措施。一方面,就汇率制度选择思路而言,结合历次汇改经验,基于对人民币汇改的最终目标是自由浮动,但短期内各类不确定性因素制约了最终目标实现这一事实的认识,在过渡期内,应遵循渐进式汇改策略,充分考虑市场贬值预期,避免人民币汇率在短期内大起大落。另一方面,就汇率制度改革的措施而言,在主导性汇率制度改革方面,构建人民币篮子汇率的年度目标区是兼顾人民币汇率弹性与稳定性的有效方法;在配套性汇率制度改革方面,在汇率制度改革与国内结构性改革相配合的基础之上,保留适当的资本账户管制较为适宜。

1. 主导性汇率制度改革

在主导性汇率制度改革方面,构建人民币篮子汇率的年度宽幅目标区可以更好地兼顾人民币汇率的弹性与稳定性。

第一,人民币篮子汇率的年度宽幅目标区制的内涵。在当前汇率制度到自由浮动汇率制度的过渡期内,建议构建关于人民币篮子汇率的年度宽幅目标区制。例如,设定人民币对CFETS货币篮子汇率指数每年±10%的目标区。只要人民币篮子汇率的升贬值幅度处于一年10%以内,中国央行不进行任何干预,让汇率完全由市场供求来决定。只有等一年内人民币篮子汇率波动超过正负10%,中国央行才选择进行干预。

第二,人民币篮子汇率的年度宽幅目标区制的优势。区别于现行汇率制度,在过渡期构建人民币篮子汇率的年度目标区,具有以下三方面好处。其一,有利于增强人民币汇率定价机制的灵活性与透明度。上述机制要比现有人民币汇率定价机制更具弹性。事实上,在年度宽幅目标区上下限内,汇率水平完全由市场供求决定,中国央行应坚持不干预外汇市场。此外,年度宽幅目标区制也要比当前的"中间价+篮子汇率+逆周期因子"的定价机制更加透明。其二,年度宽幅目标区制有助于防止短期内汇率大起大落,从而能够更好地稳定市场预期。虽然在现行人民币汇率定价机制中已遵循类似的隐含规则,但这仅为市场猜测。中国央行公开采用年度目标区可以更好地引导市场预期,避免外汇市场羊群行为的出现。其三,年度宽幅目标区制的建立有助于人民币汇率走出更加独立的行情,有助于提高人民币作为区域锚货币选择的能力。未来,人民币要成为区域甚至全球的锚货币,关键在于人民币汇率走势要与美元汇率走势存在差异。如果人民币汇率始终钉住美元,其他国家选取人民币作为锚货币的意义不大。因此,要扩大人民币作为锚货币的占比,关键是人民币汇率要走出独立于美元的行情。

第三,中国央行构建人民币篮子汇率的年度宽幅目标区,有助于抓住俄乌冲突爆发给人民币国际化带来的新机遇。目前,俄罗斯、伊朗等大宗商品出口国对美元资产的安全性产生了疑虑,这为中国推动大宗商品进口的人民币计价与结算提供了良好的机遇;同时,人民币资产对海外投资者的吸引力在上升,人民币国债与金融债在一定程度上开始具备国际安全资产的特征。为了抓住新机遇,采取年度宽幅目标区的人民币汇率定价机制,不仅可以增加汇率制度的灵活性,让人民币汇率变动更多地由市场供求决定,还可以让汇率变动更好地反映市场预期,增加市场持有和使用人民币的信心。

第四,人民币篮子汇率的年度宽幅目标区制的应用。从现实情况来看,为了应对俄乌冲突后卢布大幅震荡的情况,中国外汇交易中心宣布,自2022年3月11日起,人民币兑俄罗斯卢布的即期交易价浮动幅度从5%扩大至10%。中国外汇交易中心在特殊时期的举措也印证了构建关于人民币篮子汇率的年度宽幅目标区制的可行性。

2. 配套性汇率制度改革

在建立人民币篮子汇率年度宽幅目标区制的过程中,汇改的保障措施不可或缺。本文认为,保留适当的资本账户管制是重点,具体可从如下六方面入手。其一,适当放开对 ODI 与 QDII 的管制,改善当前资本账户管制的"宽进严出"格局。其二,将资本账户管理与宏观审慎监管协调配合。宏观审慎监管有助于缓释系统性金融风险,提高金融体系安全调节跨境资本流动的能力。其三,加快人民币利率形成机制改革。人民币利率形成机制市场化改革有助于利率根据市场供求变化进行灵活调整,避免形成持续的套利机会与引发资本持续单向流动。其四,跨境借贷是波动性最高的跨境资本流动类型,中国央行需对跨境银行借贷保持适当管制。其五,引入托宾税。采用价格型资本账户管制措施有助于增强资本账户管制的透明性与可预测性,提高资源配置效率。中国政府可以通过逆周期征税的方式来调节短期资本的异常流动,并实施与资本流动规模挂钩的可变税率。例如,通过对资本外流实施非线性(累进)税收方案,可以降低以汇率大幅贬值、资本外逃和福利损失为特征的危机爆发的可能性。其六,调整外汇管理的实需原则,增加外汇管理灵活性。严格执行实需原则将会限制企业和个人的用汇需求,使得人民币汇率波动难以真正实现市场出清。本文建议实行更为灵活的外汇管理方式,满足企业和个人的其他用汇需求,让人民币汇率波动更加真实地反映全方位的市场供求。

(资料来源:张明,陈胤默.人民币汇率制度改革的结构性演进:历史回顾、经验总结与前景展望[J].财贸经济,2022,43(12):15-31.)

思考:

1. 人民币汇率制度改革应从哪方面着手?
2. 为什么要进行人民币汇率制度改革?
3. 你对目前人民币汇率制度改革持什么意见?
4. 你对人民币汇率制度改革的前景和展望有什么看法?

第六章

国际金融市场

【学习目标】

1. 了解国际金融市场的概念和分类;

2. 掌握国际信贷市场和国际证券市场的含义;

3. 明确欧洲货币市场的含义和特点;

4. 掌握国际金融风险管理的内容。

【知识能力】

1. 能说明国际金融市场的形成发展历程;

2. 能区分国际信贷业务;

3. 会区分外国债券和欧洲债券;

4. 能运用国际金融风险管理内容分析国际金融风险案例。

【工作任务】

1. 讨论国际证券市场的发展趋势;

2. 列举主要的国际证券交易所;

3. 列举主要的外国债券和欧洲债券;

4. 举例说明国际金融风险管理的措施。

【思维导图】

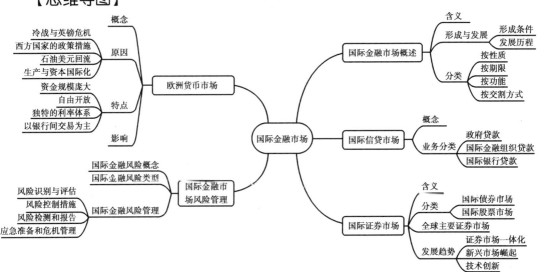

案例导入

建行上海市分行国际银团融资新模式助企"走出去"

随着全球经济复苏的脚步逐渐加快,今年,作为全球最大植保公司的先正达集团的境外实体接到了近 3 年来最多的绿色农资品销售订单,随之而来的是同期最大的流动资金需求。为了让先正达集团"多、快、好、省"地获得融资,建行上海市分行依托自贸账户体系,落地"FTN 国际银团融资"模式,引入全国信贷资源,吸引了除上海本地以外的共 5 家银行参与银团,募集资金合计 60 亿元人民币。这一创新融资安排模式不仅有助于降低企业融资成本,优化财务结构,并且充分发挥出自贸区政策红利辐射全国的优势,为境内银行服务境外客户大额融资提供了可复制可推广的方案。

作为银团融资主牵头行和独家代理行,建行上海浦东分行为企业提供一揽子跨境金融服务方案,用实际行动支持绿色行业、参与绿色经济。境外企业通过在境内银行开立非居民自由贸易账户(FTN 账户),享受跨境资金汇划的高度便利性;同时,通过人民币跨境"走出去",伴随企业"走出去"全球化经营,助力形成人民币全球循环。

据介绍,该笔资金主要运用于先正达集团绿色植保产品的生产及销售,最终应用于农业领域,帮助农户实现化肥农药减量增效。

(资料来源:周轩千.建行上海市分行国际银团融资新模式助企"走出去"[N].中国金融新闻网,2023-05-23.)

第一节 国际金融市场概述

一、国际金融市场的含义

国际金融市场是指全球范围内进行货币、资金和金融资产交易的市场。它是各国之间进行跨境资金流动和金融活动的场所,涉及多种不同的金融工具和交易方式。广义的国际金融市场包括外汇市场、股票市场、债券市场、期货市场、衍生品市场以及其他各种金融资产和金融产品的交易市场。狭义的国际金融市场指国际资金市场,包括短期资金市场(货币市场)和长期资金市场(资本市场)。

二、国际金融市场的形成与发展

(一)国际金融市场的形成条件

1. 稳定的国内政治环境

稳定的国内政治环境是国际金融市场形成的基础条件。如果一个国家或地区政局动荡,经常发生政变,就无法保证国内经济和金融的稳定,更谈不上建立一个国际金融市场。

2. 自由开放的经济体制

一个稳定和开放的经济环境对国际金融市场的形成至关重要。稳定的宏观经济环境、可预测的货币政策和法律框架都有助于吸引外国投资者和资金。国际金融市场需要有较为自由的资本流动,即没有过多的限制和管制,使得资金能够跨越国界自由地流动。这种自由资本流动促进了全球范围内的投资和融资活动。

3. 完善的法律制度

国际金融市场需要有稳定、可靠的法律体系和强大的合约保护机制,以确保交易的合法性和执行力。这样可以增加参与者的信心,促进投资和交易的进行;需要有透明度和充分的信息披露机制,确保参与者能够获得准确、全面和及时的市场信息,这有助于提高市场的效率和公正性,降低信息不对称带来的风险。

4. 金融创新、技术进步及基础设施

完善的基础设施是国际金融市场形成的重要条件之一。这包括健全的金融监管机构、交易所、结算系统、支付系统等。金融创新和技术进步为国际金融市场的形成提供了重要的动力。新兴的金融产品、交易方式和科技应用有助于提高市场的效率和流动性。

5. 国际合作与监管机制

国际金融市场需要有国际合作和监管机制,以协调各国之间的政策、规则和标准,应对跨境金融风险和挑战。

(二)国际金融市场的发展

国际金融市场从形成到发展,大致经历了以下三个阶段。

1. 伦敦国际金融市场的形成与衰落

伦敦国际金融市场的形成可以追溯到 17 世纪。在那个时期,伦敦作为英国的中心城市,逐渐发展成为重要的金融中心。英国的海上贸易和殖民地带来了大量的资本和商业活动。伦敦的金融机构和市场开始提供跨境交易、信贷和保险等服务。此后,伦敦的金融市场不断扩大,并与全球其他金融中心竞争。19 世纪后半叶到 20 世纪初是伦敦国际金融市场的鼎盛时期。伦敦市场吸引了大量的投资者和金融机构,成为全球最大的金融中心之一。此时,伦敦证券交易所成立,外汇市场持续发展,银行业和保险业也繁荣起来。布雷顿森林体系的建立使得伦敦成为重要的外汇交易中心,英镑在国际贸易和投资中扮演重要角色。第二次世界大战后,英国逐渐衰落,这导致了英国在全球事务中的地位下降。殖民地独立削弱了英国在国际贸易和金融领域的优势,并减少了对英镑的需求。与此同时,布雷顿森林体系以美元为中心,在美国经济崛起的背景下,美元逐渐成为国际储备货币和全球贸易的主要结算货币。这使得伦敦的金融市场在某种程度上失去了对国际支付和储备的主导地位。

2. 纽约国际金融市场的兴起

19 世纪末期,美国经济开始迅速崛起,成为全球最大的工业国家之一。这引起了全世界对美国金融市场的关注和投资需求。在纽约市曼哈顿的华尔街一带,许多银行、券商和金融机构相继设立。这些机构提供了股票交易、债券发行和贷款等金融服务,形成了纽约的金融中心。20 世纪初,随着美国经济的增长和美元在国际贸易中的使用增加,美元逐渐成为全球储备货币。这促使纽约市的外汇市场得到进一步发展,吸引了全球投资者和参与者。与此同时,纽约的金融市场在 20 世纪不断创新,推出了许多重要的金融工具和产品。其中包括股票指数、期货合约、衍生品交易等。这些创新推动了市场的发展和国际化。全球最大股票交易所之一的纽约证券交易所(NYSE)声望和地位在 20 世纪持续增长,吸引了许多公司的上市和投资者的参与,进一步加强了纽约作为国际金融中心的地位。不仅如此,在全球金融震荡期间,纽约金融市场扮演了重要角色。例如,1929 年的经济大萧条和 2008 年的金融危机都对市场产生了深远影响。然而,这些挑战也为纽约提供了机会,通过应对危机和改革监管,进一步巩固了其国际金融中心的地位。

3. 离岸金融市场的形成与发展

第一次世界大战结束后,一些国家开始出台严格的资本管制措施,以保护本国经济和货币稳定。这导致了一些资金转向海外地区。离岸金融市场的发展起源于 20 世纪 60 年代。当时,英国的开曼群岛、百慕大等地成为最早的离岸金融中心之一。这些地区通过引入税收优惠政策和灵活的法律环境,吸引了国际资本流入。在 20 世纪 70 年代和 80 年代,离岸金融市场得到进一步发展。瑞士苏黎世、新加坡、中国香港、爱尔兰、卢森堡等地相继成为离岸金融中心。这些地区提供了更多的金融服务,并成为全球投资者和企业的选择。20 世纪 90 年代是离岸金融市场发展的关键时期。在这一时期,离岸金融市场不仅提供了传统的银行业务和证券交易,还涉及了衍生品、外汇交易、离岸基金、保险等更多领域。2000 年至今,随着全球化和数字化的发展,离岸金融市场进一步扩大和深化。新兴市场国家如中国、印度和巴西也开始涌现出离岸金融中心,吸引了更多国际资本。此外,加密货币和区块链技术的崛起,也为离岸金融市场带来了新的机遇和挑战。

三、国际金融市场的分类

国际金融市场可以按照不同的分类方法来划分。

(一)按性质不同分类

传统国际金融市场也称国际金融中心,是指从事市场所在国货币的国际信贷和国际债券业务的金融市场。这些市场主要在市场所在国的居民与非居民之间进行交易,并受到市场所在国政府的金融法律法规的监管。

离岸金融市场则是指涉及所有可自由兑换的货币的金融交易市场。在离岸金融市场中,大部分交易发生在市场所在国的非居民之间,并且业务活动不受任何国家金融体系规章制度的约束或限制。离岸金融市场提供了更灵活的法律和监管环境,吸引投资者和企业进行跨境交易和投资活动。

(二)按期限长短分类

国际货币市场。指资金借贷期在 1 年以内(含 1 年)的交易市场,或称短期资金市场。

国际资本市场。指资金借贷期在 1 年以上的中长期信贷或证券发行,或称长期资金市场。

(三)按功能分类

外汇市场。进行外币兑换和外汇交易的金融市场。在外汇市场中,各国货币以一定的汇率进行交易,供求关系决定了汇率的波动和变动。外汇市场的主要参与者包括商业银行、投资公司、跨国企业、中央银行以及个人投资者等。外汇交易的方式包括现货交易、远期交易、期货交易和期权交易等。交易的货币包括主要货币如美元、欧元、日元、英镑以及较小货币。

证券市场。进行证券买卖和资金融通的金融市场。在证券市场中,各种证券产品如股票、债券、基金等以一定的价格进行买卖交易。证券市场分为股票市场和债券市场两大类别。股票市场是指股票的买卖交易,它提供了企业融资和投资者参与企业所有权的渠道。债券市场是指债券的发行和买卖交易,债券是企业或政府机构为筹集资金而发行的借款工具。

黄金市场。进行黄金买卖和交易的金融市场。黄金作为一种珍贵的贵金属,具有广泛的用途和投资价值,因此在全球范围内形成了独立而活跃的市场。黄金市场分为现货市场和期货市场两种交易方式。现货市场是指即时交割的黄金买卖,交易双方在交易时以实际黄金进行结算。期货市场是指通过合约进行未来交割的黄金交易,投资者可以在交易所上进行期货合约的买卖。

国际资金市场。是狭义上的国际金融市场,即国际资金借贷市场,按照借贷期限长短由可划分为短期信贷市场和长期信贷市场。

(四)按交割方式分类

现货市场是指进行现货交易活动的总和和相关场所。现货交易涉及实物商品的买卖,一方购买商品,另一方则出售该商品,并且交割和付款是即时完成的。

期货市场。它主要涉及期货合约的交易。期货合约是一种标准化的合约,规定了在未来某个时间按照预先确定的价格交割特定商品或资产。期货市场中常见的交易类型包括外汇期货、利率期货、股指期货和贵金属期货等。

期权市场是投资者进行期权交易的场所。期权是一种购买或出售标的资产(如股票、商品等)的权利,投资者可以根据市场预测和风险管理的需要进行期权合约的买卖。期权市场为投资者提供了灵活的投资策略,如保护性买入期权、套利交易等。

阅读材料

中国香港国际金融中心的现状与前景

据新华网报道:"香港于 2020 年第一季度的地区生产总值(GDP)同比、环比分别下降了8.9%、5.3%,皆是 1968 年有纪录以来的单季最高跌幅;今年第一季度,中国商品出口和服务出口同比下降 9.9%和 37.8%,私人消费同比下降 10.1%,外商投资同比下降 14.3%。"尽管这两年以来中国经济有了较明显的回升,但当前国家为更好地实施粤港澳大湾区战略,已经明确提出了大力支持深圳建设为中国特色社会主义现代化先行示范区,但与此同时,随着新加坡、上海、深圳等地金融业的崛起,有些人认为香港金融业逐渐被边缘化,也有些人提出了香港逐渐会被内地兴起的一线城市(如上海、深圳)等所取代的学说。文章针对以上几类观点开展讨论。

一、香港金融业的历史与近现代发展

回顾我国香港金融业的历史,其早期主要以银行业和保险业的发展最为迅猛,逐步形成了以经营水险和火险为主的"保险圈"并浮现出一批新兴保险企业,例如谏当保险行、於仁燕梳等,以及形成了汇丰银行和渣打银行为发钞行的"银行圈"。香港黄金市场和货币制度也逐渐跟随外部的发展而变化,即从银本位制逐渐过渡到现如今的联系汇率制度。即使在1928—1970 年期间,发生了美国股市大萧条、抗美援朝以及各类银行的挤提风波,且此时的政府仍处于不太干预的状态,但依旧通过了一些更为科学的限制性手段使得香港金融业得到更为有效的发展。从此之后,香港逐步实现了由转口港到现代工业经济体的过渡,这也就奠定了香港六个支柱产业(玩艺业、纺织品业、成衣业、电子产品业、塑料业、钟表业)的形成,即相对低廉的劳工加上新兴的金融市场,也使得当时的香港经济重新发现了自身的优势所在。但接踵而来的便是1987年10月19日的股灾,俗称"黑色星期一",联交所停市四天,对于全球的金融以及经济体系都是一次剧烈的冲击,香港特别行政区政府为此不得不创立证监会来保证香港金融市场后续较为平稳的发展,而这也是一次"回归前过渡时期的反弹"。与此同时,香港制造业也因股灾影响受到重创,不得不将目光转向服务行业……面对1972年的英镑贬值,具有着极强"蝴蝶效应"的香港汇率政策,也不得不与英镑脱钩,港币面临着严峻的挤提危机。亚洲金融风暴、香港金融保卫战等一系列史无前例的大事纷纷出现,使得香港不得不想出策略来应对这些挑战。

在经历了种种挑战后,各类外资保险等公司纷纷进入香港,甚至将公司总部迁至香港。1983年《保险公司条例》出台,几年后香港成立了独立的保险业监管局,自此之后香港保险业告别自律时代。现如今,香港金融业形成了由汇丰银行控股(HCBC Holdings)、中国银行集团(Bank of China Group)和外资银行为核心,商业银行为主体,其他投资银行业务和金融服务中介(例如投资管理有限公司、保险业、证券交易市场、金银交易市场、外汇交易市场、现货交易市场和全球房地产交易市场)共同经营与运作的局面。相比于几百年前的香港金融业,近现代的香港金融业有着更为成熟的组织架构以及监管手段,面对突发事件有着更为灵活的应对措施。

二、香港与一线城市(以上海、深圳为例)在金融业上的联系与差异

(一)政策上的联系与差异

中国人民银行2017年发布相关消息,积极支持香港经济的发展。在新华社的采访中提到:党的十八大以来,人民银行全方位加快两地金融市场互联互通,提升香港国际金融中心地位。按照党中央、国务院部署,人民银行会同相关部门出台了一系列重要政策,通过"沪港通""深港通"以及"债券通",全方位促进港陆两地股票市场和债券市场的互联互通,并借此机会充分发挥香港联系内地与世界的桥头堡和"超级联系人"作用,不断巩固和提升香港国际金融中心地位。《深化粤港澳合作,推进大湾区建设框架协议》于2017年在香港签署后,五年后的今天粤港澳大湾区的建设也逐渐接近尾声。党中央、国务院均十分重视大湾区的发展,作为中国经济活力最强、开放程度最高的湾区之一,在国家发展蓝图中具有十分重要的战略地位,这不仅是21世纪以来尝试推进形成开放新格局的全新实践,也是推进香港"一国两制"政策实施以及国际全领域发展的新举措,而这也很大程度上促进了"一带一路"倡议的落实与建设。从中国整体领域来看,大湾区对接"一带一路"具有十分明显的优势。在粤港澳大湾区的珠江口东西两岸,国际机场和国际港口密集分布,已成为全球货运和客运吞吐量最大的空港群和港口群。而香港是国际金融中心、航运中心和贸易中心,澳门是世界旅游休闲中心和中国与葡语国家商贸合作服务平台,珠三角地区又是全球重要的制造业基地。无论从硬件还是软件来看,粤港澳大湾区都具备了承担"一带一路"国际运营中心角色的实力。随着中国(上海)自由贸易试验区临港新片区政策的提出、推行与实现,越来越多的人才开始驻扎临港,这对于香港亚洲金融中心的位置又是一种新的挑战。

虽说香港作为一个贸易相对自由的港口城市,但其银行业、证券业的发展以及法律、监管体系都与内地有很大的不同。香港作为全球领先的金融中心,已经实现了资本项目下的完全开放,其投融资汇兑较为自由,作为世界第三、亚洲第一大金融中心城市,不仅有完善的法律制度和监管机构,更沿用了符合国际标准的会计准则;加上网络遍及全球的银行体系,

令资金和资讯全面流动且不受限制,再配以先进完善的交易、结算及交收设施,香港可为国际投资者提供便利的融资和服务。尽管仍在中国的监管之下,但中国政府仍无法进行过多的金融干预,相比之下这个优势也是内陆城市无法比拟的。自从1997年、1999年港澳分别回归祖国,中国就推出"一国两制"政策。相比于内地改革开放时期才开始发展的金融业,经历了百年发展蜕变的香港金融业,有着更为弹性的政策与机制,香港特区政府面临突发事件的应变能力也得到了加强。对于内地金融业的监管,中国政府采取了由集中监管体制到分业监管体制再到综合经营监管制的过渡。相较于内地,香港特区政府早在几年前就提出了"大市场、小政府"的监管理念,在保证金融高度自由开放的前提下,对金融业进行以风险管控为核心的监管,很大程度上促进了香港金融业的健康发展。香港现如今的监管模式为分行业监管,其金融监管机构主要涵盖三种:香港金融管理局(金管局)负责监管银行业,证券及期货事务监察委员会(证监会)负责证券,以及期货业和保险业监理处(保监处)负责保险业。

(二)经济上的联系与差异

香港相较于内地有着较低的利率,随着"十四五"规划的推进以及粤港澳大湾区的建设,港澳与内地之间的联系越来越密切。内地中产阶级逐渐崛起,大家纷纷选择去香港创造新财富,跨境理财成为首选。不少上市公司都选择通过在香港地区推出虚拟银行业务来逐步拓展服务市场,从规划香港地区业务发展出发,由于中国香港作为全球的金融中心和经贸枢纽,并且成为我国"一带一路"和大湾区发展战略中的核心,因此推出网上银行服务,这对于上市公司而言无疑是进一步拓展在香港地区服务市场的关键步骤。另外,由于香港也是一个国际大都会,不少中小企业、上市公司等基于中国全球化发展的战略规划布局考虑,到香港地区办理虚拟银行业务牌照将更有助于它们进一步开拓海外市场,如东南亚地区等。新浪财经的报道显示:截至2020年7月,8家虚拟银行均已全面投入商业运作,据中国香港金管局董事长余伟文披露资料说明,这八个虚拟银行目前已吸引了58万家账户,存款总额近200亿港元。这无疑给香港银行业带来了全新的生命力,也带来了新型的挑战,使得香港金融业和银行业的韧性得到进一步提升。在德勤《2021年中国内地及香港IPO市场回顾与2022年前景展望》报告中的数据显示:在2021年,纳斯达克共发行351只新股,融资7 819亿港元;纽约证券交易所发行了113只新股并融资4 552亿港元,上海证券交易所作为第三甲共发行了248只新股,融资4 408亿港元;香港交易所位列第四,发行97只新股,融资3 314亿港元;深圳证券交易所排名提升跻身前五大,达232只新股,融资2 048亿港元。全球十大新股融资额较2020年同期增长36%,来自中国内地和香港市场的新股在两年内的排行榜上均占主要份额,这些数据对于中国2021年经济的增长都有着举足轻重的作用。

经数据比较,虽然2020年和2021年香港GDP很大程度上受到了全球新冠疫情的影响,与此同时从内地新闻也不难看出内地在控制疫情传播与扩散方面都采取了十分有效的举措,使得上海和深圳两座城市的GDP分别都大幅超过了香港,但评估一个城市的经济能力是否强大不可以单方面只通过比较GDP的高低,也要将人均GDP的大小划入比较的范畴中。反观每个城市的人均GDP,在数字上还是有着天壤之别。香港人均GDP依旧领军上海和深圳,其在2020年和2021年分别实现30万元以上的成就,在中国城市中首屈一指(表6-1)。

表 6-1　香港、上海、深圳 2020 年和 2021 年 GDP 及人均 GDP 比较

城市	年份	GDP	人均 GDP
香港	2020	24 103.74 亿元	32.2 万元
	2021	23 740 亿元	31.76 万元
上海	2020	38 700.58 亿元	15.6 万元
	2021	43 214.85 亿元	17.38 万元
深圳	2020	27 670.24 亿元	15.76 万元
	2021	30 664.85 亿元	17.46 万元

三、中国香港在全球金融市场中的地位

中国香港与新加坡，都承袭了英国普通用法系统，与全球的通用法系统接轨。与此同时，两者都有着世界级的国际机场和年吞吐量逾亿的维多利亚港和新加坡港，这为港、新两地吸引外资奠定了良好的基础。但城市的发展离不开教育的支持，俗话说得好，"高层次人才决定着国家的核心竞争力"。中国香港和新加坡都孕育着数所世界顶尖级名校，比如香港大学、香港中文大学、香港科技大学、南洋理工大学、新加坡国立大学等，有了高校人才优势的加持，使得这两座城市在中国台湾和韩国中脱颖而出。有关统计资料表明，新加坡和中国香港常年来一直在角逐亚洲国际金融中心的地位，尽管世界金融中心指数第一名和第二名总是在纽约和伦敦之间易手，但中国香港和新加坡却轮流拿到了第三名和第四名。虽然新加坡曾在 2015 年和 2016 年小幅地超越了中国香港，但是香港却在 2017 年重新夺回榜眼的地位，并于 2018 年和 2019 年年初时逐渐扩大了和新加坡之间的差距，进一步加强了其作为东南亚金融核心城市的地位。在 2018 年年初时，中国香港 GFCI 评级已经上升 27 分，显著高于新加坡（图 6-1）。

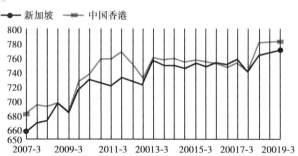

图 6-1　新加坡与中国香港全球金融中心指数（CFCI）

虽说两者水平高低不下，且新加坡相较于中国香港更加注重发展多边贸易，与亚洲甚至其他洲的国家建立起良好的外交关系，更加关注商业效率的高低。但由于香港得天独厚的地域优势，再加上背靠着全球第二大经济体——中国这一事实，是新加坡这个国家无法比拟的。香港金融也受益于中国国内经济的高速发展，一如上文背景中所提，香港金融历经了几百年的不断发展，它的发展趋势已经相当成熟，而且由于香港特区政府逐渐放宽的政策制度，导致中国大陆企业公司越来越偏向于在香港证券交易所挂牌，而且，不少关注中国内地金融市场发展的跨国企业公司也常把亚太公司区域总部放在中国香港，这些优势是基于香港与内地紧密的贸易关系，是难以在一夜之间发生改变的。

2020 年以来,尽管全球企业整体发展经济社会充满挑战,但香港金融业,尤其以银行业为主仍表现出较强的韧性。新冠疫情使全球经济放缓,与此同时也加重了香港经济的疲软。毕马威会计师事务所在《2021 年香港银行业报告》中指出:香港经济在 2020 年收缩了6.1%,而 2019 年的缩幅为 1.2%。纽约、伦敦已经变成了美洲以及欧盟主要的全球金融核心,而中国香港的到来也无疑弥补了由于伦敦、纽约不同步区时间所造成的负面影响,让整个世界金融市场二十四小时内都在不停地运行中。从此之后便形成了"纽约—伦敦—中国香港"三个国际金融中心,美洲、欧盟、东南亚三个世界顶尖金融服务管理中心布局。

四、香港所面临的挑战与机遇

首先,作为一个高度服务经济城市,旅游业和航空业对于香港 GDP 的贡献是举足轻重的。面对 2020 年的新冠疫情,其当年旅游业基本处于停顿状态,全年访港旅客同比下降93.6%,只有 360 万人次,全年旅游业服务输出同比下降 90.5%。航空业也受到严重影响,2020 年全年香港国际机场客运量大跌 87.7%,只有 880 万人次。其次,旅客消费对香港本地零售业至关重要,特区政府统计显示,旅客消费占整体零售业销售的 30%～40%,因此2020 年香港零售业也严重受损,全年香港本地零售销售总额和销售量分别同比下跌24.3%和 25.5%,均为历史最高。纵观 2020 年新冠肺炎疫情,导致香港经济萧条,劳工市场面临巨大压力,失业率一路走高。经季节调整后的失业率在 2020 年第一季度快速上升至 4.2%,第二季度跃升至 6.2%,第四季度更是达到 6.6%,为近 15 年来的高位,全年平均失业率高达5.9%。此外,就业不足率从 2 月起维持在 3%以上,最高在第三季度达到 3.8%,为近 17 年来的最高水平,全年平均就业不足率为 3.3%(图 6-2)。

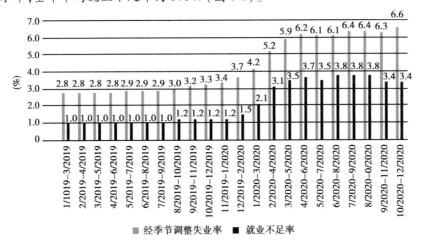

图 6-2 香港近两年劳工市场状况

(资料来源:赵雨昕. 中国香港国际金融中心的现状与前景[J]. 中国市场,2023(12):87-90.)

第二节　国际信贷市场

一、国际信贷市场的概念

国际信贷市场是指跨国界进行借贷和融资活动的市场。它提供了各种形式的融资机会,包括贷款、债券发行和其他信贷工具,以满足企业和政府等借款人的融资需求。

在国际信贷市场中,涉及以下主要参与者:借款人,包括企业、金融机构和政府等实体,他们需要通过借款来满足资金需求,借款人可以是跨国公司、发展中国家政府或其他实体;贷款银行和金融机构,这些机构在国际信贷市场中扮演重要角色,它们向借款人提供贷款和信贷额度,这些银行和金融机构可能是本地银行、国际商业银行或专门从事国际融资的机构;信用评级机构,信用评级机构对借款人的信用风险进行评估,并发布相关评级报告,这些评级报告对投资者决策和债券发行定价起着重要作用;多边开发银行和国际金融组织,多边开发银行(如世界银行)和国际金融组织(如国际货币基金组织)在国际信贷市场中提供融资和贷款支持,特别是为发展中国家提供资金。

国际信贷市场是国际金融市场的一部分,但是由于该市场的货币功能独特,资本运动的形式也与众不同,再加上另外的一些因素与条件,国际信贷市场与其他的市场有不同之处如下。

①货币功能:国际信贷市场中的货币具有信用手段的功能。借款人可以通过信贷货币来满足资金需求,而这种信用具有较高的流动性和广泛的接受度。

②资本形态:国际信贷市场中的资本主要是货币资本,即以货币形式进行借贷和融资活动。此外,在国际信贷市场中存在各种类型的信贷货币,如美元、欧元和日元等。

③资金来源与流向:国际信贷市场的资金来源多样化,涉及各种机构和个人投资者。资金流向也广泛,包括跨国公司、政府机构和项目融资等。

④简便的借贷手续:相比其他市场,国际信贷市场的借贷手续相对简便,使得借款人能够更快速地获取所需资金。此外,国际信贷市场的资金使用灵活,借款人可根据实际需要自由运用。

⑤严格的借贷条件:尽管借款手续简便,但国际信贷市场对借款人的条件要求相对严格。借款人需要满足一定的信用评级和还款能力等要求,因此融资成本较高。

⑥高风险性:国际信贷市场面临着较高的风险,其中国家风险占据主导地位。不同国家的政治、经济和法律环境差异,以及汇率波动和违约风险等都会影响国际信贷市场的风险水平。

国际信贷市场在为借款人提供融资渠道、促进经济增长、优化资源配置、降低融资成本、分散风险和促进国际合作等方面发挥着重要的作用。它是国际金融体系中不可或缺的组成部分,对全球经济的稳定和发展起着重要推动作用。具体而言,国际信贷市场为借款人提供了多样化的融资渠道,包括贷款、债券发行和其他信贷工具。借款人可以通过这些渠道获得所需的资金,满足企业扩张、项目投资或政府支出等资金需求;为企业和政府提供了资金,支持经济活动和投资项目的实施。这有助于推动经济增长、创造就业机会,并带来更多的商业机会和发展潜力;提供了资金流动的机制,使得资金能够从资金充裕的地区或个人转移到需要资金的地区或个人。这种资源的优化配置有助于提高全球资源利用效率,推动国际合作和贸易;国际信贷市场的竞争性质和多样化的融资渠道可以帮助借款人降低融资成本。有更多的借款机会和选择,使得借款人能够选择最具竞争力的融资条件和利率;提供了多样化的投资机会,使得投资者可以将风险分散到不同的借款人和地区。这有助于减轻特定地区或借款人的风险,并提高整个金融体系的稳定性;鼓励不同国家、企业和金融机构之间的合作。通过国际信贷市场,投资者和借款人之间建立起相互依赖的关系,促进国际经济和金融合作。

二、国际信贷业务分类

(一)政府贷款

政府贷款,也被称为外国政府贷款或双边政府贷款,是指一国政府利用自身的财政资金向另一国政府提供资金支持的贷款形式。这种贷款以国家名义进行,并主要使用国家财政预算收入的资金来提供。具体而言,政府贷款的资金流通过列入国家财政预算支出进行收付,从而成为国家资本的收入和支出。因此,政府贷款通常需要各国中央政府经过完备的立法手续予以批准。政府贷款在国际关系和经济合作中扮演着重要角色。它可以用于支持受援国的基础设施建设、社会福利项目、经济发展计划等。通过政府贷款,贷款国可以获得资金支持,促进国内经济增长,改善民生条件,推动社会稳定。借款国则能够获得来自贷款国的技术、经验和资源,加速经济发展,实现共同利益的合作目标。政府贷款的批准过程非常严格,常涉及两个国家之间的协商和合作。贷款国的中央政府会进行立法程序,确保贷款的合法性和可行性。在贷款协议达成后,双方政府会制定贷款使用计划,并按照约定的期限和支付方式进行资金的拨付和偿还。此外,政府贷款与其他形式的国际融资有所不同。相比于商业贷款或国际机构贷款,政府贷款通常更关注发展目标和合作利益,具备更灵活的还款条件和较低的利率。同时,政府贷款也可能面临一些挑战,如贷款国的债务可持续性问题、政治和法律风险等,需要仔细考虑和管理。

政府贷款是一种具有双边援助性质的优惠性贷款,其基本特征包括长期期限、低利率以及附带一定条件。政府贷款的发放通常建立在两国良好的政治关系之上。贷款的偿还期限一般在 20 至 30 年之间,甚至可以延长至 50 年,并且通常会设定 5 至 10 年的宽限期。贷款利率一般为 2% 至 3%,甚至可能是无息贷款。政府贷款的优惠性质使其具备了许多特点和优势。首先,长期期限为借款国提供了更充裕的时间来偿还债务,减轻了财务压力。其次,低利率使得借款国能够以较低的成本获得资金支持,降低了负债负担。此外,政府贷款通常会附带一些条件,例如项目实施、政策改革或环境保护等方面的要求,以促进借款国在经济和社会领域的可持续发展。

政府贷款根据贷款条件的不同,可以分为四类。首先是软贷款,又称为财政性贷款,它通常是无息或低息的,还款期和宽限期都相对较长,主要用于非营利性开发项目,这有助于推动社会福利和基础设施建设。其次是混合性贷款,它将政府财政性贷款和一般商业性贷款混合在一起,优惠程度低于财政性贷款但高于商业贷款,这种形式在一定程度上平衡了财政性贷款和商业贷款之间的优惠程度,为借款国提供了灵活的资金来源。第三种是结合赠款和出口信贷的贷款形式,可以支持项目实施并促进国际贸易。最后一种是结合政府财政性贷款和出口信贷的贷款,这种形式有助于促进出口和经济合作。政府贷款作为一种优惠性贷款,根据国际惯例,其赠与成分应占到总贷款额的25%以上。赠与成分是通过考虑贷款的利率、偿还期限和综合贴现率等数据,计算出衡量贷款优惠程度的综合指标。

(二)国际金融组织贷款

国际金融机构在国际信贷活动中扮演着日益重要的角色。这些机构是由多个国家共同创办,旨在实现共同目标并开展国际金融活动。根据参与国家的数量和业务范围的大小,国际金融机构可以分为全球性和地区性两类。其中,国际货币基金组织(IMF)和世界银行是最具代表性的全球性国际金融组织。除了IMF和世界银行,还有其他一些地区性国际金融机构如亚洲开发银行(ADB)、非洲开发银行(AfDB)等,它们在各自地区的经济发展和合作中扮演着重要角色。国际金融组织在国际信贷活动中发挥的作用是多方面的。首先,国际金融组织为成员国提供了重要的资金来源和财务援助。通过向发展中国家提供低息贷款、赠款和技术援助,国际金融组织帮助这些国家解决资金短缺问题,推动经济增长和减少贫困。其次,国际金融组织在国际信贷活动中起到了引导和规范的作用。它们制定和推动可行的经济政策,并提供政策建议给会员国,以促进经济稳定和可持续发展。此外,国际金融组织还通过监测和评估会员国经济状况及政策的执行情况,提供早期警示和风险评估,从而帮助国家避免经济危机和债务问题。第三,国际金融组织在国际信贷活动中促进了全球金融合作和交流。它们为会员国提供了一个平台,加强了各国之间的互动和合作,促进了共同利益的实现。国际金融组织也致力于促进国际金融体系的稳定和透明,加强全球金融监管和治理。此外,国际金融组织还在国际信贷活动中发挥了技术援助和能力建设的作用。通过向会员国提供技术援助和培训项目,国际金融组织帮助提升了成员国在经济管理、政策制定和项目实施方面的能力和水平。

(三)国际银行贷款

国际银行贷款(又称辛迪加贷款)是指银行机构通过跨国合作和国际金融市场提供贷款给境外借款人的一种金融活动。这种贷款形式在国际经济中起到了重要的支持和促进作用。国际银行贷款具有以下特点:跨国性,国际银行贷款涉及跨越国家边界的借贷关系,银行从一个国家向另一个国家的借款人提供资金支持;大额和长期性,由于国际银行贷款通常涉及大规模项目或资金需求,贷款数额通常较大,并且还款期限较长;多样化的贷款条件,国际银行贷款的条件可以根据借款人的需求和市场情况进行定制,这些条件可能涵盖利率、还款期限、担保要求等方面;风险管理,国际银行在进行贷款活动时,在风险管理方面非常重视,会对借款人进行全面的评估和尽职调查,以确保贷款的安全性和回收性。

国际银行贷款的目的和用途多种多样。它可以用于支持国际贸易和跨国经营,促进跨国公司的扩张和投资。此外,国际银行贷款还可以用于基础设施建设、能源项目、交通运输、房地产开发等各种经济领域的融资。国际银行贷款对借款人和债权人都具有重要意义。对于借款人来说,它提供了灵活的融资渠道和资金来源,帮助满足发展和项目需求。对于债权人(即提供贷款的银行),这是一种可靠的投资渠道,可以获取利息收入并分散风险。

牵头行、管理行和参与行共同合作形成贷款银团,以满足借款人在国际融资市场上的需求。每个参与者承担不同的角色和责任,共同构成了银团贷款的机制。牵头行(Lead Bank):作为银团贷款的组织者和协调者,在贷款发放过程中起到主导作用。通常是一家具有较强实力和信誉的大型银行。管理行(Agent Bank):由牵头行选定,负责与借款人进行沟通、协商和管理贷款事务。管理行负责收取牵头费和管理费,并监督其他参与行的履约情况。参与行(Participant Bank):除了牵头行和管理行外,其他银行可以作为参与行加入银团贷款。参与行可以根据自己的意愿和资金状况选择是否参与贷款,并承担相应的风险和责任。借款人(Borrower):需要融资的个人、公司或机构,向银团提出贷款申请,并根据协议履行还款义务。

阅读材料

国际银团模式下的新融资方式

2022年,新冠疫情已经进入第三年,全球经济的持续复苏面临多重挑战。中国的对外承包工程业务也在全球经济疲软的大环境下面临越来越多的挑战。本文旨在分析面对全球债务风险攀升,各金融机构避险情绪上升的情况下,利用国际银团的新融资方式,提高融资效率,促进对外承包工程项目顺利落地。

一、中国对外承包工程业务融资难度增大

(一)金融市场避险情绪激增造成融资难度加大

当前各国都面临着供给出现扰动,通胀不断上升。根据国际金融协会(IIF)发布的《全球债务监测》报告显示,2021年全球债务总额首次突破300万亿美元,达到303万亿美元,创历史新高。2021年新增的超过80%债务来自新兴市场国家,新兴市场国家的债务比2020年增加8.5万亿美元,占GDP比重约为248%,比疫情前增加了20%以上。不少新兴国家2022年开始加息,将让这些国家进行再融资时面对庞大压力。目前,面临疫情不确定性持续不退及俄乌战争等多重因素的困扰,全球经济增长有所放缓。

值得注意的是,连年的疫情极大地增加了市场的不确定性,加剧了市场主体的避险情绪,也降低了银行等金融机构的信贷供给。一是疫情通过影响企业运营、降低企业盈利能力,冲击银行等金融机构资产质量,加大银行等机构的信贷风险敞口和投资项目风险,同时会直接影响银行等金融机构的正常经营,引起银行中间业务收入增长放缓、净息差收窄和盈利能力承压。银行为了维持稳健运营、有效管理风险,势必将降低信贷的资金供给。二是各大银行等金融机构在面对疫情的不确定性时,会更加偏好安全性更高和流动性更强的资产,由此定会降低金融市场上的融资流动性。与信贷资产相比,现金的流动性无疑会更高。出于流动性偏好,银行等金融机构将会加大现金的持有,降低信贷资产供给。三是疫情还会直接降低外商投资等外部资金流入,严重影响信贷市场外部资金供给。综合可知,疫情导致了信贷市场供求间的缺口加剧,加大了海外承包工程企业融资难度,引起信贷利率上涨,不论是各类政策性银行还是海内外各大商业银行,放贷难度都将增加,贷款额度面临大幅下降。

(二)融资模式相对单一导致融资难度进一步增加

与海外投资和对外承包工程业务融资相关的金融资源主要包括政策性和开发性金融机构、商业银行、国际或区域多边金融机构等。

以往年度,中国国有企业大量"走出去"项目,尤其"一带一路"等政策性项目,大多依赖于政策性金融机构,如中国进出口银行(以下简称"口行")、国家开发银行(以下简称"国开行")以及中国出口信用保险公司(以下简称"中国信保"),以及部分国内商业银行,融资渠道相对单一,根据《中国海外企业可持续发展报告》的调研,仅有25%的企业有利用外资金融机构的经验,融资渠道相对单一、经验不足。由于银行避险情绪增加以及企业自身融资模式单一,国内对外承包工程公司融资难度不断增加,也导致了中国的对外承包工程业务在三年间不断萎缩。根据商务部《中国对外承包工程发展报告2019—2020》《2020年度中国对外承包工程统计公报》,及《2021年我国对外承包工程业务简明统计》,相较于疫情前的2019年,2020—2021年间,新签合同额和完成营业额大体都在进一步降低。

二、以国际银团为应对策略,提升融资效率

企业开展海外业务过程中,善于利用金融机构的支持是企业核心竞争能力的体现。目前,面对海外工程市场萎缩、金融机构审批放缓等情况,对于对外承包工程企业来说,签署合同仅仅是海外业务开拓的开始,创新融资模式、有效规避债务风险、实现项目资金到位且收到工程款才真正实现营业收入。

下文将以土耳其某铁路项目为例,解读如何在银行避险情绪上升、贷款难度加大的大环境下,充分利用国际金融机构,组成国际银团,解决融资难题。

土耳其某铁路全长201公里,是土耳其西北部重要横向通道,该项目将把土耳其重要工业区接入土耳其国家铁路网路,满足工业区与土耳其各重要城市的互联互通。该项目业主为土耳其交通部下属某投资总局,实施模式为EPC+F,项目总投资约12亿欧元。2020年8月,土耳其某公司赢得了项目的竞标,并与业主签订了项目合同,为解决项目融资,推动项目落地,该竞标单位与国内某大型对外承包公司(以下简称"A公司")组成紧密型联营体,共同推动项目实施。

此项目需要100%融资,其中土耳其竞标单位主要负责协助业主解决15%部分,A公司主要负责协助业主解决剩余85%的融资问题。经过多方沟通与协商,A公司克服国内政策性银行及商业银行避险情绪上升、额度不足等问题,在财政部的指导下,促成民生银行与渣打银行组成银团、中国信保和欧洲信保组合承保的融资模型,在此模式下85%部分融资利率可达到3%。同时,土耳其Kalyon集团目前也已和英国进出口银行达成一致,解决剩余15%的融资问题。

以此,国内外金融机构共同发力,以国际银团的方式化解融资难题,同时由于多家金融机构的共同出资,相较于传统的只依靠一家机构,债务风险显著降低。

三、关于国际银团融资模式的分析

银团贷款在国际上被称为Syndicated Loan,最主要的业务实现手法为多家银行(例如上文例子中的民生银行、渣打银行、英国进出口银行)或者是非银行的金融机构(例如上文例子中的中国信保和欧洲信保),采用同一贷款合同,按照合同上相互协定的期限,对借款人提供资金。通过组建银行融资,充分利用充沛的国际资金在市场上进行大范围的贷款业务和投资规划,进而促进银团体系的完善和金融市场的发展。

(一)国际银团融资模式的特点

不同于传统的双边贷款业务,银团贷款业务使用的是同一合同、同一贷款协议,并且基于相同的贷款条件下,银团贷款具有融资额度大、融资期限长、参加的银行数量更多的特点。另外,由于银团中的各银行相对独立,各个银行之间并不会有连带责任的产生。

目前,中资银行积极参与国际银团贷款业务,同时也为了适应不断变化的国际金融市场环境而积极创新,一是积极对接国际业务,更熟悉银团市场通行规则和业务惯例,使得银团贷款产品线日益丰富;二是使银团的筹组方式更加灵活,满足客户多样化融资需求;三是银团筹组分销的过程中,使境内外银行间的联动不断加强。

（二）国际银团融资模式的优点

国内的中资银行积极参与国际银团业务，在如今行业萎缩、贷款额度降低、债务风险高的大环境下，无疑为中国企业提供了新的融资选择。

1. 银团贷款可以带来期限长、稳定并且金额更大的资金支持

大型国际工程项目合同额一般较大，可能会超出单一银行所能提供的信贷额度，而银团的融资模式能有效克服单个银行额度的不足。从市场的角度来看，当贷款金额大到单一一家银行没有能力完全承担，或者超出授信额度时，银团融资能使之成为可能。从法律角度来看，各国的银行法一般皆不允许一家银行对某一借款人的贷款金额超过一定比例。因此，在项目具有较好的盈利前景下，银团融资模式可以使借款人联合多家金融机构，获得金额巨大的贷款及授信额度。同时与传统的融资方式相比，该模式能提供的贷款金额更大、期限更长，一般短则 3 年，长则 10 年以上，常见于大型基础设施项目及大型出口信贷项目。

2. 银团的融资模式能节约金融机构和项目贷款人双方的成本

对借款人而言，可以依靠巨额资金需求的优势，提高自己在金融机构间的谈判地位，有利于取得较低利率、不用分设抵押品、获得银行提供的更加完善的服务等利益。

对银行而言，国内外多个金融机构共同联手组成银团，可以更有效地识别贷款带来的信用风险。对于单一一家银行来说，通常对借款人的背景调查信息具有局限性，相对来说不能完全全面地调查目标客户的贷款风险。但是，通过组成银团的模式就可以将多家金融机构的内部客户资源进行整合分析，在较短时间内较为准确地分析出借款人所能承受信贷风险的大小。这样会大幅降低由于一家银行的信息局限性对银行贷款业务造成的风险。同时，采用银团模式进行贷款，贷款业务一旦出现不可控的风险，众多的金融机构只需要按比例来承担贷款风险。

（三）对外承包工程企业如何充分利用国际银团融资模式

面对百年未有之大变局的大环境，"走出去"的中资企业更应主动加强与国际银团市场对接，熟悉国际上银团通行的合同条款及游戏规则，灵活运用银团贷款，创新融资方式，提高融资效率，降低综合融资成本。

有条件的企业，例如超大型央企可以考虑在香港等地设立融资中心，作为集团统一的境外融资平台，按照国际金融市场惯例与境内外银行对接国际银团贷款融资业务。

在银团成员的选择上，建议选择资金雄厚、拥有完善的境外布局以及国际银团经验丰富的中资银行作为银团主牵头行。一方面可以充分发挥中资银行东道主优势，由于全面掌握大型"走出去"中资企业各方面信息，在银团审批效率、合规性等方面充分满足中方客户需求；另一方面，也可以在早期交易撮合、项目尽调、银团融资方案设计、投后管理等方面为"走出去"中资企业提供更为专业的咨询顾问服务，以此全面提升国际银团融资的效率和成功率。

另外，海外承包工程项目本身的可融资性对于确保银团成功组成至关重要，项目自身的盈利能力是保障项目可融资性的基础。在实际操作中，对外承包工程公司可以根据项目具体收益情况和自身的信用资质，采用多种增信措施，满足银团对足额担保的要求，降低海外工程项目的还款风险，从而提高"走出去"项目的可融资性。

新冠疫情的暴发，引发市场对海外承包工程企业经营、融资等问题的担忧，在持续低迷的国际市场大环境下，创新融资模式，采用国际银团的融资方式是"走出去"企业成功融资的重要手段。各大海外工程承包公司应主动顺应国内外经济形势及政策，积极创新国际银团

贷款业务模式,扩大境内外合作圈,一方面联合口行、国开行、中国信保及境内外商业银行等金融机构共同运作大型海外工程承包项目,另一方面加强与会计师事务所、律师事务所、资产评估机构、银团咨询服务机构的合作,在支持中国企业"走出去"和"一带一路"建设方面取得重要突破。

（资料来源:杨晨曦,张艺.国际银团模式下的新融资方式[N].中国对外承包工程商会,2022-08-24.）

第三节　国际证券市场

一、国际证券市场的含义与组成

国际证券市场是指跨国边界进行证券交易的市场,其中包括各国的股票市场、债券市场和衍生品市场等。它为投资者提供了全球范围内的投资机会,并促进了资本在不同国家之间的流动。

国际证券市场由两个主要部分组成,即证券发行市场和流通市场。这种分类常被称为"初级市场"或"一级市场""第一市场"以及"次级市场"或"二级市场"。

证券发行市场（初级市场）是指新发行的证券首次向公众出售的市场。在初级市场,公司和政府机构可以通过发行股票、债券和其他金融工具来筹集资金。投资者可以在发行期间购买这些新发行的证券。初级市场提供了直接融资的机会,帮助企业和政府满足其融资需求。

证券流通市场（次级市场）是已经发行的证券在交易所或场外市场上进行买卖的市场。在流通市场,投资者可以通过买入和卖出现有的证券来进行投资。这些证券可以是股票、债券、衍生品等。流通市场提供了证券的二次交易机会,使投资者能够灵活地买入和卖出证券,实现资金增值或流动性。

初级市场和次级市场相互关联,共同构成了完整的国际证券市场体系。在初级市场中,证券发行者（如公司或政府）与投资者直接进行交易,筹集资金。而在次级市场中,投资者之间进行二次交易,使证券价格根据市场供求关系形成。这两个市场相互促进,提供了全球范围内的投资机会,并促进了资本的流动性和市场的繁荣。

二、国际证券市场的分类

国际证券市场一般可分为国际债券市场和国际股票市场两类。

（一）国际债券市场

国际债券市场是全球范围内进行债券交易的市场。它提供了让发行人（如政府、金融机构和公司）向投资者发行债券以筹集资金的平台,并为投资者提供多样化的债券投资选择。该市场债券的期限一般在一年以上,是中长期融资工具,其中 1~5 年（含 5 年）期限的,为中期债券,5 年以上期限的属长期债券。

国际债券市场包括各种类型的债券,如主权债券、公司债券、机构债券、可转换债券等。这些债券具有不同的发行主体、到期日、利率形式和风险特征,以满足不同投资者的需求。国际债券市场吸引了来自世界各地的发行主体。政府债券由国家或地区政府发行,而公司债券由私营企业发行。此外,国际金融机构(如世界银行和国际货币基金组织)以及政府支持的机构也在该市场上发行债券。国际债券市场的参与者包括投资者、发行商、承销商、经纪人和清算机构。投资者可以是个人投资者、机构投资者(如养老基金、保险公司和投资基金)以及国际金融机构等。国际债券市场的交易可以在证券交易所和场外市场进行。部分债券交易在交易所上市,供投资者在公开市场上买卖。同时,也有大量的场外交易,通过经纪人和电子平台进行。

1. 国际债券市场按发行方式可以分为两类,即公开发行和私募发行

在公开发行中,债券的发行人通过向广大投资者公开发行债券,来筹集资金。这种方式通常是通过招标、竞标或发行申购的形式进行。公开发行的债券通常在证券交易所上市,供投资者在二级市场上进行交易。公开发行可以通过广泛的投资者参与,提供了更高的流动性和透明度。债券会在证券交易所上市,使得投资者可以在二级市场上买卖债券,具有较高的市场可见性。私募发行是指债券的发行人以非公开的方式向特定投资者发行债券。这种方式主要针对机构投资者和高净值个人投资者。私募债券往往不在公开市场上交易,而是通过与特定投资者进行协商交易或通过场外交易完成。私募发行则更加定向和专门化。它通常面向特定的投资者群体,根据投资者需求设计债券,如机构投资者的需求更多集中在长期稳定收益,因此私募发行的债券可以满足这些特定需求。

2. 国际债券市场按是否以发行地所在国货币为面值划分外国债券和欧洲债券

外国债券是指借款人在其本国以外的某一国家发行的,以发行地所在国货币为面值的债券。这些债券可以由政府、机构或公司发行。外国债券的发行需要获得发行所在国政府的批准或监管机构的批准。常见的外国债券如武士债券(Samurai Bond)是在日本市场上发行的外国债券,以日元作为面值和支付货币;扬基债券(Yankee Bond)是在美国市场上发行的外国债券,以美元作为面值和支付货币;猛犬债券(Bulldog Bond)是在英国市场上发行的外国债券,以英镑作为面值和支付货币;熊猫债券(Panda Bond)是在中国市场上发行的外国债券,以人民币作为面值和支付货币。外国债券为借款人提供了在国际市场上筹集资金的机会,并为投资者提供多样化的投资选择。投资外国债券需要仔细评估相关的风险和回报,包括汇率风险、信用风险以及发行所在国政治和经济环境等因素。

欧洲债券是指借款人在债券票面货币发行国以外或在该国的离岸金融市场发行的债券。这些债券的发行不受任何国家金融法规的管辖,因此被认为是一种跨国债券。欧洲债券通常以欧元作为面值和支付货币,但也可以以其他主要货币(如美元)作为面值。发行人可以是政府、机构或公司,而债券的发行地点可以在欧洲境内或欧洲以外的离岸金融市场。举例来说,中国在日本市场发行的美元债券属于欧洲债券的一种形式。这意味着中国借款人通过在日本市场发行美元债券以筹集资金,并且这些债券不受日本金融法规的管辖。欧洲债券提供了一种国际化的债券融资方式,使得借款人可以跨越国界进行资本筹集。投资者可以通过购买欧洲债券来分散风险,并在全球金融市场中寻找更好的投资机会。需要注意的是,欧洲债券并不局限于欧洲市场,它可以在任何国家或地区的离岸金融市场进行发行。这种灵活性使得欧洲债券成为一种重要的国际债券工具。

（二）国际股票市场

国际股票市场是指外国发行人在一国发行并流通交易的股票市场。

国际股票市场的发展历程可以追溯到数个世纪以前。17 世纪的荷兰东印度公司是早期的跨国公司,成立于 1602 年。该公司通过发行股票筹集资金,并在全球范围内开展贸易活动。它的成功促使其他国家建立类似的贸易公司,为国际股票市场奠定了基础。伦敦证券交易所成立于 1801 年,在 19 世纪逐渐崛起为全球最重要的股票交易所之一。它吸引了来自世界各地的投资者,并成为国际股票交易的中心。两次世界大战和大萧条对国际股票市场造成了冲击。然而,这些事件也导致了国际金融合作的增加和监管机构的建立,进一步推动了国际股票市场的发展。第二次世界大战后的全球化浪潮促进了国际贸易和资本流动的增加。跨国公司的崛起、自由贸易协定的签订以及信息技术的发展为国际股票市场创造了更多的机会。20 世纪末和 21 世纪初,随着电子交易系统和互联网的广泛应用,国际股票交易变得更加便捷和全球化。投资者能够通过在线平台轻松地在全球范围内买卖股票,从而进一步推动了国际股票市场的发展。近年来,新兴市场国家如中国、印度、巴西等在国际股票市场中的地位不断提升。这些市场吸引了大量国内外投资者,并为全球投资组合提供了更多的机会。

国际股票交易所作为证券交易的核心,是由证券经纪人、自营商等投资机构有组织建立的公开场所,提供了一个集中进行股票交易的平台。除了股票交易外,一些股票交易所也提供债券和金融期货期权等其他类型证券的交易。国际股票交易所为各国投资者提供了买卖股票的场所,促进了市场的流动性。交易所上的买家和卖家可以通过匹配交易来完成股票交易,从而确保了市场参与者能够方便地买卖股票。股票交易所通过交易活动的集中和连续进行,形成了公开的价格发现机制。投资者在交易所上可以根据市场供需关系和交易成交价来确定股票的价格。交易所负责监管和管理股票交易,确保交易的公平和透明。交易所要求上市公司及时披露相关信息,以便投资者做出明智的投资决策。股票交易所制定并执行交易规则,确保市场的秩序和合规性。它们监控交易活动,防止欺诈行为和操纵市场的行为,并对违反规则的交易进行处理。不同国家和地区可能有多个股票交易所,它们之间可能存在差异,如交易规模、交易方式和上市标准等。在国际股票市场中,投资者可以选择在不同的股票交易所进行跨境投资,以实现多样化的投资组合和获得全球市场的机会。

三、全球主要证券市场

（一）纽约证券交易所

纽约证券交易所(New York Stock Exchange,NYSE)是世界上最大、最著名的股票交易所之一。它位于美国纽约市曼哈顿的华尔街,成立于 1792 年,是美国乃至全球金融市场的重要机构。纽约证券交易所是全球最古老的股票交易所之一,具有悠久的历史和丰富的经验。它见证了美国经济的发展和金融体系的变革。作为全球最大的股票交易所之一,纽约证券交易所上市了众多知名的公司,涵盖了各个行业和部门。这些公司包括许多蓝筹股,因此吸引了全球范围内的投资者。在数字化时代之前,纽约证券交易所以其标志性的交易厅而闻名,交易员在交易厅内进行面对面的交易活动。尽管现在也采用电子交易系统,但交易厅仍然作为象征性的场所存在。纽约证券交易所对上市公司有严格的审核和上市要求。公司需要满足一系列财务指标、市值要求和治理标准,以确保市场的稳定和对投资者的保护。纽约证券交易所以其公开透明的交易机制著称。交易活动和交易价格对投资者公开,并且交易所通过实时报价和交易信息提供服务,以促进市场的流动性和价格发现。纽约证券交易所的重要性不仅体现在美国金融市场中,它也对全球金融市场产生了广泛的影响力。它是全球投资者进行跨境投资的重要目的地之一,为全球资本提供了重要的投资渠道和参考指标。

1792 年,纽约证券交易所成立于美国纽约市,最初被称为"纽约证券经纪人协会"(New York Stock & Exchange Board),旨在提供一个有序的股票交易场所。1817 年,由于不断增加的成员数量和日益重要的地位,该协会改名为"纽约证券交易所"。同时,开始规范交易规则和制定行业自律标准。1865 年,纽约证券交易所迁至现在的地址,即曼哈顿的华尔街 11 号。1903 年,纽约证券交易所的交易活动逐渐从户外转移到室内的交易厅,开始使用电报系统进行交易。1971 年,纽约证券交易所启用了电子化交易系统,取代了传统的人工交易方式。这使得交易更加高效且便捷,也为后续技术的进一步发展奠定了基础。2000 年,纽约证券交易所与欧洲交易所(Euronext)合并,形成了跨大西洋的交易平台。这一合并使得纽约证券交易所成为全球最大的股票交易所。2006 年,纽约证券交易所上市,成就了自身交易所上市的历史性时刻。近年来,纽约证券交易所不断推动创新,积极开拓新的领域。例如,推出了债券交易平台、指数基金交易和 ETF 等金融产品。它也是许多知名公司如 IBM、Coca-Cola 等的上市地点。

(二)纳斯达克证券交易所

纳斯达克证券交易所(Nasdaq Stock Market)是美国一家重要的股票交易所,与纽约证券交易所(NYSE)齐名,也是全球最大的电子交易平台之一。纳斯达克以其先进的电子交易系统而闻名,在 20 世纪 80 年代引入了全电脑化的交易模式。这使得交易更快速、高效,并且不需要像传统实体交易所一样依赖于物理交易厅。因而纳斯达克成为科技公司的主要上市场所,吸引了众多知名的科技公司。它在科技创新和初创企业方面具有较强的竞争力,因此被视为科技发展的重要指标。也因如此,纳斯达克交易所通常被认为是高风险高回报的市场,这使得纳斯达克成为那些寻求投资高增长潜力公司的投资者的首选。尽管纳斯达克是美国的一家交易所,但其影响力已扩展到全球范围。众多国际投资者选择在纳斯达克交易所进行投资,因为它提供了全球市场参与和投资组合多样化的机会。

1971 年,纳斯达克证券市场成立。它最初是一个全国性的报价系统,旨在提供股票报价和交易信息。1985 年,纳斯达克开始实行电子化交易,通过计算机网络进行交易及报价。这一举措使得交易更加高效和迅速,并为纳斯达克市场的快速发展奠定了基础。20 世纪 90 年代,随着互联网的普及和科技行业的蓬勃发展,纳斯达克成为科技股票交易的重要平台。许多知名科技公司如微软、苹果、亚马逊等选择在纳斯达克上市。2000 年,纳斯达克指数(Nasdaq Composite Index)首次突破 5 000 点大关。然而,同年爆发的"互联网泡沫"的破裂导致纳斯达克指数出现大幅下跌。2001 年,纳斯达克改革,加强了交易所监管措施,提高了市场透明度和公平性,恢复了投资者信心。2007 年,纳斯达克收购了北欧证券交易商瑞典 OMX 集团,并改名为纳斯达克 OMX。这使得纳斯达克成为一家全球化的金融科技公司。2014 年,纳斯达克推出了纳斯达克 100 指数(Nasdaq-100 Index),该指数包含了纳斯达克市场上最具代表性的 100 家非金融类公司。近年来,纳斯达克不断推动创新,积极发展数字资产交易、区块链技术以及初创企业的融资和上市等领域。它也成为许多科技巨头如Facebook、Google 等公司的首选上市地点。

纳斯达克的一个重要特点是拥有自己的做市商制度（Market Maker）。做市商是指在纳斯达克市场上承担买卖双方的角色，他们以自己的账户进行交易，并且愿意在市场上为特定的股票提供连续的报价。做市商通过不断报出买卖价格，为投资者提供即时成交的机会，从而增加市场的流动性。他们愿意买入或卖出一定数量的股票，以维持市场的正常运转。做市商有义务按照规定的最小报价单位（tick size）提供交易价格，同时承担一定的风险。他们必须根据市场需求和供给情况调整报价，以反映市场的实际情况。为了激励做市商提供流动性，纳斯达克向做市商支付费用，包括交易佣金和奖励费用。这些费用的大小取决于做市商的交易量、报价质量以及为市场提供流动性的能力。当然，纳斯达克也会对做市商进行严格的监管，以确保他们履行其义务并维护市场的稳定性。做市商必须遵守纳斯达克的规定，并接受监管机构的审查和监督。纳斯达克的做市商制度帮助促进了市场的流动性，提供了更好的交易机会，增加了投资者的参与度。这个制度在纳斯达克证券市场的发展中扮演着重要的角色，并为市场的有效运作和投资者的利益提供了保障。

（三）伦敦证券交易所

伦敦证券交易所（London Stock Exchange，LSE）是世界上历史最悠久的证券交易所之一，伦敦证券交易所的前身可以追溯到 1698 年，当时在伦敦约翰·卡斯尔斯开设了一家股票经纪人办事处，在那里进行了最早的股票交易。1773 年，伦敦证券交易所正式成立，并设立了一个统一的交易场所。这个机构被称为"伦敦股市"（The Stock Exchange），它提供了一个有序的市场环境来进行股票交易。1801 年，伦敦股市成为一个社团组织，更名为"伦敦证券交易所"。此后，交易所开始采用正式的规章制度，并设立了会员制度。1973 年，伦敦证券交易所实现了电子化交易，通过计算机系统进行交易报价和结算。这使得交易更加高效和便捷。1986 年，伦敦证券交易所进行了一项重大改革，取消了对于交易所会员的地理限制。这意味着各地的经纪人都能够在伦敦证券交易所进行交易并成为会员。2001 年，伦敦证券交易所进一步推动了电子化交易，引入了一个全新的交易系统——SETS（Stock Exchange Electronic Trading Service）。这个系统使得交易更加高速和透明。2007 年，伦敦证券交易所收购了意大利证券交易所 Borsa Italiana，从而扩大了其国际影响力。近年来，伦敦证券交易所继续通过技术创新、国际合作等方式推动发展。例如，它于 2021 年与米兰证券交易所合并，形成了 Euronext 集团，打造出更强大的欧洲市场。

伦敦证券交易所最重要的特色之一是其国际化。伦敦证券交易所是全球最大、最具国际影响力的证券交易所之一。它吸引了来自世界各地的公司和投资者，成为跨境投资和融资的首选平台之一。这得益于其优越的地理位置，伦敦作为英国和欧洲的金融中心，具有独特的地理位置优势。它连接了欧洲、亚洲和美洲等不同的时区和市场，促进了全球资本流动和交易活动。伦敦证券交易所上市的公司涵盖了全球的主要行业和地区，包括金融、能源、科技、消费品等，并提供了广泛的市场流动性和深度，使投资者能够在一个活跃且具有良好价格发现机制的市场中进行交易。这种流动性和深度吸引了大量的国际投资者，并为他们提供了更多的交易机会和灵活性。伦敦证券交易所在技术创新方面也一直保持全球领先地位，不断推动交易系统的升级和优化。这使得跨国投资者可以通过高效、安全和可靠的电子交易平台进行交易，并获得即时的市场数据和信息。

（四）东京证券交易所

东京证券交易所（Tokyo Stock Exchange，TSE）是日本最大的股票交易所，也是亚洲最重要的金融市场之一。东京证券交易所成立于1878年，起初名为东京证券取引所。它在日本的经济发展和金融体系建设中扮演了重要角色。作为日本的主要股票市场，东京证券交易所为各类公司提供了融资渠道，包括日本国内企业以及来自其他国家的企业。它促进了资本的流动和投资活动。东京证券交易所拥有广泛的市场参与者，包括个人投资者、机构投资者和外国投资者。它汇集了众多的上市公司，总市值居全球前列。东京证券交易所提供多种金融产品的交易，包括股票、债券、ETF、REITs（不动产投资信托基金）等。此外，它也发布一系列的市场指数，如日经225指数（Nikkei 225），代表了日本股市的整体表现。

东京证券交易所的前身可以追溯到1878年，当时成立了日本最早的股票交易所——东京证券取引所。该交易所起初并不具备现代交易所的模式和结构，只是一个简单的股票市场，交易活动主要集中在银行和金融机构之间。第二次世界大战结束后，东京证券交易所参与了日本经济的重建和发展。随着战后经济复苏，交易所逐渐增加了新的上市公司，并且交易活动也得到了扩大。20世纪80年代末至90年代初，日本进入了泡沫经济时期，东京证券交易所经历了巨大的繁荣，股票价格飙升，投机活动激增，市值迅速扩大。在这一时期，东京证券交易所成为全球最大的证券交易所之一。然而，20世纪90年代初泡沫经济破裂后，日本陷入了长期的经济衰退。这对东京证券交易所造成了巨大冲击，市值和交易量均下降。为了恢复市场信心并提高竞争力，东京证券交易所进行了一系列改革措施。1999年，东京证券交易所启动了一项名"J-NET"的电子化交易系统，以取代传统的交易方式。这使得交易更加高效、快速和透明，也吸引了更多的国内和国际投资者。2013年，东京证券交易所与大阪证券交易所（Osaka Securities Exchange）合并，成立了新的持股公司——日本交易所集团。这一合并加强了两个交易所的整合能力，并进一步提高了日本证券市场的国际竞争力。

（五）香港交易所

香港证券交易所（Hong Kong Stock Exchange，HKEX）是全球知名的证券交易所之一，也是亚洲最大的股票交易所之一。香港证券交易所位于中国香港，作为亚洲金融中心之一，在国际金融市场中具有重要地位。它吸引了来自全球范围内的投资者和公司在香港上市，促进了跨境投资和贸易。香港证券交易所设有主板市场和创业板市场。主板市场适合规模较大、成熟稳定的公司，而创业板市场则专注于初创企业和新兴行业的发展，提供更灵活的上市条件。香港证券交易所与中国内地的上海证券交易所和深圳证券交易所实行联动交易机制，即通过"沪港通"和"深港通"等渠道，使投资者能够在香港和内地市场之间进行跨境交易。香港证券交易所不仅提供股票交易，还包括债券、基金、衍生品等多种金融产品。它也是全球最大的IPO（首次公开发行）市场之一，在吸引国际公司到香港上市方面具有竞争优势。

香港证券交易所的形成和发展历程可以追溯到19世纪末。1891年，香港证券交易所成立，最初名为"香港证券经纪人会"（The Association of Stockbrokers in Hong Kong）。当时，该组织是一个非正式场所，代表了香港的股票经纪人。1914年，香港证券交易所更名为"香港联合交易所"（Hong Kong Stockbrokers' Association），并开始在位于中环的16号楼进行交易。1921年，香港联合交易所成为注册公司。1947年，香港联合交易所改组，并成立了一个新的机构,称为"香港证券交易所有限公司"。1980 年,香港证券交易所搬迁至中环交易厅大楼,这个建筑直到 2017 年仍然是交易所的总部。1986 年,香港证券交易所引入了电子交易系统,取代了传统的开放式喊价交易。2000 年,香港证券交易所进行了一次重大改革,包括改变交易系统、引入在线交易和推出电子结算服务。2012 年,香港证券交易所收购了伦敦金属交易所(London Metal Exchange,LME),进一步扩大了其国际化业务。2018 年,为了提高市场竞争力和吸引更多公司上市,香港证券交易所推出了新的上市规则,允许符合条件的创新型公司和未盈利的生物科技公司在香港上市。2020 年,香港证券交易所计划推出一项名为"股票交易通(Stock Connect)"的倡议,旨在加强香港与中国内地市场之间的互联互通。

四、国际证券市场发展趋势

(一)证券市场一体化

在经济全球化的背景下,国际资本流动频繁且影响深远,并最终导致全球证券市场的相互联系日趋紧密,证券市场出现一体化趋势。越来越多的国家和地区建立了互联互通机制,允许跨境投资者在不同市场之间进行交易。例如,上海—香港和深圳—香港通等互联互通计划,促进了中国内地与香港市场的连接。一些地区积极推动区域一体化,以促进证券市场的整合和合作。例如,欧洲联合证券监管机构(ESMA)推动欧洲证券市场的一体化,并提出了一系列措施来加强市场监管和协调。为了扩大市场份额和提高竞争力,一些交易所选择通过合并或收购其他交易所来扩大业务和市场范围。这种趋势导致了跨国交易所集团的形成,如欧洲交易所集团(Euronext)、香港交易所等。随着技术的发展,交易所可以更好地利用电子交易系统和高速通信网络来实现证券市场的一体化。这使得交易更快速、高效,并提高了市场的流动性和可访问性。

(二)新兴市场崛起

新兴市场的证券市场发展迅速,呈现出市场规模扩大、投资机会增加、资本市场改革、投资者需求增加、技术创新推动、国际合作与互联互通、金融市场改革和自由化等多个方面的表现。新兴市场的证券市场规模不断增加。中国、印度、巴西等国家的股票市场和债券市场规模显著增长,且随着经济增长和结构改革的推进,新兴市场提供了丰富的投资机会。这些市场中的公司涵盖了各个行业和领域,为投资者提供了广泛的选择。许多新兴市场国家积极推进资本市场改革,以吸引更多外国投资者和促进市场发展。例如,开放更多的渠道和机制,简化上市和交易流程,提高市场透明度和法律法规的完善性。新兴市场利用技术创新来推动证券市场的发展。移动支付、互联网金融等技术手段在新兴市场得到广泛应用,为投资者提供了更便捷、高效的交易和资讯服务。一些新兴市场国家通过金融市场改革和自由化,吸引更多外国投资者和金融机构进入市场。这有助于提高市场竞争力和流动性,并促进证券市场的成熟和发展。

(三)技术创新

国际证券市场的技术创新趋势表现在电子交易平台、数字化资产与加密货币、人工智能与机器学习、大数据分析、金融科技创新、区块链技术、云计算与大规模计算等多个方面。这些技术创新不仅提高了市场的效率和便利性,也对投资者的交易和投资决策产生了积极的影响。比如,越来越多的证券交易在电子交易平台上进行,取代了传统的人工交易方式。这些电子交易平台提供了更快的交易速度、更低的成本以及更广泛的市场参与机会。数字化资产(如比特币和以太币)以及相关的加密货币交易所得到了迅猛发展。这些新兴资产类别提供了全球范围内的交易机会,并引领了金融领域的创新和变革。人工智能和机器学习技术在证券市场中得到广泛应用。它们可以用于预测市场趋势、量化交易策略、风险管理和自动化交易等方面,提高交易效率和决策质量。大数据分析技术使得证券市场可以更好地处理和分析海量的市场数据,从而揭示隐藏的模式和趋势。这有助于投资者做出更明智的投资决策和市场预测。区块链技术被认为具有颠覆性的潜力,可以用于证券交易、结算和资产管理等方面。它提供了更高的安全性、透明度和去中心化特性,同时简化了交易流程和减少中间环节等。

阅读材料

全球主要证交所国际化经验与中国的选择

21 世纪初以来,随着全球证券市场国际化程度不断提升,各大证券交易所掀起了一波国际化浪潮,纽约证券交易所、纳斯达克证券交易所、伦敦证券交易所等一批交易所一跃成为在全球资本市场具有广泛影响力的交易所集团。相较而言,虽然近年来国内交易所国际化水平不断提升,但由于起步较晚,目前仍处于较低水平。2018 年博鳌亚洲论坛习近平主席讲话拉开了我国新一轮金融业对外开放的序幕,证交所作为资本市场核心载体之一,其国际化水平的不断提升将有效助推国内资本市场高质量高水平对外开放,但面对当前复杂多变的国际形势以及新冠肺炎疫情对全球经济的持续影响,如何更有效率、更高质量推动国际化,也对国内证交所未来布局提出了更高要求。

一、国内证交所国际化进展及存在问题

证交所作为资本市场的重要组成部分,推进其国际化,是进一步对接全球资本市场,丰富投融资渠道,激发市场内生发展动力,支撑经济平稳发展的必要举措。近年来,随着金融开放水平的不断提升以及"一带一路"建设的有效推进,国内证交所在市场联通、股权合作以及交易技术等方面取得了较多突破。在跨境交易市场联通方面,"沪港通""深港通"成功推出,开创跨境证券投资新模式;在交易所股权合作方面,上海证券交易所与中国金融期货交易所联合德交所在法兰克福成功建立中欧国际交易所,上交所与深圳证券交易所先后参投巴基斯坦证交所、孟加拉国达卡交易所、哈萨克斯坦阿斯塔纳国际交易所等"一带一路"共建国家资本市场;在信息技术合作方面,深交所与巴基斯坦交易所签署交易与监察系统升级项目技术合作协议,开创境内交易所对外提供商业化技术服务的先河,与马来西亚交易所、菲律宾交易所建立跨境资本信息服务平台,实现上市公司交叉展示、指数合编和行情互挂。

然而,随着国内资本市场开放范围不断扩大与开放程度持续提升,大国经济金融政策对国际市场的冲击将传导到中国资本市场,外部政治经济摩擦加剧以及新冠肺炎疫情带来的经济持续下行压力,可能影响中国资本市场的稳定发展,甚至可能引发系统性金融风险。基于目前发展基础与宏观环境,从交易所自身国际化发展来看,国内证交所在市场互联、股权合作和技术输出等方面仍存在诸多问题。

(一)国内交易所与国际主流证券市场的关联度有待加强

在跨境市场直接交易方面,目前国内交易所仅与香港证券市场建立起跨境交易通道,"沪伦通"等与西方主要经济体证券市场交易通道建设推进缓慢。在跨境交易产品种类方面,由于国内交易所国际化起步较晚,且目前市场仍较为封闭,在全球市值排名前十的证交所中,只有沪深交易所没有境外上市公司,可交易的境外产品也仅有跨境 ETF 和熊猫债,且品种相对有限,市场竞争力不强。截至 2019 年 12 月,上交所仅有 13 支跨境 ETF 挂牌交易,资产管理总规模 146 亿元,其中有 5 支投资于香港地区,4 支投资于日本市场,2 支投资于美国市场,1 支投资于德国市场,1 支跟踪境外上市互联网公司指数,数量与资产管理规模在东亚地区仍落后于日本、中国香港、中国台湾等国家和地区。

(二)国内交易所与国际主流交易所股权合作受限

从股权合作角度看,目前国内交易所的股权合作项目聚焦于"一带一路"共建国家或者新兴市场国家交易所,投资市场规模小、交易品种少、经济效益低。受制于目前国内资本项目无法自由兑换以及相关监管法律法规限制,加之国内证交所行政色彩尚未完全褪去,现有国际化项目主要基于国家政策导向,交易所在推进与国际主流交易所股权合作方面存在诸多障碍。即使与国内联系较为紧密的香港证券市场,无论是投资行为还是监管方式仍存在一定差异,在跨境监管方面存在不少挑战,而"修例风波"对香港国际金融中心地位所造成的冲击,也对国内交易所未来相关渠道的稳定性造成了一定的负面影响。

(三)国内信息技术优势在交易所国际化的作用未充分体现

在交易所发展过程中,技术系统发挥着越来越重要的作用,依靠技术优势进行跨境技术输出,拓展交易所业务范围,优化交易所收入结构,凭借相对低廉的投入成本,收获稳定的收益回报,成为全球主流交易所推动国际化的重要手段之一。在新一轮科技革命浪潮下,国内在 5G 通信、区块链、大数据以及云计算等领域具备一定先发优势,但目前相关先进技术在证券交易体系中融合应用程度仍处于较低水平,对全球主流交易所技术优势尚未形成,在技术输出方面国际竞争力仍有待提升。

二、全球主要证交所国际化发展模式

本世纪以来,在经济全球化和金融科技创新浪潮持续推动下,以纽交所、纳斯达克、伦交所为代表的全球主要证交所,通过境外扩张积极拓展新业务新市场实现飞速发展,逐渐形成了各具特色的国际化发展模式。

(一)纽交所:"市场互联+股权合作"模式

进入 21 世纪,作为国内领先证交所,纽交所开始尝试推动公司化改制和电子化交易,为进一步巩固行业地位,打牢对外扩张基础。2004 年纽交所正式启用电子交易系统"NYSE Direct+",于 2006 年 3 月 8 日上市,一举完成由非营利性机构向营利性上市公司的转型进程。2007 年,纽交所与泛欧证券交易所合并组建纽约泛欧交易所集团(NYSEEuronext),一举成为当时全球最大的交易所集团。截至 2007 年 11 月底,纽约泛欧交易所集团上市公司总市值已达 30.8 万亿美元,超过当时全球排名 2~4 位证交所的市值总额。

随着 2008 年美国次贷危机以及引发的国际金融危机持续蔓延,纽约泛欧交易集团在此后几年中虽然仍能稳坐全球交易所头把交椅,但集团的整体盈利能力呈下降趋势。为了缓解市场变化对交易所带来的冲击,一方面,积极拓展衍生品市场业务,另一方面,将信息服务作为利润新增长点,大力发展指数业务。截至 2019 年底,合并后的交易所集团总资产达 945 亿元(美元,下同),年营收达 52 亿元,利润总额 27 亿元。从区域分布来看,美国本土业务和海外业务收入分别占总收入的 63% 和 37%。从业务分布来看,交易清算手续费是集团最主要的业务收入来源,而数据服务收入已连续四年超过 20 亿元,成为集团第二大收入增长点。

（二）纳斯达克："股权合作+技术输出"模式

2000年完成公司化改制的纳斯达克随即开始实施全球扩张战略，短时间内陆续成立了纳斯达克日本市场、纳斯达克欧洲市场、纳斯达克德国市场，与 Liffe 建立美国股票期货交易所 NQLX，与柏林交易所共建交易平台，并将耗资上亿美元开发的最新电子自动对盘交易系统"超级蒙太奇"推向海外市场。2004年全美市场系统法规（NMS 法规）修订后，对资本市场流动性和技术系统提出了更高的要求。在这一阶段，纳斯达克开始着手扩大市场规模、增加交易品种、提高市场流动性，到2006年纳斯达克获批成为美国全国性的证交所，完成了从场外交易市场到场内交易市场的转变。

2007年纳斯达克通过与北欧证券交易所集团（OMX）合并成立纳斯达克 OMX 集团（NASDAQ OMX Group）打开欧洲市场，弥补前期全球化的战略失误。进入2008年，国际金融危机的爆发和蔓延对现货交易市场带来严重冲击，IPO 和交易量出现大幅下滑，但纳斯达克通过将交易业务重心从场内转向场外，现货转向衍生品，并大力提升非交易业务竞争力等方式实现平稳过渡。

经过几年的发展，纳斯达克 OMX 已构建起覆盖场内场外、现货期货，贯穿整个交易清算链条的业务体系，截至2019年底，纳斯达克 OMX 集团总资产达139亿元，年营收达43亿元，利润总额11亿元。从区域分布来看，美国本土业务和海外业务收入分别占总收入的80%和20%。从业务分布来看，市场服务仍然是纳斯达克主要的收入来源，而咨询服务收入约为8亿元，占总收入比重超过20%。

（三）伦交所："市场互联+股权合作+技术输出"模式

2006年开始，由纽交所、纳斯达克掀起的全球资本市场并购浪潮推动伦交所加速国际化步伐，大力对外扩张。在此后三年，伦交所先后数次拒绝了来自纽交所以及纳斯达克的收购邀约，并完成了对意大利交易所、欧洲最大的电子固定收益交易市场 MTS 与欧洲最大的暗池交易市场 Turquoise 的收购，与东京交易所、多伦多交易所和奥斯陆交易所建立战略合作关系，吸引大量来自美洲、亚太、中东、拉丁美洲等境外企业在伦交所上市。在技术服务方面，伦交所收购 MillenniumIT 技术公司，利用低成本、高性能的交易系统和技术支持持续对外技术输出，巩固技术领域垄断优势。伦交所一方面进一步扩大海外业务，与新加坡交易所建立便捷双方投资者交易对方市场股票的国际通道，与多伦多交易所合资成立债券公司，收购意大利 MTF 多边交易平台 EuroTLX 以及电子债券交易平台 Bonds. com Group；另一方面抓住增长新机遇，收购伦敦结算公司、富时集团和意大利技术公司 Gatelab，进一步强化清算、指数、数据分析业务。

近年来，伦交所开始专注于通过技术创新加大资本市场基础设施的方式，进一步巩固其全球资本市场领先地位。截至2018年底，伦交所年营收达26亿元，利润总额9亿元，从区域分布来看，英国本土业务和海外业务收入分别占总收入的56%和44%，从业务分布来看，相较纽交所和纳斯达克，伦交所的收入来源更加多元化，其中咨询业务、清算托管业务是伦交所最主要的收入来源，业务规模甚至超过传统资本市场业务。

三、全球主要证交所国际化经验与启示

通过梳理纽交所、纳斯达克与伦交所等全球主要交易所本世纪以来国际化发展模式及其成效，可以发现虽然各大交易所在国际化策略和发展侧重点略为不同，但基本都采取了市场互联、股权合作以及技术输出等方式拓展国际业务。各大交易所在不断巩固国内市场领先地位的基础上，通过不断加强外部合作、推动兼并重组、输出先进技术系统，构建起多元高效的业务体系，最终成为具有全球影响力的交易集团。

（一）交易所国际化发展的主要动因

1. 追求规模经济效应，是各大交易所推动国际化的核心目的

现代通信技术的飞速发展使得金融产品跨国乃至跨洋交易成为现实，但不同交易规则、监管体系和交易系统间信息壁垒所造成的市场区隔，使得交易成本居高不下。20世纪末以来出现的国际化浪潮是各大交易所在全球一体化和信息化宏观背景下，通过扩大业务范围、降低交易成本、提高交易效率追求经济规模效应的主要措施之一。一方面，更大规模的交易市场由于交易效率更高、资金流动性更强，其价值发现功能更加突出，资本定价更趋合理，能够吸引更多企业上市，投资者出于流动性和规避信用风险考虑也更倾向于选择市场活跃、金融产品更加齐全的交易所进行投资。另一方面，不断涌现的新型场外交易市场对传统资本市场带来了持续冲击，以高盛、JP摩根、德意志银行为代表的大型投行和以对冲基金、ETF、房地产信托基金（REITS）等构建起的另类交易体系，通过与数据服务商深度合作，为投资者跨地区、跨资产类型交易提供直接融资渠道，进一步削弱了传统交易所市场功能。为此，各大交易所开始寻求通过跨境并购与对外交流合作在短期内大幅降低交易成本，并通过构建多层次资本市场体系，进一步提升系统交易规模、资本流动性以及价值发现功能。

2. 对于全球资本市场领导权和话语权的争夺，是各大交易所推动国际化的重要因素

进入新世纪，随着"一超多强"政治格局逐步形成，以欧盟、日本为代表的经济体开始寻求在全球资本市场中发挥更大影响力，而美国也在不断通过扩大交易市场影响力巩固其全球金融领导地位。西方各国的经济发展史证明了资本市场在协调市场资源配置以及推动国民经济发展过程中发挥着不可替代的支持作用，而交易所作为资本市场最重要的载体，是资本市场发挥应有功能作用的必要环节。因此，各大交易所对于全球市场份额的争夺也是各国在全球资本市场中竞争的体现，交易所通过国际化水平的不断提升，不仅能够获得更大的经济收益，同时也在集聚国际资本、提升区域乃至全球金融中心地位方面发挥重要作用。本世纪以来，交易所的跨国并购主要发生在北美与欧洲资本市场，纽交所、纳斯达克、德交所在欧洲资本市场的大举并购以及围绕收购伦交所的数次尝试，充分体现了美国与欧盟竞争国际资本市场体系主导权的野心。

3. 推动业务体系多元化转型，是交易所推动国际化的重要动因

随着国内国际市场竞争日趋激烈与信息技术的不断发展，各大传统交易所在交易费用方面的收益利润空间不断被压缩，传统交易所依靠交易费用维持正常运作的经营模式难以为继。但从另一方面看，本世纪初欧美发达国家依托其雄厚的科技研发实力在交易信息化方面走在全球前列，为交易所通过技术输出拓展全球市场，增加利润增长点提供支撑。纳斯达克、伦交所等交易所纷纷通过收购国内先进信息服务企业的方式跳出原有"做大交易市场、丰富交易产品"的传统发展模式，聚焦交易后领域、基础设施和数据技术服务领域，加快由交易组织者向技术设施供应商和数据信息服务商转型步伐，并以此为基础加快形成了新的发展路径和市场角色定位，截至目前，伦交所信息技术服务相关业务规模已超过传统业务，成为交易所最主要的收入利润来源。

（二）交易所国际化发展的基础条件

1. 推动本土市场国际化，是交易所提升与国际证券交易市场联结度的重要基础

各大交易所国际化，均有探索在本土市场推出基于其他市场的跨境产品创新，加快与国际证券交易市场交流互动，丰富本土市场交易品种，优化本土市场结构。纽交所在开展大规模对外并购之前，通过对国内衍生品交易业务的补充，进一步丰富产品种类，提升境外资本

透过交易所进入美国市场的期待值;持续推出追踪海外股票指数和外国债券指数的 ETF 产品,延长跨时区交易时间,提升境内资本在国际证券市场的参与度;通过建立北美—欧洲交叉挂牌上市快速通道,进一步丰富上市服务。伦交所作为历史最为悠久的传统证交所,在进行全球业务布局前,首先选择开辟面向全球科技型、创新型企业的 techMark、extraMark 和场外衍生品交易市场 EDX,进一步丰富现有产品线,吸引更多境内外机构和资本目光,提升交易所的国际影响力。

2. 推动公司制股份制改革,是交易所开展跨境股权合作的重要基础

在传统的会员制架构下,任何形式的业务拓展与制度改革都需经过交易所会员大会审核同意,程序十分复杂,成功可能性较低。而经过公司制乃至股份制改造后的交易所拥有完全符合现代市场规则的企业组织架构,股权合作业务开展可完全按照法律法规与公司章程要求依法推进,大大降低了交易所运营管理与信息沟通成本。1993 年瑞典斯德哥尔摩股票交易所实行股份制改革拉开了证交所公司化的序幕,上世纪末至今,美国、英国、澳大利亚、新加坡、德国、日本、韩国、中国香港等国家和地区交易所陆续完成公司化改制,其中纽交所、伦交所、德交所、港交所等较为活跃的交易所分别在各自市场先实现自我上市,全球交易所的转制以及上市浪潮显著加快了各大交易所国际化进程。

3. 推动交易信息化水平提升,是交易所依托技术输出加强国际合作的重要基础

基于跨境资本市场交易多时区、多平台特征,具备完善信息化交易体系的交易所,在发挥技术优势推进国际化过程中将占据显著优势。进入新世纪,交易电子化程度的不断提升为交易所国际化发展带来了可能,同时也成为衡量一个交易所国际竞争力的重要标志。纽交所作为传统证交所,为了弥补电子化交易短板收购群岛交易所,由此获得大量机构客户资源,在当年就使成交额首次突破 20 万亿美元。与泛欧交易所合并后,在电子交易平台基础上建立起横跨大西洋两岸,覆盖美国、法国、葡萄牙等多国资本市场的单一现货交易平台、单一衍生品交易平台和单一全球产品网络。纳斯达克作为全球最早建立电子报价系统的交易所,在开始国际化进程之初就将技术输出作为对外交流合作的核心竞争力,其耗巨资研发的全新交易系统"超级蒙太奇",该系统每天处理超过 10 亿股的交易量,处理的事务每秒钟超过了 5 000 笔,成为同一时期最为高效的电子交易系统。这一产品不仅为纳斯达克重新树立起对市场负责的正面形象,同时也大幅压缩了通信订收费、交易输入服务费、数据接入费等传统交易费用,切实降低投资者交易成本。

(三)交易所国际化发展面临的挑战

1. 各国资本市场监管体系和规则的差异,是交易所国际化发展面临最为突出的问题

历史上各大交易所在对外扩张的进程中都遭遇各国因对金融产品交易监管权限和监管范围认识差异而造成的阻碍。一方面,交易所的自律监管作为金融监管体系的重要组成部分,在交易监管过程中的作用正不断提升,尽管近年来各国金融监管机构交流合作日益频繁,但各大交易所之间的自律监管体系和监管权限仍然存在不同程度的差异,各方在并购与合作谈判过程中如何就自律监管权限及与政府监管协作达成最终一致意见,需要较高的政治智慧和商业智慧。另一方面,即使在完成合并或达成合作协议之后,交易所如何在跨境业务日常开展过程中协调适应多边金融监管法律法规也存在相当程度的困难。如美国证监会与欧交所有关监管机构曾就加强双边合作签署了谅解备忘录,但由于双方在市场、立法以及监管重点等方面存在诸多显著差异,且后续会根据市场与经济变化情况作出相应调整,故双方各项监管合作很难付诸实施。

2.政治壁垒是阻碍交易所国际化发展的重要因素

交易所作为一个国家和地区资本市场最重要的载体之一,其国际化发展将直接关乎国家和地区的金融体系安全和金融国际地位,因此各大交易所在进行对外扩张过程中极易受到本国与他国基于政治考量的诸多限制。在资本全球化的今天,跨境竞争及合作使得交易所成为进驻他国资本市场的重要工具,对交易所的争夺也就成为国家之间对于全球资本市场控制力和经济资源的争夺。近年来,欧美交易所间的跨国并购事件体现出欧洲主要国家之间乃至欧美之间争夺全球资本市场领导地位和经济主导权的较量,为交易所的国际化进程增添了一抹政治色彩。2006年德交所曾尝试对泛欧交易所发起并购,在欧盟金融监管部门做出明确表态之前,法国当局就以合并将影响巴黎欧洲金融中心地位为由向欧盟持续施压,最终导致该项并购以被裁定违反欧盟反垄断法而作罢,但在美国强大的政治与经济双重攻势下,泛欧交易所最终在次年与纽交所完成合并,使得纽交所成为全球第一家横跨两大洲的交易所集团。

3.合作成本高企和不确定性风险增加,是困扰各大交易所国际化发展的重要问题之一

一方面,不论是通过外部并购还是加强合作,交易所在进入境外市场后,出于适应监管要求、调整优化业务结构等因素,将不可避免地面临管理层分歧、制度优化、所有权纠纷等合作成本。纽交所与泛欧交易所合并初期,美国与欧盟金融监管机构的双重监管使得交易成本大幅提升,迫使其不得不提高交易手续费。另一方面,虽然当前推进国际化战略的交易所均为各国和地区行业内领军交易所,但各大交易所在国际化进程中仍将面临被投资方或合作方的审慎判断,如果其认为该并购或合作计划并不能提升自身国际影响力、提升市场份额或丰富产品线,那么并购谈判将以失败告终。2019年港交所对伦交所提出的天价收购方案最终被拒,主要原因便在于伦交所认为与港交所联合并不能显著提升其发展水平。此外,虽然交易所国际化水平提升有助于更加高效利用全球金融资本,但也在一定程度上抑制了原有监管政策的有效性,外部金融市场波动对于国际化交易所的传递性和冲击力也相对更强,交易所在推进国际化发展进程中也必须做好应对不确定性风险增加的准备。

四、国内证交所国际化发展的政策建议

从近年全球证券市场发展总体情况来看,西方主流交易所经过20余年不断加强内外部资源整合拓展,呈现出强者愈强、弱者愈弱的"马太效应"。相对于纽交所、纳斯达克、伦交所等发达经济体的成熟交易所,国内交易所受自身体系结构、产品技术等内部因素以及政策差异、政治阻力等外部环境双重影响,短期内并不适宜采取较为激进的国际化业务布局,而应通过加强国际市场互联、探索股权合作以及优势技术输出等方式,进一步提高国内市场流动性与开放性,逐步推进对接全球证券市场。

(一)探索将B股市场打造成为面向全球优质企业与国内资本交汇的投融资平台

充分发挥交易所在金融开放中的排头兵作用,将B股市场打造成为境外优质企业上市融资平台。在保障国内金融体系安全稳定运行的前提下,以促进战略性新兴产业发展、完善资本市场结构为导向,积极推动"一带一路"共建国家以及与中国经济关联度比较高的跨国企业和境外优质企业在B股市场上市,探索开发"B股通"机制,引导境内投资者参与B股市场交易,进一步丰富国内资本市场层次,提升国内交易所的国际竞争力与影响力。

(二)进一步丰富联结全球主流证券市场的跨境交易产品

进一步丰富国际交易产品种类,与富时(FTSE)、锐联(RA)、标普道琼斯(S&PDJI)等境外知名指数机构合作编制符合国际标准及市场需求的指数,并研究设计以境外指数为基础

的杠杆/反向及原型 ETF 产品以及双币交易机制。探索与境外交易所联合设立特殊目的机构(Special Purpose Vehicle,SPV),协助投资者及券商将买卖双方市场有价证券的委托传送至对方交易所,并协助进行后续结算、交割及保管等工作。进一步加强与境外交易所尤其是全球知名交易所合作,以产品互挂等形式提升双方市场的流动性和竞争力,借鉴交易所经验,选择业务互补性较强的合作对象,快速实现对关键领域和短板业务突破,提升交易所整体竞争力。

(三)以市场化运作为导向,加快推进与境外交易所股权合作

择机分批分类推动国内交易所公司制、集团化改革,剥离相关行政管理权力,摆脱行政事业单位色彩,构建与全球主流交易所相适应的公司治理体系。积极推动国内证交所、期交所、商交所以及清算所通过组建企业联合体、战略联盟等方式强强联合,打造覆盖全产品线、全产业链的交易服务体系,参照四大商业银行模式,适时推动交易所集团在境内与香港资本市场上市,打造综合实力全球领先的交易所集团。择机通过战略投资、股权互换、兼并重组等方式与境外知名交易所开展股权合作,吸引新增投资者,提升国内交易所市场规模和全球影响力。

(四)依托技术优势,加快构建可复制输出的跨境交易信息服务体系

电子交易系统作为当前跨境交易的核心基础设施,目前主要由西方发达国家交易所垄断。随着新一轮技术革命的不断深入,大数据、云计算、5G 通信等技术的不断迭代升级将对现有交易系统产生颠覆性影响,国内高新技术企业在上述领域的技术积累,为我国打破西方各大交易所对交易系统的垄断带来了机遇。未来国内交易所应当进一步加强与国内相关领域高新技术企业合作,加快研发基于新一代信息技术的跨境电子交易系统,通过对外技术输出形式开拓国际市场。

(五)积极参与国际证券业组织事务,提升全球市场话语权与交易所国际地位

支持国内证券业监管机构在各项证券国际规则和标准制定过程中提出"中国方案",发出"中国声音"。支持证交所进一步深耕国际证券组织业务,积极参与世界交易所联合会(WFE)、亚洲暨大洋洲交易所联合会(AOSEF)及国际证券管理机构组织(IOSCO)等国际证券组织相关工作,争取在各组织中担任重要职务,掌握话语权,并通过工作小组进行业务交流,广泛吸收各国市场创新经验,分享本地市场经验,引导交易所产业实务走向,提升国内交易所国际地位及能见度。

(资料来源:肖钦.全球主要证交所国际化经验与中国的选择[N].澎湃,2020-06-19.)

第四节　欧洲货币市场

一、欧洲货币市场的概念

欧洲货币也称境外货币,是指境外储蓄和借贷的各种货币。欧洲货币市场是专门经营欧洲货币业务的市场,包括存款、放款、投资、债券发行和交易等活动。这个市场并非仅限于欧洲国家境内的金融中心,而是源自欧洲,并涵盖了其他地区。需要注意的是,欧洲货币市

场并不仅仅涉及欧洲国家的货币。它可能涉及来自世界各地的多种货币,例如美元、日元、英镑等。在这些市场上,各种货币可以进行存款、贷款、投资和交易,为投资者和金融机构提供了更广泛的选择。欧洲货币市场的兴起与欧洲境外的金融中心有关,特别是伦敦的金融市场发挥了重要作用。由于其便利的法规环境和全球化的金融服务,伦敦成为欧洲货币市场的主要中心之一。同时,其他欧洲城市如法兰克福、苏黎世等也扮演着重要角色。

在理解欧洲货币市场的概念时应该要注意,欧洲货币市场已经超越了地理概念,不仅仅限于欧洲境内的城市。最初,欧洲货币市场是指伦敦及西欧其他地方存在的美元借贷市场。随后,这一范围逐渐扩展至亚洲、美洲、拉丁美洲等地区。因此,欧洲货币市场不再局限于欧洲,而是具有全球性的特征。现在,欧洲货币市场包括欧洲各个主要金融中心,并且还包括日本、新加坡、中国、加拿大、美国、巴林、巴拿马等国家的全球或区域性金融中心。因此,欧洲货币市场可以被称为"治外货币市场",也就是说它不受所在国政府政策和法令的管辖。在亚洲地区,欧洲货币市场的延伸被称为亚洲美元市场(Asian dollar market)。这意味着欧洲货币市场在亚洲也得到了发展,并形成了自己的特点和规模。

二、欧洲货币市场的形成原因

欧洲货币市场的形成主要基于以下四个原因。

(一)冷战与英镑危机

在1950年12月16日,由于朝鲜战争爆发,美国政府冻结了中国在美国的全部资产。为了避免面临相同的风险,苏联和其他东欧国家政府将他们持有的美元转移到了美国境外的银行,其中大部分被转存到伦敦,从而形成了最初的欧洲美元市场,尽管数量不多。这种情况下,欧洲美元是指在伦敦等欧洲地区的银行中存放的美元,以便在需要时进行跨境支付和结算。虽然初始规模可能较小,但这为后来发展成为全球性的欧洲货币市场奠定了基础。

第二次中东战争导致了英国的国际收支严重恶化,这在一定程度上削弱了英镑的国际地位。为了改善国际收支状况、稳定英镑以及恢复国内经济,英国政府加强了外汇管制措施,并禁止英国商业银行向英镑区以外的居民提供英镑贷款。为了规避外汇管制并保持在国际金融领域的竞争地位,英国的商业银行纷纷转向经营美元业务。它们开始吸收美元存款并向海外客户提供贷款。这导致在伦敦出现了一个大规模经营美元存款和短期资金放贷业务的市场,这就是后来的欧洲美元市场。这个市场允许投资者和企业在伦敦进行美元相关的交易和借贷活动,而不受英国政府的外汇管制限制。欧洲美元市场的发展为跨境美元交易提供了便利和灵活性,吸引了越来越多的参与者。

(二)西方国家的政策措施

在20世纪60年代之后,美国的国际收支持续赤字,导致大量美元流出,为欧洲货币市场提供了大量资金。面对这一情况,美国政府被迫采取强制措施限制资金外流,然而这些措施反而推动了美国企业和金融机构加强海外借贷活动以规避政府管制,进而促进了境外美元存货业务的发展与扩大。其中包括1963年7月开征利息平衡税(interest equalization tax),规定美国居民购买外国政府在美发行债券的利息所得需缴纳税款,以限制资金外流。此外,1965年还制定了"自愿限制对外贷款指导方针",要求银行与其他金融机构控制向非居民提供的贷款数额,并于1968年颁布《对外直接投资规则》,限制美国公司的对外直接投资活动。然而,这些限制措施产生了适得其反的效果,激励着美国商业银行积极扩展其在欧洲货币业务的海外分支,以规避政府的金融法规管制。这些措施为伦敦等欧洲金融中心提供了更多的机会,使得境外美元存货业务得以进一步发展和扩大。因此,这些限制措施既是为了限制资金外流,又成为促进欧洲货币市场发展的推动力。它们引导美国商业银行在海外积极开展美元相关业务,为欧洲货币市场增加了更多的流动性和活跃度。

在20世纪60年代后,随着美元在国际货币体系中的地位逐渐下降,联邦德国马克、瑞士法郎、日元等货币变得越来越强劲,吸引了大量国际资金流向这些国家。为了减缓通货膨胀压力并维持本国货币汇率的稳定,瑞士、联邦德国和日本的货币当局采取了一些措施对外国居民存放本国货币进行限制,例如不支付或倒收非居民存款的利息。这导致大量美元从美国流出并涌向伦敦。

(三)石油美元回流

在20世纪70年代,石油价格大幅上涨,发生了1973年和1979年的两次石油危机。这导致石油输出国获得了大量以美元表示的出口盈余,被称为石油美元。同时,石油进口国出现了巨额的国际收支逆差。这些巨额的石油美元对石油输出国、石油进口国乃至全球经济都产生了重大影响。对于石油输出国来说,由于获得了大量的石油美元,但其国内投资市场相对较小,无法完全吸纳这么多美元。因此,它们必须通过资本输出的方式将这些美元运用到国外。而石油进口国由于石油进口支出的大幅增加,导致国内经济衰退,并对全球贸易发展产生影响。因此,以工业国家为代表的石油进口国大多希望石油美元回流,即从石油输出国回流到石油进口国。最初,石油美元主要流向了欧洲货币市场,为其提供了大量资金供给。

(四)生产与资本的国际化

在第二次世界大战之后,科学技术迅猛发展,国际分工不断加深,国际贸易竞争也越来越激烈。随着生产和资本的国际化步伐加快,跨国公司不断将业务扩展至全球各地。这种全球范围内的生产、贸易和投资活动需要日益增加的短期资金流动,同时也需要在母公司与子公司之间以及子公司之间进行资金调拨。此外,为了更新设备和技术,跨国公司还需要从金融机构获取中长期资本。跨国公司既为欧洲货币市场提供了资金来源,又为其创造了更多的业务机会。它们成为欧洲货币市场的重要参与者,满足了市场上不断增长的资金需求。同时,跨国公司的活动也促进了欧洲货币市场的发展和繁荣,为金融机构和企业提供了更多的合作机会。

三、欧洲货币市场的特点

(一)资金规模庞大

欧洲货币市场的资金来源广泛且庞大,吸引了来自世界各地的资金。这些资金可以来自其他国家和地区的投资者、跨国公司、金融机构以及政府机构等。由于欧洲货币市场包括多种主要可兑换货币,如欧元、英镑、瑞士法郎等,因此能够满足不同国家及其银行、企业对于不同期限和用途的资金需求。不同类型的资金需求可以包括短期的贸易融资、长期的投资项目融资、企业扩张的融资、政府债券发行等。欧洲货币市场通过提供各种不同期限、不同风险偏好和不同收益预期的金融工具，如短期商业票据、债券、股票、衍生品等，满足不同实体的资金需求。同时，由于欧洲货币市场的规模庞大，具有高度的流动性和深度的市场参与者，这为投资者提供了更多的选择和灵活性。无论是全球大型企业还是中小型企业，无论是发达国家还是新兴市场国家，都可以在欧洲货币市场找到适合自身需求的资金来源。

(二)自由开放

欧洲货币市场作为一个不受任何国家政府管制和税收限制的市场，具有高度的自由经营特点。这种自由性表现在多个方面，包括借款条件的灵活性、借款用途的自由度等。首先，欧洲货币市场的借款条件相对灵活。金融机构可以根据借款人的需求和信用状况来确定借款条件，如利率、期限、还款方式等。这种灵活性使得跨国公司、进出口商以及其他各类借款人能够根据自身需求获取到适合的融资。其次，欧洲货币市场对于借款用途没有明确的限制。借款人可以根据自己的需要将借款用于不同的目的，如企业扩张、设备购置、投资项目等。这种自由度使得借款人可以更好地满足自己的资金需求，并灵活应对市场变化。正因为如此，欧洲货币市场不仅符合跨国公司和进出口商的需要，也符合许多西方国家和发展中国家的需要。跨国公司可以在这个市场上灵活融资，扩大业务范围；进出口商可以通过此市场获得灵活的贸易融资，提高国际竞争力。同时，许多西方国家和发展中国家的企业也可以利用欧洲货币市场的自由经营环境，获取到适合自身发展的融资机会。

(三)独特的利率体系

由于欧洲货币市场不受法定准备金和存款利率最高额限制，存款利率相对较高，贷款利率相对较低，存贷款利率的差额较小，通常只在0.5%左右波动。由于不受法定准备金和存款利率最高额限制，银行和金融机构可以根据市场需求和竞争情况自由地确定存款利率和贷款利率。为了吸引更多的存款人，他们可能提供相对较高的存款利率，以鼓励人们将资金存入银行账户中。同时，为了吸引借款人，他们可能提供相对较低的贷款利率，以促进借款活动和投资。由于存贷款利率之间的差异较小，这使得欧洲货币市场对存款人和借款人都更具吸引力。存款人可以获得较高的利息收益，并且有着相对稳定和安全的投资渠道。而借款人则可以享受较低的贷款成本，从而降低了资金成本，促进了投资和经济活动的发展。

(四)以银行间交易为主

欧洲货币市场的经营以银行间交易为主，并且银行同业间的资金拆借在市场业务总量中占据重要比例。这种情况源于银行作为重要的金融机构，在欧洲货币市场扮演着关键角色。银行间交易是指不同银行之间进行的资金借贷和拆借活动。在欧洲货币市场，银行通过拆借向其他银行提供短期资金以满足流动性需求，或者借入资金以弥补自身的短缺。这些交易通常是大额交易，涉及的金额往往是数万到数亿甚至数十亿美元。此外，欧洲货币市场也被称为批发市场，这意味着市场上的交易往往是面向大型客户进行的。大部分借款人和存款人是一些大型金融机构、跨国公司和其他大规模企业。这些大客户通常需要较大规模的资金来支持其经营活动和投资项目。因此，在欧洲货币市场，交易金额往往较大，少则数万元，而多则可达到数亿甚至数十亿美元。这种大额交易的特点既反映了市场参与者的规模和需求,也体现了市场的专业性和高度流动性。

四、欧洲货币市场的影响

欧洲货币市场自其产生以来,在国际金融领域中扮演着重要的角色,其影响既有积极的一面,也有消极的一面。

(一)欧洲货币市场的积极作用

欧洲货币市场作为一个自由经营的市场,为国际资本转移提供了重要渠道,并解决了国际资金供需矛盾。它促进了国际贸易和投资的发展,为各类参与者提供了多样化的融资和投资机会。通过促进资本流动和资源配置的效率,欧洲货币市场推动了世界经济的增长和繁荣。

欧洲货币市场可以为一些国家弥补国际收支逆差提供手段。1973 年石油危机后,欧洲货币市场成功地完成了石油美元的回流,这对于避免世界范围内的国际收支失衡起到了积极作用。在石油危机之后,原油价格大幅上涨,导致许多国家的进口成本急剧增加。这引发了这些国家的国际收支逆差,即其支付给石油出口国的资金超过了从其他国家收入的资金。为了解决这一问题,欧洲货币市场成为一个重要的工具。欧洲货币市场通过吸引国际资金流入并提供融资工具,为这些国家提供了解决逆差问题的手段。这包括通过银行间市场进行资金借贷、利用债券市场筹集资金等方式。这种回流的石油美元实质上是将外汇储备转化为更容易使用和投资的形式,有助于平衡国际收支。

欧洲货币市场的出现使各国际金融中心之间的联系变得更加紧密。通过银行间交易、债券市场、货币市场基金等平台,不同国家的金融机构能够更容易地进行资金借贷和拆借活动。这种联系的加强有助于实现国际金融市场的一体化,促进了跨境资金流动和资源配置的效率。

欧洲货币市场的发展提供了便捷且高效的渠道,使国际资金流动的成本得到降低。金融机构和投资者可以通过市场进行直接交易,避免了在各个国家之间建立分别的联系所带来的复杂程序和成本。这有助于提高资金流动性,加快了资金的配置速度。

(二)欧洲货币市场的消极影响

欧洲货币市场相对于其他国际金融市场来说,可能存在更为松散的监管框架。这使得巨额欧洲货币能够在世界范围内自由流动,并更容易被用于外汇投机等活动。自由流动的资金可能会引发快速的买卖交易和大规模的资本流动,从而增加了汇率波动的幅度,这可能导致国际金融市场更加动荡。汇率的大幅波动会对跨国企业、进出口商和投资者的经营活动产生不稳定性,并影响全球金融市场的整体稳定。

欧洲货币市场的存在对一国国内货币政策的有效性产生了影响。当一国为抑制国内通货膨胀而提高利率时,欧洲货币市场的存在使得国内银行和企业能够从该市场上获得低成本的资金。这样一来,银行和企业能够以较低的成本进行融资活动,削弱了国内利率上升的效果。此外,欧洲货币市场上的短期资金(游资)也可能因国内利率水平的上升而大量涌入,进一步抵消了紧缩的货币政策的预期效果。反之,当一国为刺激经济增长而放松货币政策、降低利率时,国内资金可能会流向利率水平较高的欧洲货币市场。这种资金流向会减少国内的投资和贷款机会,导致宽松的货币政策难以继续实施。国内企业和借款人可能更倾向于利用欧洲货币市场上的低成本资金,而不是在国内寻找融资途径。

欧洲货币市场增加了国际贷款的风险,并且其中的期限错配问题可能增加了国际金融市场的脆弱性。欧洲货币市场的资金来源中,短期资金和同业拆放资金所占比重较大。这些短期资金往往用于满足银行和企业的短期融资需求,具有流动性高、回报率较低的特点。然而,在这样的市场环境下,很多贷款却是中长期的。这导致了资金的期限错配,即借方的期限较长,而放贷方的期限较短。期限错配可能导致一些潜在风险。当借方无法按时偿还贷款时,放贷方可能会面临流动性压力或信用风险。如果一家银行在欧洲货币市场上借入短期资金,并将其转为中长期贷款,但在偿还贷款时遇到困难,这就可能引发连锁反应,并对金融市场产生不利影响。

阅读材料

境外主体持有人民币资产超 10 万亿元

中国人民银行日前发布的《2021 年人民币国际化报告》(简称《报告》)显示,截至 2021 年 6 月末,境外主体持有境内人民币股票、债券、贷款及存款等金融资产金额合计为 10.26 万亿元,同比增长 42.8%。

《报告》同时显示,截至 2020 年末,境外主体持有境内人民币股票、债券、贷款以及存款等金融资产金额合计为 8.98 万亿元。也就是说,仅半年时间,境外主体持有的人民币资产就增长了 1.28 万亿元。

《报告》指出,我国经济基本面良好,货币政策保持在正常区间,人民币相对于主要可兑换货币有较高利差,人民币资产对全球投资者的吸引力较强。

对于人民币资产受到境外主体追捧的原因,中国银行研究院高级研究员王有鑫在接受《证券日报》记者采访时认为,在全球新冠肺炎疫情持续蔓延背景下,各国复苏分化,通胀高企,投资回报率下降,在传统避险资产和货币之外,国际投资者急需新的投资资产。中国经济的稳定复苏和金融开放程度的扩大为国际投资者提供了更多进入中国资本市场的机会。

国家统计局此前公布的上半年中国经济数据显示,初步核算,上半年国内生产总值 53.2 万亿元,按可比价格计算同比增长 12.7%;两年平均增长 5.3%。我国经济发展呈现稳中加固、稳中向好态势。

“实体经济和产业链供应链逐渐恢复,上市公司盈利改善,上证综指波动走高,为国际投资者提供了较好的投资回报。”王有鑫说,与此同时,中国金融开放程度不断加深,外资金融机构在中国享受国民待遇,银行、证券、保险、基金等的外资持股比例放开,经营范围和资质大幅放宽。QFII 额度放开,沪深港通和债券通机制不断完善,理财通正式启动,增加了外资投资便利化程度,推动外资扩大流入。

从《报告》公布的 2020 年数据来看,境内金融市场股票和债券是境外主体增配人民币金融资产的主要品种。截至 2020 年末,境外主体持有境内人民币股票市值 3.41 万亿元,债券托管余额 3.33 万亿元。规模大幅超出存款余额 1.28 万亿元,贷款余额 0.96 万亿元。

今年以来,二者也保持着持续增长的势头。中国人民银行公布的境外机构和个人持有境内人民币金融资产情况显示,截至 6 月末,境外主体持有境内人民币股票市值为 3.76 万亿元,债券托管约 3.84 万亿元。

《报告》表示,下一阶段,“人民银行将继续推动金融市场高水平双向开放,丰富风险对冲工具,提高境外主体配置人民币金融资产的便利化水平,支持境外央行、货币当局和储备管理部门配置人民币储备资产,拓展人民币的储备和投资货币功能"。

在王有鑫看来,未来人民币资产吸引力将进一步提升。中国经济未来仍将保持较好发展态势,在全球所占份额将继续抬升,人民币利率汇率市场化改革持续深入,在跨境贸易、投融资、资产管理中的使用将稳步增加。同时,随着我国金融市场开放程度不断加深,将为国际投资者寻求高额回报提供更多渠道和可能,并吸引全球资本继续流入。因此,未来全球投资者对中国金融市场的兴趣会继续提升,"中国制造"将逐渐向"中国资产"转变,人民币将成为全球主要避险和投融资货币,为全球经济稳定、金融市场发展和跨境资本流动提供中国市场和资产解决方案。

(资料来源:刘琪.境外主体持有人民币资产超10万亿元 央行称将拓展人民币储备和投资货币功能[N].中国青年网,2021-09-22.)

第五节 国际金融市场风险管理

一、国际金融风险的概念

国际金融风险是指在国际贸易和国际金融投资过程中,由于不可预测的不确定因素所带来的影响,使得参与经济活动的主体面临收益偏差,并最终导致可能获得额外收益或遭受损失的可能性。

国际金融风险具有以下五个特点:

①全球性。国际金融风险涉及多个国家和地区之间的经济活动,受到全球经济和金融市场的影响。全球金融市场和经济活动之间存在着紧密的联系和相互依赖的关系。一个国家或地区的金融风险可能会扩散到其他国家,甚至引发全球性的金融危机。因此,国际金融风险通常具有全球性的影响和传染性。

②多样性。国际金融风险来源广泛,涵盖了汇率风险、政治风险、经济风险、信用风险等多个方面。不同的风险因素可能同时存在,相互关联并相互影响。

③不确定性。国际金融风险往往由不可预测的因素引发,如政治事件、自然灾害、金融危机等。这些因素的发生和影响难以准确预测,增加了风险管理的复杂性。

④杠杆效应。国际金融市场中的杠杆操作可能会放大风险。通过借款和使用衍生品等金融工具,投资者可以在较小的资本基础上进行大额交易,从而增加了潜在损失的规模。

⑤时空差异。国际金融风险涉及多个时区和市场,不同地区的经济环境、政治局势和法律体系存在差异。这导致了国际金融风险在不同时间和地点的表现有所不同。

二、国际金融风险的类型

国际金融风险的种类很多,按照不同的划分标准,大致可以分为以下几个种类。

（一）根据涉及的金融活动进行分类

1. 国际贸易外汇风险

这种风险主要与跨境贸易活动相关。当企业从外国进口或出口商品时，由于汇率波动，可能导致货币价值发生变化，进而影响交易成本和利润。

2. 商业银行外汇风险

这种风险指商业银行在进行外汇交易和提供外汇服务时面临的风险。例如，商业银行可能面临汇率波动引起的损益风险以及外汇市场流动性不足等风险。

3. 国际直接投资风险

这种风险涉及企业进行海外直接投资时面临的潜在风险。它可以包括政治风险、法律风险、经济风险和社会文化风险等。

4. 国际证券投资风险

这种风险指个人或机构进行跨境投资，购买外国证券时面临的风险。它包括汇率波动、政治风险、市场风险、信用风险等。

（二）根据风险涉及的范围进行分类

1. 宏观风险

宏观风险是指与整个经济体系和全球经济环境相关的风险。这包括经济衰退、通货膨胀、利率变动、政府政策变化等因素对国际金融市场产生的影响。

2. 行业风险

行业风险是特定行业面临的风险，例如能源、金融、科技等行业。行业风险可能受到供需关系、技术进步、监管政策变化等因素的影响。

3. 微观风险

微观风险是指特定企业面临的风险，如管理风险、竞争风险、财务风险等。这些风险与企业自身的经营状况、战略决策和市场竞争等密切相关。

4. 国家/地区风险

国家/地区风险涉及特定国家或地区的政治、经济、法律环境以及社会文化因素对国际金融活动的影响。政治不稳定、战争、法律制度不完善等都属于国家/地区风险。

（三）根据风险承担者进行分类

1. 企业风险

企业风险是指企业在国际金融活动中面临的风险。这包括汇率风险、贸易风险、市场风险等。企业在进行跨境贸易、投资和融资时，可能面临的各种经营风险。

2. 投资者风险

投资者风险是指个人或机构在进行国际金融投资时面临的风险。这包括股票、债券、外汇、衍生品等投资领域的风险。投资者可能面临市场风险、信用风险、流动性风险等。

3. 政府风险

政府风险是指国家或地区政府在处理国际金融事务时面临的风险。这包括政策风险、监管风险、政治风险等。政府的决策和行动可能对国际金融市场和经济产生重大影响。

4. 中介机构风险

中介机构风险是指金融中介机构在履行其国际金融服务职责时面临的风险。这包括商业银行、投资银行、保险公司等金融机构可能面临的信用风险、流动性风险、市场风险等。

(四)根据风险产生的根源进行分类

1. 市场风险

市场风险是由于市场供求关系、价格波动和投资者情绪等因素导致的风险。它包括股票市场风险、债券市场风险、商品市场风险等。市场风险通常与整体经济环境和市场条件有关。

2. 信用风险

信用风险是指借款人或交易对手违约或无法按时履行合约义务所造成的损失。这种风险涉及个人、企业、金融机构之间的信用违约风险。

3. 操作风险

操作风险是由于内部流程、系统故障、人为错误、欺诈行为等导致的风险。这种风险可能涉及金融机构的运营活动、技术系统以及内部控制等方面。

4. 法律和合规风险

法律和合规风险是由于违反法规、监管要求或合同条款而引发的风险。这包括违法行为、合同纠纷、监管处罚等。

5. 政治风险

政治风险是由于政治因素导致的不确定性和变动所带来的风险。政治风险可能包括政府政策变化、战争、恐怖主义等。

阅读材料

全球金融风险正在累积而不是去化

2023年出现在发达经济体的金融风暴,是否是货币金融环境收紧所引发的一次性事件,还是预示着全球金融体系存在更多的系统性压力,是下一次全球金融危机的前奏或前夜?本文基于结构和历史的视角,就全球经济结构存在的问题,以及这些问题对全球金融风险的影响,做了一些探讨。有三点结论:

一是全球经济结构:去工业化、虚拟化、增长低速化和债务驱动。20世纪七八十年代以来,全球经济经历了金融自由化、去工业化和全球化的"三化"浪潮,主要发达经济体制造业份额不断下降,但金融、保险、房地产业份额持续提高,经济虚拟化特征凸显,同时劳动生产率和全要素生产率逐步降低,经济增长低速化,但全球货币供应量和信贷并没有减少,反而持续增加,导致1961—2021年60年间全球广义货币、私人信贷年均增速比实际GDP、名义GDP增速分别高出约6个、2个百分点,全球广义货币、信贷占GDP比重均提高了近两倍。2008年后全球金融危机以来,在生产率下降的背景下,无论是高收入国家还是中高收入国家,更是将加大货币供应量和信贷投放作为政策必选项甚至首选项,全球经济对债务的依赖日渐加深。

二是全球经济增长:地缘政治关系紧张加剧长期滞涨风险。除了面临生产率下降、人口老龄化、债务负担加重、逆全球化升级等外,全球经济在当前及未来很长一段时间内还面临地缘政治关系紧张的冲击。1900—2022年的历史经验表明,全球地缘政治紧张会造成经济增速大幅下降或深度衰退,同时大幅推高通胀水平。如1900—1960年发生过两次世界大战,第一次世界大战期间德日等11国加权GDP增速为负,较战前降低约4个百分点,通胀增幅则超过30个百分点;第二次世界大战期间这些国家陷入深度衰退,经济降幅达到10%~15%,而通胀水平却从个位数跳升至106%。1960—2022年期间发生了三次石油危机和战争,实际GDP增速较高点分别下降5.8、3.8、3.1个百分点,通胀分别大幅提高10.0、4.6、3.2个百分点;俄乌冲突的发生,IMF预计2022年全球经济增速将下降2.5个百分点,通胀却提高3个百分点。展望未来,第二次世界大战后建立的全球政治经济格局正在发生巨变,全球治理体系进入重塑期,世界进入动荡变革期,地缘政治关系趋紧态势明显。

三是全球金融风险:正在积累而不是去化。短期内全球经济将面临降通胀、稳增长、稳金融的"三难困局",需要再加息降低通胀,但可能引发经济衰退甚至爆发金融危机的风险,实现软着陆难度加大。中长期内全球经济面临低生产率、低增长、高债务、地缘政治风险明显加大的局面,全球金融风险正在累积、在加速,而不是在去化。预测引发金融风险集中释放的导火索并不重要,重要的事情是做好下次危机前的应对准备,如推进创新驱动下的"再工业化"。

(资料来源:伍超明,胡文艳,李沫.全球金融风险正在累积而不是去化[N].金融界,2023-04-24.)

三、国际金融风险管理

(一)国际金融风险管理的概念

国际金融风险管理是指在跨境金融交易和投资过程中,采取一系列措施来识别、评估、减轻和应对潜在的金融风险的过程。其目的是保护金融机构、企业和个人免受金融市场波动和不确定性的冲击,以最大程度地确保资金安全和业务持续性。

(二)国际金融风险管理的内容

1.风险识别和评估

通过分析各种可能的风险因素,如市场风险、信用风险、操作风险等,以识别和评估潜在的风险。这包括了解市场环境、监测行业和经济趋势,以及评估特定交易或投资的风险程度。

国际金融风险识别和评估是国际金融风险管理中的关键步骤。它涉及分析和评估各种可能的风险因素,以确定潜在的风险及其对金融机构、企业或个人的影响程度。以下是一些常见的国际金融风险识别和评估方法和工具。①市场研究和分析:通过深入了解市场环境、监测行业和经济趋势,以识别市场风险。这包括关注全球经济指标、政治事件、市场供求关系和竞争情况等因素,并进行定量和定性分析。②风险指标和模型:使用风险指标和数学模型来测量和评估不同类型的风险,如VaR、CVaR、风险敏感性分析等。这些指标和模型可以帮助识别和量化潜在的损失风险。③信用评级和信用报告:通过评估借款人或交易对手的信用状况和违约概率,以识别信用风险。这包括使用信用评级机构的评级报告、财务分析、行业趋势等信息。④操作风险评估:对内部流程、系统故障和操作错误等因素进行评估,以识别操作风险。这可以通过审查和改进内部控制程序、建立风险管理框架和流程来实现。⑤经验法则和专家判断:根据经验法则和专家判断来识别和评估潜在的风险。这涉及依赖经验丰富的从业人员、行业专家和风险管理团队的意见和洞察力。

2. 风险控制措施

采取一系列措施来控制和减轻特定风险的影响。这包括采取适当的风险管理策略,如多元化投资组合、使用衍生品进行风险对冲、建立内部控制和合规框架等。具体地,多元化投资组合通过将投资分散到不同的资产类别、行业和地区,以降低特定投资的风险。多元化可以减少单一投资所面临的特定风险,并提高整体投资组合的稳定性;使用衍生品工具如期货合约、期权或互换合约等进行风险对冲操作。例如,通过购买外汇期权来对冲汇率风险,或者通过使用衍生品工具来对冲商品价格波动风险;建立有效的内部控制和合规框架,确保风险管理政策和程序得到遵守和执行。这包括建立适当的风险管理流程、指导方针和监控机制,以及设立独立的风险管理部门来监督和评估风险控制情况;对于金融机构和投资者,设定合理的杠杆比例和风险限额是重要的风险控制手段。通过限制借款和杠杆操作,可以降低潜在损失,并确保资金安全;对于金融机构和企业,建立有效的交易审查和监控机制,以及风险控制流程。通过审查交易细节、监测市场条件和风险指标,能够及时发现异常情况并采取相应的风险管理措施;确保有足够的流动性来应对突发事件和不可预见的风险。包括建立适当的流动性储备、与合作伙伴建立备用信贷线或流动性支持等。

3. 风险监测和报告

建立有效的监测和报告机制,及时跟踪风险变化和风险暴露。通过监控市场数据、风险指标以及内部风险事件,及时发现和应对潜在的风险。

以下是一些常见的风险监测和报告方法、措施。建立一个完善的风险监测系统,用于收集、整理和分析与风险相关的数据和信息。这包括市场数据、经济指标、行业动态、交易记录等。监测系统应该能够实时或定期提供风险指标和报告;进行定期的风险评估和压力测试,以评估风险暴露和潜在损失。通过模拟不同市场情景和压力测试,可以识别潜在的风险点,并评估其对机构或投资组合的影响;密切关注全球市场和经济条件的变化,如利率变动、汇率波动、商品价格等,这涉及对宏观经济趋势、地缘政治风险和市场情绪等因素的监测和分析;建立内部风险事件报告机制,鼓励员工及时报告可能导致损失的风险事件,这包括非预期的交易损失、操作错误、违规行为等。内部报告可以帮助及早发现问题,并采取相应的措施进行纠正和处理;利用外部信息来源,如新闻、研究报告、行业趋势分析等,来获取有关风险的相关信息,这些信息可以提供对市场和行业的洞察力,从而支持风险评估和决策制定;定期编制风险报告,向管理层、董事会和相关利益相关者通报风险状况和风险管理措施,这些报告应该清晰、准确地描述各类风险的变化和影响,并提供建议和方案来改善风险管理。

通过有效的风险监测和报告,金融机构、企业和投资者可以了解和评估自身面临的风险,及时采取措施来减轻风险影响,并做出明智的决策。这有助于提高整体的风险应对能力和业务稳定性。

4. 应急准备和危机管理

通过制定应急准备计划和采取相应的措施,金融机构、企业和投资者可以更好地应对紧急情况和危机,并减少潜在损失。灵活的流动性管理、危机沟通和协调机制,以及针对金融市场波动的应对措施都是重要的组成部分。此外,持续监测和评估风险情况也是关键,以及时调整和改进应急准备计划。具体地,灵活的流动性管理机制确保机构或企业具备足够的流动性来应对突发事件和市场波动。这包括建立充足的现金储备、与合作伙伴建立备用信贷线或流动性支持,以及优化资本结构以提高流动性弹性。建立有效的危机沟通和协调机制,以便在危机发生时能够迅速、透明地与内部和外部相关方进行沟通和协调。这涉及明确责任和职责、建立通信渠道、制定危机沟通策略等。针对金融市场波动和系统性风险,制定相应的应对措施。这可能包括调整投资组合配置、采取避险策略、设立风险限额和止损机制等,以减少潜在损失和保护资产价值。设立专门的危机管理团队,由具备相关经验和技能的人员组成。该团队负责监测市场情况、评估风险暴露、制定应对策略,并与管理层和相关方进行沟通和协调。定期审查和更新应急准备计划,以确保其与变化的风险环境和业务需求保持一致。这包括对流动性管理机制、危机沟通和协调机制等进行评估和改进。加强对潜在危机和系统性风险的监测和评估,以提前发现并应对可能的威胁。这涉及建立有效的风险监测系统、进行压力测试和模拟分析,以识别潜在的脆弱点和风险源。

四、国际金融风险管理的意义

(一)避免潜在损失

国际金融市场面临着各种风险,有效的风险管理可以帮助金融机构、企业和投资者避免潜在的损失。通过识别、评估和监测风险,采取相应的措施来管理风险,可以降低潜在损失的风险。

(二)维护金融稳定与系统性风险防范

国际金融风险不仅会对个体机构或企业造成影响,还有可能对整个金融体系产生连锁反应和系统性风险。通过风险管理,可以加强对系统性风险的防范和控制,维护金融市场的稳定和健康发展。

(三)提高决策质量

风险管理提供了对风险的全面认知和理解,为决策者提供了更准确和可靠的信息基础。通过风险管理的分析和评估,决策者能够更好地了解风险与回报之间的关系,做出明智的决策,并为组织和投资者创造更好的价值。

(四)增强信任和声誉

有效的国际金融风险管理可以提高金融机构、企业和投资者的声誉和信任度。通过充分披露和透明度的风险管理,展示出良好的风险管理实践,有助于吸引投资者和合作伙伴的信任,从而促进业务发展和长期稳定的合作关系。

(五)遵守监管要求

国际金融风险管理是符合监管要求的一项重要举措。各国监管机构对金融机构和企业的风险管理有严格的要求,包括资本充足性、风险披露、压力测试等。通过有效的风险管理,可以确保符合监管要求,避免处罚和制裁。

阅读材料

苦练内功应对内外金融风险

在"美国优先"战略下,虽然美国在服务贸易和投资收益上都获得了巨大顺差,但美国政府不能容忍中国对美的货物直接贸易顺差,于 2018 年 7 月 6 日率先对中国商品加征进口关税,中美贸易摩擦升级。随后美方对华加征关税的商品规模不断扩大,美方日渐显露出全面遏制中国经济的态势。

随着中国经济的快速崛起,中美关系已经演变为新兴崛起大国与在位霸权国家的关系模式问题,中国必须清醒地认识到中美摩擦的长期性和严峻性。在美国的金融霸权主导下,未来中国要防止美国的金融封锁和金融制裁,并为此练好内功,以立于不败之地。

一、正视内部隐患

国内杠杆率高企,影子银行、地方债、房地产流动性问题,以及巨大的债务危机恐将导致系统性金融风险。

中国经济长期存在结构性问题,内外需失衡造成经济产能过剩、效率降低,并进一步打压金融市场价格,这种负向循环相互作用、相互强化,容易引发系统性金融危机。此外,当前国内经济正处于三期叠加状态,国内杠杆率高企,影子银行、地方债、房地产流动性问题等内部金融风险难以出清,未来倘若外部环境持续恶化,巨大的债务危机恐将导致系统性金融风险跨市场传染。

一是居民杠杆率过高。根据国家金融与发展实验室(NIFD)发布的《2022年中国杠杆率报告》,2022年居民部门杠杆率维持在61.9%的水平上。与此同时,金融科技公司等还在诱导长尾群体加速消费。金融科技公司主要依赖购物、交易、物流等行为数据,更多依据借款人的消费和还款意愿,缺乏对其还款能力的有效评估,容易造成过度授信,使一些低收入人群和年轻人深陷债务陷阱,此类消费者抗风险能力较弱,易引发群体性事件和系统性风险。当未来经济进一步下行时,长尾群体债务问题将进一步暴露,甚至引发社会问题。

二是我国银行特别是中小银行公司治理缺乏制度约束,部门之间相互割裂、相互抵触、牵制乏力现象比较普遍,金融监管又很难触及深层次问题。一些银行内部管理存在股权结构不合理甚至失衡、董事会风险控制职能弱化、监事会监督职能未能尽责等问题。未来中美对抗加剧、实体经济增速下行,中小银行暴露的问题极有可能引发区域性、局部性金融风险。

三是中国的金融市场成熟度低、规则机制不够完善,投资者缺乏教育、羊群效应表现得比较明显。信用工具缺少,市场信息特别是衍生品市场信息不透明,不能为投资者带来较为准确的投资信息,缺乏强有力的管理方式。金融市场价格短期内发生变化之时,很容易导致市场之间资金开始出现替代效应或者短期内同涨同跌现象。

如果中美对抗加剧,一旦部分资金通过信息优势加剧国内金融市场恐慌情绪,羊群效应等非理性因素将持续时间更长、破坏效应更强,届时可能引发资产整体下降。我国金融市场也可能出现"黑天鹅""灰犀牛"事件,极端条件下可能引发我国大量投资者损失和金融市场的价值危机,或可引发系统性的金融危机。

二、防范外部风险

我们更应该警惕的是这轮反全球化中隐藏的"去中国化"动向,即在全球化制度规则中的"去中国化",将中国排除在国际游戏规则之外。

美国作为全球金融中心国家,在中美双方金融力量的对比上占据显著优势。未来中美竞争背景下,切断我国与美元清算支付体系的联系是美国金融制裁的王牌。

此外,还应当警惕这轮由美国发动的反全球化中所隐藏的"去中国化"趋势,在全球化制度规则中逐渐"去中国化",将中国排除在国际游戏规则之外,隔绝中国与世界经济金融的联系。

一是外部宏观经济政策冲击风险。当前地缘政治风险加剧,主要发达国家及新兴市场国家的经济政策不确定性提高，近期美国通货膨胀率高位运行，并曾创40年来通胀纪录，美国的量化宽松政策外溢已导致全球流动性过剩，美联储加息又致使全球流动性回流美国，复杂多变的国际经济政策环境使得各国的货币政策目标与微观主体行为错位，导致宏观经济和金融资产价格波动加剧。

在原本通胀高企的状态下，全球能源、资源和粮食价格的上涨以及经济持续下行，很容易合成为全球性滞涨，而作为能源、有色金属、粮食进口大国，中国也可能面临输入性通胀冲击。在全球性滞胀背景下，中国经济也无法独善其身，随着经济增速的下降，金融、政治、社会等内部风险都可能上升。

二是货币战风险。人民币的快速升值或贬值都将对我国经济造成巨大影响。美国如果将中国纳入汇率操纵国，通过类似广场协议的机制逼迫中国人民币升值，而我国外贸依存度较高，人民币快速升值将挤压出口企业利润，引发大量小型出口企业破产。汇率升值将短时间吸引短期资金流入国内引发经济过热，股票价格和房地产价格等在内的资产价格急剧提升，商业银行贷款继续大幅增加，货币供应量增加又将加剧国内资产泡沫，一旦未来经济收缩将极其容易引发我国经济危机。

2015—2016年人民币贬值周期就曾有多股国际空头势力试图做空人民币。人民币遭受投机攻击后容易快速贬值，使得外资短时间内集中减持人民币资产，势必引发境内金融市场连锁反应，对房地产资产价格、资本外流、外汇储备乃至整个金融体系都有不利影响，而中美竞争背景下未来人民币频繁遭受国际资金做空将会是常态。

三是金融战风险。当前主流评级机构都在美国，美国可以普遍下调中国主权和重点企业信用评级，从而增加企业融资成本和违约风险。在美上市中概股也面临强制退市风险。2020年12月美国国会立法审议通过《外国公司问责法案》，该法要求在美上市外国公司提供上市公司审计底稿。去年8月12日，五大央企宣布从美退市，未来更多央企将退出美国市场。美国还可能会迫使富时罗素、明晟等指数编制公司将中国股票剔除出他们的指标体系，北上资金大幅流出导致股票价格大幅度下跌，继而影响中国金融稳定和发展。

随着中国金融对外开放力度不断加大，也使得金融信息基础设施直面国内外不同形式的网络风险。美国可以对贸易摩擦纠纷较大领域相关的行业、企业、个人（企业高管和科研人员）实施包括限制美元交易、限制投融资、冻结资产、罚款等制裁，将这些企业和个人纳入"特别指定国民"名单。针对特定借口对相关机构个人进行金融制裁既可以实现美国的特定目标，保证对相关机构的威慑力，又能确保制裁措施的可实施性。

四是金融全面脱钩风险。截至2022年底，我国外汇储备规模31 277亿美元，民间部门对外债权类资产也将近3万亿美元，高于民间部门承担的外债规模。本质上讲，我国为对外净债权国，债权类的资产主要是债券、存贷款等流动性较高的资产。从美国对一些国家采取的资产冻结举措来看，未来中美一旦脱钩，大量在欧美的金融资产将面临巨大风险。

更值得我们担心的是，假如中国金融机构被剔除出SWIFT系统和CHIPS清算体系，将极大限制中国的美元交易结算。SWIFT系统由欧盟主导，主要支付结算货币为美元，是欧美共同掌控的国际金融基础设施，董事长长期由美国会员单位担任。信息交换中心分别设在荷兰阿姆斯特丹和美国纽约，美欧有能力调取SWIFT系统信息。

纽约清算所银行同业支付系统CHIPS于1970年由纽约清算协会创立并运行，是全球最大的私营支付结算清算系统。鉴于当前全世界60%的结算货币都是美元，排除在美元清算系统以外意味着中国与世界经济的隔离。

美国原本是全球化主要受益国，但从特朗普政府执政开始，美国就高呼现行的国际贸易机制严重影响美国利益，并开始针对中国进行包括国际贸易、产业链的调整或脱钩。对美方而言，其应对中国时也会考虑到中国庞大的市场和较为健全的制造业产业链等因素。一旦美国对中国全面封锁，可能会损及美国国内某些利益集团的诉求，政府的举措可能会遭到国内民意的反对。而我们更应该警惕的是这轮反全球化中隐藏的"去中国化"动向，即在全球化制度规则中的"去中国化"，将中国排除在国际游戏规则之外。

三、应对策略

中国应苦练内功，未雨绸缪，加快推动人民币国际化，有计划、有步骤地减少美元资产占比，尽可能引导两国关系在经贸的范畴内交锋。

对中国而言，应充分认清国际金融风险，以及内外风险叠加造成的冲击。

一是苦练内功，整体推进金融基础设施建设，进一步建立健全金融市场规则与机制，强化风险监测预警和早期干预，提高源头防范能力。落实金融监管各方责任，完善金融管理部门之间、中央和地方之间防范化解金融风险的协同机制，持续推动金融风险防范化解。

二是未雨绸缪，高度重视被切断 SWIFT 系统的潜在风险，加快建立人民币计价支付清算系统网络，推动跨境支付清算渠道、投资融资渠道的分散化和多元化。完善数字人民币体系，加快开发基于区块链的法定数字货币。

三是加快推动人民币国际化，形成人民币使用网络，扩大"石油人民币""铁矿石人民币""碳金融人民币"等机制，提高人民币的国际结算份额。依靠"一带一路"等国家战略，进一步加强人民币与进出口联动，形成人民币跨境贷款的借、用、还闭环网络，推动人民币区域化、国际化进程加速。

四是有计划、有步骤地减少美元资产占比，增加非美货币资产占比，增加外汇储备安全性。维护庞大的海外金融资产安全，避免出现资产冻结的情况。深度绑定全球金融体系，避免与全球金融体系硬脱钩。

（资料来源：金岳成，李湛.苦练内功应对内外金融风险［N］.国际金融报，2023-02-20.）

本章小结

1.国际金融市场是指全球范围内进行货币、资金和金融资产交易的市场。它是各国之间进行跨境资金流动和金融活动的场所，涉及多种不同的金融工具和交易方式。

2.国际金融市场的形成条件包括稳定的国内政治环境、自由开放的经济体制、完善的法律制度、金融创新和技术进步以及基础设施、国际合作与监管机制。

3.国际信贷市场是指跨国界进行借贷和融资活动的市场。它提供了各种形式的融资机会，包括贷款、债券发行和其他信贷工具，以满足企业和政府等借款人的融资需求。

4.政府贷款，也被称为外国政府贷款或双边政府贷款，是指一国政府利用自身的财政资金向另一国政府提供资金支持的贷款形式。

5.国际金融机构在国际信贷活动中扮演着日益重要的角色。这些机构是由多个国家共同创办，旨在实现共同目标并开展国际金融活动。根据参与国家的数量和业务范围的大小，国际金融机构可以分为全球性和地区性两类。

6. 国际银行贷款是指银行机构通过跨国合作和国际金融市场提供贷款给境外借款人的一种金融活动。

7. 国际证券市场是指跨国边界进行证券交易的市场,其中包括各国的股票市场、债券市场和衍生品市场等。它为投资者提供了全球范围内的投资机会,并促进了资本在不同国家之间的流动。国际证券市场一般可分为国际债券市场和国际股票市场两类。

8. 外国债券是指借款人在其本国以外的某一国家发行的,以发行地所在国货币为面值的债券。这些债券可以由政府、机构或公司发行。外国债券的发行需要获得发行所在国政府的批准或监管机构的批准。

9. 欧洲债券是指借款人在债券票面货币发行国以外或在该国的离岸金融市场发行的债券。这些债券的发行不受任何国家金融法规的管辖,因此被认为是一种跨国债券。

10. 欧洲货币也称境外货币,是指境外储蓄和借贷的各种货币。欧洲货币市场是专门经营欧洲货币业务的市场,包括存款、放款、投资、债券发行和交易等活动。这个市场并非仅限于欧洲国家境内的金融中心,而是源自欧洲,并涵盖了其他地区。

11. 国际金融风险是指在国际贸易和国际金融投资过程中,由于不可预测的不确定因素所带来的影响,使得参与经济活动的主体面临收益偏差,并最终导致可能获得额外收益或遭受损失的可能性。

12. 国际金融风险管理是指在跨境金融交易和投资过程中,采取一系列措施来识别、评估、减轻和应对潜在的金融风险的过程。其目的是保护金融机构、企业和个人免受金融市场波动和不确定性的冲击,以最大程度地确保资金安全和业务持续性。

13. 国际金融风险管理的内容包括风险识别和评估、风险控制措施、风险监测和报告、应急准备和危机管理。

14. 国际金融风险管理的意义包括避免潜在损失、维护金融稳定与系统性风险防范、提高决策质量、增强信任和声誉、遵守监管要求。

课后思考题

一、单项选择题

1. 下列属于欧洲货币市场业务的是( )。
   A. 中信公司在纽约花旗银行借一笔美元
   B. 中信公司在伦敦巴克莱银行借一笔英镑
   C. 中信公司在日本发行武士债券
   D. 中信公司在日本发行以美元标明面值的债券

2. 欧洲货币市场最早交易的货币是( )。
   A. 欧元　　　　　　B. 美元　　　　　　C. 英镑　　　　　　D. 欧洲马克

3. 以下不属于外国债券的有( )。
   A. 扬基债券　　　B. 武士债券　　　C. 猛犬债券　　　D. 欧洲债券

4. 按照资金借贷期限长短不同,国际金融市场可分为(　　　)。
    A. 国际货币市场与国际资本市场　　　　　　B. 国际银行信贷市场与国际证券市场
    C. 传统的国际金融市场与境外货币市场　　　D. 现货市场与衍生市场

5. 负责直接银团贷款的管理工作是(　　　)。
    A. 管理行　　　　　　B. 参与行　　　　　　C. 牵头银行　　　　　　D. 贷款银行

6. 欧洲货币市场产生的直接原因是(　　　)。
    A. 朝鲜战争　　　　　　　　　　　　　　　B. 美国金融管制措施
    C. 美国金融危机　　　　　　　　　　　　　D. 国际银行设施

7. 在日本发行的武士债券是(　　　)。
    A. 本国债券　　　　　　B. 外国债券　　　　　　C. 欧洲债券　　　　　　D. 全球债券

8. 银团贷款产生的最根本原因是(　　　)。
    A. 分散风险　　　　　　　　　　　　　　　B. 克服有限资金来源限制
    C. 扩大客户范围　　　　　　　　　　　　　D. 提高银行知名度

9. 最早成为世界最大的国际金融中心的是(　　　)。
    A. 伦敦　　　　　　B. 纽约　　　　　　C. 苏黎世　　　　　　D. 新加坡

10. 辛迪加贷款是指(　　　)。
    A. 独家贷款　　　　　　B. 双边贷款　　　　　　C. 银团贷款　　　　　　D. 混合贷款

11. 欧洲货币市场经营的货币是(　　　)。
    A. 纽约市场的美元　　　　　　　　　　　　B. 东京市场的日元
    C. 伦敦市场的英镑　　　　　　　　　　　　D. 新加坡市场的美元

12. 欧洲债券的特点之一是(　　　)。
    A. 记名发行　　　　　　　　　　　　　　　B. 完全免税
    C. 票面货币是发行所在国货币　　　　　　　D. 受发行所在国金融法规管制

13. 国际金融市场上最重要和最常用的市场利率基准是(　　　)。
    A. 伦敦银行同业拆放利率　　　　　　　　　B. 联邦基金利率
    C. 商业银行优惠利率　　　　　　　　　　　D. 欧洲同业拆放利率

14. 国际多边金融机构在我国发行的人民币债券是(　　　)。
    A. 扬基债券　　　　　　B. 猛犬债券　　　　　　C. 武士债券　　　　　　D. 熊猫债券

二、多项选择题

1. 欧洲货币市场资金借贷的积极作用有(　　　)。
    A. 减轻了各国通货膨胀的压力　　　　　　　B. 扩大了信用资金的来源
    C. 有利于各国国内政策的推行　　　　　　　D. 促进了生产、市场的国际化
    E. 促进了国际直接投资

2. 外汇市场的主要组成机构包括(　　　)。
    A. 外汇银行　　　　　　　　　　　　　　　B. 外汇经纪人
    C. 外汇投机商　　　　　　　　　　　　　　D. 中央银行
    E. 进出口商

3. 国际金融市场上的交易客体包括(　　　)。

A.欧洲票据 B.可转让定期存单

C.外国债券 D.货币期货

E.利率期货

4.股票市场的国际化体现在(　　)。

A.一国股票市场的对外开放 B.企业筹资市场的多元化

C.新兴市场的 QFII 制度 D.新兴市场的 QDII 制度

E.伦敦股票交易所实施的"大爆炸"

5.按照不同的分类方法,国际金融市场分为(　　)。

A.国际信贷市场 B.国际债务证券和股票市场

C.国际外汇市场 D.国际金融衍生品市场

E.国际黄金市场

6.国际金融风险具有(　　)特点。

A.全球性 B.多样性 C.确定性 D.杠杆效应

E.依赖性

7.以下(　　)国际金融风险按照涉及的金融活动进行分类。

A.国际贸易外汇风险 B.商业银行外汇风险

C.国际直接投资风险 D.企业风险

E.投资者风险

8.以下(　　)属于国际金融风险管理的内容。

A.风险监测和报告 B.市场研究和分析

C.经验法则和专家判断 D.风险控制措施

E.风险识别和评估

三、简答题

1.国际金融市场的形成条件有哪些?

2.外国债券和欧洲债券的区别?

3.国际证券市场的发展趋势如何?

4.欧洲货币市场有什么特点?

5.国际金融风险管理的内容有哪些?

四、案例分析题

上海金融中心进阶发展的优势因素与路径选择

金融活动由来已久,金融中心却是近现代才形成的。作为商品经济高度发达的产物,金融中心显然是经济发展的高级形态,只有一个城市成为特定区域的经济中心之后,大量货币资金得以融通运转,金融中心才成为可能。纵观金融中心演进史,其发展历程总体呈现"航运中心"—"贸易中心"—"经济中心"—"政治文化中心"—"国际金融中心"多层次转移路线。基于此发展脉络,当前发达的国际金融中心无一例外兼具了国际航运中心、贸易中心、经济中心等核心城市功能。换言之,金融中心大都是多个"中心"的综合集成体,而一般的中心城市难以承载金融中心的特殊功能。

城市如此,国家的进阶发展亦遵循同样的逻辑:从工业大国发展到贸易大国,跻身经济大国序列,再谋求金融领域的话语权和影响力。反推之,一个大国在世界舞台的淡出,也是先从底层开始,经济实力转弱,"无可奈何花落去",最后才在全球金融版图中退居其次。当今世界,大国之间的较量、角逐,甚至冲突与对抗,越来越表现为经济、金融领域的博弈。梳理金融中心的发展脉络,不仅能洞见当时的格局变幻,也能给当前的上海国际金融中心建设实践以启示与借鉴。

一、金融中心发展"此消彼长"

伦敦作为国际金融中心的历史最早且最长。英国凭借发轫于 19 世纪的工业革命造就了强大工业经济,吸引大量银行纷至沓来,逐步形成了"世界银行"地位,英镑成为当时的世界货币,尽管在金本位制下黄金是最主要的国际结算货币和储备货币,但"40% 的资本主义世界贸易仍用英镑结算,英镑仍然是资本主义世界的一种国际储备货币",当各国出现贸易逆差时,英格兰银行作为国际借贷中心向逆差国提供英镑贷款。"1913 年,英国的海外投资高达 40 亿英镑,占西方总投资额的一半,英国成为国际资本的供应国,以绝对优势取得了国际金融领域的统治地位",伦敦也就自然成为最大的国际金融中心。而后,第一次世界大战极大地削弱了英国的政治、军事和经济实力,民族解放运动又使得英国殖民体系土崩瓦解;更为要害的是,整个 20 世纪 20 年代,英国经济陷入长期萧条状况,到 1929 年英国在世界工业生产中的比重下降到 9%,曾经的"日不落帝国"在经济实力和政治地位上都显露颓势,导致英镑在国际金融市场中的主导地位动摇,许多驻守伦敦的国际金融机构开始寻找"新大陆"。

此消彼长之下,美国和西欧其他新兴国家开始同英国在多领域进行竞争。在西欧诸国相继被第一次世界大战和第二次世界大战拖累的窘境下,美国则紧抓机遇大力发展经济,使世界经济的中心由英国转到了大西洋彼岸。"在全球外贸总值仅为第一次世界大战前 60% 时,美国出口总值反而比战前增加了两倍;到 1929 年,美国在世界工业生产中所占的比重上升到 48%,美国对外投资范围也从拉美扩展到世界各地。"随着经济实力的不断提升,美国在国际金融领域向英国提出了挑战,为了压制英镑,美国恢复了战前实行的金本位制,建立起美元与黄金的稳定兑换关系,美元作为国际货币被人们所广泛接受,纽约则担负起了向国际市场融通美元资金的任务,顺势成为重要的国际金融中心。深远的影响还在于布雷顿森林会议确定了第二次世界大战后的货币体系,美国用国际协议的方式构筑了美元的中心地位,世界贸易的 90% 用美元结算,各国央行用美元干预外汇市场,美国政府承担各国中央银行按黄金官价用美元兑换黄金的义务,美元等同于黄金,可以自由兑换成任何一国货币。从此,美元完全取代英镑成为第一大国际货币,大量的国际借贷和资本筹措都集中于纽约,纽约也就慢慢取代伦敦坐上了国际金融中心的头把交椅。

20 世纪 80 年代,世界经济格局的新变化催生了世界金融新格局:伦敦凭借庞大的离岸美元市场,再度成为足以与纽约争雄的金融中心;日本从废墟中崛起,成为能大量输出资本的亚洲强国,带动东京发展为具有全球影响力的亚太金融中心;德国经济繁荣,加上欧洲中央银行的落户,推动法兰克福为欧洲金融中心;香港地区是中国和世界联系的重要窗口,加上自由港独特地位,也在国际上最具影响力金融中心占据一席之地。

从 20 世纪 90 年代开始,中国在市场化改革的大潮中开启了金融对外开放进程。1991 年,邓小平视察上海时指出:"上海过去是金融中心,是货币自由兑换的地方,今后也要这样搞,中国在金融方面取得国际地位,首先要靠上海。"在 2001 年中国加入 WTO 之后,中国金融业相继推出实施 QFII 和 QDII 制度,允许境外央行、国际金融组织、主权财富基金运用人民币投资,放宽外资金融机构服务对象、设立条件与地域范围限制等,上海国际金融中心建设逐渐成为"显题"。2009 年 4 月,国务院颁布实施《关于推进上海加快发展现代服务业和先进制造业建设国际金融中心和国际航运中心的意见》,首次从国家层面对上海国际金融中心建设的目标、任务、措施等内容进行了全面部署,随后 10 余年,上海"咬定青山不放松",到 2020 年基本建成了与我国经济实力和人民币国际地位相适应的国际金融中心。根据英国独立智库 Z/Yen 集团发布的全球金融中心指数,上海的排名由 2014 年 3 月第 20 名逐步跃升至第 16 名、第 13 名、第 6 名、第 5 名、第 4 名,并在 2020 年 9 月和 2021 年 3 月的指数排名中蝉联全球第 3 名;最新的第 31 期全球金融中心指数(GFCI 31,2022 年 3 月 24 日发布)显示,上海位列第 4 名,前三强为纽约、伦敦和中国香港。在新华社发布的最近一期国际金融中心发展指数中,上海在纽约、伦敦之后居全球最具影响力金融中心第 3 位。

　　诚如此前所阐述的底层逻辑,金融地位的变化根本上取决于经济实力的较量。毋庸置疑,上海国际金融中心影响力的提升,背后所反映的恰是中国经济持续向好发展的底盘。改革开放以来,中国不断向上移动着在全球谱系的坐标,中国的发展也深刻改变着世界发展格局。最新数据显示,2021 年欧盟 27 国 GDP 折合成美元成功突破 17 万亿,约为 17.088 万亿美元,尽管已经创下历史新高,却不可避免地被中国超越;根据国家统计局数据,2021 年中国 GDP 折合约 17.73 万亿美元,历史上首次超过欧盟,成为名副其实的"世界第二大经济体"。目前,美国(2021 年 GDP 达 23 万亿美元)、中国和欧盟是全球仅有的三个 GDP 超过 10 万亿美元的经济体,在全球经济格局中基本上处于"三足鼎立"的局面。

　　二、"优势因素"构筑金融中心独特地位

　　在金融中心发展图景中,何以"主"沉浮?除了经济的底层逻辑,关键还在于各国城市自身所具有的比较优势。综观全球几大重要的金融中心,其固有的优势因素构筑了各自在国际金融版图中的独特地位。

　　伦敦最显著的特点是开放外汇市场,吸引了全球的央行、金融机构到伦敦开展外汇交易,进而带动金融业的全面繁荣。伦敦得益于独特的时区优势,为亚洲和美国之间在同一时期内提供最大的资金池业务,伦敦时间还被作为国际商业标准时间,全球金融交易可在一天内仅通过伦敦市场即可完成各项工作的接替。由此,伦敦成为全球重要的外汇交易中心、黄金交易中心,全世界 37% 的国际货币交易和 18% 的跨国借贷都来自伦敦市场。根据 2019 年 9 月的数据,在全球外汇交易方面,保持在第一位的是英国,伦敦更是在全球外汇交易总量中占比高达 43.1%。虽然英国经济近年遭受"脱欧"等冲击,其金融中心地位已回落到第二,但必须承认,依托工业革命的原始资本积累,英国仍然拥有世界顶尖的工业体系,在汽车、制药、航空、化工、机械等方面都处于世界领先水平。另外,国际金融人才聚集也是伦敦金融中心的突出优势,"金融服务业约占英国 GDP 的 7%,主要集中于伦敦,从业人员约为25 万人"。

　　再看纽约,其优势目前来看无可比拟。除了纽约港本身的客观地理区位、创新型人才集聚优势,最核心的是布雷顿森林体系确立的美元世界货币地位。美国成为全球经济霸主,纽约也因此发展为首屈一指的国际金融中心。再者,与伦敦主打外汇以及衍生品市场不同,纽约是全球重要的股票交易中心,坐拥证券交易品类最全面、最专业的纽约证券交易所(NYSE)以及专门服务科技互联网企业的新型交易所纳斯达克(NASDAQ),在每年的 IPO 数量上以及上市公司总市值方面,两个交易所长期居于证券交易市场前茅。根据英国智库 Z/Yen 集团发布的全球金融中心指数数据,从 2018 年 9 月发布的第 24 期指数至今,纽约超越伦敦位居全球金融中心排名首位。

日本东京国际金融中心的发展主要归功于在银行、外汇、债券等市场的全面开放。放宽外资金融机构准入条件、经营活动范围的限制和国内金融机构进入国际市场的限制等政策利好,提高了东京金融市场在国际金融市场中的地位。即便经历了"失去的 20 年",东京仍是亚洲地区重量级城市。根据统计,"东京都市圈总人口达 4 000 多万人,占全国人口的三分之一以上,GDP 更是占到日本全国的一半"。如今,为了持续巩固国际金融中心地位,东京将金融科技列为主要发展方向,尤其重视金融科技在资产管理领域的融合应用。

中国香港和新加坡国际金融中心有许多异曲同工之处。一是竞争力强。新加坡在 63 个经济体的全球竞争力指数排名中位列第一,中国香港排第五。二是语言条件优。欧美地区更倾向于在英语水平更好的两地设置亚洲地区总部,数据显示,中国香港与新加坡均有超过 100 家国外银行设立机构,相比而言东京仅有 60 余家。三是金融基础好。香港证券交易所与新加坡交易所都是亚洲重要的证券交易所,也是中国公司除了在美国之外,主要上市的证券市场。四是人才质量高。中国香港和新加坡都拥有成熟的法律、会计等行业,高等教育质量位于世界前列。英国高等教育调查公司公布的 2020 年世界大学排行榜中,中国香港和新加坡当地大学排名均在世界前列,前 100 名中就占了 7 所。

值得关注的是,近年来,欧洲其他区域的金融中心利用英国"脱欧"导致的跨国金融企业外流窗口期,借势发展国际金融中心地位。英国研究机构新金融(New Financial)的报告显示,截至 2019 年 10 月,有 332 家公司将部分业务、员工、资产或法人实体从英国转移到了欧盟其他地区,爱尔兰都柏林成为最大受益者,共有 115 家英国企业选择落户其中,遥遥领先于欧洲大陆地区的卢森堡(71 家)、巴黎(69 家)、法兰克福(45 家)和阿姆斯特丹(40 家);2019 年英国有近一半资产管理公司选择了迁往都柏林,而迁往法兰克福的公司中有 3/4 以上是银行或投资银行。分析发现,除了都柏林是依靠地域因素以及卢森堡是借助金融方面的优惠政策(离岸公司的税收优惠政策)外,德国法兰克福、法国巴黎之所以能承接伦敦移出金融业务,直接原因是它们拥有良好的金融基础设施以及人才支撑,以巴黎为例,其金融服务业从业人员约 18 万人,仅次于伦敦的 25 万人;更主要的原因在于,在全球经济波动的当下,德国和法国能在未来保持相对好的经济发展势头,这给了金融机构稳定的预期。

三、上海金融取得阶段性成就的"优势因素"

说上海金融是后起之秀,可能不一定贴切。历史上,上海一度是远东国际金融中心,20 世纪 30 年代,上海作为亚洲地区国际金融中心盛极一时,其影响力远远超过当时的东京等其他亚洲城市。当时,全国主要中资金融机构总部集聚,金融市场国际影响十分显著,上海外汇市场的国际化程度、市场成交量都居于亚洲各国前列。抗日战争爆发以后,上海作为亚洲国际金融中心的地位逐渐衰落。

中华人民共和国成立后,特别是 1978 年的改革开放翻开了中国历史发展的新篇章,在经济社会发展取得举世瞩目成就的同时,金融在经济社会发展中的重要性日益显著,上海历史性地承接了国际金融中心建设的使命。从 20 世纪 90 年代的顶层设计,到 2009 年正式作为国家战略提出,再经过多年持续精进,上海已经具有较为完备的国际金融中心的核心功能,确立了人民币金融资产配置和风险管理中心地位,成为推动人民币国际化的重要枢纽,形成了与服务实体经济和支持经济高质量发展较为适配的金融服务体系。目前,无论是基于国际评价,还是市场验证,上海都已经基本建成与中国经济实力以及人民币国际地位相适应的国际金融中心。

那么,上海金融取得阶段性成就的"优势因素"何在? 可以总结的成功经验有很多,但若择其精要,至少有五个需要重点关注的维度。

第一,国家战略。建设国际金融中心是党中央、国务院交给上海的重大国家任务。1992年,党的十四大明确"要尽快把上海建成国际经济、金融、贸易中心之一"。2009年,《国务院关于推进上海加快发展现代服务业和先进制造业建设国际金融中心和国际航运中心的意见》(国发〔2009〕19号)明确"到2020年,基本建成与我国经济实力以及人民币国际地位相适应的国际金融中心;基本建成具有全球航运资源配置能力的国际航运中心"。正是在国家战略的总体布局下,上海才能在国内金融中心的基础上,进阶建设国际金融中心。上海相继提出"五个中心"建设目标并上升为国家战略,"五个中心"之间彼此赋能,共同推动上海经济整体实力稳居全球前列。如今,上海国际航运、贸易、经济、金融中心已基本建成,具有全球影响力的科技创新中心也形成了基本框架。尤为重要的是,国家近年启动了"一盘大棋",将上海置于"长三角区域一体化发展"和"长江经济带"的龙头地位,这无疑为上海国际金融中心升级版建设提供了强大的腹地支撑。清醒地认识和把握上海国际金融中心建设在国家经济社会发展大局中所处的历史地位,直面挑战也紧抓机遇,这是保证上海国际金融中心建设"一张蓝图绘到底"的关键,也是全部工作取得实效"不落空"的根本保证。

第二,市场力量。上海已成为公认的全球金融市场门类最完备的城市之一、全球金融基础设施最完善的城市之一、我国金融产品最丰富的城市之一。从市场种类看,上海集聚了包括股票、债券、货币、外汇、票据、期货、黄金、保险等在内的各类全国性金融要素市场,除传统的中国外汇交易中心、上海证券交易所、上海期货交易所、中国金融期货交易所、上海黄金交易所外,近年来人民币跨境支付系统、原油期货交易平台、上海清算所、上海保交所、上海票交所等一批新型金融要素市场和金融基础设施的建立,为金融市场的稳定运行提供了可靠支撑。从定价能力来看,以人民币计价的"上海价格"持续扩容,"上海金""上海油""上海银""上海铜"等相继推出,上海银行间同业拆放利率(Shibor)、贷款市场报价利率(LPR)等基准利率市场化形成机制不断完善;CFETS人民币汇率指数成为国内外市场观察人民币汇率水平的主要参照指标,上海关键收益率(SKY)成为债券市场的重要定价基准。

市场力量彰显"硬核"实力。截至2020年末,上海证券交易所股票市值位居全球第三位,银行间债券市场规模位居全球第二位,上海黄金交易所场内现货黄金交易量位居全球第一位,上海期货交易所多个品种交易量位居同类品种全球第一位。从金融业发展情况来看,上海金融业增加值由2009年的1804亿元增加到2021年的7 973.3亿元,增长了3.4倍;上海金融市场成交额由2009年的251万亿元增加到2021年的2 511.1万亿元,增长了9倍;上海金融机构总数由2009年末的约800家增加到2021年末的1 701家,增长了1.1倍;上海金融从业人员由2009年的22万人增加到2020年的47万人,增长了1.1倍。

第三,对外开放。上海国际金融中心国际化程度明显提升,"沪港通"、"沪伦通"、"债券通"、中日ETF和黄金国际板等相继推出,外资金融机构加快在上海布局,上海证券交易所、中国金融期货交易所等金融市场与"一带一路"沿线地区的合作不断深化。上海持续深化金融开放,让全球投资者对中国金融市场更具信心。A股相继被纳入明晟(MSCI)、富时(FTSE)、道琼斯三大国际指数;中国债券被纳入彭博巴克莱全球综合指数、摩根大通全球新兴市场政府债券指数;上海率先实施优质企业跨境人民币结算便利化、境内贸易融资资产跨境转让等创新举措,成为开放的人民币资产配置中心,全球资产管理中心建设渐入佳境。从机构层面看,截至2021年末,上海拥有各类持牌金融机构近1 700家,外资金融机构占比超过30%;在全球排名前20位的国际资管机构中,已有17家在上海设立主体;2022年以来,先后有汉领资本、建银国际、鼎晖投资、集富亚洲(二期)4家机构申请参与QFLP试点,贝莱德基金、安中投资两家机构申请参与QDLP试点,目前6家资管机构试点资质均已获批。

从框架体系来看,上海国际金融中心的主体架构已经基本确立,各类金融市场、金融基础设施等要素齐备,中外资金融机构集聚发展,金融产品和服务体系不断完善。从内涵功能来看,上海国际金融中心的定价、支付清算等核心功能日益成熟。"上海金""上海油"等"上海价格"有力提升了人民币资产的国际定价能力。人民币跨境支付系统(CIPS)、上海清算所、中国银联、支付宝等落户上海,使上海成为全球人民币支付清算的核心枢纽,助力人民币国际支付全球排名首次超越日元,跻身全球前四大活跃货币。

日前,中欧陆家嘴国际金融研究院针对在沪资管机构中高层管理人员做了主观感受调研,其结果显示:在疫情影响下,资管机构依然对上海下半年乃至全年的资管业务规模持乐观态度,资管机构正"危中寻机"加速资管科技布局,重塑投资策略,提高可持续投资的产品规模。市场表明,多家国际资管机构计划扩大在华业务,提交了追加试点额度的申请:瑞信投资、品浩投资、瑞锐投资三家QDLP试点机构分别获准追加额度2亿美元、2亿美元、1亿美元,获准总额度分别达到4亿美元、4亿美元、1.5亿美元;海纳华、信旄投资两家QFLP试点机构分别追加0.7亿美元、5亿美元投资额度,获准总额度分别达到7亿美元、10亿美元。

第四,科技创新。科技赋能、数字化转型是近年来全球金融业发展的焦点和趋势。上海历来重视推进金融科技的创新发展,较早抓住了新一轮科技革命给金融业带来的跨越式发展机会。2020年,上海发布《加快推进上海金融科技中心建设实施方案》(沪府办规〔2020〕1号);2021年,上海金融"十四五"规划提出具体目标,要求"金融科技中心全球竞争力明显增强,助推城市数字化转型"。

在政策引导效应下,上海金融科技产业生态日趋完善。央行数字货币研究所在上海设立上海金融科技公司,一批国内外知名金融机构的金融科技子公司相继落户上海;重大试点有序开展,数字人民币试点稳步实施;央行金融科技创新监管试点持续推进,培育发展了一批前沿科技领域的头部企业,在人工智能、云计算等方面的研发应用水平持续提升;上海金融科技产业联盟成立,搭建金融科技的行业合作和国际交流平台;启动"上海国际金融科技创新中心"项目,培育一批创新性强、应用性广的金融科技示范项目。2021年底,上海正式启动证监会资本市场金融科技创新试点,这是继央行金融科技创新监管、数字人民币后启动的又一项重要金融科技试点工作。

第五,服务能级。从发展环境来看,上海国际金融中心配套服务体系不断健全。在全国率先设立金融法院、金融仲裁院,政务服务"一网通办"全面推进,大数据普惠金融应用2.0上线,法治、信用、人才环境更加完善,会所、律所、征信、评级等金融专业服务机构加快在沪集聚,金融从业人员超过47万。陆家嘴金融城、外滩金融集聚带等金融集聚区建设成效明显。"陆家嘴论坛"成为国内外金融高端对话交流的重要平台。上海国际金融中心有力地支持了其他"四个中心"建设。上海期货交易所的绝大部分期货品种价格已成为国内现货贸易的定价基础;上海已成为国内航运保险市场中心,目前共有包括11家航运保险营运中心在内的56家财产保险公司和3家再保险公司在沪经营航运保险业务,国际市场份额仅次于伦敦和新加坡;科创板为促进高新技术产业和战略性新兴产业发展提供了有力的资本支撑。

四、上海金融进阶发展的路径选择

上海国际金融中心建设的成果有目共睹。与此同时，面对世界百年未有之大变局以及国内加快构建新发展格局的新形势新要求，上海国际金融中心未来如何建设也成为一个必须正面回答的问题。前述"五个维度"，对应了上海推进国际金融中心建设的核心优势因素："国家战略"是根本的预期保证，"市场力量"是可靠的底盘支撑，"对外开放"是国际化必由之路，"科技创新"是未来的竞争优势，"服务能级"是软环境实力。这"五个维度"也为上海国际金融中心的进阶发展提供了较为清晰的路径选择。

一是以金融中心为支点，高质量服务国家区域经济发展战略和"双循环"新发展格局，最大程度做中国经济发展的助推剂、稳定器。与纽约、伦敦等发达的国际金融中心一样，上海也不仅是一城一域之地，背后是整个国家力量的加持。从最根本的意义上说，上海国际金融中心迈上怎样的高度、能否在全球引领风骚，最终取决于国家的经济发展实力，任何技术层面的探讨和操作，只能"加速"或"延缓"进程，但无法阻挡内在的走向。根据伦敦经济咨询机构经济与商业研究中心的最新预测，世界经济会在2022年达到一个重要的里程碑，即全球年 GDP 总量将突破100万亿美元，而到2030年，中国将超越美国成为全球最大经济体。发展是一切的硬道理，尤其在当前面临诸多不确定性冲击的关键时期，"经济稳增长"成为发展的重中之重。

二是把金融市场的优势发挥到极致，大力完善金融市场体系和产品体系，让金融市场"活水"充分涌流。金融市场体量大，源于经济体量大，这是无可厚非的优势。有观点认为，国际金融中心建设应该着眼于"国际性"重点，注重拓展国际金融业务。这样的观点本没有错，但如果被误读成"本土金融市场让位于国际金融市场"，就难免会失之偏颇。需要意识到，国际金融中心建设没有既成的固定模式，国际化、多元化的模式可以借鉴但不能生搬硬套。很简单的比照是：欧洲国家地域相对较小，其跨国市场有时与我国跨省市场相当，其彼此间的人才流动便捷、频繁，具有人才国际化的天然优势，如果我们要硬套国际性的比例，则可能有点"盲目"。应该说，无论是国内市场还是国际市场，不应该有主观偏好，只要是好的市场都应该得到金融的"灌溉"，我们要在充分发展好国内"统一大市场"的基础上兼顾国际市场，构建国内国际双循环相互促进的新发展格局。另外，相对于欧美以资本市场"直接融资"为主的特点，我国金融市场银行业发达，"直接融资"相对不足，是否一定要对标欧美而急于转风向、调结构，也值得商榷。我们需要在承认市场差异的基础上，因地制宜优化发展策略：继续发挥银行业"长板"优势，同时发展高质量的资本市场，把"短板"补上、补足。

三是提高全球金融资源配置能力，实现"买全球、卖全球"融入国际市场，建设全球资管中心。在国际金融中心基本建成的基础上，上海金融正致力于从要素准入型升级为高水平制度型开放，促进国内、国际规则制度的接轨，以及金融开放先行区的创新型制度供给。一个阶段性目标即是要扩大人民币的使用范围和规模，推动资本账户和金融制度进一步开放，将上海建设成为以中国为腹地、覆盖整个亚太经济板块的开放的国际金融中心。再往前展望，到本世纪中叶第二个"百年"，我国已经建成富强民主文明和谐美丽的社会主义现代化强国，那时的上海国际金融中心建设将完成更高级的目标，即成为与国家综合国力和国际影响力领先地位相匹配的，处于全球金融体系中心地位、辐射全球经济金融活动的全球金融中心。金融现代化的实践告诉我们，金融体系没有优劣之分，只有是否适宜各国的具体发展情况。"金融体系不仅体现了该国的金融发展水平，而且受到文化和社会发展水平等方面因素的影响，因此撇开金融体系或者结构的差异，金融功能会比金融体系与结构更能反映金融发展水平，从而对经济增长的影响更为显著。换言之，穿透整个金融体系的金融功能，才是决定经济增长的关键因素。"

四是发展科创金融，增强国际金融中心和科创中心之间的联动效应，将全球金融科技中心建设提上重要议程。金融支持实体经济要更精准、适配，更倾向于关注创新发展领域，强化科创企业全生命周期的融资支持，增强金融服务经济高质量发展的能力，推进普惠金融服务能级提升。"十四五"时期，科创型企业将成为金融服务实体经济的重要发力方向，而科技在金融领域的广泛应用，反过来也会推动金融效率与安全的提升，进而促进上海金融的高质量发展。2019年7月22日，上海证券交易所迎来首批25家公司登陆科创板，经过3年发展，截至2022年6月22日，科创板上市公司已达428家，总市值超5.1万亿元。

一个广泛的共识是：谁占据了当今世界科技创新与应用的制高点，谁就掌握了引领世界经济的优胜权和话语权，因此未来经济的竞争力越来越指向科技实力。"金融科技是联动上海国际金融中心和科创中心建设、促进双向赋能的重要着力点，加快打造具有国际竞争力的金融科技中心已经成为上海国际金融中心升级版的重要目标之一。"正因如此，各国都不遗余力地在高科技领域加大投入，金融技术及金融科技的竞争也变得现实而紧要，从这个层面上讲，上海建设具有全球影响力的科创中心意义重大、前景可期。

五是持续以"刀刃向内"的改革创新精神，更多着眼于软实力提升。一是进一步形成、输出上海金融的"品牌力"。目前，"上海金""上海油""上海银"等国际化品种相继挂牌，大大提升了人民币产品和大宗商品的定价能力。未来，随着金融标准体系建设的不断完善，"上海价格"的品牌将持续扩容。二是持续优化上海金融发展环境。上海在全国率先设立金融法院，金融审判庭、金融检察处(科)、金融仲裁院、中国人民银行金融消费权益保护局、金融纠纷调解中心等陆续成立；颁布实施《上海市推进国际金融中心建设条例》《上海市地方金融监督管理条例》等，目前正在研究配合上海国际金融中心"升级版"建设制定《上海市推进国际金融中心建设条例》修订版。应该说，上海金融发展环境持续优化，是国际认可度得到明显提升的重要原因。制度效用具有远期价值，上海金融法制环境建设对金融发展生态至关重要，未来将对金融机构、金融人才持续形成吸附效应。三是不断提升金融科技监管水平，以高质量的监管促进金融科技实现创新突破，带动整个金融行业发展。

伴随着中国经济深度融入全球市场，上海将稳步提升服务能级，朝着具有更强全球资源配置能力的国际金融中心迈进，进一步打造金融开放的枢纽门户，大力推进全球资产管理、跨境投融资服务、金融科技等中心建设。上海将始终面向全球，对标国际金融中心的最高标准、最高水平，汇聚全球高端要素和市场主体。

面向未来，道阻且长，行则必至。当前，上海正朝着"十四五"规划及2035年远景目标全力打造国际金融中心"升级版"，即便遭受疫情冲击和面临国际变局的影响，上海金融持续精进的优势因素依然强劲。总体而言，上海国际金融中心建设仍处于进一步提升位次和能级的重要战略机遇期，上海将不辱使命、逆势突围，勠力推动自身成为众望所归的国内大循环中心节点和国内国际双循环战略链接。

(资料来源：刘功润.上海金融中心进阶发展的优势因素与路径选择[J].上海商学院学报,2022,23(6):80-89.)

思考：

1. 国际金融中心发展有何特点？
2. 国际金融中心一般具有什么优势因素？
3. 建设上海国际金融中心具有什么优势因素？
4. 应该如何建设上海国际金融中心？

第七章

国际资本流动

【学习目标】

1. 了解国际资本流动的概念及主要类型；

2. 理解国际资本流动的原因及发展特征；

3. 掌握国际资本流动对国家经济及世界经济的影响；

4. 掌握债务危机的特点以及形成的原因。

【知识能力】

1. 会区分国际资本流动的类型；

2. 能说明国际资本流动的原因及发展特征；

3. 通过国际债务危机的原因分析对经济的影响。

【工作任务】

1. 区分国际资本流动的类型并理解其影响因素；

2. 列表说明国际资本流动对国家经济和世界经济的影响；

3. 举例说明债务危机的影响及补救措施。

【思维导图】

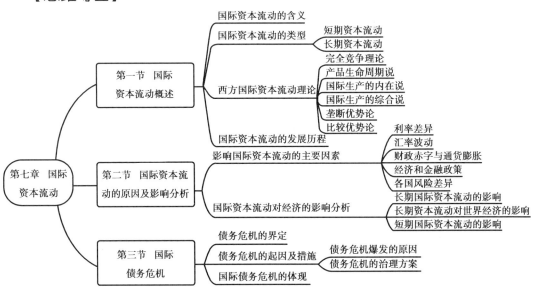

案例导入

美联储强力加息对全球资本流动产生巨大扰动

美联储去年 3 月开启本轮加息周期以来，全球流动性快速收紧、多种货币大幅贬值、新兴市场资本外流，以美元计价借贷的国家清偿债务压力骤增。而美联储激进加息还给美国自身造成银行业危机等负面影响。

而美国人曾傲慢地说"美元是我们的货币，是你们的问题"。到现在这句话也可以意译成"美元是美国的货币，是世界的麻烦"。

从最近几个月的美元表现看，再次生动诠释了这句经典名言。2022 年 3 月 17 日美联储开始加息，第一次仅上调 25 个基点，基准利率升至 0.25%～0.5% 的水平，5 月 5 日美联储将利率上调 50 个基点，基准利率升至 0.75%～1% 的水平，于 6 月、7 月、9 月三个月，连续上调基准利率 75 基点。可以明显感受到美联储加息的节奏在加快，在半年时间里将利率累计加息 300 个基点是历史上少见的。在此，笔者不想讨论美联储为什么要用这么快的速度加息，我们关注的焦点是美联储快速加息产生的外溢影响，尤其是对资产价格及对全球资本流向的影响。

利率水平决定着资产的估值水平。第二次世界大战以来全球各类资产价格定价之锚是美国的长期国债收益率，当美联储降低利率，美国长期国债收益率走低，相当于全球资产价格的"锚"变轻，会刺激全球各类资产上涨。在 2008 年全球金融危机之后，美联储一直保持着低利率，2020 年之后甚至把利率降到了零。在低利率时代，各种资产价格都会进入牛市，例如，美国股市持续十几年大牛市，比特币等加密货币一飞冲天，美国的房地产价格再创新高。

当美联储提高利率，各种风险资产的价格必然会遭到打击。今年初以来，美国股市的主要股指均跌超过 20%，进入熊市状态，楼市价格也开始出现下跌，比特币的价格从 6 万美元下跌到 2 万美元左右。在美元加息背景下，黄金和石油等大宗商品价格同样会进入熊市。

利率的升降幅度与资产价格波动幅度之间存在杠杆放大效应，即利率的小幅度下降会导致资产价格较大幅度的上涨，同理，利率的小幅度上升会导致资产价格较大幅度的下跌。例如，当美国长期国债收益率在 1% 左右时，股市的合理估值水平应该在 30 倍左右市盈率，当长期国债收益率提高至 4%，股市的合理估值水平就应该是 15 倍左右市盈率，这意味着即使在盈利预期不变的情况下股价仅因为估值的下降就会出现 50% 的下跌。今年第一季度以来美国股市的下跌就是因为美联储加息导致的估值体系变化，市场称之为"杀估值"行情。

需要强调的是，美元加息导致的资产重新估值中枢调整不仅存在于美国市场，美国之外的资产市场估值调整可能更加剧烈。尤其是美联储采取强力加息措施，短期内会导致局部的资产流动性枯竭，放大了资产估值重估对市场的冲击。因为美元走强，其他国家和地区的货币走弱，国际资本从其他国家和地区流出，这些国家和地区的股市因为资金流出而大幅度下跌。

美联储的利率调整对全球资本流动产生巨大扰动，形成所谓的美元"潮汐"现象。每当美联储进入降息周期，以华尔街为代表的全球资本会在局部区域制造经济腾飞和资产价格繁荣，例如，20 世纪 70 年代的拉美国家及 80 年代的韩国、新加坡均属于此类现象。当美元进入新的加息周期，美元潮汐退去，这些曾经一度的繁荣均遭到巨大冲击，80 年代初的"拉美债务危机"和 1997 年爆发的"亚洲金融危机"均属于此类现象。

世界银行今年 6 月 6 日发布的最新一期《全球经济展望》报告指出，在新兴市场和发展中经济体,由于利率上升,债务压力正在增加。有 14 个低收入国家已经陷入债务危机或面临陷入债务危机的高风险。世界银行还指出,美国利率快速走高对新兴市场和发达经济体造成重大挑战,出现金融危机的可能性升高。新冠疫情背景下,美国滥用金融霸权,向全球市场注入数万亿美元。这种"大水漫灌"导致通胀压力、动荡压力、资产泡沫压力不断外溢。买单的却是其他国家,特别是新兴经济体和发展中国家。

（资料来源:尹中立.美联储强力加息对全球资本流动产生巨大扰动[N].21 世纪经济报道,2022-09-29.）

第一节 国际资本流动概述

一、国际资本流动的含义

国际资本本质是由国内资本转化而来,国内资本和国际资本没有本质的区别。因为各国对资本施加了不同的管理规定和管制措施,才使得资本具有了国家的界限。

国际资本流动(International Capital Flows)是指资本从一个国家或地区转移到另一个国家和地区的过程。这种流动可以发生在当一国居民向另一国居民购买某种资产(包括商品、服务、技术、管理)的所有权或为其提供贷款时。根据伴随的流动类型,资本流动可以分为实物资本流动(Real Capital Flows)和金融资本流动(Financial Capital Flows)。金融资本流动在资本流动中占据主要地位。

国际资本流动涵盖了资本的流出和流入两个方向。资本流出也称本国的资本输出,是指资本从本国流向国外。资本流入则表示资本从国外流向本国,也称本国的资本输入。一个国家或地区的国际收支平衡表中的资本和金融账户是综合反映该国或地区与其他国家或地区在一定时期内资本流动情况的指标。

在理解"国际资本流动"的概念时,需要明确几个与其相关的概念:①国际资本流动与资本输出入的关系。资本输出入通常指与投资和借贷等金融活动相关联,以谋取利润为目的的资本流动。然而,资本输出入并不能完全涵盖国际资本流动的全部内容,也就是说,国际资本流动不一定等同于资本输出入。例如,一个国家使用黄金和外汇来弥补国际收支赤字,这属于国际资本流动,但不算是资本输出,因为这种黄金和外汇的流出并非出于获取高额利润的目的,而只是作为国际支付手段以平衡国际收支。②国际资本流动与资金流动之间存在紧密的关系。资金流动是指一次性、不可逆转的资金款项的流动和转移,类似于国际收支中经常账户的收支情况。而资本流动则更加灵活,可逆转性更强,包括投资和借贷资本的流出,伴随着利润、利息的回流,以及投资资本和贷款本金的返还。因此,可逆转性成为区分这两个概念的主要特征。③国际资本流动和国内资本流动之间存在着明显的区别。主要区别在于资本所有者和使用者的居民属性。首先,国际资本流动发生在资本所有者和使用者之间跨越国界的情况下。其次,国际资本流动主要以资金形式进行跨国流动,而金融资本的流动往往伴随着实际资源的移动,例如商品和服务的交换,其本质是国际资本流动涉及实际资本在不同国家之间的流动。

二、国际资本流动的类型

国际资本流动可以从不同角度进行多种分类。按照期限来划分,即短期资本流动和长期资本流动(包括直接投资、证券投资和中长期信贷)。按照投资主体来划分,即政府资本流动和私人资本流动。

(一)短期资本流动

短期资本流动(Short-term Capital Flows)是指期限为一年以内(含一年)的资本流动。这些资本流动主要是通过货币及短期信用工具,例如商业票据、短期政府债券、可转让存单、银行承兑汇票、活期存款凭证等方式来进行的。

①经营性资金流动:资金以不同形式在金融市场上进行流动和交易。其中包括公司商业票据的签发或转让、银行承兑汇票、国库券交易、票据贴现以及银行间同业拆借等。这些交易直接影响货币供应量,但是它们的资金流动通常是短期的。

②保值性资金流动:跨国公司、政府机构和国际组织将备用资金、周转资金或闲置资金以活期或定期形式存入银行,购买国库券、短期政府债券或银行大额可转让存单(CDS)。这种投资特点是利息较低,但金额不受限制,可以随时提取或兑现,存放灵活方便,安全可靠。

③投机性资金流动:利用两地利率差异或预期汇率变动而进行的大规模短期资金流动。这种活动通常与国内外政治经济动荡有关,例如套汇、套利交易以追求高额利润,或者为了避免贬值损失而进行的保护性资本外逃。这些交易活动在外汇市场上得到反映。

④贸易性资金流动:与国际贸易相关的出口信贷、进口信贷和福费廷(Forfaiting)。福费廷是指出口商所在地银行购买由外国进口商签发、由大型银行担保的远期票据,经过利息扣除后,提供资金支持的业务。这种融资方式可以确保出口商按时交付产品,促进成套设备或大批量订单的出口。

短期资本流动具有如下特点:

①方式多元化。短期资本流动的工具多样化,它涵盖了货币现金、银行活期存款、可转让银行定期存单、商业汇票、银行承兑汇票以及短期政府债券等多种工具。这是因为短期融资和投资等金融活动通常需要依赖于运用各种短期信用工具。

②与货币政策具有密切关系。短期资本流动工具中的货币现金和银行活期存款属于货币范围内,对于可转让的银行定期存单、商业汇票、银行承兑汇票和短期政府债券等则类似于货币。这两种类型的资金形式都可构成货币供应量,所产生的流动性和变动性则直接影响一国的货币政策。

③投机性及不稳定性。由于短期资本流动工具易于买卖和流通,而且对于利率差异和汇率变化十分敏感,因此能够迅速流动,易于用来从事投机活动。

(二)长期资本流动

长期资本流动(Long-term Capital Flows)是指使用期限在一年以上的使用期限的资本流动,它包括国际直接投资、国际证券投资和国际贷款三种主要类型。

1. 国际直接投资

国际直接投资(Foreign Direct Investment,FDI)是一国投资者将本国的资金、设备专有技术投向另一个国家或地区的生产领域,从事工业、农林、矿产、航运、捕捞、建筑、宾馆、饭店等生产性或经营性的活动。其主要形式有独立投资、与外国公司建立合资企业、合作经营或合作开发。

国际直接投资的特征主要有:①投资者通过拥有股份,掌握企业的控制权;②能够向企业提供部分资金、技术和管理经验;③不直接构成东道国的债务负担。

国际直接投资的具体方式主要是:①创办新企业,如在国外设立子公司、附属机构,与别国合资创办企业或收买现有的外国企业或公司等。②跨国并购,购买外国企业的股票达到一定比例以上,从而拥有对该公司控股权,如美国有关法令规定,拥有外国企业股权达 10% 以上者属于直接投资。③利润再投资,本国投资者把国外投资所获利润的一部分或全部,在外国的原企业或其他企业进行再投资以及购买外国企业或房地产等,也属于直接投资。

2. 国际证券投资

国际证券投资(International Portfolio Investment)也称国际间接投资,是指购买外国企业或政府发行的或已上市的股票、债券等有价证券,并以获取股票分红、债券利息收益为目的的投资行为。

在国际金融市场上发行证券是对外筹资的重要形式之一,相对以银行为中介的贷款这种间接筹资来说,是一种直接筹资形式。但对于投资者来讲,对比将资金投入生产过程的直接投资,购买国际证券则是一种间接投资。有价证券(Securities)包括政府和私人的。可分为债券(Bond)和股票(Stock)两大类。①政府债券。这是以政府债务人向公众投资者发行的债务凭证,通常是由财政部委托中央银行发行,由于国债的发行主体是国家,所以它具有最高的信用度,被公认为是最安全的投资工具。其重要形式是国库券和国家公债。国库券(Treasury Bill)是一年以下的短期政府债券。国家公债(Government Bond)是一年以上的中长期政府债券。也是国际投资的一种形式,安全性较高,利息收益较低。②公司债券(Corporate Bond)。这是以公司企业为筹资人向公众投资者出具的承诺在一定时期支付利息和到期还本的有价证券。安全性比国家公债差,但收益较高。③股票。股票是股份公司发给股东的投资入股凭证,并借以分配股息和红利的所有权证书,是一种可转让的有价证券。

在国际资金流动中国际债券占有重要的位置,国际债券分为外国债券和欧洲债券两类。外国债券(Foreign Bond)是一国政府、公司或银行到外国金融市场上发行以东道国货币为面额的债券。外国债券市场本质上是"在岸市场",即本国债券市场向外国筹资者或投资者开放。欧洲债券(Euro-Bond)是一国政府、公司或银行在离岸金融市场发行以境外货币为面额的债券。欧洲债券市场从 20 世纪 60 年代形成以来发展很快。1991 年,欧洲债券发行额达 2 750 亿美元的规模,其中欧洲日元债券增加较快。欧洲美元债券所占的比例有所下跌。欧洲债券市场已成为国际债券市场上一个极其重要的组成部分。自 80 年代开始以来,国际债券市场不断扩大,国际银行贷款则相对下降,国际债券市场在融通长期资金方面日益发挥越来越重要的作用。

3. 国际贷款

国际贷款即国际信贷,是指各国政府机构、国际金融机构和从事国际金融业务的银行,在国际金融市场上通过信贷方式对非居民所进行的放款活动。主要包括国际银行贷款、政府贷款、国际金融机构贷款、出口信贷、项目贷款、国际租赁等。

(1)国际银行信贷

国际银行信贷(International Bank Credit)是指一国公司、银行或政府在国际金融市场上向国际银行借入中长期货币资金的商业贷款。向一国银行借取的是双边贷款,向多家银行借取的是"银团贷款"。银行信贷以"欧洲货币中长期银行信贷"为主。它的主要特点是:数量大,从几千万到几亿美元;期限长,多为5～10年,不限定用途,可自由支配;利息最高;条件苛刻;要签订贷款协议;由借款国政府提供担保。除了利息较高外,还要支付管理费、代理费、杂费、承担费等各种费用。

（2）政府贷款

政府贷款是指一国政府利用财政资金向另一国政府提供的优惠贷款。例如2019年美国将海外私人投资公司（OPIC）与美国国际开发署（USAID）的发展信贷管理局（DCA）合并为美国国际发展金融公司（IDFC），科威特政府所设的"阿拉伯经济发展基金"等都提供这类贷款,其特点是:政府贷款是具有双边援助性质的优惠性贷款,以两国良好的政治关系为前提,偿还期限一般在20～30年之间,最长可达50年,有5～10年的宽限期,贷款利率一般为2%～3%,甚至是无息贷款。

（3）国际金融机构贷款

国际金融机构主要是世界银行集团和地区性的开发银行。世界银行集团包括世界银行及其所属的国际开发协会和国际金融公司。世界银行贷款的特点是:担保或供给成员国长期贷款,目前向发展中国家提供中长期贷款,利率低于市场利率。具体表现在对用于生产目的的投资提供便利,以协助成员国的复兴与开发;利用担保或参加私人贷款及其他私人投资的方式,促进成员国的外国私人投资;用鼓励以开发成员国生产资源的方法,促进国际贸易的长期平衡发展,并维持国际收支的平衡;在贷款、担保或组织其他渠道的资金中,保证重要项目或时间紧迫的项目能优先安排。

（4）出口信贷

出口信贷通常是发达国家的进出口银行和商业银行为加强国际竞争能力,由政府给予利息补贴和信贷担保,向本国出口商或外国进口商提供的中长期信贷,以促进本国成套设备的出口。其特点是:不论是卖方信贷或买方信贷,年利率都低于商业银行的市场利率,利差由国家补贴。银行提供的金额大,放贷时间长,风险由国家信贷保险机构担保。

三、西方国际资本流动理论

关于国际资本流动形成和发展的原因,西方经济学家有各种不同的论述和见解,从不同的角度提出了各种不同的理论。

（一）完全竞争理论

完全竞争理论（the Theory of Full Competition）也称麦克杜加尔模型,于1968年在"外国私人投资的收益与成本"一文中提出。他认为国际投资属于国际资本流动理论。它是套利过程,在完全竞争条件下,各国利率的差异引起资本移动,从资本丰富而利率较低的国家流向资本稀缺而利率较高的国家,直到利差消失为止,此时投资利润达到最大化。例如外国证券投资将进行到资本市场的边际收益同利率相等的一点。所以利差是国际资本流动的唯一动机。当然,追逐较高收益是国际资本流动的重要原因,但不是唯一的原因。这一理论只能用来解释间接投资,而不能说明直接投资问题。在国际矛盾交叉纵横的国际关系中根本谈不上完全竞争。此外,20世纪60年代以来,直接投资在国际资本流动中占有相当大的比重,它比证券投资的情况复杂得多。

(二)产品生命周期说

产品生命周期说(the Theory of Product Cycle)是由美国经济学家弗农在1966年"国际投资和产品周期中的国际贸易"一文中提出来的。他认为现代新开发的科技产品通常经过三个阶段:第一阶段,通过风险投资由科技人员试制新产品。这时产品全部在国内生产和销售,垄断国内市场,回收投资和获得高额利润。第二阶段,即产品的成熟阶段。跨国公司将成熟的技术专利和新产品的生产工艺通过子公司向国外输出,进行防御性投资,抢占国际市场。第三阶段,即产品的标准化阶段。激烈的竞争导致产品的完全标准化,这时生产的竞争主要是价格竞争,跨国公司利用直接投资的形式将标准化的工艺转移到工资低和成本小的国家和地区,进行"离岸生产",以扩大新产品的收益和利润收入,直到技术专利到期全部转化完毕,产品在全世界普及并被仿制而无利可图。接着另一种创新产品试制成功,开始新的周期。新产品开发和将生产工艺转移到国外推动了国际直接投资的发展,这符合跨国公司活动的状况,但这只是国际资本流动的一个方面,此外还有其他内在原因。

(三)国际生产的内在说

1976年英国经济学家布克雷和卡逊提出内在说(the Theory of Internalization),后来加拿大经济学家鲁格曼进一步研究,指出国外市场因政府管理和控制以及信息和工艺方面的不完全性,使跨国企业通过直接投资开辟内在性渠道作为自由贸易的替代办法。即跨国企业在全球规模上组织它们的国际生产,通过对外直接投资来扩大它们的内部市场,协调它们的国际分工,以防止国外市场的不完全性对它的管理效能产生不利的影响。

内在说从世界市场的不完全性与跨国公司内部资源配置的关系上来解释跨国公司对外直接投资的决定因素。内在说强调市场不完全性的一般形式。特别强调知识技术等中间产品市场的不完全性。这种不完全性使企业不能利用外部市场周转中间产品,协调经营活动,因此,厂商必须对外部市场实行内在化,建立企业的内部市场,利用管理手段,协调企业内部资源的流动与配置,避免市场不完全性对企业效率产生的影响。这种学说对跨国公司对外直接投资的决定因素做出新的解释。

内在说认为,由于市场的不完全性,企业之间通过市场而发生的交易关系不能保证企业获利,于是把市场上的交易关系改变成企业内部的关系。这一理论有三点假设:①企业在不完全市场上从事经营的目的是追求利润的最大化;②由于中间产品的市场具有不完全性,企业就有可能统一管理经营活动,用内部市场取代外部市场;③内在化超越国界就产生跨国公司。

根据布克雷的观点,有四个因素决定企业的内在化,即产业部门因素、区域因素、国别因素和企业因素。产业部门因素与产品性质有关,也同外部市场结构有关;区域因素指有关区域内的地理和社会的特点;国别因素是有关国家的政治和经济制度;企业因素指不同企业组织之间内部市场的管理能力。内在化理论将分析的重点放在产业部门和企业的因素上。布克雷认为,产业部门中如果具有多阶段生产的特点,企业就容易产生跨地区化或跨国化。这是因为在多阶段生产过程中必然存在中间产品,如果中间产品的供需在市场进行,供需双方也难以排除外部市场供需的剧烈变化。为了克服中间产品市场的不完全性,就可以出现内在化。内在说认为,内在化发展超过国界就会产生跨国公司和对外直接投资,其目的在于防止国外市场的不完全性对企业的管理效率产生不利的影响,以保证企业的垄断高额利润。这种理论有其合理之处,有助于理解国际资本流动。但这种理论只注重微观分析,未能从世界经济一体化的高度来分析跨国公司的国际生产与分工。

(四)国际生产的综合说

国际生产的综合说(the Eclectic Paradigm of International Production)是1977年英国经济学家约翰·邓宁所提出的一种理论。他认为对外直接投资是由三种特殊优势综合决定的。

1. 所有权优势

即企业所独享的技术、管理、发明创造能力、产品多样化程度、生产和市场多极化规模,以及推销技巧等方面的优势。

2. 内在化优势

这是指为了避免市场不完全性给企业带来的影响而将企业的优势保持在企业内部,包括多国体系、组织结构和市场机制,使跨国公司能够利用其优势直接到国外去投资生产,从而实现全球化经营的经济效益。

3. 区位优势

即地区的特殊禀赋,包括土地、资源、地理位置、特种工艺、产品开发等。这种优势取决于要素投入和市场的分布状况。企业向海外投资必然会遇到语言、商业惯例、运输等问题,只有企业在国外的区位优势较大,才可能从事对外直接投资的活动。

邓宁利用传统贸易理论将生产要素论、比较利益论和生产区位论结合在一起,对国际直接投资问题做出一般的解释。他曾指出,上述三种优势的组合,不仅是对外直接投资的动因,而且也决定了对外直接投资的部门结构和国际生产类型。此外,邓宁还从动态分析角度提出投资发展阶段论,认为直接投资取决于资金、技术和经济发展水平的相对优势。因此,发展中国家也可以凭借其相对优势发展对外直接投资。

(五)垄断优势论

垄断优势论(the Theory of Monopolistic Competition)是美国经济学家海默在总结美国跨国公司对外直接投资的特征和方式后提出的一种理论,以后又由美国经济学家金德尔伯格给予系统的阐述。海默认为,传统的国际资本流动理论不能解释对外直接投资,而应从垄断竞争的角度来考察对外直接投资。他用非充分竞争企业的垄断优势来说明海外投资,作为对外直接投资的理论依据。他认为决定对外直接投资的原因是利润差异,而其获利的多少则取决于垄断优势的程度。企业进行对外投资应符合两个条件:①在国外投资的利益应高于其在国内投资的收益;②在国外子公司的收益要高于当地企业的收益。这是垄断竞争论的基本观点。根据金德尔伯格的解释,跨国公司、企业拥有的垄断优势包括以下几个方面:①实行横向一体化和纵向一体化的优势。实行前者,公司可以控制价格,因此可以提高价格,获取利润,从而扩充公司的规模;实行后者,可以获得外部规模经济的优势,使外部利润转变成内部利润,从而使公司产生规模经济。②市场的优势。③生产要素的优势。④实行内部一体化管理和技术的优势。海默的垄断优势理论引进了垄断竞争和寡头垄断的概念,这一点具有重要的实际意义,在跨国公司理论中有很大的影响,终于形成了一个完整的理论体系,即寡头垄断模式。但是这种理论偏重市场不完全性的具体形式(如寡头垄断、规模经济、技术垄断等),而忽视市场不完全性的一般形式,所以无法解释各种类型的对外直接投资,在理论上还缺少普遍意义。

(六)比较优势论

比较优势论(the Theory of Comparative Advantage)是日本学者小岛清从研究对外直接投资与动态比较优势的关系出发,提出的"推进国民生产过程的国际互补原理"。小岛清在《对外贸易论》中提出的"基本主张"是"一国应从已经或即将处于比较劣势的产业开始对外直接投资,并依次进行"。他认为,生产要素的国际转移在追求动态比较优势过程中极为重要,因为生产要素的转移不仅可以弥补禀赋量的稀缺,而且可以通过生产要素组合的进步,使贸易朝向有利方面转化。所以对外直接投资应该从本国(投资国)已经处于或即将陷于比较劣势的产业(边际产业)依次进行,为扩大贸易利益创造条件。这种按国际分工的对外直接投资是通过移植先进的生产能力来创造新的比较利益的动态过程,使贸易得到互补和扩大。

四、国际资本流动的发展历程

19 世纪以来,随着国际政治及经济形势的演变,国际资本流动格局发生了多次变化,国际资本流动也是伴随着各国经济贸易联系日益密切而出现的现象,也是国际贸易、国际分工深化的结果。具体来说,现代意义的国际资本流动作为一种稳定的经济现象,经历了四个发展阶段:

(一)第一阶段:国际资本流动的黄金时期(1870—1914 年)

工业革命后,先发展的资本主义国家迈出拓展世界市场的步伐,资本随着廉价商品一起开始在世界各地落户。当时最主要的资本输出国是英国、法国和德国,主要输入的是比较富裕、资源丰富与资本输出国有亲缘关系的北美洲(美国和加拿大)和大洋洲(澳大利亚)。

(二)第二阶段:国际资本流动的低迷时期(两次世界大战)

这时的国际资本流动方向发生了重大变化。在资本输出的一方,美国不仅成了净债权国,而且取代英国成为最大资本输出国,在资本输入的一方,欧洲国家,尤其是德国成为最大的债务国。另外由于国际金本位制的崩溃,这一时期的资本流动主要是寻求安全的避难地。

(三)第三阶段:国际资本流动的多元时期(第二次世界大战至 20 世纪 80 年代)

在 1973 年布雷顿森林体系崩溃前的近 30 年时间里,国际资本流动具有"美元"特色。美国跨国公司利用对外投资和以"美元"为依托的美元大规模跨国流动,构成了国际资本流动的主体。"石油美元回流"也是这一时期的特色之一。产油国积累的大量美元资本首先回流到西方国家的银行,再以贷款的形式流入亚洲和拉美国家。总额约为 1 600 亿美元,这对韩国、新加坡等国的崛起和巴西 20 世纪 70 年代的经济奇迹产生了巨大的推动作用。随着美元本位体系的结束,国际资本流动由 20 世纪 70 年代前以美元为主的单向输出,转变为在各国之间相互流动,主要资本主义国家占绝对比重,但新兴经济体已经逐步加入到资本输出国的行列。

(四)第四阶段:国际资本全球化的发展时期(20 世纪 90 年代以来)

国际资本流动的规模和速度都迅速上升,进入了新的黄金时期。发达国家不仅是国际资本的最大提供者,同时也是最大需求者。发展中国家出于发展各自国内经济的需要,纷纷放松资本管制,为资本的大规模输出、输入创造了条件。

许多工业化国家,居民储蓄行为的多元化以及金融业的开放让机构投资者掌握的金融资本急剧上升,机构投资者需要将其资本在全球范围内进行配置,从而在国际资本流动中发挥中介作用。

第二节　国际资本流动的原因及影响分析

马克思指出:"如果资本输往国外,那么,这种情况之所以发生,并不是因为它在国内已经绝对不能使用。这种情况之所以发生,是因为它在国外能够按更高的利润率来使用。"第二次世界大战后的实践证明,获取高额利润仍然是国际资本流动的内在动力和根本原因,即由于世界经济发展的不平衡性,各国资本的预期收益率必然形成差异,资本的本性——追求利润最大化,驱使它从一国流向另一国。资本的预期收益是资本追逐的目标,因此,资本的预期收益率水平是影响资本流动最基本因素之一。若一国资本的预期收益率高于他国,在其他因素相同的情况下,资本便会从他国流向该国;反之,若一国资本的预期收益率低于他国,且有较大风险,不仅国外资本会从该国抽走,而且本国资本也势必大量外流。可见,资本从预期收益低的国家或地区流向预期收益率高的国家或地区,这是国际资本流动的最基本原因。当然,过剩资本所追求的不仅仅是较高的收益率,更为重要的是追求利润的最大化,正如马克思所说:"超过一定的界限,利润率低的大资本比利润率高的小资本积累得更迅速。"第二次世界大战后,尽管在发展中国家投资的平均收益率要高于在发达国家投资的收益率,但国际资本流动主要是在发达国家之间进行,原因正基于此。追求较高的资本预期收益率,尤其是追逐高额利润是国际资本流动的内在动因。

一、影响国际资本流动的主要因素

(一)利率差异

利率水平的高低不仅限制着资本的回报率,同时也直接影响资本流动的方向。在当今世界,各国经济的发展和富裕程度存在差异,因此各国的利率水平也不同,导致存在利率差异。因此,资本会受到利润机制的驱动,从利率较低(可能资本相对充裕)的国家或地区流向利率较高(可能资本相对短缺)的国家或地区,直到利率差异消失,从而使得投资利润最大化。

（二）汇率波动

汇率的高低和稳定与否也决定着资本的流动,特别是短期资本的流动。自 20 世纪 70 年代初以来,世界普遍采用浮动汇率制度,导致各国货币汇率经常波动,并且波动幅度较大。一些国家可能将本币的价值定得过高。如果一个国家的汇率不稳定,本国资本所有者可能预期所持有的资本价值将贬值,因此他们会将手中的资本或货币资产转换成其他货币资产并存放在国外,从而使资本流向汇率较为稳定的国家或地区。因此,为了避免由贬值造成的损失或者为了获取由升值带来的收益,投资者会根据对汇率的预期,将资金进行不同货币之间的转换,从而使资本在国际流动。

（三）财政赤字与通货膨胀

在一定条件下,财政赤字和通货膨胀是相互作用的,并且都会引起国际资本流动。当一个国家发生财政赤字,并且通过发行纸币来填补赤字时,这必然对通货膨胀造成压力。一旦发生严重通货膨胀,居民为了避免持有的资产贬值,减少通货膨胀带来的损失,就会将国内资产转化为外国债券。如果财政赤字是通过出售债券或向外国借款来弥补的,就可能导致国际资本流动。因为居民可能预期在将来的某个时期,政府会再次依靠发行纸币来偿还债务,或者征收额外的赋税来偿付债务,这将促使居民将手中的资产从国内转移到国外。

（四）经济和金融政策

一国的国际资本流动与该国的宏观经济政策有着很大的关系。例如,当一国采取金融自由化政策时,意味着对资本的流入流出不过多干预,此时国际资本对该国的流出与流入往往比较频繁,规模也较大。如今,许多发展中国家为了弥补本国储蓄不足,制定了许多鼓励外资流入的政策,这对于加快国际资本流动产生了极大的影响。在世界经济处于萧条或国际经济关系不稳定的时候,国家经济政策对国际资本流动的影响作用就更加明显了。

（五）各国风险差异

政治风险是指由于一国的投资气候恶化而可能使投资者所持有的资本遭受损失。这里所指的投资气候,是针对被投资国的政局是否稳定、法律是否健全以及政治态度是否友好等方面而言的。投资气候好坏是判断政治风险程度大小的一个重要标准。经济风险是指由于一国投资条件发生变化而可能给资本所有者招致的损失。这里所指的投资条件涉及被投资国的经济状况是否良好、经济前景是否广阔、基础设施是否完善、居民与非居民的资产是否安全等方面的内容。投资条件的好坏,是判断投资经济风险大小程度的一个重要标准。战争风险,是指可能爆发或已经爆发的战争对资本可能造成的影响。例如海湾战争就使国际资本流动发生了重大变化,在战争期间许多资金流往以美国为主的几个发达国家,战后又使大量资本涌入中东,尤其是科威特等国。

二、国际资本流动对经济的影响分析

国际资本流动已成为世界经济发展的主要推动力,各种方式的投资和贷款使得国际支付能力得以有效地在各国之间转移。因此,不论是长期资本流动还是短期资本流动,它们都将对资本输出国、资本输入国和整个世界经济产生多方面的深刻影响。

(一)长期国际资本流动的影响

长期资本流动包括直接投资、证券投资和国际贷款。它的流动期限长,资金数量大,对经济的长期稳定和持续发展有较大的影响。

1. 对资本输出国的积极影响

(1)提高资本的边际收益

长期资本输出国大多是生产力发达、国内市场竞争激烈、资本相对过剩的国家。在这些国家,由于边际收益递减规律,新增投资的预期利润率比较低,如果把预期利润率较低的资本和社会上闲散的资本移到资本短缺或投资机会较多的国家和地区,就能够提高资本使用的边际收益,增加投资的总收益,为资本输出国带来更多的利润。

(2)带动商品和劳务的出口

长期资本流动不是简单的货币资本流动,而是包括货币资本、技术装备和管理经验等在内的生产要素总体转移。例如,到国外去投资办厂不仅需要投入货币资本,而且需要投入工艺技术、生产设备和专家服务。又例如,对外贷款,特别是出口信贷,往往是与购买本国成套设备和大宗产品相联系的。因此,长期资本输出有助于扩大输出国的出口规模,推动国内经济的发展。

(3)有助于克服贸易保护主义壁垒

随着国际市场竞争加剧,国际贸易摩擦增多,全球范围内的贸易保护主义倾向日趋明显,严重地威胁了许多国家,特别是出口导向国家的海外市场份额。向国外输出长期资本,是跨越贸易保护主义壁垒,维持和扩大海外市场份额的有效途径。20世纪80年代后,日本和韩国等国加大对欧美国家的长期投资,其目的就是规避美国的贸易制裁和欧洲大市场的共同关税壁垒,并获取当地的国民待遇,就近向那里的市场扩张。

(4)有利于提高国际地位

在当今世界,一个国家在国际社会中的地位越来越取决于该国的经济实力和经济影响力。向国外输出长期资本,一方面可以增强输出国的经济实力,另一方面又可以直接影响资本输入国的经济、政治,甚至整个社会生活,从而有利于提高输出国的国际地位。日本今天之所以成为世界上最重要的国家之一,与它庞大的资本输出是有重要关系的。

2. 对资本输出国的消极影响

(1)必须承担资本输出的经济和政治风险

当今世界经济和世界市场错综复杂,资本输出一不小心,如投资方向错误,就会产生经济业务的风险。此外,还得承担投资的政治性风险。这体现在资本输入国一旦发生政变或政治变革,就可能会实施不利于外国资本输出的法令,如没收投资资本,甚至拒绝偿还外债等。在国际债务历史上,曾经发生过有的国家因陷入债务危机而停止还债的现象,便是一个明证。

(2)会对输出国经济发展造成压力

在货币资本总额一定的条件下,资本输出会使本国的投资下降,从而减少国内的就业机会,降低国内的财政收入,加剧国内市场竞争,进而影响国内的政治稳定与经济发展。长期过度的资本输出会引起资本输出国经济发展的停滞。

3. 对资本输入国的积极影响

(1)缓和资金短缺的困难

由于经济发展水平低、居民储蓄率不高和其他原因,资金短缺往往是许多国家,特别是发展中国家经济发展中的主要困难。通过输入外国资本,可以在短期内获得大量的资金,一方面可以解决资金供不应求的问题,另一方面又能加大经济建设中的资金投入,从而促进经济的发展。例如1962—1984 年,韩国引进外来直接投资21.23 亿美元。这笔资金对于韩国于第二次世界大战后较快地恢复经济,实现经济起飞发挥了十分重要的作用。

(2)提高工业化水平

一国工业化水平的高低,主要体现在产业结构和技术装备两个方面。国际资本行业分布重点从种植业和采掘业,转向制造业、银行、金融和保险等资金、知识密集行业,在很大程度上推动了输入国的产业结构升级。同时,资本输出国为充分吸取新技术、新工艺和新产品所能带来的利润,或迎合输入国对外来资本中新技术、新工艺和新产品的偏好,往往以技术入股、技术转让等方式向输入国提供比较先进的技术、工艺和产品,这能够改善输入国的技术装备状况。日本在20 世纪60 年代后迅速加快工业化的进程,就是与产业倾斜和高技术含量的资本输入分不开的。

(3)扩大产品出口

发达国家通过资本输出,把劳动、能源和原材料密集的生产工序和一般消费品的生产过程迁往发展中国家和新兴工业化地区,并把在那里生产的许多产品销往本国市场和国际市场,这对扩大输入国的产品出口是有利的。同时,输入国也可利用外资所带来的先进技术和海外销售渠道,提高自己产品的出口创汇能力。例如,20 世纪70 年代后,泰国大力引进外资兴办进口替代和出口导向企业,使其出口规模不断扩大,年均增长速度超过10%,这在世界上是不多见的。

(4)创造就业机会

要提供每一个就业机会,就必须有相应的固定资产、流动资金和社会福利。世界上有许多国家因资金积累能力低而人口出生率高,难以创造必要的大量的就业机会,现有失业和潜在失业往往成为政府面临的严重问题。资本输入能够为这些国家带来资金、技术、设备和其他生产要素,在较短的时间内创造出较多的就业机会。例如,由墨西哥引进外资建成的生产加工区,在1986 年就提供了30 多万个就业机会。

4. 对资本输入国的消极影响

(1)可能损害经济发展的自主性

大量外国资本渗透到国民经济的重要部门,或控制众多的工商企业,或支配着国内资本和外汇市场的供求,都可能使资本输入国丧失民族经济的特色和经济政策的自主权,增加对资本输出国的依赖性。更有甚者,一些资本输出者还利用其强大的经济实力从事动摇资本输入国政府的政治活动。例如,一些国际金融机构在提供国际贷款时,往往附带苛刻的条件,试图左右资本输入国经济发展的方向;一些外国公司还参与了旨在支持资本输入国反政府武装组织的活动。

(2)可能造成沉重的债务负担

资本输入国如果过多地借入国际贷款,或发行国际证券,而又不能有效地管理和使用筹集到的外资,很可能出现还本付息的困难,甚至导致债务危机。20 世纪80 年代初的全球性债务危机就是一些发展中国家不堪债务负担重压,宣布停止偿付外债引发的。

(3)掠夺资源和挤占市场

资本增值的本性决定了资本对资源和市场的渴求。由于资本输入国经济政策的失误和外资管理的缺陷,外国投资建立起来的经济实体,一方面对当地的自然资源进行掠夺性的开采,另一方面又大举挤占当地的销售市场,使输入国企业生存和发展的空间变得狭小,从而危及输入国经济的正常运行。在20世纪70年代,一些拉美发展中国家就有这样的教训。

(二)长期资本流动对世界经济的影响

1.提高世界的总产量和投资收益率

资本只有在流动过程中才能创造财富、实现增值,而且其流动范围越大,其创造财富、实现增值的能力就越强。因为资本得以在更大范围内优化配置,资本输出所产生的产值和利润一般都大于资本输出国因资本流出而减少的产值和利润,而且资本输出又能推动资本输入国生产力的进步和管理水平的改善,所以,国际资本流动有利于提高世界的总产量和投资收益率,从而成为当代世界经济发展的主要动力。

2.使国际金融市场日趋成熟

在经济利益的驱动下,国际资本的流量越来越大,它冲垮了民族经济的栅栏和金融管制的壁垒,使国际金融市场迅速成长起来。首先,资本输出与输入增加了国际货币资本流动的数额,从而为国际金融市场规模的扩大提供了前提条件。其次,国际资本流动涉及投资、证券、借贷、外汇和黄金等许多方面,这进一步拓宽了国际金融市场的业务范围。最后,随着国际资本流动,各种金融机构也发展起来,它们克服各种困难,建立起自己全球性的经营网络,而且在相互间展开激烈的竞争,从而极大地提高了国际金融市场的效率。目前,资本规模大、业务范围广和经营效率高的国际金融中心不断出现,就是国际资本流动的必然结果之一。

3.加快全球经济一体化进程

全球经济一体化,是指各国经济向相互渗透、相互作用、相互竞争和相互依存方向发展的趋势。资本输出与输入带动着各种生产要素和产品在国际流动,并通过在不同地方投资建厂,销售产品等经济活动,使各国的生产、流通和消费领域相互沟通,进而推动"你中有我,我中有你"的全球经济一体化。欧洲统一大市场和美加墨自由贸易区的形成,是全球经济一体化进程中的阶段性成果。这些成果的取得,是与它们内部成员国之间的资本频繁流动密切相关的。

(三)短期国际资本流动的影响

短期资本流动大多表现为国际短期资金融通和信用活动。由于流动期限短,变化速度快,它对经济所产生的影响是多方面的,而且比较复杂。主要有以下几个方面:

1.对国际贸易的影响

国际短期资本流动,如预付货款、延期付款、票据贴现和短期信贷等,有利于贸易双方获得必要资金和进行债权债务的结算,从而保证国际贸易的顺利进行。但是,资本在短期内大规模地转移,很可能使利率和汇率出现频繁变动,从而增加国际贸易中的风险。

2.对国际收支的影响

当一国的国际收支出现暂时性逆差时,该国货币的汇率会下跌,如果投机者认为这种下跌只是暂时的,他们就会按较低的汇率买进该国货币,等待汇率上升后再卖出该国货币,这样就形成了短期资本内流,从而有利于减少国际收支逆差。当一国的国际收支出现暂时性顺差时,该国货币的汇率会上升,如果投机者认为这种上升只是暂时的,他们就会以较高的汇率卖出该国货币,等待汇率下跌后再买进该国货币,这就形成了短期资本外流,从而有利于减少国际收支顺差。由此可见,短期资本流动能够调节暂时性国际收支不平衡。但是,当一国出现持久性国际收支不平衡时,短期资本流动则会加剧这种国际收支不平衡。例如:一国出现持续性逆差,该国货币的汇率便会持续下跌,如果投机者认为汇率还将进一步下跌,他们就卖出该国货币,买入外国货币,从而造成资本外流,扩大该国的国际收支逆差。反之,一国出现持久性顺差,该国货币的汇率便会持续上升,如果投机者认为汇率还将进一步上升,他们就买入该国货币,卖出外国货币,从而造成资本内流,扩大该国的国际收支顺差。

3. 对货币政策的影响

短期资本的流动性强,而且对货币政策的变化十分敏感。当一国政府企图实行货币紧缩政策时,从其他国家抽调而来的短期资本就会降低货币紧缩政策的力度;当一国政府企图实行货币膨胀政策时,从本国抽逃出去的短期资本又会削弱货币膨胀政策的效果。一般说来,短期资本的频繁流动不利于维护各国货币政策的独立性和有效性。

4. 对国际金融市场的影响

短期资本流动有利于资金融通,同时还可以转化为长期资本流动,它对国际金融市场的发育和成长有积极的作用。但是,短期资本,特别是投机资本在国际间迅速和大规模地流动,会使利率与汇率大起大落,造成国际金融市场的动荡局面。目前,在国际金融市场上存在着数万亿美元的游资,它脱离于生产领域,在国际间游来游去,随时可能对资金市场、证券市场、外汇市场和黄金市场形成强大的冲击。

阅读材料

中国对外投资:开辟更多新空间

经过多年发展,中国对外投资再造新动能开辟新航道,在对外投资合作业务规模和领域不断扩大,以亚洲为中心向全球辐射,境外经贸合作区质量逐步提升,跨国并购项目稳步展开,"一带一路"沿线业务快速发展,并培育出一批实力较强的跨国企业。

党的二十大报告对"对外开放"多处着墨,明确提出,"中国坚持对外开放的基本国策,坚定奉行互利共赢的开放战略,不断以中国新发展为世界提供新机遇"。

今年以来,中国持续以对外投资高质量发展推进高水平对外开放。在全球外国直接投资萎缩的背景下,中国对外直接投资逆势增长,稳居世界前列。商务部数据显示,1—5月中国对外非金融类直接投资3 564.6亿元,同比增长24.2%。中国企业在"一带一路"共建国家非金融类直接投资630.6亿元,同比增长19.6%,占同期总额的17.7%;在"一带一路"共建国家承包工程完成营业额2 044.6亿元,新签合同额2 432.9亿元,分别占同期总额的55%和49.3%。

近日,对外投资合作又传来政策利好——"世贸组织投资便利化"谈判日前召开大使级会议,宣布《投资便利化协定》文本谈判成功结束。商务部世贸司负责人7月7日表示,《投资便利化协定》将简化参加方投资审批程序,提升投资审批效率,降低企业成本,为中国企业对外投资提供更多保障。

一、提升国际竞争力

"从前5个月的数据来看,中国对外非金融类直接投资持续增长,其中对'一带一路'沿线国家的投资合作已成为中国对外投资合作的最大亮点。"商务部研究院对外投资合作研究所助理研究员张爽在接受国际商报记者采访时分析道，从国别分布来看，对马来西亚、泰国、越南等国家的投资排名比上年同期有所提升；从承包工程来看，"一带一路"沿线国家新签合同额和完成营业额比上年同期总额占比也进一步提升，高质量共建"一带一路"稳步推进。

随着对外投资合作不断走深走实，一大批"中国项目""中国产品""中国标准"在世界各地开花结果，在助力当地发展的同时，也增强了中国企业的国际竞争力。

2023年5月，海信与埃塞俄比亚联邦公路局签约亚的斯亚贝巴—阿达玛高速公路（以下简称"AAE高速公路"）ETC建设项目。这是埃塞俄比亚当地建成的第一条ETC高速公路，也是海信在海外承建的首单高速公路项目。这一智慧交通领域的"中国方案"将畅通非洲当地经济社会发展的"高速路"。

去年10月，埃塞俄比亚联邦公路管理局发出AAE高速公路信息化改造的招标公告，海信积极参与，根据当地实际需求与基础设施状况，因地制宜地进行设计和准备。

"小到车牌识别规则，大到收费标准等业务流程，通过摸透高速公路各收费站、收费分中心、收费中心各系统的状况，我们不断优化方案，成功拿下了这个项目。"海信相关负责人对国际商报记者介绍，海信将对AAE高速公路进行智慧化升级，通过ETC车道改造、网络及数据中心建设、ETC收费软件安装与调试等，构建了一套现代化的高速公路收费管理新模式，也成为"一带一路"实践中智慧交通的新样板。张爽表示，中国加快构建新发展格局，不断推进高水平对外开放，为企业"走出去"提供了更多政策红利以及更加完善的保障机制，坚定了企业"走出去"的信心。同时，共建"一带一路"的稳步推进以及RCEP的生效实施，大幅提振了地区经济复苏信心，也为中国企业开展对外投资合作提供了更多市场机遇和更大空间。

二、抢抓政策机遇期窗口期，做好风险防范

展望下半年，张爽预计，中国对外投资将持续平稳发展。"6月2日RCEP对菲律宾正式生效，标志着RCEP对15个签署国全面生效，进入全面实施新阶段。未来，RCEP和共建'一带一路'叠加将释放更多贸易投资合作新动能，达到'1+1>2'的效果。同时《投资便利化协定》也将是一大利好，将为中国对外投资合作开辟更多增长空间。"

今年5月，总投资3亿美元的通用股份柬埔寨轮胎生产基地正式开业。柬埔寨基地年产能包括500万条高性能轿车轮胎和90万条卡客车轮胎，预计达产之后将为公司新增22亿元营收、2.5亿元利润，耗用天然橡胶约3万吨，为当地创造1 600个就业岗位。目前，其已与美国、巴西等多家头部客户达成战略合作，项目投产后将逐步爬坡上量，加速实现全面达产。这些数据也展示了中国企业在全球市场的竞争力和影响力。

"但我们仍然要清醒地认识到，当前，国际政治经济格局深刻调整，单边主义、保护主义明显上升，美西方不断推动对华'脱钩断链'，国际贸易投资规则加速重构。无论政策层面还是企业层面，都应继续做好风险防范。"张爽强调。

张爽进一步表示，在政策层面，要统筹发展与安全，在继续推动加强同"一带一路"沿线国家地区合作的同时，进一步完善中国产业链的供应链的全球布局，加强风险提示预警和事中事后监管，引导企业顺应国际投资规则和标准，持续规范企业海外经营行为，指导企业有效防范化解境外风险，完善对外投资保护和救济机制，有效维护中资企业在海外的利益。在企业层面，要在抢抓"一带一路"、RCEP、绿色经济、数字经济等新机遇的同时，充分做好市场调研，用好各类支持政策，增强自身抵御外部风险的能力，始终坚持合规经营，积极履行社会责任，努力突破关键技术堵点和卡点以提高企业的国际竞争力。

（资料来源：白舒婕. 中国对外投资：开辟更多新空间［N］. 国际商报，2023-07-12.）

第三节　国际债务危机

20世纪60年代以来,越来越多的发展中国家走上了利用外资发展国民经济的道路,外资的注入加速了经济增长,但是到80年代初,很多发展中国家出现了偿债困难,短期投机性资本频繁流动所引致的最极端的结果就是国际货币危机和金融危机,因此,从国际资本流动角度来审视和剖析危机的表象,予以风险控制就尤为重要。

一、债务危机的界定

国际债务(External Debt)又称外债,是指在任何给定的时刻,一国居民欠非居民的已使用但尚未清偿的具有契约性偿还义务的全部债务。这定义包括以下四方面的含义:①必须是居民与非居民之间的债务;②必须是具有契约性偿还义务的债务;③必须是某一时点上的存量;④全部债务既包括外币表示的债务,又包括本币表示的债务,还可以是以实物形态构成的债务,如补偿贸易下以实物来清偿的债务。

2003年,我国公布的外债管理暂行办法明确规定,我国债务是指中国境内的机关、团体、企事业单位、金融机构或者其他机构对中国境外的国际金融组织、外国政府、金融机构、企业或者其他机构用外国货币承担的具有契约性偿还义务的全部债务,包括:①国际金融组织贷款;②外国政府贷款;③外国银行和金融机构贷款;④买方信贷;⑤外国企业贷款;⑥发行外币债券;⑦国际金融租赁;⑧延期付款;⑨补偿贸易中直接以现汇偿还的债务;⑩其他形式的对外债务。

从我国对外债所下的定义以及实际操作中可以看到,我国的外债定义,除包含外债的一般特性,即按居民、非居民区分和偿还义务的契约性外,还具有如下特征:①借款形式为货币,换句话说,以实物形式构成的债务不算外债;②由于目前人民币在国际上不能自由兑换,所以规定了外债的币种是外币而非本币,即人民币不构成外债;③外汇担保只有在实际履行偿还义务时才构成外债,否则应视为或有债务,不包括在外债统计监测范围内。

20世纪60年代以来,许多发展中国家在利用国内资金的同时又大量借用国外资金发展国民经济,但是到80年代初,一些发展中国家由于债务规模过大,超过其承受能力,不能按期还本付息,从而发生了震动世界的发展中国家债务危机。所谓债务危机,也是金融危机的一种表现形式,指作为债务人的一国政府、机关、企业,在特定的、比较集中的时期内,因支付困难不能履行对内、对外的债务契约,按期还本付息,致使债权人受到呆账损失或威胁的一个经济过程。理解这一概念要明确:①债务危机内容广泛,既包括主权债务也包括私人债务;既包括国内债务,也包括国外债务,重点在于国外债务;②在经济生活中,个别企业破产,不能履行支付义务,从总体看不属债务危机,这里所指的债务危机是指在比较集中的特定时期内相继发生的重大债务违约事件;③金融危机爆发一定会伴随着债务危机,但债务危机也可单独爆发,间或涉及股市或国际收支等领域;④金融危机爆发的基础是经济危机并与再生产周期密切联系,而债务危机不一定与经济危机直接联系,原因多样。

二、债务危机的起因及应对措施

(一)债务危机爆发的原因

国际债务危机(Debt Crisis)是指一国不能按时偿付其国外债务(包括主权债务和私人债务)所导致的主权信用水平下降的危机,表现为大量的公共或私人部门无法清偿到期外债,一国被迫要求债务重组和国际援助。国际债务危机的爆发是国内外因素共同作用的结果,债务国国内经济发展战略的失误和外债管理方针的不当,使外债规模超过了国民经济的承受能力,这是危机爆发的内因。而世界经济的衰退、发达国家的贸易保护主义以及国际金融市场的动荡等,则是诱发债务危机的直接原因。

1.债务危机爆发的内因

(1)盲目借取大量的外债,不切实际地追求高速经济增长

20世纪70年代的世界经济衰退和石油价格上涨,使许多非产油发展中国家,出现了严重的国际收支赤字。而此时欧洲美元市场已有了相当程度的发展,两次石油大幅度提价后,石油输出国手中积累了大量的所谓"石油美元"。这些石油美元投入欧洲美元市场,使国际商业银行的贷款资金非常充裕,急于寻找贷放对象,因而国际金融市场利率很低。于是许多国际收支赤字的发展中国家都转向国际金融市场借入大量外债,急于求成地追求经济增长,不断扩大投资,使发展中国家的外债总额开始加速积累。另外,第二次石油大幅度提价以后,许多海湾地区以外的产油国看到油价暴涨,石油收入可观,认为今后绝不会出现债务问题,便借取了大量的国际商业银行贷款来推动国内的大型建设项目。例如1980年至1982年,墨西哥政府曾制定了以石油工业为中心,全面促进工业化的三年经济发展规划,耗资达300亿美元。这样,当20世纪80年代初期世界经济转入严重衰退,石油价格大幅度下跌时,许多产油国如墨西哥、委内瑞拉、印度尼西亚和埃及等,都被国际清算银行列为了重债国。

(2)国内的经济政策失误

许多重债国自20世纪70年代以来一直采取扩张性的财政和货币政策,再加上不适当的汇率和外汇管制措施,造成了一系列的不良后果。差不多所有的拉美重债国家,如阿根廷、智利、墨西哥、委内瑞拉、玻利维亚和乌拉圭等,在债务危机爆发前其货币币值都处于定值过高的状态。不切实际的定值过高不仅严重削弱了本国出口商品的国际竞争能力,加重了国际收支的不平衡,而且还使得国内资金不断外逃,以躲避日后不可避免的贬值。

在1981年前后,国际金融市场的利率水平升到前所未有的高度,世界贸易处于停滞状态。而面对如此严峻的外部经济形势,主要拉美重债国家不是审时度势地紧缩和调整国内经济,平衡国际收支,而是继续其扩张性财政政策,维持高速经济增长。于是,巨额的财政赤字只能由货币供应的超量增长来弥补。这一方面会促使国内资金加速外逃和国际储备资金枯竭,另一方面也会导致国内通货膨胀的迅速升高。在20世纪80年代的初期和中期,阿根廷、玻利维亚、巴西和秘鲁等南美国家先后出现了3位数字的通货膨胀,使外债问题更加严重。

(3)所借的外债没有得到妥善的管理和高效利用

发展中国家应当想方设法引进外资来推动国内建设,但是对外资又不能过分依赖。陷入债务危机的主要国家无不在国际贸易和世界经济形势有利、国际金融市场蓬勃发展时,借

入了超出自身偿还能力的大量贷款,而且还缺乏合理的债务结构。这些国家短期债务增加,商业银行贷款的比重过大。而这类债务利息高,又往往以可变利率计息,受国际金融市场动荡的影响很大,从而加重了外债的负担。同时,这些国家的外债统计和监测机构及其制度不健全、效率低,在主要借款来源从优惠的官方贷款转为私人商业银行贷款以及短期债务比重突然增高时,不能迅速形成反馈并影响国内的有关政策。

更重要的是,陷入严重债务危机的国家外债资金利用效率都极低,未能把外债资金全部有效地用于生产性和创汇盈利性的项目,不能保证外债资金投资项目的收益率高于偿债付息率。一些重债务国用外债支持的往往是规模庞大而又不切实际的长期建设项目,有的贷款项目根本没有形成任何生产能力;还有的国家一些外债管理人员贪污腐化,将外债资金挪作不动产或外国证券投资。举债的目的是实现高速的经济增长,但是实际结果并非如此。外债并没有给国家整体带来生产能力的快速增长,而是外债增长速度远快于国内生产总值的增长速度。这样在世界经济形势突变之时自然难以应对,无法如期偿还债务。

2. 债务危机爆发的外因

(1)20 世纪 80 年代初以发达国家为主导的世界经济衰退

20 世纪 70 年代的两次石油大幅度涨价,已经使发展中国家特别是非产油发展中国家面临严重的国际收支赤字。而且,1979 年的石油价格上升还同时诱发了世界经济衰退,对债务国形成了严重的冲击。在世界经济的衰退中,以美国为首的发达国家为了转嫁危机,纷纷实行严格的贸易保护主义,利用关税和非关税贸易壁垒,减少从发展中国家的进口,使发展中国家出口产品价格,尤其是低收入国家主要出口的初级产品价格以及石油价格大幅度下跌,从而使发展中国家的出口收入突然下降。非产油发展中国家的出口收入增长率在 1980 年为 23.8%、1981 年为 3.7%、1983 年竟为-5.2%,即绝对数额的下降,于是它们的偿债能力自然要下降,债务危机也就在劫难逃了。

(2)国际金融市场上美元利率和汇率的上浮

国际金融市场利率上升的作用非常关键,因为发展中国家的借款主要是由商业银行提供的。1979 年后,英美等主要发达国家纷纷实行了紧缩的货币政策以克服日益严重的通货膨胀,致使国内金融市场利率提高。特别是 1981 年后,美国货币市场利率显著提高,吸引了大量国际资金流向美国,还引起美元汇率的大幅度提高。其他主要西方国家为了避免国内资金的大量外流,也不得不相应地提高其国内的货币市场利率水平,从而形成世界范围的利率大幅度上升。发展中国家债务多数为浮动利率的债务,基准利率如 LIBOR 和美国优惠利率的上升,也会使商业贷款利率上升同样的比率。同时,由于发展中国家债务主要是美元债务,高利率形成的美元汇率上浮也必然会大大加重发展中国家的债务负担。

(二)债务危机的治理方案

1. 重新安排债务,推迟还本付息

这是国际社会经常采用的一种应急措施。重新安排到期债务,即修改原贷款协议,延长偿还债期。官方间债务的重新安排,一般通过"巴黎俱乐部"或国际援助财团进行安排。巴黎俱乐部是 1956 年一些欧洲国家在一起讨论它们对阿根廷的双边贷款重新安排时建立起来的,此后逐步发展成为专门讨论双边官方信贷和官方担保出口信贷重新安排问题的重要论坛。商业银行的债务重新安排一般是由 20 世纪 70 年代成立的伦敦俱乐部来谈判进行的。从各方面看,商业银行的债务重新安排要比官方债务复杂得多。

2."贝克方案"

1985年10月,在国际货币基金组织的年会上,美国财政部长贝克提出的解决中等收入主要债务国债务问题的方案。方案包括三个要素:一是在债务国中实行全面的宏观经济和机构改革,允许市场力量和私人企业在经济中发挥更大作用,鼓励更多的国内储蓄和投资,减少预算赤字,使贸易和金融自由化;二是要求在三年内净增商业贷款200亿美元,为债务国启动经济提供新的周转资金;三是发挥国际货币基金组织在大力协调债务问题中的主要作用。

3."布雷迪计划"

美国财政部长布雷迪于1989年3月提出新的减债方案。他认为国际债务问题是债务国偿付能力的危机,而非暂时的资金失灵,故其强调债务本金和利息的减免,并提出应由国际货币基金组织和世界银行以及债权国政府为削减债务本金和利息提供资金支持。另外,债务国和债权国银行之间的债务减免交易条件必须得到国际货币基金组织和世界银行的批准,或者是在减债协议达成之前,先要获得国际货币基金组织和世界银行的贷款保证。

债务危机问题的解决与否取决于能否有一个长期有利的国际经济环境,以及债务国能否成功地执行国内的经济调整计划,另外还取决于能否有充足的外部资金流入以支持债务国实现持续的经济增长。只有具备这三个条件,才能真正恢复债务国的清偿能力,从而使债务危机得到彻底解决。

阅读材料

首个欧洲发达国家签署"一带一路"合作谅解备忘录!希腊入群

2018年7月27日,中国国务委员兼外交部长王毅在北京同来访的希腊外长科齐阿斯举行会谈,并共同签署了两国政府间共建"一带一路"合作谅解备忘录。中方愿同希方保持高层交往,巩固政治互信,以"一带一路"合作为统领,深化经贸、金融等各领域合作,加强人文交流,密切多边合作,推动两国全面战略伙伴关系取得新成果。

自2009年希腊债务危机发生后,希腊政府濒临破产,企盼欧盟能够提供经济援助,但此时的德、法、英等国对此却表现得十分谨慎。国际货币基金组织向希腊提供贷款,以此来要求希腊政府减少开支,增加税收,削减福利。虽然希腊得到这笔贷款后暂缓了压力,但是面对不满的群众,希腊政府感到无力。削减了福利待遇,降低了国民的生活水平,这令希腊国民感到不满,一时间各种游行抗议不断,社会动荡不安。在希腊政府两面为难之时,中国对希腊伸出了援助之手。

在2008年,希腊已经开始着手应对国内的债务危机了,他们决定将国有资产私有化,来换取现金,以此来减少自己的债务。中国通过这个政策,顺利地取得了希腊第一港口——比雷埃夫斯港口的两处特许经营权。中国企业自2008年起获得该港口35年的管理权,2016年8月获得了67%的股权,首次在海外接管整个港口。2012年5月进行改扩建、项目建设、管理完善后,比港已彻底扭亏。如今,比港已经形成包括集装箱码头、邮轮码头、渡轮码头、汽车码头、物流仓储、修船造船在内的六大业务板块。传统业务之外,中企借由其支点作用,探索出了"中欧陆海快线"——以比港为枢纽,海运货物在这里登陆后,通过港口铁路直接运输到奥地利、匈牙利、捷克等中欧国家。

港口不但增加了运力,还增加希腊的经济收入,提供了大量就业岗位。2011年至2016年间,其吞吐量增长了4倍。目前,每周从比港发往中东欧的集装箱铁路班列达16至18班。比港在每年获得370万欧元净收入的同时,单箱外包成本从36.6欧元降到15欧元以下,成本明显降低。客户数量也稳步增加,稳定挂靠干线,辐射到远东、西北欧等地。比港项目对希腊直接经济贡献已超 6 亿欧元,创造就业岗位 1 万多个。

（资料来源:张广琳. 首个欧洲发达国家签署"一带一路"合作谅解备忘录! 希腊入群(2018-08-29)[2023-08-12]. 中国一带一路网.）

三、国际债务危机的体现

鉴于债务危机爆发以及强大的破坏力,分析危机产生的深层次原因并采取相应的控制风险的措施,已成为各国决策层及理论界关注的重大课题。

(一)20 世纪 70 年代发生在非产油发展中国家的债务危机

20 世纪 70 年代,许多非产油发展中国家,盲目借取大量外债,不切实际地追求高速经济增长,但由于世界经济衰退和石油价格上涨,许多非产油发展中国家出现了严重的国际收支赤字。1970 年每桶石油的价格为 2 美元,1979 年最高时曾达到 41 美元。据统计,每桶石油的价格上升 1 美元,非石油出口国为支付进口石油就要多付 20 亿美元。非石油出口国的对外支付成本大幅度上涨,这是引发债务危机的一个因素。而此时欧洲美元市场已有了相当程度的发展,两次石油大幅提价后,石油输出国手中积累了大量的所谓"石油美元",它们投入欧洲美元市场,使国际商业银行的贷款资金非常充裕,急于寻找贷放对象,因而国际金融市场利率很低。于是很多国际收支发生赤字的发展中国家都转向国际金融市场,借取大量外债,急于求成地追求经济增长,不断扩大投资,使发展中国家的外债总额开始加速积累。这些国家的外债总额每年以 19% 的速度增长,而大量的是短期债务,短期债务每年以 32% 的速度增长。而短期债务比重的增加,容易产生到期不能偿还的周转性危机,于是爆发了债务危机。

(二)20 世纪 80 年代初席卷全球的拉美国家的债务危机

20 世纪 80 年代初,国际经济环境发生了一些变化,对债务国产生了不利的影响,削弱了它们清偿外债的能力,加重了它们的债务负担,使它们还本付息发生困难,导致了债务危机。首先是从 1980 年起,资本主义国家先后爆发了第二次世界大战后最严重的经济危机。发达国家的实际国民生产总值的增长率和世界贸易增长率都下降了,在 1982 年还出现了负增长。它们对发展中国家的出口需求大大减少。因而那些负债国的出口减少了,而且贸易条件恶化,出口收入大为降低。据联合国贸易和发展会议统计,非石油出口国的贸易在 1981 年的水平大约比年前的水平低 30%。1981—1983 年间,初级产品价格下降到大萧条以来的最低点。债务国的出口贸易减少,贸易条件恶化,出口收入减少,经常项目逆差急剧增加,对外债的还本付息能力大大降低。由于上述原因,到 1982 年,拉美国家的主要债务国——阿根廷、巴西、智利、哥伦比亚、墨西哥、巴拿马、秘鲁、乌拉圭、委内瑞拉的债务总额达到 3 000 亿美元,占发展中国家债务总额的 57%。在这 9 个国家中,债务又主要集中在巴西、墨西哥和阿根廷这 3 个国家中,它们的债务占发展中国家外债总额的 40% 左右。如此大规模而又过于集中的外债,在外因的诱导下不能不爆发危机。其次是当时的美国里根政府采取紧缩性的货币政策,市场利率大大提高。其他发达国家为了制止资金流出,也不得不提高利率。7 个主要资本主义国家短期资金的平均名义利率由 1979 年的 9.2% 上升到 1982 年的

12.9%,长期资金的平均名义利率由 1979 年的 9.3% 上升到 1982 年的 12.4%,长期资金的平均实际利率由 1979 年的 1.3% 上升到 1982 年的 5.4%。由于许多债务国的大部分外债是欠美国的,美国利率的提高对它们有很大影响,而美国的利率又高于其他发达国家。1982年,美国的短期资金的名义利率高达 10.6%,长期资金的名义利率高达 13.0%,实际的长期资金利率高达 6.7%。发达国家特别是美国利率的提高对债务国十分不利。据国际货币基金组织计算,国际金融市场上利率每提高一个百分点,非石油出口国大约要多付 40 亿美元的利息。巴西和墨西哥就得各多付 7.5 亿美元的利息。1979 年以来,许多债务国举借的新债仅仅是用于支付利息。1982 年,非石油出口国举借新债 737 亿美元,而这一年支付的利息却达到 630 亿美元。20 世纪 70 年代以来,国际商业银行陆续采用浮动利率。非石油出口国的外债在 1972 年有 7% 是实行浮动利率的,而到 1983 年这个比例提高到 37%。拉丁美洲的一些重债国的长期外债中有 50%~75% 是采用浮动利率计息的。所以市场利率的上升很快就提高了这些国家的利息支付额。此外,国际金融市场利率的提高,使许多债务国的资金外流。据国际清算银行计算,仅拉丁美洲国家 1979—1983 年资金外流就达到 500 亿美元。由此可见,20 世纪 80 年代初的国际环境对债务国极为不利,严重的世界性经济危机使它们出口困难,出口收入减少,而国际金融市场利率的提高又加重了它们的债务负担。这些因素对触发 1982—1983 年的国际债务危机,起到了重要作用。

(三)20 世纪 90 年代末震惊全球的东南亚金融危机

1997 年 7 月首先从泰国债务危机开始的东南亚金融危机,1998 年夏天迅速蔓延到日本、韩国、俄罗斯、中东、拉美、欧洲和北美等国家和地区。由地区性危机发展成为国际性危机,并在一些国家引起了严重的社会经济和政治问题,其影响之深,波及范围之广出人意料,发人深思。

从表面上看,这次危机的主要原因是国际游资的兴风作浪,但是国际社会也承认,从源头上看还是由泰国、印尼等国的债务问题所引发。据国际货币基金组织的统计资料显示,1997 年 7 月,泰国各银行的海外借款总额已超过 1 万亿美元,其中不到 1 年的短期外债超过60%。这种状况大大超过了 20 世纪 80 年代初拉美国家爆发危机时的外债总额(当时 9 个国家的外债总额为 3 000 亿美元)。更为严重的是,泰国的短期外债中近 40% 是压在房地产上的。许多经营单位需要购汇还债。这种债务状况造成了外汇求大于供的缺口不断扩大。危机发生时首先表现为外汇紧缺,本币汇率大幅度贬值,股市和楼市剧烈动荡,生产下降,失业增加,大量企业倒闭,金融机构破产,给全社会乃至全地区带来了深重的危害。

(四)2001 年的阿根廷债务危机

自 2001 年 12 月以来,拉美的第三经济大国阿根廷经历了一场由债务危机引发的噩梦。为了偿还巨额外债,防止银行挤兑和外汇流失,德拉鲁阿总统于 2001 年 12 月初颁布法令,严格限制居民从银行账户提款的数目,规定居民个人每周限定从银行账户内提取现金 250美元,每月提取现金最高限额不得超过 1 000 美元,并出台一系列紧缩财政开支的政策措施。这些措施引起了以中产阶级为首的广大阿根廷民众的强烈不满,首都布宜诺斯艾利斯爆发了声势浩大的示威游行。随着事态的恶化,起初和平形式的示威活动很快恶化成一场席卷全国的暴力冲突,造成至少 32 人丧生,债务危机导致的社会动荡引发了阿根廷的政治危机。从 12 月下旬开始,阿根廷政局动荡不安,内阁更换频繁,在两周多的时间里走马灯似地更换了 5 位总统,其中包括两位上台时间不到 48 小时的临时总统。导致这场危机的原因是多方面的,其中最主要的原因是外债负担过重,超过了经济承受能力。阿根廷的债务总额高达 1 550 亿美元,占国内生产总值的 55%。

(五)2009 年希腊债务危机

2009 年 12 月希腊政府公布了 2009 年政府财政赤字和公共债务占 GDP 比例预计将分别达到 12.7% 和 113%,远超欧盟规定上限,其财政状况显著恶化,全球三大信用评级机构相继调低希腊主权信用评级,希腊债务危机正式拉开序幕。当时的希腊债务危机引爆了欧洲债务危机,欧洲多国的主权信用评级遭下调。为解决希腊债务危机,两轮救助计划共耗费 2 400 亿欧元。希腊债务危机历时较长,在 2015 年 6 月,该国未能偿还国际货币基金组织的 15 亿欧元贷款,成为自津巴布韦 2001 年违约以来该机构首个违约的成员国,也是首个对 IMF 拖欠款项的发达经济体。

(六)2011 年全面爆发欧盟债务危机

欧盟债务危机,全称欧洲主权债务危机,是指自 2009 年以来在欧洲部分国家爆发的主权债务危机。欧盟债务危机是美国次贷危机的延续和深化,其本质原因是政府的债务负担超过了自身的承受范围,而引起的违约风险。早在 2008 年 10 月华尔街金融风暴初期,北欧的冰岛主权债务问题就浮出水面,而后中东债务危机爆发,鉴于这些国家经济规模小,国际救助比较及时,其主权债务问题未酿成较大全球性金融动荡。2009 年 12 月,希腊的主权债务问题凸显,2010 年 3 月进一步发酵,开始向"欧洲五国"(葡萄牙、意大利、爱尔兰、希腊、西班牙)蔓延。美国三大评级机构则落井下石,连连下调希腊等债务国的信用评级。2010 年 4 月 23 日希腊正式向欧盟与 IMF 申请援助。2011 年,欧洲债务危机全面爆发,逐步从重债国向意大利、法国等欧元区核心国家蔓延。希腊屡次逼近债务违约边缘,7 月 21 日,欧元区召开紧急峰会,再次向希腊提供 1 090 亿欧元贷款的第二次援助。然而危机却愈演愈烈,11 月以后,意大利、西班牙等国的国债收益率突然上升,甚至超过 7% 的"警戒线"。至此,债务危机开始蔓延全欧。

阅读材料
希腊债务危机

希腊债务危机,源于 2009 年 12 月希腊政府公布政府财政赤字,而后全球三大信用评级相继调低希腊主权信用评级从而揭开希腊债务危机的序幕。

2009 年 10 月初,希腊政府突然宣布,2009 年政府财政赤字和公共债务占国内生产总值的比例预计将分别达到 12.7% 和 113%,远超欧盟《稳定与增长公约》规定的 3% 和 60% 的上限。鉴于希腊政府财政状况显著恶化,全球三大信用评级机构惠誉、标准普尔和穆迪相继调低希腊主权信用评级。随着主权信用评级被降低,希腊政府的借贷成本便大幅提高,希腊债务危机正式拉开序幕。

随着主权信用评级被降低,希腊政府的借贷成本大幅提高。希腊政府不得不采取紧缩措施,希腊国内举行了一轮又一轮的罢工活动,经济发展雪上加霜。至 2012 年 2 月,希腊仍在依靠德法等国的救援贷款度日。除希腊外,葡萄牙、爱尔兰和西班牙等国的财政状况也引起投资者关注,欧洲多国的主权信用评级遭下调。

一、希腊债务危机起源

希腊债务危机一切要从 2001 年谈起。当时希腊刚进入欧元区。根据欧洲共同体部分国家于 1992 年签署的《马斯特里赫特条约》规定,欧洲经济货币同盟成员国必须符合两个关键标准,即预算赤字不能超过国内生产总值的 3%、负债率低于国内生产总值的 60%。然而刚入盟的希腊就看到自己距这两项标准相差甚远。这对希腊和欧元区联盟都不是一件好事。特别是欧元刚一问世便开始贬值的时候。这时希腊便求助于美国投资银行"高盛"。高盛为希腊设计出一套"货币掉期交易"方式,为希腊政府掩饰了一笔高达 10 亿欧元的公共债务,从而使希腊在账面上符合了欧元区成员国的标准。

这一被称为"金融创新"的具体做法是,希腊发行一笔 100 亿美元(或日元或瑞士法郎)的十至十五年期国债,分批上市。这笔国债由高盛投资银行负责把希腊提供的美元兑换成欧元。到这笔债务到期时,会仍然由高盛将其换回美元。如果兑换时按市场汇率计算的话,就没有文章可做了。事实上,高盛的"创意"在于人为拟定了一个汇率,使高盛得以向希腊贷出一大笔现金,而不会在希腊的公共负债率中表现出来。假如 1 欧元以市场汇率计算等于 1.35 美元的话,希腊发行 100 亿美元可获 74 亿欧元。然而高盛则用了一个更为优惠的汇率,使希腊获得 84 亿欧元。也就是说,高盛实际上借贷给希腊 10 亿欧元。但这笔钱却不会出现在希腊当时的公共负债率的统计数据里,因为它要 10~15 年以后才归还。这样,希腊有了这笔现金收入,使国家预算赤字从账面上看仅为 GDP 的 1.5%。而事实上 2004 年欧盟统计局重新计算后发现,希腊赤字实际上高达 3.7%,超出了标准。

除了这笔借贷,高盛还为希腊设计了多种敛财却不会使负债率上升的方法。如把国家彩票业和航空税等未来的收入作为抵押,来换取现金。这种抵押换现方式在统计中不是负债,却变成了出售,即银行债权证券化。高盛的这些服务和借贷当然都不是白白提供的。高盛共拿到了高达 3 亿欧元的佣金。高盛深知希腊通过这种手段进入欧元区,其经济必然会有远虑,最终出现支付能力不足。高盛为防止自己的投资打水漂,便向德国一家银行购买了 20 年期的 10 亿欧元 CDS"信用违约互换"保险,以便在债务出现支付问题时由承保方补足亏空。

希腊的这一做法并非欧盟国家中的独创。据透露,有一批国家借助这一方法,使得国家公共负债率得以维持在《马斯特里赫特条约》规定的占 GDP3% 以下的水平。这些国家不仅有意大利、西班牙,而且还包括德国。在高盛的这种"创造性会计手法"主要欧洲顾客名单中,意大利占据了一个重要位置。

希腊债务危机的根本原因是,该国经济竞争力相对不强,经济发展水平在欧元区国家中相对较低,经济主要靠旅游业支撑。金融危机爆发后,世界各国出游人数大幅减少,对希腊造成很大冲击。此外,希腊出口少进口多,在欧元区内长期存在贸易逆差,导致资金外流,从而举债度日。

根据欧盟的规定,欧洲各国在加入欧元区时必须达到"财政赤字占 GDP 的比例不超过 3%、公共债务在 GDP 中的比例不高于 60%"的要求。而希腊现在的财政赤字率是 12.7%,公共债务率则高达 113%。事实上,早在 2001 年希腊加入欧元区时,就请美国高盛公司利用当时欧盟财务规定上的漏洞,对本国尚未达标的财务状况进行了巧妙掩饰,虽然获得了一时之利,顺利加入了欧元区,却为日后的财政危机埋下隐患。

二、希腊债务危机的直接原因

2009 年 12 月 16 日晚间,国际评级机构标准普尔宣布,把希腊的长期主权信贷评级下调一档,从"A-"降为"BBB+"。标普同时警告说,如果希腊政府无法在短期内改善财政状况,有可能进一步降低希腊的主权信用评级。这已是希腊一周内第二次遭受信贷评级下调的打击。本月8日,另一家评级机构——惠誉国际信用评级有限公司刚把希腊主权信用评级由"A-"降至"BBB+",并引发了希腊股市大跌和国际市场避险情绪大幅升温。另一评级机构穆迪也已把希腊列入观察名单,并有可能调降其信贷评级。

三、希腊债务危机的解决办法

2009年12月11日,欧元区成员国财长同意拿出300亿欧元用于必要时救助希腊,暂时解决了希腊眼前的困难。希腊2010年4月23日正式向IMF要求援助,希腊、欧盟和IMF的谈判正在希腊进行,希腊需要在2010年5月19日前获得援助。德国默克尔周一表示,当希腊满足相关条件时,德国会启动援助程序,希腊需要采取进一步的节支措施,必须证明其能够回归可持续的经济成长,德国要求希腊先拿出可持续的计划再提供援助,举止适当。

2012年2月21日,欧元区财长会议批准对希腊的第二轮救助计划,总额为1 300亿欧元。由此,希腊能够偿还3月到期的145亿欧元国债,从而避免了无序违约。

2015年7月,希腊与欧元区领导人达成共识,为得到第三轮总额超过800亿欧元的救助,希腊将为此付出了沉重的代价,被迫接受债权人提出多项苛刻条款。其中,令希腊民众备感侮辱的是政府被迫许诺出售"珍贵国家资产"用作贷款抵押,希腊或将售卖其引以为豪的岛屿、自然保护区甚至古迹遗址。

2015年7月16日,希腊议会凌晨通过一揽子"以改革换救助"法案,其中包括希腊政府13日与债权人达成的协议以及相关改革措施,为希腊获取第三轮救助贷款创造了条件。希腊议会还要在22日前通过如下法案:修订民事诉讼法以加快相关司法程序和降低成本;通过"银行复苏与清算指令"相关法案,便于之后的银行重组。2015年8月5日,据欧元区与希腊达成新的援助协议,雅典必须拍卖500亿欧元的国有资产成立私有化基金,以换取欧元区提供的第三笔860亿欧元的援助贷款。现在,雅典正式开卖其中的150座国有岛屿。

希腊境内有多达6 000个岛屿,分布在爱琴海以及爱奥尼亚海域。其中,最大的岛屿面积超过3 000平方公里,而最小的只能放下一张太阳椅。这些岛屿有598座为雅典政府所有,其中150座将被出售。这些将出卖的岛屿目前大多数没有人居住,但未来都可以开发为高端旅游项目,或自建度假设施。其面积从数十万平方米到数百万平方米都有。公开信息显示,希腊很多岛屿的售价均没有超过200万欧元。而按单位面积算,这个价格比许多国际大都市的闹市区价格还低。

(资料来源:AYSZ01.希腊债务危机.鳌游历史,2023.)

本章小结

1.国际资本流动是资本跨境转移的活动。一般可以分为长期资本流动和短期资本流动。短期资本流动主要包括贸易性资本流动、金融性资本流动、保值性资本流动和投机性资本流动。长期资本流动主要包括国际直接投资、国际证券投资和国际贷款三种主要方式。

2.20世纪90年代以来,国际资本流动呈现出一些新的趋势和特点:间接投资超过直接投资的规模,并表现出证券化的趋势;发展中国家成为国际资本流动的一支重要力量;跨国公司和跨国银行是国际资本流动的绝对主体;国际资本流动虚拟化趋势显著。

3.国际资本流动在性质上是生产要素的国际化配置和组合。国际资本流动的大规模发展对资本输出国、资本输入国以及对国际经济势必产生深远的影响。这种影响是双重的,既有积极的作用,也有消极的影响。

4.伴随着国际贸易和国际分工的深化,国际资本流动经历了四个发展阶段。

5.外债是一定时期内一国居民对非居民应还未还的具有契约性偿还义务的债务总额。衡量外债高低的指标主要有负债率、债务率、偿债率等。

6.债务危机是金融危机的一种形式,一国一定要合理地安排外债结构和规模,并科学地进行管理,才有可能避免遭受债务危机的冲击和影响。

7.根据对历次金融危机的研究,金融危机理论经过了三代模型的演变。无论理论如何演进和发展,短期资本流动,尤其是投机性资本的冲击始终和金融危机的爆发密不可分。

课后思考题

一、选择题

1.资本流出是指本国资本流到外国,它表示(　　　)。
　　A.外国对本国的负债减少　　　　　　　　B.本国对外国的负债增加
　　C.外国在本国的资产增加　　　　　　　　D.外国在本国的资产减少

2.短期资本流动与长期资本流动除期限不同之外,另一个重要的区别是(　　　)。
　　A.投资者意图不同
　　B.短期资本流动对货币供应量有直接影响
　　C.短期资本流动使用的是 1 年以下的借贷资金
　　D.长期资本流动对货币供应量有直接影响

3.资本的国际流动是指资本从一个国家流向另一个国家,以投资、货款或其他形式产生利润。这种流动可以通过以下哪些方式实现?(　　　)。
　　A.直接投资　　　　　B.股票交易　　　　　C.货币兑换　　　　　D.外债融资

4.直接投资是指资本的国际流动以购买或设立企业、合资企业或与国外企业进行合作的方式进行。以下哪种情况被称为直接投资?(　　　)。
　　A.购买外国公司的股票　　　　　　　　B.在外国市场购买商品
　　C.在外国开设分支机构　　　　　　　　D.通过股票市场投资外国企业

5.利润再投资是指企业将盈利转化为资本继续投资,以扩大生产规模或开拓新市场。以下哪种情况可以被视为利润再投资?(　　　)。
　　A.将利润作为股息支付给股东　　　　　B.将利润用于购买国外的资产
　　C.将利润作为薪酬发放给员工　　　　　D.将利润存入银行账户

二、判断题

1. 国际资本流动的一般性原因主要是追求高收益。　　　　　　　　（　　）
2. 资本流出意味着外国对本国的债务减少。　　　　　　　　　　　（　　）
3. 投机性资本都是短期资本。　　　　　　　　　　　　　　　　　（　　）
4. 投机性资本主要是私人资本。　　　　　　　　　　　　　　　　（　　）
5. 在现实中,资本在多数国家之间是单向流动的。　　　　　　　　（　　）

三、简答题

1. 简述国际资本流动的概念及主要类型。
2. 简述国际资本流动的原因。
3. 影响国际资本流动的原因有哪些。
4. 简述长期资本流动对输入国和输出国的影响。
5. 简述发展中国家债务危机的形成原因。

四、案例分析题

希腊债务危机

这次希腊债务危机的开端就是 2009 年 10 月初,希腊政府突然宣布,2009 年政府财政赤字和公共债务占国内生产总值的比例预计将分别达到 12.7% 和 113%,远超欧盟《稳定与增长公约》规定的 3% 和 60% 的上限。鉴于希腊政府财政状况显著恶化,全球三大信用评级机构惠誉、标准普尔和穆迪相继调低希腊主权信用评级。随着主权信用评级被降低,希腊政府的借贷成本便大幅提高。

此次希腊债务危机的原因 10 年前就已经种下,当时希腊在 2001 年期望加入欧盟。而欧盟对于加盟国有严格的规定,欧洲各国在加入欧元区时必须达到"财政赤字占 GDP 的比例不超过 3%、公共债务在 GDP 中的比例不高于 60%"的要求。而希腊请美国高盛公司利用当时欧盟财务规定上的漏洞,对本国尚未达标的财务状况进行了巧妙掩饰,虽然获得了一时之利,顺利加入了欧元,却为日后的财政危机埋下了隐患。而现在的希腊财政赤字率为 12.7%,公告债务率则高达 113%。

希腊债务危机的原因有以下四种。首先第一个原因是希腊政府的高福利政策。希腊的社会福利不仅高昂且名目繁多。根据希腊经济网站的数据,每年政府都要为公务员福利拨出数以十亿计的款项。例如已经去世的公务员的未婚或者已婚的女儿,都可以继续领取其父母的退休金。根据欧盟委员会的数据,到了 2050 年,希腊的养老金开支将上升到等于国内生产总值的 12%,而欧盟的成员国的平均养老金开支还不到国内生产总值的 3%。希腊的公务员们每个月更是可以享受到 5 欧元到 1300 欧元之间的额外奖金,奖金的名目也相当随意而奇怪,比如会使用电脑,会说外语、能准时上班。如此奢侈的社会保障制度,也难怪有专家预测,除非进行大刀阔斧的改革,否则希腊的社会保障制度必会在 15 年之内崩溃。希腊的不同政党不断地开出各种高福利支票来争取选民,也造成了高福利的恶性循环。如果经济形势喜人,高福利也可以维持,可是希腊经济发展偏偏停滞不前,是欧盟内经济最弱的国家之一。政府实在无力偿债,反而以债养债,将雪球越滚越大。

第二个原因就是希腊经济结构性问题。希腊经济存在结构性问题,内需高,出口少,储蓄率低,劳动力市场僵化,竞争力弱,借债消费。加入欧元区后,欧元汇率高,希腊对区内区外出口都下降,积累了大量贸易逆差。财政支出较高,主要用于社会保障和公共部门雇员支出。随着人口老龄化发展,社保支出越来越多;公共部门雇员工资增长也快于生产率增速。在财政收入管理方面存在漏洞,偷税、漏税严重,据估计每年损失的税收至少相当于GDP的4%居民储蓄率低,财政缺口主要由外债弥补。欧元利率较低降低了希腊融资成本,刺激了房地产市场的发展。全球金融危机后,房地产泡沫破灭,借债消费的方式不可持续,经济萎缩,不足以支撑政府庞大的财政支出。此外,统计部门严重失职,2022年4月发布的统计数据预计2022年赤字为3.7%,但是新政府上台后发现实际数据高达12.7%,统计失真导致严峻的财政形势迟未被发现。

第三个原因是欧元区制度设计问题。欧元区实行单一货币政策。区内国家经济不同步,双速增长。单一货币政策无法满足所有国家经济调控需求,从而产生使用财政政策调节经济的激励。希腊通过扩大财政支出刺激经济发展。虽然《增长与稳定公约》对财政赤字的流量和存量均有限制,但是这种约束不足,除希腊外,葡萄牙、意大利等国均存在明显违约。欧元区内统一货币政策,但分散财政政策是希腊债务危机发生的制度原因之一。

第四个原因是希腊采取的财政政策。希腊采用美国式的"自由市场经济模式",这一模式片面强调自由放任、反对国家干预,缺乏监管;而欧元区的主导模式则是德国式的"社会市场经济模式",该模式在德国和北欧国家得到了很好的贯彻,而南欧国家则倾向于美国模式。希腊在加入欧元区时就未达标,加入欧元区后又继续受美国模式的影响,以促进经济增长为首要目标,财政政策一直比较宽松。虽然希腊经济增长率在欧元区算是较高的,但这一增长不具可持续性,而宽松的财政政策进一步加剧了债务问题。

思考:

1. 希腊爆发债务危机的原因有哪些?
2. 希腊债务危机对新兴经济体的启示有哪些?

第八章

国际货币体系

【学习目标】

1. 国际货币体系的概念及内容；

2. 国际金本位制的特征及其评价；

3. 布雷顿森林体系的特征、历程及其评价；

4. 牙买加体系的主要内容、运行特征及其评价；

5. 未来货币体系改革的方向。

【知识能力】

1. 能说明国际货币体系的概念；

2. 会区分不同国际货币体系的内容及特征；

3. 通过牙买加体系分析未来发展趋势。

【工作任务】

1. 区分国际货币体系并理解其影响；

2. 举例说明不同货币体系的弊端；

3. 列举布雷顿森林体系崩溃原因。

【思维导图】

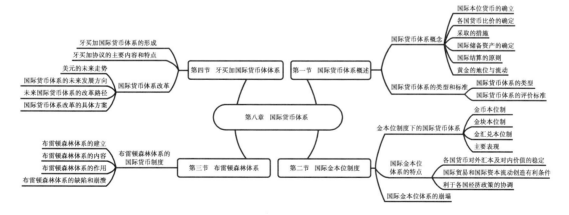

案例导入

"金砖国家"推动美元替代品,不是威胁而是积极进展

在全球政治局势不稳定的背景下,越来越多的国家对美元的地位感到担忧,金砖国家也再次提到建立一个新的替代货币体系。在最初"金砖四国"这一概念由美国高盛公司首席经济师吉姆·奥尼尔于2001年首次提出。2003年,奥尼尔在一份题为《与"金砖四国"一起梦想》的研究报告中预测,到2050年,全球新的六大经济体将变成中国、美国、印度、日本、巴西、俄罗斯。

2010年金砖国家银行合作机制正式成立,以促进金砖国家银行间以本国货币进行跨境支付。在2017年举行的金砖国家领导人第九次会晤期间,金砖国家同意促进本币债券市场的发展,并致力于共同设立本币债券基金,支持加快鼓励使用本币的进程。

疫情过后,发达经济体和发展中经济体都在探索全球化和区域化的新方向,以促进国内经济增长。金砖国家的经济潜力不容忽视,因为按购买力平价计算,这5个国家目前对世界国内生产总值的贡献超过了七国集团。

此后,地缘政治紧张引发了"去美元化"的讨论。这也成为金砖国家成员之间一个严肃讨论的问题。对中国而言,随着各国寻求替代货币以应对美元风险,人民币国际化进程也在推进。印度去年也开始允许贸易伙伴使用卢比进行结算,其最新的贸易政策则基于卢比支付系统。中国还与巴西、印度和俄罗斯达成协议,用这些国家的本币进行贸易。据报道,部分印度炼油厂用人民币结算俄罗斯进口原油。随着俄罗斯、中国和印度开发自己的支付系统以促进跨境交易,金砖国家有望成为启动新的全球多元货币体系的良好平台。

金砖国家成员自2009年起就开始讨论为"多元化国际货币体系"创建一种美元替代货币的问题,俄乌冲突和西方对俄制裁为这一进程注入了新的动力。高通胀、高利率以及最近的美国债务危机进一步引发了其他国家对以美元为主的债务问题的担忧。

考虑到全球发展态势,这种体系将使许多渴望摆脱美元的国家受益。如果这种替代货币体系发展起来,它将成为一条通往更加平衡和可持续经济增长的新路径。

(资料来源:巴尔蒂·奇伯,等.金砖国家推动美元替代品,不是威胁而是积极进展[N].乔恒,译.南华早报,2023-07-18.)

第一节 国际货币体系概述

一、国际货币体系的概念

国际货币体系(International Monetary System)是为了满足国际贸易和国际支付需求而确立的一套原则、措施和组织机构,旨在使各国货币在国际范围内发挥作用。它包括国际货币制度、国际金融机构以及习惯和历史沿革所形成的国际货币秩序,这些组成部分共同构成了国际货币体系。

国际货币体系是历史的产物,它伴随着以货币为媒介的国际经贸往来的产生而出现,只是在早期,它主要依靠约定俗成的做法而形成。随着资本主义生产方式的确立和世界市场

的形成,国际经济交往日益密切,国际货币体系的法律和行政色彩也相应增加。现代国际货币体系就是这样一种既包括有法律约束力的有关货币国际关系的规章制度和相应的国际货币金融机构,又包括具有传统约束力的由各国约定俗成的某些规则、做法的整合体。围绕着促进世界经济和各国经济的平衡发展及稳定这一中心任务,就国际货币制度本身而言,主要包括以下几方面的内容:

(一)国际本位货币的确立

国际本位货币是在国际上占据中心货币地位的可自由兑换的货币。它首先必须能在世界上自由兑换;其次,还必须占据国际中心货币的地位,能充当国际商品的价值尺度或价格标准,并成为各种货币汇率计算的中心。充当这种中心货币的曾经有贵金属——黄金,也有因历史、经济和现实原因形成的某些国家的纸币。国际本位货币的确立是国际货币制度的核心和基础。

(二)各国货币比价的确定

为了进行国际支付,各国货币必须确定一定的兑换比例。这就涉及货币比价确定的依据、比价波动的界限、维持比价所采取的措施等。而要确定各国货币相互间的比价,首先要确定各国货币与国际本位货币比价,然后才能确定各国货币相互间的比价。

(三)各国货币的兑换性与对国际支付所采取的措施

国际本位货币是世界上最具自由兑换性的货币,也是国际支付货币。但国际货币制度或自发地形成了或明确规定了各国货币的自由兑换性。与此相适应,各国政府一般都颁布金融法令,规定本国货币对外兑换与支付的条件、范围,如规定本国货币能否对外自由兑换、对外支付是否进行限制等。

(四)国际储备资产的确定

保存一定数量为世界各国所普遍接受的国际储备资产,是国际货币制度的一项主要内容。充当国际储备资产的除了国际本位货币以外,在一定条件下,一些国家的纸币或国际金融机构、国际经济组织创设的货币也可充当国际储备资产。

(五)国际结算的原则

受国际储备货币和国际清偿手段供需因素的制约所形成的国际上债权、债务结算的原则和方式。比如是实行自由的多边结算还是实行限制的双边结算,是资产结算还是负债结算,是自由外汇支付还是协定记账支付等。

(六)黄金的地位与流动

黄金的货币属性在不同时期的全球货币体系中都有不同的体现。黄金是否能充当国际本位货币(货币黄金),是否能自由流动与转移,是区分不同类型的国际货币制度的一个标准。

二、国际货币体系的类型和标准

(一)国际货币体系的类型

国际货币体系在不同的历史时期有着不同的类型,与之相应的汇率制度也有所不同。国际货币体系按其构成的基础即本位货币的差别来划分,可分为国际金本位制、黄金美元本位制,以及与黄金完全脱钩的多元信用纸币本位制;与之相应的汇率制度亦可分为固定汇率制、浮动汇率制,以及介于这二者之间的可调整的钉住汇率制或管理浮动汇率制等多种类型。

(二)国际货币体系的评价标准

货币本位和汇率安排是划分国际货币体系类型的两项重要标准。货币本位涉及储备资产的性质。一般来说,国际货币储备可以分为两个大类:商品储备和信用储备。根据储备的性质,可将国际货币体系分为三类:纯商品本位,如金本位;纯信用本位,如不兑换纸币;混合本位,如金汇兑本位。

汇率在国际货币体系中占据中心位置,因而可以按汇率的弹性大小来划分各种不同的国际货币体系。汇率的两个极端情形是永远固定和绝对富于弹性,介于两者之间有管理浮动、爬行钉住及可调整的钉住。根据上述类型的划分,可将历史上的国际货币体系演变划分为不同时期:

①1880—1914 年,国际金本位制度。历史上第一个国际货币制度,是 19 世纪到第一次世界大战前相继推行的货币制度。

②1918—1939 年,国际金本位制度的恢复时期。黄金依旧是国际货币体系的基础,各国纸币仍规定有含金量,代替黄金执行流通、清算和支付手段的职能。但黄金只有在最后关头才能充当支付手段,以维持汇率稳定。

③1944—1973 年,布雷顿森林体系。国际货币基金协定确立了美元与黄金挂钩,各国货币与美元挂钩,并建立固定比价关系的、以美元为中心的国际金汇兑本位制。

④1973—1976 年,向浮动汇率制度过渡时期。由于美国国际收支逆差严重,美元信用猛降,国际金融市场又一次掀起了抛售美元,抢购原西德马克和日元、并进而抢购黄金的风潮。最终导致第二次世界大战后以美元为中心的固定汇率制度崩溃。

⑤1976 年至今,牙买加体系。布雷顿森林体系瓦解后,1976 年 IMF 通过《牙买加协定》,确认了布雷顿森林体系崩溃后浮动汇率的合法性,继续维持全球多边自由支付原则。

第二节 国际金本位制度

同任何经济制度一样,国际货币制度也是历史演变的结果。这种演变的过程,既受到一国(或该地区)的生产力发展水平的影响,而且也受到文化习俗、宗教信仰、地理区位,甚至国际关系的影响。货币制度的演变和发展,经历了一个由货币形态的变化,到有关国家货币制度相互整合的货币区域化和一体化的变化过程。

一、金本位制度下的国际货币体系

金本位制度是指以黄金作为本位货币,流通中各种货币与黄金间固定兑换关系的货币制度。金本位制有广义与狭义之分。广义的金本位制是指以一定重量和成色的黄金来表示一国本位货币的货币制度,包括金币本位制、金块本位制和金汇兑本位制。狭义金本位制仅指金币本位制。

(一)金币本位制

金币本位制(Gold Specie Standard)是金本位制的最初形态。其特点是:银行券可自由兑换金币;金币可自由铸造;黄金可自由输出入;货币储备全部用黄金;国际结算使用黄金。在这种制度下,货币等同于黄金,与黄金直接挂钩,价值比较稳定。

(二)金块本位制

金块本位制(Gold Bullion Standard)是在金币本位制崩溃以后出现的一种货币制度。其主要内容是:金币虽然是本位货币,但在国内不流通,只流通银行券,不允许自由铸造金币,但仍规定货币的含金量,并规定有黄金平价;银行券不能自由兑换金币,但在国际支付或工业方面需要时,可按规定数量向中央银行兑换金块。

(三)金汇兑本位制

金汇兑本位制(Gold Exchange Standard)又称虚金本位制,是与金块本位制度同时盛行的货币制度。其主要内容是:国内不能流通金币,而只能流通有法定含金量的纸币;纸币不能直接兑换黄金,只能兑换外汇。实行这种制度国家的货币同另一个实行金块本位制国家的货币保持固定比价,并在该国存放外汇和黄金作为准备金,体现了小国对大国的依附关系。通过无限制买卖外汇维持金块本位国家货币的联系,即"钉住"后者的货币。国家禁止黄金自由输出,黄金的输出输入由中央银行负责办理。

从金币本位制到金块本位制,再到金汇兑本位制,可以看出:第一,货币和黄金的联系越来越弱,货币制度的稳定性也在不断削弱。第二,实行金块本位制,金币不再流通,货币的可兑换性受到限制,可以节约国内经济交易中所需的黄金。实行金汇兑本位制则因大量持有外汇,不仅可以节约国内经济交易所需的黄金,还可以节约国际经济交易中所需的黄金。第三,各国实行的货币制度和国际货币体系之间具有密不可分的联系。世界各国可以同时实行金币本位制或金块本位制,但不能同时实行金汇兑本位制,必须至少有一国实行金币本位制或金块本位制。通常所说的国际金本位体系是指世界主要国家均实行金币本位制情况下的国际货币体系。

(四)金本位条件下的国际货币汇率机制运行主要表现

①实行以不同国家货币的含金量为基础的固定汇率机制。各个国家每一单位货币的含

金量所构成的铸币平价之比是固定的。

②各国货币汇率受市场自发调节机制的制约,波动幅度很小,十分稳定。汇率的波动幅度一般限制在"黄金输送点"范围。黄金输送点即两国货币的铸币平价加上或减去国家间黄金的运输费用。在国际金本位制度下,黄金可以自由输出和输入国境。当一国兑换他国货币的汇率上升或下跌并超过黄金输送点时,人们不愿使用外汇,而愿直接使用黄金作为国际结算和支付的手段。

二、国际金本位体系的特点

金本位条件下的国际货币汇率机制的最重要特点,主要表现为国际货币体系的基础、固定汇率制度和汇率运行机制的自发性,即它主要是在世界经济交往中自发形成的,其运行是通过市场机制的自动调节来实现的。由于各国货币以贵金属黄金为共同的基础,而黄金输送点的制约又使得金本位条件下的汇率运行具有波动幅度小的特点,因而有利于国际贸易与国际投资、国际信贷的发展。

金币本位制始于 1816 年的英国,此后其他欧美国家纷纷效仿,到 1914 年,由于第一次世界大战爆发而终止。第一次世界大战结束后,金块本位和金汇兑本位的货币制度开始流行,这个阶段金本位制的基础与战前相比已被严重削弱。1929—1933 年爆发的世界性经济危机,使得西方国家统一的国际金本位制终于彻底瓦解。随后,纸币流通制度开始盛行,各西方主要发达国家与黄金不相挂钩的纸币流通制度开始盛行,这些国家纷纷成立了以各自为核心的货币集团,如英镑集团、美元集团、法郎集团。在货币集团内部,以该国的货币为中心,以这种货币作为集团内部的储备货币进行清算。集团内部外汇支付和资金流动完全自由,集团内部的货币比价、货币波动界限及货币兑换与支付均有统一严格的规定,但是对集团外的收付与结算则实行严格管制,常常要用黄金作为国际结算手段,发挥其世界货币职能。货币集团的形成和发展,加剧了集团之间的矛盾冲突,以及整个世界经济的不稳定。

(一)有利于保持各国货币对外汇率及对内价值的稳定

在金本位制下,各国货币都规定有含金量。各国货币之间的汇率是建立在黄金平价基础上的,即由各国本位货币所含纯金数量之比(即铸币平价)决定。外汇市场的实际汇率由于外汇供求关系的影响而围绕黄金平价上下波动。但这种波动是有限制的,即不能超出黄金输送点(黄金平价加运送费用),最低不得跌破黄金输入点(黄金平价减黄金运送费用)。另一方面,各国发行货币均以一定的黄金作保证,因此可限制政府或银行滥发纸币,不易造成通货膨胀,保持货币对内价值的稳定。

(二)国际贸易和国际资本流动创造有利条件

在金本位制下,黄金能自由发挥世界货币职能,各国汇率的基本稳定可以保障对外贸易与对外信贷的安全,有利于国际贸易和国际资本流动。另一方面,也促进了商品的流通和信用的扩大,从而促进各国经济增长和充分就业。

(三)利于各国经济政策的协调

一国管理经济的主要目标是尽量达到对内平衡和对外平衡的统一。对内平衡是指国内物价、就业和国民收入的稳定增长;对外平衡是指国际收支和汇率的稳定。但是内外平衡常常是矛盾的。当二者发生矛盾时,实行金本位制的国家首先考虑对外平衡,而将对内平衡置于次要地位,因此国际金本位制有利于这些国家经济政策的协调。

国际金本位制度下的汇率机制也存在缺陷,主要表现在两个方面:一是货币的供应受到黄金数量的限制,缺乏灵活性,不能适应经济增长的需要。二是当一国发生国际收支逆差,由于黄金输出、货币紧缩以及有可能出现的国内经济活动被迫服从外部平衡的需要,最终引起国内经济的恶化。

三、国际金本位体系的崩塌

国际金本位体系的崩溃和国际金本位体系的缺陷从本质上来说是过分依赖黄金,这主要表现在:①国与国之间的清算和支付完全依赖于黄金的输出输入;②货币数量的增长主要依赖黄金产量的增长。

首先,英国等核心国家利用其工业强国的优势,向一般外围国家输出商品和资本,黄金源源不断地流入,到1913年,英、美、法、德、意、俄六个国家拥有的黄金总量占世界的70%,动摇了其他国家实行金本位制的物质基础。其次,黄金的供应必须能够满足世界经济增长的需要,而黄金产量的增长无法与之相适应。这就使得国际金本位体系的物质基础不断削弱。最后,国际金本位体系顺利运行的基础是各国必须遵守金本位制度下"三自由"的游戏规则,这在没有一个权威性的国际金融机构对其进行监督的体制下是很难实现的。

随着世界经济的发展,破坏国际货币体系稳定性的因素日益增长。第一次世界大战的爆发彻底摧毁了这一制度。战争期间,各国为筹措军费,对黄金的流动实行控制,同时发行了大量的银行券,使得银行券不能自由地兑换成金币。由于维持国际金本位体系的一些必要条件遭到破坏,国际金本位系宣告瓦解。

第一次世界大战之后,国际货币体系的重建问题受到各国的普遍重视。1922年在意大利热那亚召开了世界货币金融会议,讨论重建国际货币体系的问题。热那亚会议吸取了第一次世界大战前国际金本位体系的教训,确定了一种节约黄金的货币制度——国际金汇兑本位体系。自热那亚会议之后,除英国、法国、美国等国实行与黄金直接挂钩的货币制度之外,其他欧洲国家的货币均通过间接挂钩的形式实行了金汇兑本位制,国际金汇兑本位体系于1925年建立起来。

国际金汇兑本位体系是一种既以黄金为基础又节约黄金的货币体系。纸币代替黄金流通,充当国际清算和支付的手段。当国际收支发生逆差时,一般先动用外汇储备,如果仍然不能平衡,就要使用黄金作为国际清算的最后手段。从节约黄金的角度来看,这个体系在一段时间内是成功的。但从根本上来讲,在国际金汇兑本位体系之下,黄金数量依然满足不了世界经济增长和维持汇率稳定的需要。黄金的不足发展到一定程度时,国际金汇兑本位体系就会变得十分脆弱,经不起任何冲击。至此,国际金本位体系彻底崩溃。国际金汇兑本位体系崩溃后,世界各国纷纷加强外汇管制,实行竞争性货币贬值和外汇倾销政策。经济大危机过后,英国、美国和法国三国为了恢复国际货币秩序,于1936年9月达成一项《三国货币协议》,美国和英国接受了法郎贬值30%的结果,承诺不以本国货币贬值作为报复手段。三国政府同意使用各自汇率稳定账户的资金限制三国货币之间的汇率波动,维持货币体系的稳定。这个协议因为第二次世界大战的来临和爆发,很快便瓦解了。因此,这段时期的国际货币体系的基本特征就是无秩序的混乱状态。

阅读材料

美国为什么执意废除金本位？

一、最早提出"特里芬难题"的原来不是特里芬

第二次世界大战之后，欧洲和日本的经济恢复得很快。发展经济需要钱，经济的高速增长必然伴随着货币需求的高速增长。在布雷顿森林货币体系下，各国货币与美元挂钩，他们以美元为储备发行自己的本国货币，大量的货币需求使得美元被大量输出到欧洲和日本。客观地讲，战后美元的大量输出，一方面促进了世界各国经济的复苏与增长，另一方面美国则获取了巨额的铸币税。对于美国来说，只要源源不断地印刷美元就可以从世界各地"买"回巨额实物财富。

在初期，布雷顿森林体系还比较稳定。世界各国经济快速增长，美元发行规模也相应地出现了快速增长，但黄金增长非常有限，也就是说美元的增长远远超出了黄金的增长。因此，美元应当相对于黄金贬值，但是布雷顿森林体系又要求美元必须保持稳定与坚挺。

1960年，美国经济学家罗伯特·特里芬在其《黄金与美元危机——自由兑换的未来》一书中指出："由于美元与黄金挂钩，而其他国家的货币与美元挂钩，美元虽然因此而取得了国际核心货币的地位，但是各国为了发展国际贸易，必须用美元作为结算与储备货币，这样就会导致流出美国的货币在海外不断沉淀，对美国来说就会发生长期贸易逆差；而美元作为国际货币核心的前提是必须保持美元币值稳定与坚挺，这又要求美国必须是一个长期贸易顺差国。这两个要求互相矛盾，因此是一个悖论。"这一内在矛盾在经济学界被称为"特里芬难题"（Triffin Dilemma）。

但事实上，美国政府对此早就清楚了，1944年凯恩斯向美国推销清算同盟方案的时候已经给他们讲清楚了。1956年美国决策集团就研究了美元作为世界货币的快速增长，必然导致美元与黄金比值的变化，否则就会出现黄金流失，并由此制定了美国利益最大化条件下的对策。

对于特里芬难题，美国置若罔闻。1958年以后，美国持续的收支赤字导致美元在世界各地泛滥成灾，引起了许多国家的不满，其中尤以法国总统戴高乐的言辞最为激烈，他批评美元享有"过分的特权"。但美国依然对发行美钞乐此不疲，因为只要让印钞机开足马力，不但能够轻而易举地抹平赤字，而且其他国家的商品和劳务也可以滚滚而来。美元贬值动摇了人们对美元的信心，纷纷抛出美元买入黄金，美国的黄金储备大量外流，对外短期债务激增。到1960年，美国的短期债务已经超过其黄金储备，当年10月爆发了战后第一次大规模抛售美元、抢购黄金的美元危机。

二、给金本位打补丁

为了抑制金价上涨，保持美元汇率，减少黄金储备流失，美国联合英国、瑞士、法国、西德、意大利、荷兰、比利时八个国家于1961年10月建立了黄金总库，八国央行共拿出2.7亿美元的黄金，由英格兰银行作为黄金总库的代理机关，负责维持伦敦黄金价格，并采取各种手段阻止外国政府持美元外汇向美国兑换黄金。

20世纪60年代中期越战爆发，美国的国际收支进一步恶化，美元危机再次爆发。到1968年3月，美国的黄金储备已降至120亿美元，只有其短期债务的三分之一。结果在伦敦、巴黎和苏黎世黄金市场上，爆发了空前规模的黄金抢购风潮，在半个月内美国的黄金储备又流失了14亿美元，仅3月14日一天，伦敦黄金市场的成交量就达到了350～400吨的破

纪录数字,黄金市场价一度涨至 44 美元/盎司,比官方定价 35 美元/盎司高出 26%。

在这种情况下,美国政府要求英国关闭伦敦黄金市场,在与黄金总库成员国协商后,宣布不再按每盎司 35 美元的官价向市场供应黄金,市场金价按供求关系自由浮动,但各国中央银行之间仍然维持 35 美元/盎司的官价,从此黄金开始了双价制阶段。黄金双价制是美国为了维护美元的世界货币地位,给布雷顿森林体系打的第一个大补丁。

实行黄金双价制的表面原因就是黄金相对不足,对此,美国早在实行双价制之前就联合英国提出了对策——由多国联合起来发行一种新的国际储备货币,这种国际储备货币的分配按各国的经济数据确定比例,完全与黄金脱钩,这样就可以弥补黄金的不足。显然,美国此次提出的国际储备货币正是 1944 年被美国人否决的凯恩斯计划中的 Bancor,只不过被他们改名换姓后拿了出来。同样的方案,在 1944 年在美国拥有巨额黄金时会损害美国的利益,而到了 60 年代中后期,美国滥发美元收取巨额铸币税,从而导致大量外流时,这套方案就符合了美国的利益。

美国和英国的提议遭到了以法国为首的西欧六国的强烈反对。他们认为,并不是国际流通手段不足,而是“美元泛滥”,通货过剩。因此他们反对创设新的不受黄金约束的储备货币,主张建立一种以黄金为基础的储备货币单位,以代替美元与英镑,而这显然是英美两国所不可能接受的。1964 年 4 月,比利时提出了一种折中方案:增加各国向国际货币基金组织的自动提款权,而不是另外创造新的储备货币来解决问题。这种增加的提款权是国际货币基金组织原有的普通提款权以外的一种补充,所以称为特别提款权(Special Drawing Right,SDR)。

国际货币基金组织中的“十国集团”采纳了这一接近于美、英的比利时方案,并在 1967 年 9 月的年会上获得通过。1968 年 3 月,由“十国集团”提出了特别提款权的正式方案,但由于法国拒绝签字而被搁置起来。频繁爆发的美元危机和美国宣布实行黄金双价制,实际上损害了其他各国的利益,如果美元丧失国际储备货币的地位,在此时没有任何一个国家的货币可以取代美元,那最终会造成世界货币体系的紊乱,世界各国的利益都会遭受损失。美国一手导演了愈演愈烈的美元危机,并利用危机胁迫各国接受特别提款权方案。因此,在 1969 年的国际货币基金组织年会上正式通过了“十国集团”提出的特别提款权方案。

1970 年,IMF 发行了最早的特别提款权。最初,每一单位的特别提款权被定义为 0.888 671 克纯金的价格,也就是当时的 1 美元。特别提款权被提供给全体会员国,作为一种国际货币储备单位,可以在一定程度上补充黄金不足以保持外汇市场主要是美元的稳定。

特别提款权是美国人继“黄金双价制”之后,给布雷顿森林体系打的又一个大补丁。当然了,从一开始,美国人就不允许特别提款权发挥过大的作用,美国只是希望借助于特别提款权摆脱黄金对美元的束缚,真正的主角,还得是美元。因此,从一开始特别提款权就只能用于各国央行之间的结算,不能被直接使用,发展到今天,特别提款权早就不再和黄金挂钩,而是和主要的四种货币(美元、英镑、欧元、日元)挂钩。

三、补无可补,无须再补

和黄金双价制一样,特别提款权也不可能从根本上解决特里芬难题,这两个大补丁在时间上无非是使得布雷顿森林体系苟延残喘而已,但在功能上却一点一点地解开了束缚在美元上的黄金绳索。

1970 年,通过 IMF 发行了特别提款权,美国心满意足,继续开足马力印钞票。1971 年夏天,美国的黄金储备只剩下 102 亿美元,而短期外债为 520 亿美元,黄金储备只相当于短期外债的1/5。各国政府无力回天,为了对冲手中美元的贬值风险,纷纷用美元向美国财政部兑换黄金,美国的黄金储备持续减少。

1971年8月9日,英国经济代表亲自登门拜访美国财政部,要求将持有的30亿美元兑换成黄金,按照当时的官价,兑换的黄金数量高达2600多吨。这成了压死骆驼的最后一根稻草,财政部部长约翰·康纳利立即向总统尼克松进行了报告。13日,星期五,尼克松突然下令16位制定经济政策的主要内阁成员,与他一起乘坐直升机前往戴维营召开紧急会议。为了确保会议不会被泄密,尼克松切断了所有与会者的对外通讯。在会议上,针对英国政府的巨额黄金兑换要求,所有与会者一致同意关闭黄金窗口,即拒绝向任何国家兑换黄金。8月15日,星期天,尼克松在晚间黄金时段发表电视讲话,宣布美国实行"新经济政策",其核心内容就是美元与黄金脱钩,美国不再向任何国家兑换黄金。

尼克松的电视讲话震惊了全世界,1944年由多国政府共同签署的货币协定,美国在没有任何预告的情况下突然就单方面撕毁了,这激起了西方国家的极大愤慨。第二天,美国的"新经济政策"成了全世界的头条新闻,引起轩然大波。受此影响,美国债券价格大幅飙升,股票市场更是大涨了近4%,华尔街的证券交易所成了一片欢乐的海洋。与美国相反,其他国家的证券市场则出现了暴跌。日本所受冲击最为严重,因为日本银行在8月初买进了45亿美元,这相当于此前日本所有的储备。整个东京证券交易所笼罩在一片恐慌之中,就像《纽约时报》描述的那样:"不计代价的卖单,使得市场价格飞流直下",日本人因此将其称为尼克松冲击。一位美国人想在巴黎买一条面包,当他将1美元递给面包师的师傅,被告知"1美元已经不再像以前那样值钱了"。

尼克松的"新经济政策",是美国战后的第一次单边主义,它切断了黄金与美元的捆绑,布雷顿森林体系自此名存实亡。

四、和尚打伞,无法无天

在布雷顿森林体系中,美元就好比是挟天子以令诸侯的"宰相",而黄金就是被挟持的"天子"。无论"宰相"的权力有多大,气势有专横跋扈,但毕竟"相权"还要受到"皇权"的制约,哪怕这种制约仅仅是形式上的。"黄金双价制"和"特别提款权"就是将"皇权"一步一步转移给"相权",而尼克松总统的"新经济政策"则是宣布废除黄金"帝位"、美元登基继"皇帝"位的诏书。当然了,直爽的美国人并没有像中国人那样搞"禅让",而是直截了当地进行了"篡位"。

无论是之前的英镑,还是布雷顿森林体系时期的美元,都要受到黄金的制约,但在尼克松宣布美元与黄金脱钩之后,就再也没有什么力量可以阻止美元的膨胀。伴随着美元膨胀的,便是美元的不断贬值。1971年12月,美国宣布美元对黄金贬值7.89%,将黄金官价从每盎司35美元提高到38美元;1973年2月12日再次宣布美元贬值10%,黄金官价增至每盎司42.22美元。3月,因为美元的贬值,欧洲爆发第8次美元危机,人们纷纷抛售美元、抢购黄金,伦敦金价一度涨到96美元/盎司,西欧和日本外汇市场不得不关闭了17天。疯狂贬值的美元给世界各国造成了巨大的损失,经过磋商最后达成协议,其他国家放弃固定汇率制,实行浮动汇率。布雷顿森林货币体系历时27年,终于寿终正寝。

布雷顿森林体系从1944年建立,到1973年的全面崩溃解体,在此期间,美国人获得了货币领域的全面胜利。最初是挟天子以令诸侯,击败英镑夺得号令天下货币的权力,中间是狂印美元从全球攫取巨额铸币收益,最后是谋朝篡位,废除黄金的货币帝位,美元取代黄金成为不受自然约束的货币之皇。

五、美联储纽约分行的地下密室

在华尔街的美联储纽约分行，建有世界上最大的金库。这是个真正的金库，因为它只用来存放黄金。目前保管着大约 60 个国家的黄金储备和国际组织大约三分之一的黄金储备，重达 8 273 吨，总价值约 3 000 亿美元。

整个金库有半个足球场那么大，分成 122 间密室，差不多每间密室中存放着一个国家的黄金储备。至于哪个国家的黄金存放在哪间密室，这是最高机密，连金库的工作人员也一无所知。其中的 816 号密室，是专供人们参观的，这间密室中存放着 5 160 块金砖，价值 8 800 万美元。这只是较小的密室之一，最大的密室可以存放 10.7 万块金砖。

为什么这么多国家把黄金储备存放在美国呢？这是因为在美元贬值的过程中，为了阻止黄金外流，美国出台了一个法案，禁止黄金离开美国本土，但是当时美国并不方便拒绝其他国家用美元向其兑换黄金。为了解决这个问题，美国人将外国政府持有的黄金存放在纽约联邦银行的地下金库，并且免收存放费用。

1973 年，陈云向中央提议购买黄金进行外汇保值，他的提议经研究后得到时任国务院副总理李先念的支持，经中央批准，中国购买了 600 吨黄金，这就是 2003 年以前中国 600 吨黄金储备的最初来源。因此，中国的这 600 吨黄金储备也存放在美国纽约联邦储备银行的地下金库中，并非存放于中国境内。

2009 年 4 月，国家外汇管理局局长胡晓炼的发言称，自 2003 年起，中国通过国内杂金提纯以及国内市场交易等方式，增加了 454 吨黄金，中国黄金储备达到 1 054 吨，排名世界第五。这新增加的 454 吨黄金来源于国内市场，应该存放于境内保管。

第三节　布雷顿森林体系

一、布雷顿森林体系的建立

第二次世界大战结束前夕，为了改变由于国际金本位制的崩溃而出现的国际金融经济秩序混乱局面，促进战后经济的恢复和贸易的发展，美、英等国经济学家积极着手研究重建国际货币体系问题。

1943 年 4 月 7 日，英、美两国政府分别在伦敦和华盛顿同时公布了英国财政部顾问凯恩斯拟订的"国际清算同盟计划"（又称"凯恩斯计划"）和美国财政部部长助理怀特（H. D. White）拟订的"联合国平准基金计划"（又称"怀特计划"）。这两个方案虽然都以"设立国际经济合作机构、稳定汇率、扩大国际贸易、促进世界经济发展"为目的，但由于各自体现其本国利益，内容大不相同。

凯恩斯计划，又称"清算制"方案（Clearing System）。该方案的要点是：建立一个起世界中央银行作用的国际清算同盟；各会员国同中央银行在"同盟"开立往来账户，各国官方对外债权债务通过该账户用转账办法进行清算；当一国国际收支发生顺差时，将其盈余存入账户，当发生逆差时，可按规定的份额向"同盟"申请透支或提取存款；各国在"同盟"账户的记账单位为"班柯"（Bancor），"班柯"以黄金计值，"同盟"可调整其价值，会员国可用黄金换取

"班柯",但不能用"班柯"换取黄金;各国货币以"班柯"标价,非经"同盟"理事会批准不得变更;各会员国在"同盟"的份额按照战前3年进出口贸易平均额的75%来计算;"同盟"总部设在伦敦和纽约,理事会议在英国和美国轮流举行。这一方案反对以黄金作为主要储备,还特别强调顺差国与逆差国共同承担调节的责任,这显然对当时国际收支发生逆差的英国十分有利。此外,关于"同盟"总部与理事会会议地址的规定,更暴露出英国同美国分享国际金融领导权的意图。

怀特计划由怀特于1943年4月提出。该方案采取存款原则,建议设立一个国际货币稳定基金,资金总额为50亿美元,由各会员国用黄金、本国货币、政府债券缴纳,认缴份额取决于各国的黄金外汇储备、国民收入和国际收支差额的变化等因素,根据各国缴纳份额的多少决定各国的投票权。基金组织发行一种国际货币名为"尤尼它"(Unita)作为计算单位。"尤尼它"可以兑换黄金,1"尤尼它"等于10美元,可同黄金相互兑换,也可以在会员国之间互相转移。各国要规定本国货币与"尤尼它"之间的法定平价,平价确定后,非经基金组织同意,不得任意变动。基金组织的主要任务是稳定汇率,并对会员国提供短期信贷以解决国际收支不平衡问题。可见这个方案有利于美国操纵和控制基金组织,迫使其他会员国的货币"钉住"美元,剥夺其他国家货币贬值的自主权,解除其他国家的"外汇管制",为美国的对外扩张与建立美元霸权扫清道路。

两个方案提出后,英、美两国政府代表团在谈判中就国际货币计划展开了激烈的争论。由于英国经济、军事实力不及美国,双方于1944年达成了基本反映怀特方案的"关于设立国际货币基金的专家联合声明"。1944年5月,参加筹建联合国的44国政府代表在美国新罕布什尔州的一个小镇——布雷顿森林举行联合国货币金融会议,史称"布雷顿森林会议"。经过三周的激烈讨论,通过了以怀特方案为基础的《联合国货币金融会议最后议定书》及两个附件,即《国际货币基金协定》和《国际复兴开发银行协定》,总称"布雷顿森林协定"。由此形成了战后运转达25年之久的以美元为中心的国际货币体系——布雷顿森林体系。

二、布雷顿森林体系及其汇率机制的主要内容

(一)建立国际金融机构即国际货币基金组织

布雷顿森林体系的主要内容之一,是建立了两个国际金融机构,即国际货币基金组织(IMF)和国际复兴开发银行(IBRD),以维持布雷顿森林体系的运行。货币基金组织属于短期的融资机构,宗旨是重建国际货币秩序,稳定外汇,促进资金融通及推动国际经济繁荣。国际复兴开发银行属于长期的融资机构,宗旨是从长期资金方面配合货币基金组织的活动,促进国际投资,协助战后受灾国家经济的复兴,协助不发达国家经济的发展,解决国际收支长期失衡问题。

(二)以美元为中心的固定汇率制度

实行可调整的钉住汇率制度,是布雷顿森林体系汇率机制的主要内容。各货币基金组织会员国确定1934年1月美国政府规定的35美元等于1盎司黄金的官价,美元的黄金平价为0.888 671克黄金,其他会员国按照本国货币平价与美元保持固定比价,其汇率波动的上下限各为1%。这一比价不经基金组织批准不得变动,但当一国出现国际收支极度不平衡

时,可向基金组织申请调整,经批准后可进行升值或贬值,这就是所谓的"可调整的钉住汇率制度"。

(三)美元与黄金构成国际储备资产

布雷顿森林体系的内容还包括:美元等同于黄金,作为国际主要清算支付工具和储备货币,发挥国际货币的各种职能。美国政府承担美元作为可兑换货币的义务,各国中央银行可随时申请用美元按官价向美国政府兑换黄金。

(四)多种途径调节国际收支不平衡

通过基金组织和调整汇率来调节国际收支,是布雷顿森林体系的重要组成部分,它意味着会员国如果出现国际收支暂时不平衡,可向基金组织申请借款;如果出现长期持续的逆差,则要通过改变货币平价,即改变汇率的办法加以调节。

布雷顿森林体系上述内容的核心是美元与黄金挂钩,各国货币与美元挂钩,因而又称"双挂钩"。经过这一系列安排,确立了美元在世界货币体系中的中心地位,使它发挥着世界货币的职能,其他国家的货币则依附于美元。所以,有人称第二次世界大战后以美元为中心的国际货币体系为"新金汇兑本位制"或"黄金—美元本位制",以区别于20世纪20年代末30年代初曾实行的金汇兑本位制。

应当看到,布雷顿森林体系下的国际金汇兑本位制,同第二次世界大战前的国际金汇兑本位制全然不同。其一,第二次世界大战前金汇兑本位制以英镑、法郎、美元等多种货币为主导货币,而布雷顿森林体系下的主导货币仅有美元。其二,第二次世界大战前的金汇兑本位制缺乏一个全球性的协调机构,而布雷顿森林体系下的国际金汇兑本位制却有货币基金组织发挥这一职能。其三,与战前相比,布雷顿森林体系下的国际金汇兑本位制中,美元的国际储备货币的作用得到了加强。

三、布雷顿森林体系的作用

布雷顿森林体系及其汇率机制的建立和运转,对战后国际贸易和世界经济的发展起到了一定的积极作用。主要表现在以下四个方面:

①保证国际货币关系的相对稳定,确立了美元与黄金、各国货币与美元的双挂钩原则,结束了战前国际货币金融领域的动荡无序状态。

②实行可调整的固定汇率制度下,货币汇率保持相对稳定,有利于国际贸易的扩大以及国际投资和信贷的发展。

③美元成为最主要的国际储备货币,弥补了国际清偿能力的不足,在一定程度上解决了由于黄金供应不足所带来的国际储备短缺问题。

④使会员国国际收支困难得到暂时性缓解。货币基金组织向会员国提供各种中、短期贷款,一定程度上缓解了会员国的国际收支困难。

在此基础上,促进了国际贸易合作和多种货币合作。该体系条件下,要求各成员国取消外汇管制,客观上推动了战后国际贸易合作、国际货币合作的建立和发展。

四、布雷顿森林体系及其汇率机制的缺陷和崩溃

布雷顿森林体系从其产生伊始,就面临着四个不可回避的问题。

①各国政府必须有足够的外汇与黄金储备来缓和国际收支的短期波动,维持与美元的固定汇率。随着第二次世界大战后世界经济快速发展,国际贸易和国际投资的急剧扩大,趋于加大的国际收支差额的波动幅度,要求各国不得不加大本国的外汇及黄金储备额。结果必然会对本国经济宏观调控的自主性和有效性产生不利影响。

②美国政府必须拥有足够的黄金储备,以保证美元与黄金的可兑换性。要维持布雷顿森林体系下金汇兑本位制的稳定,世界黄金产量的增长应能满足黄金储备需求的增长,其中尤其是美国的黄金储备的变化应能适应世界其他国家持有的美元数量的变化。但是事实上,无论是从全球范围的黄金产量的增长,还是从美国的黄金储备量的变化,都远远不能达到上述要求。黄金在世界各国的国际储备中的比重,由 1959 年的 66% 下降到 1972 年的30% ;而美国 1960 年以来的常年国际收支逆差,导致美国黄金大量外流,其结果是,到 1971年,美国黄金储备下降到不足所欠外国短期债务的 1/5。

③布雷顿森林体系所奉行的固定汇率制导致的国际收支调节机制失灵。由于货币基金组织贷款能力有限,汇率调整次数很少,各国国际收支失衡的调整,常常只能消极地以牺牲国内宏观经济政策自主权为代价。在这一国际货币体系下所出现的国际收支调节压力的不对称现象,导致巨大的世界性国际收支失衡。

④对付由外汇投机引致的国际金融动荡或危机,成为各国政府的棘手问题。

除了上述存在的问题,作为建立在黄金与美元本位基础上的布雷顿森林体系的根本缺陷还在于,美元既是一国货币,又是世界货币。作为一国货币,它的发行必须受制于美国的货币政策和黄金储备;作为世界货币,美元的供给又必须适应于国际贸易和世界经济增长的需要。由于黄金产量和美国黄金储备量增长跟不上世界经济发展的需要,在“双挂钩”原则下,美元便出现了一种进退两难的境地。为满足世界经济增长对国际支付手段和储备货币的增长需要,美元的供应应当不断地增长;而美元供给的不断增长,又会导致美元同黄金的兑换性日益难以维持。美元的这种两难,是美国耶鲁大学教授罗伯特·特里芬(Robert Triffin)于 20 世纪 50 年代率先提出的,故又称为“特里芬两难”(Triffin Delimma)。“特里芬两难”指出了布雷顿森林体系的内在不稳定性以及危机发生的必然性,该货币体系的根本缺陷在于美元的双重身份和双挂钩原则,由此导致的体系危机是美元的可兑换的危机,或人们对美元可兑换的信心危机。

正是由于上述问题和缺陷,导致该货币体系基础的不稳定性,当该货币体系的重要支柱的美元出现危机时,必然带来这一货币体系危机的相应出现。

布雷顿森林体系的危机及其瓦解,经历了一个特定的历史过程。1960 年第二次世界大战后首次爆发的美元过剩危机,是以当年美元对外短期债务首次超过它的黄金储备额为条件的,它亦标志着美元与黄金挂钩机制开始动摇。此后约两年当中,美国分别与若干主要工业化国家签订的“互惠信贷协议”(Swap Agreement)、“借款总安排”(General Arrangements to Borrow),以及“黄金总库”(Gold Pool)等,无非是为使该货币体系摆脱困境所做出的非制度性的操作措施。由于这些措施的局限性,其作用是十分有限的。

第二次规模较大的美元危机发生在 1968 年。由于越战扩大,美国财政金融状况趋于恶

化,国内通胀加剧,美元同黄金的固定比价再次受到严重怀疑。全球范围的抛售美元风浪,使得继续维持美元与黄金固定比价已无可能,美国政府不得不在当年3月宣布实行"黄金双价制"(Two-Tier Gold Price System),即在官方基金市场和私人黄金市场,实行不同的美元兑黄金比价。美国不再承担维持统一市场美元兑黄金的固定比价。

此次美元危机爆发后,各国已经认识到布雷顿森林体系的缺陷和危机的实质。为此,经各国长期商讨,货币基金组织于1969年创设了特别提款权(SDR),作为同黄金、美元和IMF头寸并列的补充性国际储备资产。SDR作为成员国在货币基金组织特殊账户上的记账单位,不以黄金或其他货币为基础,但代表了货币基金组织创造的有价值的国际储备,对此称为"纸黄金"。SDR按各国在基金中的份额进行分配,可用作会员国国际储备、归还货币基金组织贷款,以及中央银行之间的国际结算。它的创立分配使用,一定程度上缓解了美元过剩危机及布雷顿森林体系危机。

尽管如此,美国国际收支状况的恶化,特别是进入20世纪70年代后美国经济的进一步衰落,使以美元为中心的布雷顿森林体系无力挽救,最终还是走向了全面的崩溃。

1971年爆发的第三次美元危机,较之前两次更为严重。在国际汇市抛售美元、抢购黄金和其他硬通货风潮的冲击下,美国尼克松政府不得不在1968年8月15日宣布停止美元与黄金兑换;并在1971年12月18日与主要工业国家达成的史密森协议中,提出美元兑黄金贬值,日元、马克、瑞士法郎等欧洲货币兑美元汇率升值;扩大其他货币钉住美元标准固定汇率波动幅度等诸多措施。史密森协议虽然勉强维持了布雷顿森林体系下的固定汇率,但美元与黄金的可兑换性受到的冲击,意味着"双挂钩"的布雷顿森林体系的实质性瓦解。当1973年2月国际外汇市场美元危机再度出现时。这个协定便寿终正寝,布雷顿森林体系亦随之彻底崩溃。

阅读材料
法国的去美元化运动与布雷顿森林体系的崩溃

自20世纪50年代中叶以来,全球货币体系经历了两个重要的变革阶段,即美元化和去美元化。第一轮去美元化是指20世纪60年代以法国为首的反布雷顿森林运动,实质上是"去美金化"。

法国并没能在这场去美元化运动中获益,原因是戴高乐虽然看到了布雷顿森林体系的弊端,却未能提出更好的解决方案。布雷顿森林体系下,美元被黄金储备套得死死的。在牙买加体系下,它完全不受约束。美联储开始完全按照国内债务量来发行美元。

近期,因为法国总统马克龙的到访,在中国又带火了一位法国的传奇人物——戴高乐将军。而近期国际财经的焦点话题,无疑当属"去美元化"了。有趣的是,历史上的"去美元化"运动,恰好是戴高乐发起的。

第二次世界大战中,英国国力遭到严重削弱,传统的以英镑为中心的国际货币体系难以为继。1944年夏,包括中国在内的44国代表,于美国的布雷顿森林召开会议,签订了一系列协议,确立了以美元为中心的新国际货币体系。这就是人们常提及的布雷顿森林体系。该体系的核心内容包括:①成立国际货币基金组织,就国际货币事务进行磋商,为成员国的短期国际收支逆差提供融资支持;②美元直接与黄金挂钩,每盎司黄金等于35美元,各国货币则与美元挂钩,以此形成可调整的固定汇率制度;③协议同时取消经常账户交易的外汇管制等。

但该制度自其诞生之日起,就饱受强调战略自主的法国人诟病。1946年,戴高乐就尖锐地指出,这种制度赋予了美元特权,美元作为特权货币,把世界贸易变成了美国的仓库。戴高乐说:"美国出现贸易赤字,不用像其他国家那样为外汇储备减少而苦恼,只要多印些美元就可以无偿地向其他国家换取商品和劳务。"

这种批评质疑,终于 1958 年演变为一场对美元的抛售,并席卷欧洲。此时,美元抛售狂潮在欧洲冲向极致。伦敦黄金价涨到 41.5 美元/盎司,意味着美元贬值超过 20%。这一年,在欧洲平均投资回报率 16%、高出美国一倍的吸引下,470 亿美元的美国资本流向欧洲,1957 年这个数字只有 250 亿美元;这一年,美国黄金储备加速下降,1950 年其总值 400 多亿美元,此时还剩不足 200 亿美元;也正是这一年,美国财政赤字超过 200 亿美元,历史上第一次超出黄金储备总值;还是这一年,美国工业产值下降 14%、出口萎缩,加之资本的大量外溢,美国国际收支出现 20 亿美元逆差。

这是布雷顿森林体系建立后,出现的第一次美元危机。这场危机深深地刺激着美国耶鲁大学的罗伯特·特里芬教授。布雷顿森林体系确立后,他一直在研究,试图建立一个能维系世界经济长治久安的健康货币体系。1960 年,第一次美元危机爆发,特里芬顺势出版了自己的研究成果,这就是经济史上非常著名的一部专著——《黄金与美元危机》。该书从理论上阐述了布雷顿森林体系的设计缺陷,并指出了美元的致命要害。

由于美元与黄金挂钩,而其他国家的货币与美元挂钩,这时美元便成了国际唯一计价与结算货币。但问题也来了,各国为了发展国际贸易,必须用美元作为结算与储备货币,这样就会导致流出美国的货币在海外不断沉淀,对美国来说就会发生长期贸易逆差;而美元作为国际货币的核心前提是必须保持美元币值稳定与坚挺,这又要求美国必须是一个长期贸易顺差国。这就构成了一个悖论:①美国长期贸易逆差,美元贬值实属必然,那么其他国家还愿不断增持美元?②当美元即将贬值时,他国势必以美元储备,大量兑换黄金,此时美国的黄金储备,能维系多久?这个布雷顿森林体系之下的无解之题,就是经济学里有名的特里芬困境。

虽然特里芬致力于改变这一"困境",但在美国却鲜有人把它当回事。林登·约翰逊总统更是直接无视问题,他用一种卸责的解释,为美国大量印钞辩护:"世界黄金产量根本不足以支持全球货币体系,而用美元作为储备货币,这实际是为全球贸易提供至关重要的流动性。"此言一出欧洲哗然,因为他们心知肚明,美国大量印钞,不过是为自己支付巨额军费开支。那时美国正深陷越战泥淖,到 1967 年底时,美国政府已在越南战场花掉了 2 000 多亿美元。

率先站出来发难的,正是法国总统戴高乐。1965 年,这位传奇将军批评美国:"美国享受着美元所创造的超级特权和不流眼泪的赤字。它用一文不值的废纸去掠夺其他民族的资源和工厂。"或是受特里芬理论的影响,1967 年,他责令法国央行,将法国所持的美元全部兑换成黄金。为此,他甚至扬言,将亲驾军舰到美国去运回本该属于法国的黄金。法国的行为引起欧洲许多国家的仿效。一时间,黄金炙手可热。

受此冲击,布雷顿森林体系的内在缺陷被彻底暴露出来,这些缺陷主要表现为:美元的国际储备地位和国际清偿能力的矛盾、储备货币发行国与非储备货币发行国之间政策协调的不对称性以及固定汇率制下内外部目标之间的两难选择等。戴高乐发起的这场金融战争,让美国焦头烂额。以 1971 年的《史密森协定》为标志,美元对黄金贬值,同时美国拒绝向外国央行兑付黄金,布雷顿森林协议名存实亡。1973 年 2 月,美元进一步贬值,各主要货币在投机力量冲击下被迫实行浮动汇率制,布雷顿森林体系彻底崩溃。

当然,法国也并没能在这场去美元化运动中获益,原因是戴高乐虽然看到了布雷顿森林体系的弊端,却未能提出更好的解决方案。1967 年 1 月,戴高乐为显示执政的经济成就,慨然宣布,即日起法国法郎与黄金按固定价格自由兑换。此举当然是要把国际货币权,由美国手中夺至法国。但它并没能走出特里芬困境。结果是,消息一出,英美媒体大肆吹捧法国法郎如何坚挺,黄金存底如何充足。而在热捧之中,各国金融投机客蜂拥法国,他们从世界各地调来一切可换法国法郎的货币,让法国金融市场变得异常火热。

此时的戴高乐,还没意识到危机已然来临,反倒对市场热浪大加赞赏,并视之为自己执政的最高奖赏。可好景不长,1968 年"五月风暴"开始了。动荡引发外国资本恐慌,纷纷以法郎换购黄金并运往境外。到 1968 年底,法国失去了 30% 的黄金储备。去美元化的法国,却承担了美国货币危机的所有后果。

1973 年布雷顿森林体系彻底崩盘,但没有任何一个方案(包括特里芬的世界元方案),能够为各方接受,动荡了几年,1976 年新的国际货币体系——牙买加体系才得以确立。这个体系下,表面上美元地位降格了,从布雷顿森林体系的国际唯一计价与结算货币,沦为与英镑、德国马克、法国法郎和日元为伍的货币。但事实上却是美元的一次大解放——布雷顿森林体系下,美元被黄金储备套得死死的。在牙买加体系下,它完全不受约束。美联储开始完全按照国内债务量来发行美元。这就是最吊诡之处:美元的好日子,其实是 1960 年—1970 年的去美元化后才到来的。当然,牙买加体系也没能解决美国的特里芬困境——在牙买加体系里,美元仍是国际核心货币。各国为发展国际贸易,还是主要以美元作为结算与储备货币,这样就导致流出美国的货币在海外不断沉淀,美国国际收支便陷入长期逆差状态。

(资料来源:韩和元.法国的去美元化运动与布雷顿森林体系的崩溃[EB/OL].(2023-04-13)[2023-08-30].中工网.)

第四节 牙买加国际货币体系

一、牙买加国际货币体系的形成

以美元为中心的布雷顿森林货币体系崩溃后,IMF 最高权力机构——IMF 理事会着手研究国际货币体系的改革问题。IMF 理事会早在 1971 年 10 月就提出修改 IMF 组织协定的意见,1972 年 7 月,又决定建立"20 国委员会",作为 IMF 的咨询机构,对这方面的改革进行具体研究。该委员会于 1974 年 6 月提出的一份"改革纲要"中,对黄金、汇率、储备资产和国际收支调节等问题提出了一些原则性建议,为后来改革的实施奠定了初步基础。1974 年 7 月,IMF 成立了一个新的国际货币制度委员会,简称"临时委员会",以接替"20 国委员会",并于 1976 年 1 月在牙买加首都金斯敦举行会议,讨论 IMF 协定的修改。经过激烈的讨价还价,终于就汇率制度、黄金处理、储备资产等问题达成一些协议;同年 4 月,IMF 理事会通过《国际货币基金组织第二次修正案》,并于 1978 年 4 月 1 日正式生效。这样,以"牙买加协定"为基础的新的国际货币体系得以形成。

二、牙买加协议的主要内容和特点

牙买加协定基础上形成的新的国际货币体系,并非对布雷顿森林体系的全盘否定。一方面,布雷顿森林体系建立的 IMF 组织仍在发挥着重要作用;另一方面,美元地位虽大大下降,但尚未影响到它作为主要国际储备货币的地位。与此同时,作为一种新的国际货币体系,牙买加体系也有着与布雷顿森林体系截然不同的特点。

(一)黄金非货币化

黄金与货币脱钩,即黄金不再是各国货币的平价基础,会员国之间以及会员国与国际货币基金组织之间须用黄金支付的义务一律取消。基金组织将其持有的黄金总额的 1/6(约 2 500 万盎司)按市场价格出售,超过官价的部分成立信托基金,用于对发展中国家的援助,另外 1/6 则按官价归还各成员国。

(二)国际储备多元化

特别提款权成为主要国际储备手段。布雷顿森林体系中美元一枝独秀的局面被以美元为首的包括日元、西德马克、英镑等多种储备货币本位所取代。这在相当程度上解决了过去国际货币储备和国际清偿手段的提供对美国国际收支变动的过分依赖。

(三)国际收支调节机制多样化

汇率机制、利率机制、基金组织的干预和贷款,国际金融市场的媒介作用以及有关国家外汇储备、债权债务调整等多种调节机制的相机抉择作用,一定程度上改变了布雷顿森林体系国际收支调节渠道的有限,以及调节机制经常失灵导致的长期存在的全球性国际收支失衡现象。

(四)汇率制度多样化

实行以有管理的浮动汇率为主体的,包括单独浮动、钉住浮动、联合浮动等多种汇率制在内的多种汇率安排机制。在服从 IMF 指导和监督的前提下,各成员国可以根据本国的实际选择各种不同的汇率制度,增强了各国宏观经济政策的自主性和灵活性。

在牙买加体系下,在国际货币合作及金融政策协调下,增加对发展中国家资金融通数量和限额等,共同构成了牙买加协定的主要内容,并成为当代国际货币体系及其汇率机制的基础。这一国际货币体系下汇率机制的主要特点,除了上述以有管理的浮动汇率为主体的汇率安排多样化外,还表现在各国货币之间已不存在法定的黄金平价,在国际外汇市场供求所决定和影响汇率波动的基础上,各国政府有权推行本国货币与汇率政策的自主权。

阅读材料

国际货币体系新趋势——从逆全球化到去金融化

人民币在国际货币体系中的地位,与中国在全球经济中的地位相差较大。对这一问题的现有讨论强调中国在金融领域的局限,尤其是资本账户管制的约束。美国次贷危机后,世界经济呈现全球化放缓和金融监管加强的趋势。新冠疫情和俄乌冲突加剧了逆全球化和去金融化的趋势。新趋势下,美国的金融优势和中国金融劣势将有所淡化,对人民币国际化乃至国际货币体系的演变带来新的动力和深远影响。

一、地缘政治和疫情冲击引发有关国际货币体系的讨论

货币具有网络效应,与语言类似,使用者越多通用性越强。基于此,国际货币体系具有惯性和路径依赖,只有经济社会的重大事件冲击才能打破既有格局。历史上,包括美国次贷危机在内的重大事件,都曾引发对美元主导的国际货币体系的质疑。新冠疫情和俄乌冲突都是百年一遇的超预期事件,对美元体系的质疑之声也再度响起。

当前对美元的质疑主要在两方面。首先,美元内部和外部价值背离。美国通胀上升意味着美元对内贬值,但美元汇率反而升值。通胀之下,美元汇率仍然升值,得益于美元的国际储备货币地位:许多国家债务以美元计价,还债负担随美国加息而增加,推高对美元需求。其次,西方国家对俄罗斯的金融制裁措施降低了美元资产的通用性,促使一些国家反思美元储备资产的安全性。

历史上对美元的质疑并没有对美元地位造成实际影响。从20世纪60年代至今,美国经济在全球的比重已从40%下滑至25%左右,但美元在全球外汇储备的比重仍维持在60%左右。有一种观点认为美国的军事实力保障了美元的国际地位,但历史上大多数军事霸权都没有建立货币统治地位。要理解美元的地位,有必要分析国际金融体系在布雷顿森林体系瓦解之后的演变。

二、过去40年美元体系的基础是全球化和金融化

美元的国际地位在布雷顿森林体系瓦解后并没有下降,根本原因在于世界经济的全球化和金融化。全球化的核心是贸易和金融的自由化,包括中国通过改革开放融入世界经济,并发展为全球最大的制造和出口中心。金融化,指金融在资源配置中的作用不断增强。美国的金融业在GDP中占比不断上升,是金融化最典型的国家。

全球化导致国际贸易和FDI上升,金融化则为贸易和投资提供了所需服务。在此背景下,顺差国对国际安全资产也就是国际储备货币的需求加大,逆差国的国际融资需求也扩大。美国作为金融业最发达的国家,为国际社会提供安全资产和商业融资。中国、日本以及能源出口国等顺差国购买美国国债和其他金融资产作为安全资产,逆差国则通过美元融资弥补国际收支缺口。于是,全球化和金融化的趋势强化了美元的地位,以美元为主导的国际货币体系也为全球化和金融化提供了进一步的便利。

值得一提的是,过去40年的全球化和金融化,离不开新古典经济学理论的推动。过去40年占主流的新古典经济学以货币中性假设为基础,以有效市场为主要结论,对金融市场的发展比较友好。货币中性假设,认为货币的数量只影响物价,不影响实际资源配置。该假设的一个推论是市场有效说,即金融市场可有效地将储蓄转化为投资,实现宏观均衡并促进经济增长。这一理论对金融部门的扩张是友好的。

在新古典经济学和作为其修正版的新凯恩斯主义的基础上,西方国家采取包括资本账户开放在内的贸易自由化和金融自由化的政策,逐步形成以通胀目标制和浮动汇率制为双支柱的宏观政策框架。对内,新古典理论不赞同逆周期调节,理想的政策是维持物价基本稳定,即通胀目标制。对外,则通过浮动汇率实现国际收支平衡。

在金融自由化背景下,法国经济学家雷伊提出了二元悖论(Dilemma),以替代蒙代尔提出的三元悖论(Trilemma)。二元悖论认为在货币政策独立性、资本账户自由流动和固定汇率的三角中,将固定汇率放松为浮动汇率,并不能确保其他两项自由;只有资本账户管制才能真正保持货币政策的独立性。这意味着过去40多年各国采用浮动汇率制并不能确保货

币政策独立。换句话说，美联储的货币政策对全球货币环境有影响：美元的地位没有削弱。

新古典经济学和上述宏观政策框架在相当时间取得了良好效果：全球范围内通胀维持在低水平，稳定的宏观经济环境被称为大缓和时代。然而，负面效应也逐渐显现，包括金融风险和贫富分化。美国次贷危机触发了对政策框架的反思，各国加强金融监管，全球化放缓。近期的疫情和地缘冲突加深了这种反思。逆全球化和去金融化是我们当前思考世界经济不能忽视的因素。

三、逆全球化：从效率到安全

逆全球化有三个新动向。第一，中美从贸易摩擦到科技竞争，美国在科技领域对中国企业施加了诸多限制。第二，受新冠疫情和俄乌冲突等地缘事件影响，各国愈加关注产业链的稳定和安全，全球产业链的调整已经开始。第三，和平红利下降，俄乌冲突可能导致各国政府增加军费开支，加大政府配置资源的作用。逆全球化趋势下，各国已从单纯追求经济效率转向追求经济安全；成本考量在减少，地缘政治的作用在上升。

过去 40 年，全球化进程催生了中国、美国和德国三个生产和出口的中心，中国是三者中最大的。逆全球化将如何影响这三个中心及其与他国的联系，还有待观察。像美国这样的大型经济体，其经贸关系并不限制在某个区域内，比如美国与东盟国家的高峰会议及所达成的印太经济框架。中国的贸易额已超越美国成为全球第一，中国与他国的经贸合作也超越东亚地区，与非洲、中亚、拉丁美洲等地区的国家有紧密往来。换句话说，中国有能力推出具有全球重要性的国际经贸合作，例如"一带一路"倡议。

四、去金融化：从私人债务到政府债务，实体资产重要性上升

去金融化的过程体现在社会的债务和资产两方面的转变。债务方面，是私人部门债务向政府债务转化，背后的逻辑是货币投放的变化：从内生货币转向外生货币。内生货币是金融体系内部产生的货币供给，例如银行信贷派生的货币。信贷作为私人部门债务，其扩张与市场主体的需求及银行的供给有关，受宏观经济影响大，具有顺周期性，因而可理解为内生的。外生货币的供给则独立于金融体系，历史上的经典例子是金属货币，现代的例子则主要是财政投放货币，其外生性在于财政政策可以独立于市场环境，进行逆周期投放。

财政投放货币与信贷派生货币有重要差别：前者在增加货币投放时并不增加私人部门债务，增加的是政府债务。而信贷扩张导致私人部门的债务增加，尽管私人部门的资产也同步增加，但债务增加是具有特定经济后果的。

过去 40 年全球的金融化主要依靠银行信贷派生的内生货币实现。由于房地产是银行信贷的主要抵押品，金融扩张和房地产价格呈现很强的顺周期特征。历史经验显示，内生货币投放带来资产价格泡沫，尤其是房地产泡沫，在周期调整时则容易发生金融危机，例如美国的次贷危机。

近几年，货币投放逐渐向外生货币转变。次贷危机后美国加强金融监管，减缓了信贷扩张，银行资产对 GDP 比例保持稳定。同时，美联储大幅扩张资产负债表：2020 年新冠疫情暴发以来，美联储扩表幅度远超美国的商业银行。外生货币投放的负面效应是容易导致高通胀，例如 1960 年代、1970 年代和 2020 年美国财政赤字货币化均带来通胀问题。

2008 年全球金融危机之前，由于人民币在双顺差下长期保持汇率稳定，中国央行外汇储备持续增加，央行被动扩表。金融危机后，外汇储备增速放缓，央行扩表减速，相对于 GDP，可以说央行在缩表。但同期商业银行仍在扩表，直到 2017 年全国金融工作会议后，中国加强金融监管，银行总资产对 GDP 比例趋于稳定。

疫情下各国财政扩张,为外生货币投放提供了新动能。2021 年美国 M2 增长率一度达到 25% 以上,约一半来自财政投放。中国应对疫情主要依靠信贷扩张,但 2022 年 4 月央行利润上缴支持财政支出,实质上也是财政投放货币。

在资产层面,去金融化体现为实体资产的重要性上升。一个例子就是俄罗斯卢布在俄乌冲突后的表现。俄乌冲突爆发后俄罗斯受到全方位的经济金融制裁,卢布随即大幅贬值,反映了对俄罗斯经济崩溃的预期。俄罗斯央行一度将银行体系的借贷利率提高到 20%,并实行严格的资本账户管制。但随着时间的推移,俄罗斯央行逐步将借贷利率从 20% 降至 11%,并放松了资本账户管制,卢布对美元汇率也回升至超过冲突之前的水平。卢布逆市升值,体现了俄罗斯所拥有的能源和资源等实体资产重要性的提升。

大宗商品等实体资产在未来国际货币体系中的作用可能上升。今年 4 月,瑞士信贷的一份研究报告指出国际货币体系可能进入布雷顿森林体系的第三阶段,大宗商品的重要性提升,甚至可能出现商品本位币。商品本位币的构想并不具备现实性,因为商品并不具备货币所需的通用性。但近期卢布的经验表明,大宗商品等实体资产对一国货币的支撑作用增加,在未来的国际货币体系中可能发挥独特作用。

五、国际货币体系:向多极迈进

逆全球化和去金融化动摇了支撑美元体系的两大基础,尽管在可预见的未来美元大概率将维持世界第一大货币的地位,但是美元的绝对优势将有所下降。美元地位下降所留出的空缺,何种货币可以填补?这方面的讨论很多,观点大体可归结为两派。一派主张奥地利学派的商品货币学说,认为货币的首要功能是支付手段,由市场竞争决定。此派观点中,有人主张回归金本位,有人认为比特币等加密货币相当于数字黄金,有望替代美元。另一派则主张凯恩斯的国家货币学说,认为货币是国家权力的体现,其首要职能是记账单位,支付手段是第二位的。此派观点认为替代美元的也只能是基于国家信用的其他货币,不可能是加密货币。

哪一派观点会胜出?如前文所述,逆全球化和去金融化意味着政府作用加大。这不仅体现为金融监管加强和财政扩张,还体现为二者相互强化。财政扩张要面临一个问题:如何应对利率上升对债务可持续性的威胁?美联储为应对通胀加息,势必推高美国政府的借债成本。历史经验显示,美国政府可以通过加强金融监管来限制商业银行扩张信贷,迫使其购买国债。战后 30 年的布雷顿森林体系就高度依赖政府的作用:各国货币与美元挂钩,美元与黄金挂钩。这种安排的基础是金融监管和资本账户管制。金融监管的突出体现是美国在1933 年通过的《格拉斯—斯蒂格尔法案》,确立了金融分业经营原则,杜绝了商业银行所享有的存款保险等政府担保向资本市场延伸。

历史往往押着相同的韵脚,但不会是简单的重复。未来的国际货币体系不会是布雷顿森林体系下的美元单极体制。但多极货币体系如何发展,有很大不确定性。从货币的支付手段和安全资产的两个职能出发,我们可以做一些猜测和展望。

从货币的支付手段职能来看,双边、多边甚至区域货币协作机制的重要性可能上升。实体资产的通用性低,其重要性上升意味着货币作为支付手段的差异性将增加,为各种非美元支付手段打开了空间。例如,欧亚经济联盟成员国间贸易的本币结算比例已经超过 70%,近期俄罗斯更是要求外国用卢布支付天然气和粮食进口。在双边本币支付协议以外,还存在着多边货币协商机制,甚至不排除实物交易。

从安全资产的职能来看,美元的地位已有削弱迹象。近期地缘政治事件所引发的对俄罗斯金融制裁,降低了其他国家对美国国债作为安全资产的信心。与美国关系不够友好的国家可能寻求美元以外的储备资产,例如通用性相对较强的大宗商品。同时,金融监管的加强也降低了美国金融体系供给金融债等安全资产的能力。

央行数字货币有助于向多极新体系的转变。中国经济体量大,在数字经济下具有竞争优势。同时,数字货币也增加各主权国家公权力在货币领域的影响力,促进国际货币体系向多极化发展。央行发行的 CBDC(中央银行数字货币)形式的数字货币,付息特征使其成为一种新型安全资产。这种形式的数字货币将造成对商业银行部门信贷扩张能力的挤压,加速去金融化进程。跨境支付方面,2021 年,香港金管局联合中国央行数字货币研究所在内的多家机构发布了《多种央行数码货币跨境网络》(m-CBDCBridge),显示了数字货币在多边跨境支付的潜力,有利于国际货币体系向多极化转变。

逆全球化和去金融化的趋势,给人民币国际化带来了新的机遇。中国作为全球最大贸易国,拥有规模经济和范围经济的优势,因此,基于人民币的非美元支付体系具有发展潜力。事实上,中国已经与非洲、拉丁美洲及其他区域国家达成了多项非美元支付安排。同时,中国国债可成为全球安全资产的重要补充。中国央行与其他国家央行的货币互换协议、中国与一些大宗出口国的战略储备合作等,也有望扮演安全资产的角色。

一个流行的观点认为,人民币国际化以资本账户开放为前提。然而如前文所述,多极国际货币体系的两大驱动力量是逆全球化和去金融化。去金融化体现为美国金融优势削弱,而中国的金融劣势也会淡化。未来中美两国的竞争与合作更多体现在实体层面而非金融层面,包括科技创新和大宗商品等领域。未来国际货币体系的演变路径有其内在逻辑。逆全球化和去金融化这两大新趋势对未来国际货币体系的演变具有关键影响。由此而来的一个含义是,人民币国际化不必以资本账户开放为着力点,而应重视实体经济的竞争力。

(资料来源:彭文生.国际货币体系新趋势:从逆全球化到去金融化[N].华夏时报,2023-06-30.)

三、国际货币体系改革

全球金融危机的爆发严重冲击了美元核心国际货币的地位,在当前金融市场剧烈震荡、全球经济萎靡不振的情形下,对现行国际货币体系的改革呼声越发强烈。

(一)美元的未来走势

美元在现行国际货币体系中居于绝对的主导地位,所以其汇率的走势、未来在国际货币体系中的角色,很大程度上左右了国际货币体系未来的演进方向。概括来说,美元短期会保持强势而中长期会出现疲软。中长期内美元疲软的原因有以下几方面:第一,全球金融危机后,美国为了刺激国内经济,实施了扩张性的财政政策,美国将在很长一段时期内面临巨额财政赤字的压力;第二,美元在短期内保持强势,会给美国出口带来阻碍,从而使美国的经常项目赤字在中长期内持续增加,国际收支失衡加剧;第三,全球金融危机后美元的信誉严重受损,美元作为规避风险、保值增值的货币资产作用不再,投资者投资美元以进行资产保值的需求减少,从而导致美元汇率下降。当然,市场的变化是复杂的,美元汇率究竟将如何变动是难以预计的,但是中长期疲软仍是美元未来的大致走向,其核心货币的地位会受到沉重打击。在未来的国际货币体系下,美元将难以继续居于核心地位,而是被其他更加稳定的货币所取代。

（二）国际货币体系的未来发展方向

全球金融危机使美元的霸权地位难以持续。要研究未来国际货币体系的走向，首先要分析哪种货币将成为核心国际货币。然而关于这一问题，目前并没有达成相应的共识。不少人认为国际货币体系应该恢复金本位制。理由是，在金本位下作为主要流通货币的黄金可以自由铸造，自由兑换和流出入，从而避免汇率动荡、国际收支失衡等问题。的确，此次全球金融危机的爆发很大程度上与信用本位制相关，次级抵押贷款泛滥，美国接连实行的宽松货币政策等都促成了危机的爆发。所以，很多人认为，恢复黄金作为主要国际货币的金本位制才是可行的国际货币体系改革方案。

尽管金融危机的爆发与信用本位制有很大关系，但这并不意味着信用货币制度一无是处。危机的爆发与美国政府对金融市场，尤其是金融创新的监管不当有很大关联。而最为重要的是，在当前的经济条件下金本位制难以运行，这主要是由于以下两方面的原因：一是黄金的存量有限。黄金作为一种不可再生的矿产资源，存量是有限的，也就意味着货币的供给很大程度上是受限制的。在当今全球经济发展的速度下，国际社会对货币的需求可以说是无限的，二者之间就存在着矛盾。一旦经济运行出现危机，黄金就会受到挤兑，金融秩序将出现混乱，所以说，金本位制缺乏稳定运行的基础。二是金本位制存在着固有的缺陷，就是其有效运行要求黄金可以自由铸造，自由兑换，自由流出入，然而这一前提难以得到保证。黄金作为一种稀缺的贵金属本身就含有较高的价值量，一国往往会对黄金的流入进行鼓励，而对黄金的流出进行限制。所以黄金可自由流出入的要求就难以得到满足。

综上所述，金本位制缺乏其有效运行的必备条件，难以成为国际货币体系的未来发展方向，国际货币体系的改革路径仍然要在信用本位制下进行。未来应该会是美元、欧元与人民币三足鼎立的局面。虽然美元受到严重冲击，但美元还是有能力继续在世界经济中产生重要影响，尤其在美国周边国家和地区还会继续发挥重要作用。而伴随着欧元区经济的不断发展，欧元的使用范围也将进一步扩大，除了欧洲，中东和北非一些国家都将逐渐加入到欧元的使用中。与此同时，伴随着人民币国际化进程的不断深入，人民币也将逐渐成长为一种具备竞争力的国际性货币。

为什么未来国际货币体系会朝着多极化方向演进？一方面，一种货币要走出国界，成长为国际性货币需要经历一个漫长的过程。美元经历了半个世纪的发展才逐渐成为核心国际货币，同样，美元要走向衰落、被其他国家货币所取代也必将是一个长期的过程。更可能的状况是，在美元衰落的过程中，欧元和人民币开始逐渐强大，逐步具备与美元竞争的能力。另一方面，世界经济的多极化从根本上决定了国际货币体系也将朝着多极化的方向发展。除了经济实力不断上升的欧元区以外，新兴经济体在全球经济中也扮演着越来越重要的角色。据相关估计，到2025年，六大新兴经济体——中国、巴西、印度、印尼、韩国和俄罗斯的经济总量将占据全球一半的份额。另外，多极化的国际货币体系有一个很大的好处，由于各种国际货币是可以相互替代的，任何一种国际货币发行过量都将带来其汇率的下降和国际地位的衰落，这就使三大货币当局在发行货币时会有所顾虑，不会轻易滥发货币，从而有利于防止全球流动性过剩和国际货币体系的动荡。

（三）未来国际货币体系的改革路径

当前"再工业化"战略下，全球产业分工格局出现新的变化，这意味着有必要对国际货币金融体系进行相应改革。然而,不可否认的是全球政治经济的版图并未发生根本性的变化,这意味着国际货币体系的改革将是一个长期的、渐进的过程。所以,对推进国际货币体系改革有必要分阶段进行。

在第一个阶段中,要继续维持美元本位制的国际货币体系的稳定。美国虽然受到全球金融危机的影响,但其经济发展依然保持活力,无论是中国还是德国等国家,经济总量依然还是远远落后于美国,这意味着美元还将有能力继续在世界经济中产生重要影响。在这段过渡的阶段中,美元在国际贸易、储备资产和资金交易中的地位不会发生根本性变化。在维持美元本位制的稳定性时,要对美国的宏观经济政策尤其是货币发行加以监督和约束,防止美国再次采取以邻为壑的政策,滥发美元,给国际货币体系带来进一步的伤害。这需要国际社会多方面的协调和合作:一方面,美国应该保持合理的货币增长速度,转变居民超前的消费模式;另一方面,其他国家也应该减少对美国市场的依赖,扩大国内的经济总需求。

第二个阶段,要摆脱世界经济对美元的依赖,建立更加合理的国际金融新秩序。具体来说,应该改造现有的特别提款权,使其真正成为一种国际储备资产,在此基础上,建立以“一篮子货币”取代单一主权国家货币为核心本位币的国际货币体系,而一篮子货币的选择可以综合考虑一国的国内生产总值、国际贸易量、外汇储备等因素。

(四)国际货币体系改革的具体方案

1.建立全球流动性的统计和分析框架

在现行国际货币体系下,美元滥发、全球流动性过剩,一个重要原因是缺乏一个全球流动性的统计和分析框架。而经历了多次的量化宽松货币政策后,全球货币供给泛滥进一步加剧,为有效解决这一问题,就需要构建一个衡量全球货币流动性的指标。对此,姚余栋(2013)提出了“新供给Y指标体系”的概念。该指标体系旨在通过用SDR来构建一个衡量全球流动性的M2指标,以标准化全球流动性的统计口径,为全球流动性的监管提供量化数据支持。要构建这一指标体系,首先要对基础SDR进行统计。目前,对SDR的统计分析一直忽略了基础的货币,要把基础货币也纳入统计体系中。

2.充分发挥SDR对全球流动性的作用

改革的第一步应该是让SDR在国际货币体系中扮演更重要的角色,让SDR像IMF章程中所规定的那样,真正成为“国际货币体系的主要储备资产”。在现行国际货币体系改革下,IMF应该对SDR的使用规则作出调整,让SD成为全球流动性的一种补充手段,在全球流动性紧缺时使用,全球流动性过剩时回收。SDR作为提供全球流动性的一种新的渠道,如果能够充分发挥其作用,那么美元本位制下的特里芬难题将有可能得到解决,全球经济增长的货币需求与国际货币发行国的贸易失衡将不再是不可调和的矛盾。

此外,目前SDR货币篮子缺乏多样性和代表性,只有少数发达国家的货币,无法反映全球经济格局中各个经济体的权重,应该把更多符合条件的国家的货币纳入到这个体系中来。要加入SDR的货币篮子,一国货币应满足下列条件:较为稳定的通货膨胀率,发展完善的金融市场,合理的货币和财政政策以及有效运行的监管体系。而几乎每个发达国家都满足这些条件,一些发展中国家也同样满足。目前的SDR所包含的货币明显过少。扩大SDR所包含的主权货币范围后,美元在SDR货币篮子中的比重将明显下降,这将有利于降低各国外汇储备资产对美元的依赖性。

3. 建立双边或多边汇率协调机制

在对 SDR 进行改革的同时,还要对美元、欧元的发行进行约束,建立具有约束力的汇率协调机制,明确美国与欧元区作为国际货币发行国应该承担的责任和义务。本质上,每一个国际货币的发行国都面临短期利益和长期利益的矛盾:长期利益在于保持本币币值的稳定以维持本币信誉和国际地位;而短期利益则是通过下调汇率来鼓励出口,进而缩小贸易赤字,达到国际收支平衡的状态。这种矛盾的存在,使国际货币的发行国往往为了追求短期利益和需求增发货币。所以有必要对国际货币的发行予以约束,建立国家之间的双边或多边汇率协调机制。

4. 推动 IMF 改革

在国际货币金融体系的改革中,IMF 作为核心的国际金融机构应该对其职能和作用进行以下三个方面改革:在贷款方面,IMF 现有的贷款模式刻板僵化、缺乏灵活性,应该在贷款条件、贷款期限、贷款品种等方面做出完善,以充分发挥 IMF 贷款对成员国经济发展的支持作用。在监督职能方面,要加强 IMF 的权威性,提高其对全球金融市场,尤其是美国等发达国家的金融市场的监管的有效性,维持全球汇率和物价水平的稳定,防范全球通货膨胀风险。在治理结构方面,IMF 要注重提高发展中国家的权利和地位。近些年来,发展中国家经济得到快速发展,经济实力不断增强,然而相关决策的制定规则却并没有反映世界经济格局的这种变化,发展中国家在 IMF 没有得到与其经济实力相对应的权利和地位。这种经济实力与决策话语权的严重不匹配,使发展中国家的呼声难以得到体现,严重阻碍了全球经济的平衡发展。IMF 应该切实提高发展中国家所拥有的份额,提高发展中国家在 IMF 的话语权,让广大发展中国家的利益能够得到保证。

本章小结

1. 国际货币体系是指为适应国际贸易与国际支付需要,世界各国对货币在国际范围发挥作用所确定的原则、采取的措施和建立的组织机构。它是国际货币制度、国际金融机构以及由习惯和历史沿革所约定俗成的国际货币秩序的总和。

2. 本位货币和汇率安排是划分国际货币体系类型的重要标准。根据这个标准可以将历史上的国际货币体系演变划分为三个时期:国际金本位体系时期;布雷顿森林体系时期;牙买加体系时期。

3. 金本位制是以一定重量和成色的黄金为本位货币,并建立在流通中各种货币与黄金之间固定兑换关系的货币制度。金本位制有广义与狭义之分。广义的金本位制是指以一定重量和成色的黄金来表示一国本位货币的货币制度,包括金币本位制、金块本位制和金汇兑本位制。狭义金本位制仅指金币本位制。

4. 布雷顿森林体系的根本缺陷在于,美元既是一国货币,又是世界货币。作为一国货币,它的发行必须受制于美国的货币政策和黄金储备;作为世界货币,美元的供给又必须适应于国际贸易和世界经济增长的需要。由于黄金产量和美国黄金储备量增长跟不上世界经济发展的需要,在"双挂钩"原则下,美元便出现了一种进退两难的境地;为满足世界经济增长对国际支付手段和储备货币的增长需要,美元的供应应当不断地增长;而美元供给的不断增长,又会导致美元同黄金的兑换性日益难以维持。美元的这种两难,又称为"特里芬两难"。

5.牙买加体系实际上是以美元为主导、多元化国际储备和浮动汇率制度的货币体系。其主要特征是:国际储备多元化;汇率制度安排多样化;国际收支调节。

6.牙买加体系并非一个完美的体系,许多经济学家认为它是一个"没有方法多样化的体系的体系",从而要求改革现行的国际货币体系,并提出了各种各样的改革方案。

课后思考题

一、选择题

1.目前,我国人民币实施的汇率制度是(　　)。
　　A.固定汇率制　　　　　　　　　　　　B.弹性汇率制
　　C.有管理浮动汇率制　　　　　　　　　D.钉住汇率制
2.在金本位制度下,两国货币汇率的决定基础是(　　)。
　　A.黄金平价　　　　　B.外汇平价　　　　　C.铸币平价　　　　　D.利率平价
3.布雷顿森林体系实行的汇率制度是(　　)。
　　A.自发的固定汇率制度　　　　　　　　B.可调整的固定汇率制
　　C.浮动汇率制度　　　　　　　　　　　D.弹性汇率制度
4.第一次世界大战后的国际货币体系是(　　)。
　　A.国际金汇兑本位制　　　　　　　　　B.国际金块本位制
　　C.国际金本位制　　　　　　　　　　　D.严重削弱的金本位制
5.历史上第一个国际货币体系是(　　)。
　　A.国际金汇兑本位制　　　　　　　　　B.国际金本位制
　　C.布雷顿森林体系　　　　　　　　　　D.牙买加体系

二、简答题

1.简述国际货币制度的概念及内容。
2.试析国际金本位制度的特征及崩溃原因。
3.阐述布雷顿森林体系的主要内容。
4.怎样理解布雷顿森林体系有内在的缺陷? 布雷顿森林体系崩溃的根本原因?
5.阐述牙买加协议后的国际货币制度的主要特征。
6.简述国际金融机构主要有哪些? 各自的作用是什么?

三、案例分析题

疫情引发国际货币体系暗流涌动

新冠疫情所引发的各种政治经济"后遗症"正在逐渐发酵,其影响很可能逐渐超过2001年的"9·11"事件和2008年的美国金融危机,从而成为冷战结束以来影响世界政治演变最深远的危机性事件。新冠"综合征"在国际货币领域的表现就是美联储的"无限量宽松",进一步加剧了各经济体不断寻求规避美元风险的"B计划",世界各国在国际支付、贸易结算、外汇储备方面转向货币多元化的趋势进一步凸显,"去美元化"在全球范围内掀起一波新浪潮。而中国凭借高效的疫情管控和稳健的经济复苏,为动荡市场中的人民币国际化注入了新的动力。

一、美元信用体系根基遭受侵蚀

2020年3月23日,美联储宣布了开放式的资产购买计划,包括扩大其量化宽松计划中的资产购买范围和四项新举措,以增加市场流动性。这一政策为确保市场运行和货币政策传导,将不限量按需买入美债和美国机构住房抵押贷款支持证券(MBS)。除了推出无限量宽松政策,美国政府还公布了两万亿美元财政刺激政策。此番货币和财政政策的操作旨在为疫情下的经济和金融提供紧急流动性,但这一过度关注国内经济需求的短期做法,严重忽视了本国货币政策变动对全球金融市场造成的负面溢出效应。而与此同时,美国已经背负有前所未有的巨额债务。截至2020年9月,美国联邦政府的债务总额已经突破26.95万亿美元。根据美国国会预算办公室的报告,美国国债占GDP的比重预计在2020年达到98%,未来会持续攀升至130%。在海外持有者减持美国国债的同时,美联储一方面不断接盘美国国债,另一方面又继续扩张资产负债表,这无疑会导致他国对美国偿债能力的更大忧虑和对本国债权价值缩水的不满。加之美国有可能发行50年、100年期较长周期的国债来"用新钱还旧账",这令世界各国暴露在美元风险的敞口之下,未来各国持有美元资产的意愿将会进一步走弱,美元信用正在遭到挑战。

其实自2008年全球金融危机开始,全球市场对美元的疑虑就有所上升。世界黄金协会的公开数据显示,2008年以来,在全球官方外汇储备中,黄金储备所占比重开始呈现增长态势,且新兴市场成为黄金购买的主力军。俄罗斯的黄金购买量占新兴市场之首,而中国央行也是黄金购买大户,在2009年和2015年先后跃上了两个大台阶。黄金作为储备货币职能的上升,是对信用货币特别是美元投下的"不信任票"。

一方面,美国"无限量宽松"不断侵蚀美元信誉,另一方面,美国又凭借美元霸权向他国施加金融制裁,不断延伸本国"长臂管辖"的权力。这一曾被各国所信赖的"中立货币"如今已成为服务于美国政治和战略目的的"私有工具",这必将进一步透支美元信用。2001年的《爱国者法案》奠定了美国全球金融监管的"长臂化"框架,全球数家银行都曾因此遭到美国的处罚和制裁。数据显示,近十年来,因违反美国"反恐、反洗钱"要求而遭受上亿美元罚款的他国银行案例高达20余起,总处罚金额近230亿美元,受罚银行多为欧洲、俄罗斯、中国的银行。这一数字在特朗普上台后进一步扩大,特朗普政府频频挥舞制裁工具,将金融制裁作为推进外交战略的重要武器。据相关统计,2017—2019年三年间,共有3201名个人和实体被美国财政部列入制裁名单,远超小布什总统和奥巴马总统任期内的制裁人数。并且,近年来美国金融制裁的域外效力不断扩张,欧盟、日本、韩国等美国的传统盟友也难逃美国针对第三国主体的二级制裁。他们国家的海外贸易、跨境支付等严重受阻,大多成为"政治因素"下的"牺牲品",这使得各国普遍担忧美国严重滥用美元权力。

二、全球"去美元化"趋势日益凸显

面对市场动荡,美国通过转嫁危机要求全世界共同分担成本,这表现出美国行使的国际货币权力和履行的国际义务严重不对等。美国同时频繁使用金融制裁工具服务于政治目的,这导致美元资产的吸引力进一步走低,美元主导下的国际金融体系也相继产生巨大"离心力",俄罗斯、欧盟、中国等都开始尝试寻找替代选择以分散风险。

2014年"乌克兰危机"至今,俄罗斯一直备受美国金融制裁之苦。虽然俄罗斯采取了多样的反制措施,但囿于国家的整体实力,以及美国不断升级的制裁手段和范围,制裁对俄罗斯经济造成巨大冲击。2018年10月,俄罗斯央行行长纳比乌琳娜在国家杜马会议上明确指出,俄罗斯应当由美元结算逐渐转向其他外币结算,并且提出"在国际贸易中更多转向其他外币结算、弱化美元在银行储备中的作用、提升卢布作为本币的吸引力"三个"去美元化"的方向。

近年来,在这三个方向的指引下,俄罗斯"去美元化"的进程不断加快。在2020年第一季度,中俄贸易中使用美元结算的比例已下降到46%,而欧元交易占比上升到30%,其余24%则以中俄两国本国货币实现交易。而在2015年,中俄之间90%的交易都是以美元结算的。这一最新数据标志着非美元货币在中俄贸易结算中的份额达到了历史最高水平。

同时,俄罗斯央行也启动本国的金融信息交换系统(System for Transfer of Financial Messages,SPFS)。这一系统与SWIFT系统的操作原理大体相似,于2015年正式投入使用,且明显旨在作为俄罗斯同SWIFT系统的联系被切断后的替代方案。此外,俄罗斯还大幅抛售美债。数据显示,2019年6月至2020年6月,俄持有的美国国债数量减少了近一半。俄罗斯外汇储备中美元占比也从2018年43.7%降至2019年的23.6%,欧元、人民币、黄金储备呈现增加态势,特别是欧元上升为俄罗斯第一大外汇储备货币,而人民币的占比也从5.0%升至14.2%。

特朗普上台以来,美欧传统盟友关系也变得扑朔迷离,对中国的各种制裁也不断加码。中国和欧洲在美国金融制裁威胁波及之下,也不断在美元体系下为增加自身金融自主权做出战略准备。2018年8月,美国正式退出伊核协议,不但禁止美国企业与伊朗能源等多个部门之间的经贸往来,还要求欧盟等国追随美国立场。而欧盟当机立断宣布更新"阻断法令"(Blocking Statute),拓宽了其使用范围,以减轻美国对伊制裁对欧洲金融机构的牵连影响,力图反制美国。此外,2019年1月,德、英、法三国创建了贸易结算支持机制(Instrument in Support of Trade Exchanges,INSTEX),中国的"人民币跨境支付系统"(CIPS)也早已于2015年上线。中国的CIPS系统已经吸纳众多亚洲金融机构加入其中,而欧洲和伊朗也已通过INSTEX机制在2020年3月31日完成了第一笔交易,帮助美国制裁下的伊朗绕开美元体系,获得防范新冠疫情所需的医疗设备。虽然目前这些新兴货币结算体系的覆盖范围远远无法与SWIFT系统相比,但俄罗斯、中国、英、法、德等国都正在极力邀请其他国家的金融机构加入自己主导下的机制,同时还积极谋求各跨国结算合作机制之间的协调与合作。这折射出各国正在为绕开美元体系和规避美元系统性风险,寻求更广阔的周旋空间。

三、人民币国际化稳中有进

根据目前市场对于美联储"无限量宽松"政策的解读,美联储当前已基本将价格和数量工具的政策空间用尽,未来几年都会维持这种极低的政策性利率,以刺激经济的恢复。而对比之下,中国抗疫取得的巨大成果和经济稳健复苏促使人民币在市场中具备了巨大吸引力。自 2020 年 7 月 30 日开始,人民币开始了较大幅度的升值,截至 10 月 22 日收盘时,人民币升值幅度已达 4.62%。但同期来看,美元指数从 93.02 下降至 92.95,变化幅度很小,这体现出人民币脱离美元走势的强势升值特点。

国际货币基金组织(IMF)在最新发布的《世界经济展望报告中》中指出,预计中国 2020 年经济将增长 1.9%,成为全球唯一实现正增长的经济体。另一方面,根据环球同业银行金融电讯协会(SWIFT)公布的 9 月最新报告显示,2020 年 8 月,人民币国际支付份额由 7 月的 1.86% 升至 1.91%,仍保持为全球支付货币中第五大活跃货币。若排除欧元区内的支付,8 月人民币国际支付份额位居第七,较上月提升一位。但与 2020 年 7 月相比,全球各国货币支付金额环比下降 10.30%,其中,人民币支付金额环比下降 8.33%。由此可见,在新冠疫情冲击使得全球金融体系陷入新困境的背景下,中国经济逐步回归正常运转,人民币资产在全球市场中的相对优势将进一步凸显。

此外,在人民币外汇储备方面,根据中国人民银行 8 月 14 日发布的《2020 年人民币国际化报告》,截至 2019 年第四季度末,人民币储备规模达到 2 176.7 亿美元,占标明币种构成外汇储备总额的 1.95%,排名超过加拿大元,位居第五位。这是自 2016 年国际货币基金组织开始公布人民币储备资产以来的最高水平。并且目前全球已有 70 多个央行或货币当局将人民币纳入外汇储备。而在人民币国际支付方面,环球同业银行电讯协会报告中显示,2019 年 7 月,使用人民币支付的全球金融机构已经达到 2 214 家,较 2017 年同期增加 11.31%,非洲、中东、亚太为增幅较大的地区。

从结算货币到支付货币,再到储备货币,可以说,人民币国际化已经逐渐步入一个新阶段。虽然近期人民币在国际支付中的份额有所上升,国际支付功能有所增强,储备功能也逐渐显现,但从长期来看,人民币的稳定性仍存在很大的改善空间。人民币与加拿大元常年争夺全球第五大支付货币的位置,想要在国际货币体系中继续攀升也困难重重。同时,人民币所占的市场份额也与中国的经济地位不相称。此外,中国推动的"人民币跨境支付系统"(CIPS)虽然已囊括了全球 974 家金融机构,但 70% 以上的机构位于亚洲,而北美洲、大洋洲、非洲、南美洲的参与机构数量加起来不足 100 家。除了其覆盖范围远不及 SWIFT 以外,囿于清算能力和人民币结算成本,CIPS 系统的国际影响力也有很大提升空间。如何让人民币在"稳"中求得更大突破是一个未来无法绕开的问题。

2020 年 3 月以来,尽管美元信用已经遭受不小的侵蚀,但全球市场已经形成使用美元结算的严重路径依赖,对美元也保持着巨大的刚性需求。2020 年 3 月 19 日,美联储与澳大利亚、巴西、墨西哥、新加坡、瑞典、韩国、丹麦、挪威、新西兰 9 个国家的央行签署了"货币互换协议",旨在缓解全球美元市场紧张局面,减少对国内外家庭和企业信贷供应的影响。俄罗斯虽然作为"去美元化"的坚定拥护者,但是贬值巨大的卢布也难以充当替代选择。欧盟虽近期在财政协调上取得一定突破,但是疫情同样失控下的欧元也不足以支撑起全球的巨大需求。

目前美元指数处于下行周期,国内赤字大幅飙升。在总统大选之际,美国国内的政治环境愈发撕裂,疫情防控不利也使得美国国内经济阴云笼罩。而伴随着中美博弈的全面化,中美之间的金融战已箭在弦上,这更加为疫情影响下的国际金融市场增添了诸多不确定性。而"去美元化"的呼声为新一轮人民币国际化提供了外部动力,因为世界各国都面临着美元流动性短缺的困境,人民币的资金供给和跨境融资就显得尤为重要。在《2020 年人民币国际化报告》中,央行提出了更加积极的促进措施,如进一步探索促进跨境人民币使用的试点计划、促进国内金融市场开放和基础设施互联和不断发展离岸人民币市场等。相较于几年以前,人民币国际化的新一轮发展也确实具备了更加有利的条件,外部需求旺盛,国内金融基础设施不断完善,国内金融改革也取得了重大进展。未来,要在不确定的环境中继续推进人民币国际化,不仅需要顺势而为,还依赖于中国国内经济发展的基本面支持,这也考验着中国在深化汇率形成机制改革、稳步推进资本账户开放、加强资金流动监管、融合数字化思维等议题上的战略能力。

(资料来源:李巍.疫情引发国际货币体系暗流涌动.[EB/OL].(2020-10-28)[2023-07-30].北京语言大学国别和区域研究简报.)

思考:

1. 美元本位对全球经济有什么影响?

2. 国际货币体系改革的方向是什么?

3. 中国如何避免美元本位的不利影响?

第九章

国际金融机构

【学习目标】

1. 了解国际金融机构的职能和作用；

2. 熟悉国际货币基金组织的职能、组织结构和业务活动；

3. 熟悉世界银行的职能、组织结构和业务活动；

4. 了解国际清算银行和亚洲基础设施投资银行的成立背景和特点。

【知识能力】

1. 能说明不同国际金融组织的架构和业务活动；

2. 分析不同的国际金融组织所产生的作用；

3. 会区分国际货币基金组织和世界银行。

【工作任务】

1. 区分国际货币基金组织和世界银行的功能和定位；

2. 举例说明不同的国际金融机构的区别；

3. 列举不同国际金融机构的职能。

【思维导图】

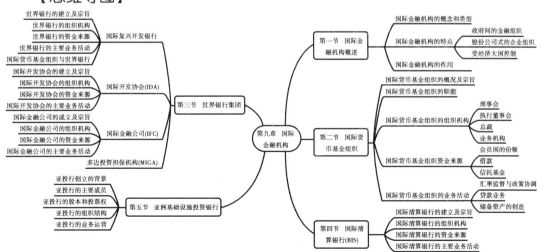

案例导入

International Monetary Fund 和世界银行"该改革了"

联合国秘书长安东尼奥·古特雷斯发表文章,批评国际货币基金组织(IMF)和世界银行支持欠发达国家力度不足,呼吁这两大全球性多边金融机构大刀阔斧改革,包括增加发展中国家在这两家机构执行董事会的代表比重、推进IMF份额改革、改善资金用途等。

6月22日,古特雷斯在巴黎举行的新全球融资契约峰会上呼吁,各国政府共同迎接一个"新的布雷顿森林时刻",重新审视并重新构建一个着眼于21世纪的全球金融架构。

自2008年那场从华尔街掀起进而席卷全球的金融危机之后,要求国际金融体系改革的呼声就从未停止过,但改革步伐却进展缓慢,甚至成为其他领域改革的绊脚绳。

长期以来,IMF和世界银行向发展中国家提供的资金援助和低息贷款,虽然为发展中国家发展建设"输血",但也输出了西方价值标准和规则。事实上,在受援关系互动当中,由于一些受援国亟须援助国提供的资金援助,但又无法向援助国提供相应的权力或利益报偿,因此,很多情况被迫接受援助国苛刻的附加条件,特别是政治条件,这也成为引发一些国家政治动荡的隐患。美国迫使世贸组织争端解决机制停摆,将对美贸易顺差国家列为汇率操纵国,对他国企业和个人设置黑名单、肆意实施经济制裁,对多国进行长臂管辖,这些行为都是美国以本国利益优先、破坏国际金融体系规则秩序的行为。美国日益将国际金融体系作为维护自身霸权的地缘政治争夺工具,这是IMF和世界银行结构性问题始终难以解决的最根本原因。

目前的国际金融体系基本上是发达国家主导建立起来的,主要体现了发达国家的利益,也更有利于维护发达国家的利益。特别是国际经济旧秩序使少数发达国家控制国际经济调节机制,使国际生产体系、国际贸易体系、国际金融体系建立在不平等基础上,从各方面限制和阻碍了发展中国家的发展。

IMF和世界银行是第二次世界大战之后美国主导的布雷顿森林体系的两大金融支柱,美国一直把持着这两大金融支柱,与美元一起构成了美国的国际金融霸权。因此,从设计之初就不可能充分体现发展中国家的利益,也不可能真正公平。中国人民银行前行长周小川曾提出,创造一种与主权国家脱钩并能保持币值长期稳定的国际储备货币,从而避免主权信用货币作为储备货币的内在缺陷,这才是国际金融和货币体系改革的理想目标,这也决定了IMF、世界银行在推动自身改革时只能是"小修小补"。

1997年,IMF通过的特别提款权(SDR)特殊分配协定修正案中,发展中国家话语权及融资能力显著提升,但该协定直至2009年才在G20敦促下正式生效。2010年通过的配额和投票权改革协定修正案,将人民币纳入特别提款权货币篮子,与美元、欧元、日元和英镑共同构成新的货币篮子,协定拖延至2016年才生效。2021年8月,IMF新一轮规模为6 500亿美元的SDR普遍分配方案生效,这是IMF历史上规模最大的SDR分配,发展中国家获得约2 750亿美元支持。然而,即便如此,发展中国家的经济规模与其在国际金融机构中的话语权和获取资源的能力仍严重不匹配,美国仍拥有重大事项独家一票否决权。

IMF每一次"倾向"发展中国家的改革,都发生在美西方发达经济体面临重大金融市场冲击、需要团结发展中国家力量应对危机的时期。而随着美西方发达经济体从危机阴霾中走出,其协调国际金融政策的诉求淡化,对IMF和世界银行机构改革的意愿和动力就再次消退。而美国逐渐将其主导的国际金融体系当作维护本国政治利益、制裁打击他国的金融武器。越来越多国家认识到,美元霸权是当前国际金融体系的最根本问题。如今,多国对美元的信任度下降,全球去美元化趋势加速,美国主导的国际金融体系面临冲击。广大发展中国家对国际金融体系民主性、中立性、公共性、透明性的诉求日益强烈。

世界需要更加公平、多元化的国际货币和支付体系,"去美元化"进程在深度和广度上都加速展开。面对当前世界多极化趋势加速的大背景,如果不能有效增加发展中国家和新兴经济体的代表性和发言权,充分反映其利益诉求,可能会加速发展中国家和新兴经济体另起炉灶。例如,南美、中东、非洲等地区都在加速"去美元化"。俄乌冲突以来,美元制裁"武器化",以及美国债务上限悬崖进一步加速了全球"去美元化"进程,越来越多的国家和地区放弃美元而转向双边货币或者第三方货币结算。特别是近一时期以来,金砖国家银行不断扩员,这背后已经充分反映出世界银行和IMF到了非改革不可的"关键时刻"。

（资料来源:张茉楠.IMF、世界银行到了非改革不可的"关键时刻"[J].中国新闻周刊,2023.）

第一节　国际金融机构概述

一、国际金融机构的概念和类型

国际金融机构(International Financial Institution)又称国际金融组织,是指为处理国际金融往来而由多国共同或联合建立的金融组织。又可以分为地区性和全球性国际金融机构。第二次世界大战前,为处理德国战争赔款问题,曾在欧洲建立了国际清算银行,这是第一个国际金融机构,是地区性的国际金融机构。第二次世界大战后,为建立一个十分稳定的国际货币体系和为各国的经济复兴提供资金,在英、美等国的积极策划下,正式成立了两个国际性金融组织,即国际货币基金组织和国际复兴开发银行(世界银行)。国际货币基金组织和世界银行是联合国14个专门机构中独立经营国际金融业务的机构。这两个全球性的国际金融机构,是所有国际金融组织中规模最大、成员最多、影响最广泛的,他们对加强国际经济和货币合作,稳定国际金融秩序,发挥着极为重要的作用。20世纪50年代后,世界上许多地区为了加强本地区的金融合作关系和开发本地区经济,陆续建立了一些区域性国际金融组织,如欧洲投资银行、泛美开发银行、亚洲开发银行等。

目前的国际金融机构可以大致分为三种类型:①全球性的金融机构。如国际货币经济组织、世界银行、国际农业发展经济组织。②洲际性或半区域性的金融机构。如国际清算银行、亚洲开发银行,他们的成员国际主要在区域内,但也有区域外的国家参加。③区域性的金融机构。如欧洲投资银行、阿拉伯货币基金、西非发展银行,他们完全由地区内的国家组成,是真正的区域性国际金融机构。

二、国际金融机构的特点

限于各国金融监管体系及各机构自身发展等多方面因素的影响,当前全球金融机构存在着不同层次的综合化,众多的国际金融机构虽然类型不同,但却有以下共同特点。

（一）国际金融机构是政府间的金融组织

国际金融机构是国与国之间共同组成的世界性或区域性的共同组织,是以一国政府为一个参与单位,共同组成的政治经济的联合机构。国际金融机构的活动是通过在会员国派驻代办处,以及会员国派出代表参加该机构的年会、临时磋商会议等方式进行的。国际金融机构在协调国际经济矛盾,加强金融货币合作关系以及对世界经济的干预方面有重要的作用。

（二）国际金融机构是股份公司式的企业组织

国际金融机构作为超国家的金融组织,是以成员国政府共同出资,共同管理,按照股份制方式经营国际资金借贷的实体。他们的组织结构、入股方式、资金来源等和股份制企业极为相似。国际金融机构的决定权同出资呈正比例关系,出资最多的国家各委派代表组成日常业务的执行董事会。各国际金融机构的建立宗旨虽然不同,但具体业务活动基本上是经营该组织的信贷资金,为成员国进行有偿贷款,或进行经济援助活动。

（三）国际金融机构政治色彩浓厚,活动受经济大国控制

国际金融机构是一个成员国政府间进行经济和政治交往的渠道和论坛。其观点和行为往往代表该组织最大的参加国们的意见。他们在组织内的发言权是其在世界经济中的经济实力体现。比如,IMF 和世界银行就一直处于工业发达国家特别是以美国为首的西方七国集团的控制之下。国际金融机构是发达国家与发展中国家、发达国家之间进行相互斗争、相互依赖的阵地。

三、国际金融机构的作用

国际金融机构虽然建立的背景和时间不同,但都是为了加强国际经济间的合作,处理国际经济、政治领域的问题,在金融货币领域里形成一些共同的法律和规则,在国与国之间形成对话和协调的机制,以此促进世界经济和贸易的发展。

①加强世界或地区性的经济、金融合作关系,推动生产国际化和经济一体化的进程,强化政府之间的联合对经济、贸易的干预。

②制定并维护共同的货币金融制度,协助成员国达成多边支付关,稳定汇率,保证国际货币体系的运转,促进国际贸易的增长。

③对国际经济、金融领域中的重大事件,召开联合会议,进行磋商和解决。

④提供长短期资金,为成员国提供金融信贷,协助成员国实施经济发展和改革计划。帮助发生金融危机和债务危机的国家减缓国际收支困难,为发展中国家的经济结构调整和经济、技术发展提供援助。

第二节 国际货币基金组织

一、国际货币基金组织的概况及宗旨

国际货币基金组织(International Monetary Fund, IMF)是政府间的国际金融组织。它是根据1944年7月在美国新罕布什尔州布雷顿森林召开联合国和联盟国家的国际货币金融会议上通过的《国际货币基金协定》而建立起来的。它于1945年12月27日正式成立,1947年3月1日开始办理业务。同年11月15日其成为联合国一个专门机构,但在经营上有其独立性。截至2001年,IMF已有189个成员国,其总部设在华盛顿。

国际货币基金组织是一个旨在稳定国际金融体系的专业机构,主要任务是稳定国际汇率、消除妨碍世界贸易的外汇管制,在货币问题上促进国际合作,并通过提短期贷款帮助成员国解决在国际收支出现暂时困难时的外汇资金需要。它的资金来源于各成员国认缴的份额。各成员国的份额是由该组织根据各国的国民收入、黄金和外汇储备、进出口贸易额等几项经济指标计算确定的。成员国的主要权利是按所缴份额的比例借用外汇。

根据《国际货币基金组织协定》第一条,国际货币基金组织的宗旨是:①通过设立一个就国际货币问题进行磋商与协作,从而促进国际货币领域的合作;②促进国际贸易的扩大和平衡发展,从而有助于提高和保持高水平的就业和实际收入以及各成员国生产性资源的开发,并以此作为经济政策的首要目标;③促进汇率的稳定,保持成员国之间有秩序的汇兑安排,避免竞争性通货贬值;④协助在成员国之间建立经常性交易的多边支付体系,取消阻碍国际贸易发展的外汇限制;⑤在具有充分保障的前提下,向成员国提供暂时性普通资金,以增强其信心,使其能有机会在无需采取有损本国和国际繁荣措施的情况下,纠正国际收支失调;⑥据上述宗旨,缩短成员国国际收支失衡的时间,减轻失衡的程度。

二、国际货币基金组织的职能

国际货币基金组织在国际金融领域中的职能主要表现在三个方面:①确立成员国在汇率政策、与经常项目有关的支付以及货币兑换方面需要遵守的行为准则,并实施监督。汇率监督是IMF的一项重要职能,其目的在于保证有秩序的汇兑安排和汇率体系的稳定,消除不利于国际贸易发展的外汇管制,避免成员国操纵汇率或采取歧视性的汇率政策以谋取不公平的竞争利益。IMF反对成员国利用宏观经济政策、补贴或任何其他手段来操纵汇率;原则上反对成员国采取复汇率或任何其他形式的差别汇率政策。②向国际收支发生困难的成员国提供必要的临时性资金融通,以使他们遵守上述行为准则,避免采取不利于其他国家经济发展的经济政策。③为成员国就货币与金融问题协商与合作提供场所。概括起来,国际货币基金组织的宗旨就是维护国际货币体系的稳定。

三、国际货币基金组织的组织机构

IMF 由理事会(Board of Governors)、执行董事会(Board of Executive Directors)、总裁和众多业务机构组成。理事会和执行董事会任命若干特定的常设委员会,理事会还可以建立临时委员会。各常设委员会向理事会提供建议,但不行使权力,也不直接贯彻执行理事会的决议。理事会和执行董事会的决议,原则上是以各国在 IMF 的投票权的多少作为依据。

(一)理事会

IMF 的最高决策机构是理事会,由各会员国选派一名理事和一名副理事组成,任期 5 年,其任免由会员国本国决定。理事通常是由各国财政部长或中央银行行长担任,副理事只是在理事缺席事才有投票权。理事会的主要职权是批准接纳新会员国、修订基金条款与份额、决定会员国退出 IMF、讨论决定有关国际货币制度等重大问题。理事会每年召开 1 次年会,必要时可以召开特别会议。

由于理事会过于庞大,无法根据国际金融形势的发展随时讨论一些重大而又具体的问题,在 1974 年设立了临时委员会,由 22 个部长级成员组成,一年举行 3 ~ 4 次会议。临时委员会实际上是重要的决策机构,具有管理和修改国际货币制度和修改基金条款的决定权。在大多数情况下,临时委员会的决议就等于理事会的决定。

(二)执行董事会

理事会下设执行董事会,是华盛顿 IMF 总部的常设机构。除接纳新会员国、调整基金份额和修订协定条款等重大事项以外,一般行政和政策事务均由执行董事会行使权力。执行董事会向理事会提出年度报告,与会员国进行讨论,并随时对会员国重大经济问题进行研究。

执行董事会的成员目前是 22 人,任期 2 年,IMF 总裁任执行董事会主席。执行董事会有 6 名常任执行董事,由持有基金最大份额的美国、英国、德国、法国、日本和沙特阿拉伯各任 1 名。另外,我国单独选派 1 名执行董事。其余名额由其他会员国按国家或按地区分组推选产生。

(三)总裁

总裁是基金组织的最高行政长官,负责管理基金组织的日常工作。总裁由执行董事会推选,任期 5 年,并兼任执行董事会主席,但平时没有投票权,只有在执行董事会进行表决双方票数相等时,才可投决定性的 1 票。基金组织成立以来,总裁一直由欧洲成员国的 1 名人士出任。

(四)业务机构

基金组织设 5 个地区部门(非洲、亚洲、欧洲、中东、西半球)和 12 个职能部门(行政管理、中央银行业务、汇兑和贸易关系、对外关系、财政事务、国际货币基金学院、法律事务、研究、秘书、司库、统计、语言服务局)。

四、国际货币基金组织资金来源

(一)会员国的份额

会员国缴纳的份额,是 IMF 的主要资金来源。会员国要向 IMF 认缴一定比例的份额,各会员国在 IMF 的份额,决定其在 IMF 的投票权、借款的数额以及分配特别提款权的份额。各会员国的份额大小由理事会决定,要综合考虑会员国的国民收入、黄金与外汇储备、平均进出口额的变化率以及出口额占国民生产总值的比例等多方面的因素。对各会员国份额,每隔五年重新审定一次,并对个别国家的份额进行调整。

份额的单位原为美元,后改以特别提款权计算。IMF 最初创立时各会员国认缴的份额总值为 76 亿美元。此后,随着新会员国的不断增加以及份额的不断调整,份额总数不断增加。到 2001 年,基金份额为 2 120 亿特别提款权(合 2 690 亿美元)。

在 1975 年以前,会员国份额的 25% 以黄金缴纳,其余部分以本国货币缴纳,存放于本国中央银行,但 IMF 需要时随时可以动用。自 1976 年牙买加会议以后,IMF 废除了黄金条款,份额的 25% 改以特别提款权或自由兑换货币缴纳。会员国在 IMF 的投票权按照其缴纳份额的大小来确定,根据平等原则,每会员国有 250 票基本投票权。此外,再按各国在 IMF 所缴纳的份额每 10 万特别提款权增加 1 票,两者相加,就是该会员国的投票总数。因此,会员国的份额越大,投票表决权也越大,可以借用的贷款数额也越大。所以,美国在 IMF 的各项活动中,始终起着决定性的作用,它拥有 20% 左右的投票权,而最小的会员国只拥有不到 1% 的投票权。

IMF 的各国理事和执行董事的权力大小,实际上是由他们所代表的会员国拥有票数的多少决定。一般的决议由简单多数票即可通过,但是对于重大问题的决议,如修基金条款和调整会员份额等,则需获得总投票权 85% 的多数才能通过。

(二)借款

此外,IMF 还可以通过借款来组织资金来源。1962 年 10 月 24 日生效的"十国集团"的"借款总安排"是第一次借款安排,目的是稳定美元汇率。1974—1976 年间,为了解决非产油国家的石油进口和国际收支困难,IMF 设立了"石油贷款",其资金来源也是通过借款筹得。1977 年和 1981 年,IMF 成立"补充贷款"和"扩大贷款",资金来源也是由部分会员国提供。

(三)信托基金

信托基金设立于 1976 年,IMF 废除黄金条款以后,在 1976 年 6 月至 1980 年 5 月间将持有黄金的 1/6 以市价卖出后,用所获利润(市价超过 35 美元官价的部分)建立一笔信托基金,按优惠条件向低收入的发展中国家提供贷款。

五、国际货币基金组织的业务活动

(一)汇率监督与政策协调

为了使国际货币制度能够顺利运行,保证金融秩序的稳定和世界经济的增长,IMF 要检查各会员国以保证他们和其他会员国进行合作,以维持有秩序的汇率安排和建立稳定的汇率制度。在布雷顿森林体系下,会员国要改变汇率平价时,必须与 IMF 进行磋商并得到它的批准。在目前的浮动汇率制条件下,会员国调整汇率不需再征求 IMF 的同意。但是,IMF 汇率监督的职能并没有因此而丧失,它仍然要对会员国的汇率政策进行全面估价,这种估价要考虑其对内和对外政策对国际收支调整以及实现持续经济增长、财政稳定和维持就业水平的作用。

除了对汇率政策的监督以外,IMF 在原则上还每年与各会员国进行一次磋商,以对会员国经济和金融形势以及经济政策做出评价。这种磋商的目的是使基金组织能够履行监督会员国汇率政策的责任,并且有助于使基金组织了解会员国的经济发展状况和采取的政策措施,从而能够迅速处理会员国申请贷款的要求。IMF 每年派出经济学家组成的专家小组到会员国搜集统计资料,听取政府对经济形势的估计,并同一些特别重要的国家进行特别磋商。

(二)贷款业务

根据 IMF 协定,当会员国发生国际收支暂时性不平衡时,IMF 向会员国提供短期信贷。IMF 的贷款提供给会员国的财政部、中央银行、外汇平准基金等政府机构,贷款限于贸易和非贸易的经常性支付,贷款的额度与会员国的份额成正比例。贷款的提供方式采取由会员国用本国货币向 IMF 申请换购外汇的方法,一般称为购买(Purchase),即用本国货币购买外汇或提款,会员国按缴纳的份额提取一定的资金。会员国还款的方式是以外汇或特别提款权购回本国货币,贷款无论以什么货币提供,都以特别提款权计值,利息也用特别提款权缴付。

IMF 主要设有以下 8 种贷款。

①普通贷款。这是 IMF 最基本的贷款,也称基本信用设施(Basic Credit Facility)。是 IMF 利用各会员国认缴的份额形成的基金,对会员国提供的短期信贷,期限不超过 5 年,利率随期限递增。会员国借取普通贷款的累计数不得超过其份额的 125%,IMF 对普通贷款录取分档政策,即将会员国的提款权划分为储备部分贷款和信用部分贷款,后者又分为 4 个不同的档次,并且对每种档次规定宽严不同的贷款条件。

②补偿与应急贷款(Compensatory & Contingency Facility,CCFF)。其前身是出口波动补偿贷款(CFF),设立于 1963 年。当一国出口收入下降或谷物进口支出增大而发生临时性国际收支困难时,可向 IMF 申请普通贷款以外的这项贷款。CFF 用于出口收入减少或谷物进口支出增加的贷款额各为其份额的 83%,两者同时借取则不得超过份额的 105%。1989 年,贷款最高额度为份额的 122%。其中应急贷款和补偿贷款各为 40%,谷物进口成本补偿贷款为 17%,其余 25% 由会员国任意选择,用作以上两者的补充。贷款条件是出口收入下降或谷物进口支出增加应是暂时性的,而且是会员国本身无法控制的原因造成的,同时借款国

必须同意与 IMF 合作执行国际收支的调整计划。

③缓冲库存贷款(Buffer Stock Financing Facility,BSFF)。1969 年 5 月设立,目的是帮助初级产品出口国建立缓冲库存以便稳定价格。IMF 认定的运用于缓冲库存贷款的初级产品有锡、可可、糖、橡胶等。会员国可以使用这项贷款达其份额的 45%,贷款期限 3～5 年。

④中期贷款(Extended Fund Facility),又称扩展贷款。1974 年 9 月设立,专门为了解决会员国较长期的结构性国际收支赤字,而且其资金需要量比普通贷款所能借取的贷款额度要大。此项贷款的最高借款额可达借款国份额的 140%,期限为 4～10 年,备用安排期限为 3 年。此项贷款与普通贷款两项总额不得超过借款国份额的 165%。

⑤补充贷款(Supplementary Financing Facility)。设立于 1977 年 8 月,总计 100 亿美元,其中石油输出国提供 48 亿美元,有盈余的七个工业国家提供 52 亿美元。IMF 与这些国家签订了借款协议,以借款资金配合 IMF 原有的融资计划,加强对国际收支严重赤字的国家提供贷款。当会员国遇到严重的国际收支不平衡,借款总额 IMF 普通贷款的高档信用部分,而且仍需要大数额和更长期限的资金时,可以申请补充贷款,贷款期限 3～7 年,每年偿还一次,利率前三年相当于 IMF 支付给资金提供国的利率加 0.2%,以后则每年加 0.325%。贷款的备用安排期限为 1～3 年,最高借款额可达会员国份额的 140%。补充贷款提供完毕以后,1981 年 5 月又实行了扩大贷款政策(Enlarged Access Policy),其目的和内容与补充贷款一样,1985 年规定一年的贷款额度为份额的 95%～115%,三年累计的限额为份额的 280%～345%,累计最高限额为 400%～440%。

⑥"信托基金"贷款。1976 年设立,是 IMF 按市价出售黄金所得的利润,作为信托基金,向最贫困的发展中国家提供优惠贷款。

⑦结构调整贷款(Structural Adjustment Facility,SAF)。1986 年 3 月设立,用于帮助低收入发展中国家制定和执行全面的宏观经济调整和结构改革计划。资金来自信托基金贷款偿还的本息,贷款利率较低,期限一般 10 年(包括 5 年宽限期),1987 年底又设立了"扩大结构调整贷款(ESAF)",贷款最高额度为份额的 250%。

⑧制度转型贷款。该贷款建立于 1993 年,目的是为帮助苏联和东欧国家从计划经济向市场经济转变过程中出现的国际收支困难。此贷款最高额度为份额 50%,期限 4～10 年。

(三)储备资产的创造

IMF 在其 1969 年的年会上正式通过了"十国集团"提出的特别提款权(Special Drawing Right,SDR)方案,决定创设特别提款权以补充国际储备的不足。特别提款权于 1970 年 1 月开始正式发行。会员国可以自愿参加特别提款权的分配,也可以不参加,目前除了个别国家以外,其余会员国都是账户的参加国。

SDR 的创造是通过分配程序实现的。目前 SDR 的分配是以各会员国在 IMF 的份额作为依据。具体来看,SDR 的分配包括一般分配和特别一次性分配。一般分配是 IMF 根据世界经济的发展情况,以五年为一个基本期来决定是否进行 SDR 的分配;一次性分配是 IMF 根据具体需要进行的特别分配。

在创立初期,SDR 的价值由含金量决定,当时规定 35 个 SDR 单位等于 1 盎司黄金。经过几轮调整,SDR 现在采用钉住一揽子货币的定值方法,其定值的过程主要包括货币篮子的遴选和货币权重的决定。当前,SDR 是以美元、欧元、日元和英镑组成的"一篮子货币"为基础定值,从 2011 年到 2015 年,四种货币的权重分别为 41.9%、37.4%、9.4% 和 11.3%。

特别提款权由基金组织按会员国缴纳的份额分配给各参加国,分配后即成为会员国的储备资产,当会员国发生国际收支赤字时,可以动用特别提款权将其划给另一个会员国,偿付收支逆差,或用于偿还 IMF 的贷款。

阅读材料

改革国际金融机构呼声高涨:为富裕国家背书? 是时候纠偏了

"新冠疫情为 IMF 和世行带来一场'压力测试',而这两家机构协助欠发达国家应对疫情的表现显然失败。"联合国秘书长安东尼奥·古特雷斯近日批评国际货币基金组织(IMF)和世界银行支持欠发达国家力度不足,呼吁这两大全球性多边金融机构大刀阔斧改革。"IMF 在为富裕国家背书,而不是使穷国受益。现在是这两大国际金融机构纠正历史性错误、改变当前存在偏见与不公正的时候了。"

专家分析指出,随着世界多极化发展和新兴经济体不断壮大,IMF 与世行当前的规则制度已难以匹配新兴经济体的发展诉求,到了"不得不改"的重要关头。

一、给一些国家政治动荡埋下隐患

古特雷斯在发言中提到,新冠疫情期间,被视为发达国家代表的七国集团从 IMF 获得总计相当于 2 800 亿美元的资金,而一些最不发达国家获得的资助总计只有约 80 亿美元。七国集团总人口约 7.7 亿,而上述最不发达国家人口合计约 11 亿。

不仅如此,正如国际危机研究组织联合国项目主任理查德·高恩所说,IMF 和世行的借贷规则还加重了相关国家的债务负担。"长期以来,IMF 和世行向发展中国家提供的资金援助和低息贷款,为发展中国家发展建设'输血',也输出西方价值标准和规则。"中国国际经济交流中心美欧研究部副部长、研究员张茉楠接受本报记者采访时指出,一些急需资金援助的国家不得不接受援助国苛刻的附加条件,特别是政治条件,这也给一些国家政治动荡埋下隐患。

"新冠疫情以来,美西方国家普遍采取量化宽松货币政策,推高发展中国家的负债水平和金融不稳定性。此后,发达国家为遏制通胀又采取持续紧缩货币政策,其外溢效应给发展中国家带来又一轮负面冲击。"北京外国语大学国际关系学院教授宋微接受本报记者采访时分析,IMF 和世行用于评估债务国偿债能力的"债务可持续性框架"被打上"美式价值观"烙印——站队美国的债务国往往能获得较高打分,而不以美国马首是瞻的国家不仅很难从这两家机构获得发展贷款,且慑于这两家机构的"权威",也很难从其他国际资本那里获得资金支持。

据美国有线电视新闻网报道,近日,美财政部长耶伦出席美国国会众议院金融服务委员会听证会时,将 IMF 和世行等国际金融机构形容为"美国可与之结盟的力量",并向美国国会施压,为加大美国价值观输出,必须为这些机构提供更多财政支持。美国日渐将国际金融体系作为维护自身霸权的地缘政治争夺工具,这是 IMF 和世行结构性问题始终难以解决的最根本原因。

二、"美欧长期坐庄"

"IMF 和世行的现有架构和规则不公平地偏向发达国家,欠发达国家受益于这两家机构的程度远不及发达国家。在世行这样的国际机构中,不同国家因为经济和政治实力不同,能够发挥的作用也有很大差异。"古特雷斯对 IMF 和世行的批评反映了发展中国家呼声。

IMF 是第二次世界大战后国际货币和金融治理的支柱机构,世行是全球规模最大、最具普遍性的国际发展金融机构,两者是维护世界经济稳定与发展领域国际公共产品供给的重要公共主体,为第二次世界大战后全球经济复苏和发展发挥了历史性作用。然而,近年来,随着发展中国家综合实力和国际影响力不断提升,发达国家与发展中国家在 IMF 和世行决策执行机制中的话语权差异,越来越遭到国际社会批评。

联合国 5 月发布的《国际金融结构改革政策简报》指出,国际金融体系是由第二次世界大战后工业化国家为它们自身设计的,目前正经历空前的压力测试,而且未通过测试。这是因为它在构思之初就已有结构性缺陷,而且与当今世界的现实和需求越来越格格不入。

美国乔治·梅森大学公共政策学教授莫里斯·库格勒表示,长期以来,世行行长由美国总统提名美国公民担任,IMF 总裁职位由欧洲人控制。世行贷款决策方式为加权投票制,即投票权取决于认缴资本,发达国家控制世行 50% 以上的投票权,美国对世行重大事项拥有事实上的"一票否决权"。IMF 和世行对最需要援助的国家支持力度不够,正是这种"美欧长期坐庄"治理架构的反映。

"自 IMF 和世行诞生之初起,美西方国家一直是这套国际金融体系的规则制定者和执行者,其制度设计主要从发达国家角度出发,广大发展中国家长期处在被动接受状态,始终缺乏足够代表性和话语权。"宋微说。

三、发展中国家呼声渐强

在近日举办的新全球融资契约峰会上,IMF 总裁格奥尔基耶娃表示:"IMF 和世行必须改变思维和工作方式。"她介绍了为发展中国家提供额外特别提款权(SDR)支持的相关计划进展情况。新任世界银行行长班加宣布了可使最脆弱国家在危机或灾难时期暂停偿还债务的相关安排。

"IMF 和世行改革方案一直推进艰难。"张茉楠分析,1997 年,IMF 通过 SDR 特殊分配协定修正案中,发展中国家话语权及融资能力显著提升,但该协定直至 2009 年才在 G20 敦促下正式生效。2010 年通过的配额和投票权改革协定修正案,将人民币纳入特别提款权货币篮子,与美元、欧元、日元和英镑共同构成新的货币篮子,协定拖延至 2016 年才生效。2021 年 8 月,IMF 新一轮规模为 6 500 亿美元的 SDR 普遍分配方案生效,这是 IMF 历史上规模最大的 SDR 分配,发展中国家获得约 2 750 亿美元支持。然而,即便如此,发展中国家的经济规模与其在国际金融机构中的话语权和获取资源能力仍严重不匹配,美国仍拥有重大事项独家一票否决权。

"IMF 每一次'倾向'发展中国家的改革,都发生在美西方发达经济体面临重大金融市场冲击、需要团结发展中国家力量应对危机的时期。而随着美西方发达经济体从危机阴霾中走出,其协调全球金融政策的诉求淡化,对 IMF 和世行机构改革的意愿和动力就再次消退。"越来越多国家认识到,美元霸权是当前国际金融体系的最根本问题。如今,多国对美元的信任度下降,美国主导的国际金融体系面临冲击。广大发展中国家对国际金融体系民主性、中立性、公共性、透明性的诉求日益强烈,IMF 与世行改革迫在眉睫。

宋微指出,近年来,发展中国家对 IMF 和世行机制改革呼声渐涨,同时也在探索以发展中国家为主体的国际金融机构建设。发展中国家间开始加强货币合作,金融合作实体化,呈现内部联合趋势,金砖国家新开发银行、亚洲基础设施投资银行等以发展中国家为主体的多边国际金融机构开始发挥更大作用。发展中国家已成为推动国际金融体系进行更加合理公正改革的重要力量。

(资料来源:高乔.改革国际金融机构呼声高涨:为富裕国家背书? 是时候纠偏了[N].人民日报海外版,2023-06-27.)

第三节　世界银行集团

世界银行集团（World Bank Group,WBG）由国际复兴开发银行（International Bank for Reconstruction and Development, IBRD）与国际开发协会（International Development Association, IDA）、国际金融公司（International Finance Corporation, IFC）、多边投资担保机构（Multilateral Investment Guarantee Agency, MIGA）、国际投资争端解决中心（International Center for Settlement of Investment Disputes, ICSID）五部分共同组成。其中,前三个机构为集团的主要业务机构。

一、国际复兴开发银行

（一）世界银行的建立及宗旨

世界银行是国际复兴开发银行的简称。在世界银行集团中,该行是成立最早、提供贷款最多的金融机构。世界银行是根据布雷顿森林会议通过的《国际复兴开发银行协定》于1945年12月成立的企业性国际金融组织。世界银行的会员国初创时为39个,截至2001年底,共有会员国183个。总部设在华盛顿,并在纽约、日内瓦、东京等地设有办事处。

世界银行的宗旨是:①对用于生产目的的投资提供便利,以协助会员国的复兴与开发,以及鼓励不发达国家的生产与资源开发;②以保证或参加私人贷款和私人投资的方法,促进私人对外投资;③用鼓励国际投资以开发会员国生产资源的方法,促进国际贸易的长期平衡发展,并维持国际收支平衡;④在提供贷款保证时,应与其他方面的国际贷款配合。

由此可见,世界银行的主要任务就是向会员国提供长期贷款,促进第二次世界大战后的复兴建设,协助不发达国家发展生产,开发资源,并通过为私人投资提供担保或与私人资本一起联合对会员国政府进行贷款和投资,来为私人资本的扩张与输出服务。

（二）世界银行的组织机构

世界银行由理事会、执行董事会、行长和业务机构组成。其最高权力机构是理事会,由每一会员国委派理事和副理事各一人组成。理事、副理事任期5年,可连任。副理事在理事缺席时才有投票权。理事会每年召开一次会议,一般在9月,必要时召开特别会议。理事会的主要职权是:批准接纳新会员国;决定股本的调整;决定银行净收入的分配;批准修正银行协定及其他的重大问题。

同国际货币基金组织相似,在世界银行内,每个会员国均有250票的基本投票权,另外,每认缴10万特别提款权的股金,则增加1票。

执行董事会是负责办理日常事务的机构。执行董事现有22人,其中5人由持股最多的美、英、德、法、日五国指派,其余17人由其他会员国按地区分组推选。中国、沙特和俄罗斯为一独立地区组,指派执行董事和副执行董事各一名。执行董事会选举1人为行长,也即执行董事会主席,理事、副理事、执行董事和副执行董事不得兼任行长。行长无投票权,只有在执行董事会表决中赞成、反对票数相等时,可以投决定性 1 票。行长下有副行长,协助行长工作。行长是世界银行的最高长官,一直由美国人担任。

世界银行的办事机构很庞大,在联合国总部及世界各大金融中心,如纽约、伦敦、巴黎、东京等地设有办事处,还在 40 多个国家或地区设有地区代表处或派有常驻代表。在其总部内,按地区和专业有约 50 个局和相当于局的机构,分别由 18 名副行长领导。

(三)世界银行的资金来源

1. 融资

国际复兴开发银行的贷款约占世界银行集团年贷款额的 3/4,其资金主要来自国际金融市场,提供贷款的资金有 70% 左右来自债券发行。国际复兴开发银行作为世界上最审慎和管理最保守的金融机构之一,在世界各地发售 3A 级债券和其他债券,发售对象为养老基金、保险机构、公司、其他银行及个人,发行时间为 2～25 年,发行利率在 3%～12% 左右。而且随着银行贷款业务的迅速发展,通过发行债券筹措的资金也不断增加。

2. 缴纳股金

世界银行也是采用由成员国入股方式组成的企业性的金融机构。成员国政府根据其相对经济实力认购股份,但只需缴纳认购股份额的一小部分,未缴纳的余额为待缴股金,留待世界银行亏损严重无力兑付债券时缴纳,这种情况从未出现过。世界银行成立之初,法定资本为 100 亿美元,分为 10 万股,每股 10 万美元,1978 年 4 月 1 日以后,每股改按 10 万特别提款权计算。成员国所认缴的银行股份分两部分缴纳:成员国在加入世界银行时必须缴纳其认缴额的 20%,其中 2% 以黄金或美元支付,18% 以本国货币支付,这部分认缴额为实缴资本,其余的 80% 为待缴资本。现在的资金里只有不到 6% 是成员国在加入世界银行时的认缴股金。

3. 转让债权

世界银行将贷出款项的债权转让给私人投资者,主要是商业银行,获得一部分资金,以扩大世界银行贷款资金的周转能力。

4. 业务净收益和收回的贷款

世界银行历年来的业务净收益和收回的贷款资金,不分配给股东,除赠与国际开发协会外,都留作准备金,供周转使用。

(四)世界银行的主要业务活动

世界银行建立之初,主要任务是对成员国提供和组织长期贷款和投资,以满足他们在第二次世界大战后恢复和发展经济的资金需要,当时主要是集中于欧洲国家。此后,世界银行的主要业务转为向亚、非、拉发展中国家发放贷款,以促进其经济的发展和生产力的提高。世界银行的贷款政策几十年来发生了很大的变化。20 世纪 70 年代以前,世界银行重视基础设施和实现工业化,特别是运输和电力方面的项目。70 年代以后,世界银行的贷款从基础结构转向更广泛的发展目标,将优先发展的重点放在农业和农村发展项目上。80 年代以后,世界银行通过提供贷款、政策咨询和技术援助,支持各种以减贫和提高发展中国家人民生活水平为目标的项目和计划。世界银行的业务计划高度重视推进可持续的社会和人类发展,高度重视加强经济管理,并越来越强调参与、治理和机构建设。

1.世界银行的贷款条件

按照世界银行协定的有关规定,成员国在办理贷款业务时必须满足以下条件:①贷款对象是成员国政府,公私机构贷款必须由政府担保。②贷款必须用于审定为在技术和经济上是可行的工程项目,专款专用,且有助于该国的生产发展和经济增长,如交通、公用事业、农业及教育等项目的建设;而且要接受世界银行的监督。③世界银行只有在申请借款国确定不能以合理的条件从其他方面获得资金时,才考虑给予贷款。④世界银行只向有偿还能力的成员国发放贷款,以确保贷款能按期收回。⑤贷款的利息、还本方法、期限及偿还日期均由世界银行决定。

2.世界银行的贷款特点

(1)贷款期限长、利率相对低

世界银行的贷款平均期限为 20 年,最长可达 30 年,且有 5 年宽限期。贷款实行浮动利率,随利率变化进行调整,但一般低于市场利率。世界银行对贷款收取的杂费很少,只对已订立贷款契约而未提供的部分按年征收 0.75% 的承诺费。

(2)贷款程序严密、审批时间长

世界银行的贷款 90% 以上是项目贷款,有一套科学的论证和审批程序。在项目选择、建设和管理方面积累了丰富的经验,逐步形成了一套严格的管理制度、管理程序和管理方法。世界银行的项目贷款从开始到完成必须经过选定、准备、评估、谈判、执行、总结评价六个阶段,称为"项目周期"。借款国从提出项目到最终同世界银行签订贷款协议获得资金,一般要 1.5~2 年的时间。

(3)贷款不受贷款国份额的限制,但要承担汇价变动的风险

世界银行贷款主要是考虑是否有偿还能力,和份额无关。款额以美元计值,借款国要承担与美元之间汇价变动的风险。

(4)世界银行贷款需要贷款国自己筹集国内的配套费用

世界银行通常对其资助的项目只提供货物和服务所需要的外汇部分,占项目总额的 30%~40%,个别项目可达 50%,其他部分需要借款国自己准备。

3.贷款的种类

世界银行的贷款分为项目贷款、非项目贷款、部门贷款、联合贷款和第三窗口贷款等几种类型,其中项目贷款是世界银行贷款业务的主要组成部分。

(1)项目贷款和非项目贷款

这两项贷款是世界银行的传统贷款业务,属于一般性贷款。项目贷款用于资助成员国某个具体的发展项目。世界银行对农业和农村发展、教育、能源、工业、交通、城市发展等方面的大部分贷款都属于此类贷款。非项目贷款是指没有具体项目作保证的贷款。世界银行只有在特殊情况下才发放此类贷款。此类贷款是为了解决成员国实行发展计划或进口短缺的原料和先进设备所需的外汇资金需要,或者当成员国遇到自然灾害,出口收入突然下降而产生的国际收支逆差时需要的应急性贷款。

1980 年设立的结构调整贷款也属于非项目贷款。此项贷款用于帮助借款国在宏观经济、部门经济和结构体制等方面进行必要的调整和改革,使其能够有效地利用资金和资源,在较长时期内维持国际收支的平衡。该贷款发放时,要让借款国进行经济调整、机构体制改革。结构调整贷款的拨付速度比项目贷款要快得多,拨付的方式也比较灵活。每笔贷款的执行期为 1 年,分两期拨付。但是,贷款的使用要受世界银行的监督。

（2）联合贷款

联合贷款是指世界银行与借款国以外的其他贷款机构联合起来，包括官方援助、出口信贷机构、私人金融机构对世界银行的项目共同筹资和提供的贷款。其方式有两种：一是世界银行与其他贷款机构分别承担同一项目的一部分；二是由世界银行作为介绍人，动员有关贷款机构对项目或与项目有关的建设计划提供资金。

（3）第三窗口贷款

设立于1975年12月，是指在世界银行发放的一般贷款和世界银行附属机构国际开发协会发放的优惠贷款之间新增设的一种贷款。其贷款条件宽于前者，但又不如后者优惠。利差由工业发达国家和石油生产国自愿捐赠形成的"利息贴补基金"解决。贷款的期限为25年。这种贷款主要用于援助低收入国家。

世界银行的贷款由于利率较高，条件严格，又被称为硬贷款，国际开发协会所发放的优惠贷款则被称为软贷款。

（五）国际货币基金组织与世界银行

建立国际货币基金组织IMF和世界银行的构想是在1944年7月布雷顿森林会议上同时被提出，当人们讲到布雷顿森林体系崩溃时，实际上仅仅是指黄金—美元为基础的金汇兑本位制（即双挂钩制度）的崩溃，而作为布雷顿森林体系重要组成部分的IMF和世界银行却依然存在。由于适应形式变化而及时对自身进行改革，IMF和世界银行至今仍发挥着重要的影响，并称为当代国际货币金融领域中最为重要的两个金融机构。

IMF与世界银行在职能上有明显的分工和区别。IMF的工作是致力于稳定国际货币体系，并监督世界各国的货币。解决成员国的国际收支问题，包括国际收支（特别是经常账户下的收支）行为准则的制定、监督及为国际收支不平衡提供融资。而世界银行的主要任务则是为发展中国家提供援助，目的是减少贫困和增进共同繁荣。在贷款问题上，IMF提供的贷款期限较短，往往同时要求受贷国进行国际收支的调节，而世界银行提供的贷款期限较长，往往针对特定部门、特定项目提供，并要求受贷国采取相应措施以确保贷款资金的使用效率。

这两个机构虽然有明确的分工，但彼此磋商和协调十分密切，并且每年要举行两次联合会议。根据惯例，IMF的总裁来自欧洲，而世界银行的主席则来自美国。

二、国际开发协会（IDA）

（一）国际开发协会的建立及宗旨

国际开发协会成立于1960年，是由世界银行发起成立的国际金融组织。其名义上是独立的，但从人事及管理系统来看，实际上是世界银行的一个附属机构，又叫第二世界银行。国际开发协会刚建立时只有68个会员国，截至2001年已经达到161个会员国，会址设在华盛顿。1980年5月，我国恢复了在IDA的合法席位。

国际开发协会的宗旨是"对落后国家给予贷款条件较宽，期限较长，负担较轻，并可用部分当地货币偿还的贷款"，以促进其经济发展、生产和生活水平的提高，它作为世界银行贷款的补充，从而促进世界银行目标的实现。贷款对象仅限于成员国政府，主要用于发展农业、交通运输、电子、教育等方面。根据查询国际开发协会发布的公告,截止到 2023 年,国际开发协会是向低收入国家开放以及提供优惠贷款最多的国际金融机构。

(二)国际开发协会的组织机构

IDA 的组织机构与 IBRD 的组织机构相同,最高权力机构为理事会,下设执行董事会,负责日常业务工作。从经理到内部机构的人员均由 IBRD 相应机构的人员兼任,经理、副经理由世界银行行长和副行长兼任,IBRD 的工作人员也即 IDA 的工作人员、但 IDA 的会计账是同 IBRD 分开的。

会员国的投票权的大小与会员国认缴的股本成正比。协会成立初期规定,每个会员国拥有基本投票权 500 个,另外每认缴股金 5 000 美元增加 1 票。以后在协会第四次补充资金时,每个会员国有 3 850 票,另外每认缴 25 美元再增加 1 票。按照各自的经济状况,会员国分为两类:第一类为工业发达国家或收入较高的国家,现有 26 个;第二类为发展中国家,现有 135 个。到目前为止,第一类成员国投票权合计数占总投票权的 62%,其中,美国的投票权最大,目前占总投票权的 15%。

(三)国际开发协会的资金来源

国际开发协会贷款资金来源有四个:

①会员国认缴的股本。其会员国分为两组:第一组是高收入工业发达国家,其股本须以黄金或外汇缴纳;第二组是亚、非、拉的发展中国家,其股本的 10% 须以可兑换货币缴纳,90% 可用本国货币缴纳。

②会员国提供的补充资金。由于会员国缴纳的股本为数甚少,不能满足会员国需要,同时,国际开发协会又规定,该协会不得依靠在国际金融市场发行债券来动员资本,所以协会不得不要求会员国政府不时地提供补充资金。

③世界银行从净收入中拨给国际开发协会作为贷款资金来源的款项。

④协会本身经营业务的净收入。

(四)国际开发协会的主要业务活动

国际开发协会的主要业务活动是向较贫穷的发展中国家提供长期优惠性贷款。贷款的对象为会员国政府或公私企业,但实际上均向会员国政府发放。贷款应用于电力、交通运输、水利、港口建设之类的公共工程部门以及农业、文化教育建设方面。贷款期限为 50 年,宽限期为 1 年,第二个 10 年每年还本 1%,其余 30 年每年还本 3%,偿还贷款时可以全部或一部分使用本国货币,在名义上贷款免收利息,只收取 0.75% 的手续费。因此,国际开发协会的信贷具有明显的援助性质。国际开发协会提供的贷款被称为开发信贷,又叫作软贷款。

三、国际金融公司(IFC)

(一)国际金融公司的成立及宗旨

国际金融公司是联合国授权世界银行于 1956 年 7 月成立的国际金融组织,实际上是世界银行的一个附属机构。IFC 成立的背景是为了扩大对成员国私人企业的国际贷款,代替世界银行参与股份投资或为成员国的私人企业提供其他种类的风险投资。IFC 总部设在华盛顿,它本身具有独立的法人地位。国际金融公司的宗旨是促进不发达国家的私人企业的发展,向会员国中特别是发展中国家的重点私人企业提供无须政府担保的贷款或投资,帮助发展地区资本市场,寻求促进私人资本的国际变动。

(二)国际金融公司的组织机构

IFC 在法律和财务上虽是独立的国际金融组织,但实际上是 IBRD 的附属机构。它的管理方法和组织机构与 IBRD 相同。IBRD 的行长兼任公司总经理,也是 IFC 执行董事会主席。IFC 内部机构和人员多数由 IBRD 相应的机构、人员监管。

(三)国际金融公司的资金来源

IFC 的资金来源是:①会员国认缴的股金,这是 IFC 的主要资金来源。IFC 最初的法定资本为 1 亿美元,分为 10 万股,每股 1000 美元。会员国认缴股金须以黄金或可兑换货币交付。每个会员国的基本票为 250 票,此外,每认 1 股,增加 1 票。IFC 也进行了多次增资,目前的资本总额已达 29 亿美元。②通过发行国际债券,在国际资本市场上借款。③IBRD 与会员国政府提供的贷款。④IFC 贷款与投资的利润收入。

(四)国际金融公司的主要业务活动

IFC 主要业务是对会员国企业提供没有政府担保的资本。IFC 贷款的方式为:①直接向私人生产性企业提供贷款;②向私人生产企业入股投资,分享企业利润,并参与企业的管理;③上述两种方式相结合的投资。

IFC 一般不对大型企业投资,而以中小企业为主要投资对象。贷款期限一般为 7～15 年,并且每笔贷款一般不超过 200 万～500 万美元,贷款须以原借款货币偿还。利息根据资金投放的风险和预期的收益等因素决定,一般为年利 6%～7%,有的还要参与企业分红。贷款的主要对象国是亚、非、拉不发达国家,贷款的主要部门有制造业、加工业、开采业。

国际金融公司办理贷款业务时,通常采用与私人投资者、商业银行和其他金融机构联合投资的方式。这种联合投资活动,既扩大了国际金融公司的业务范围,又促进了发达国家对发展中国家私人企业的投资。

自 1956 年成立以来,世界银行负责民营部门的机构——IFC,总共为 136 个发展中国家的 2 446 家公司承诺了 290 多亿美元的自有资金,并安排了 192 亿美元的银团贷款和债券承销。国际金融公司还帮助许多国家建立资本市场,为国有企业民营化提供咨询服务。

四、多边投资担保机构(MIGA)

世界银行根据《多边投资担保机构公约》于 1988 年设立的多边投资担保机构,是世界银行集团中最年轻的成员。它的宗旨是通过担保以及技术援助服务等业务活动,来推动成员国相互间进行以生产为目的的投资,特别是向发展中国家会员国进行生产性投资。

MIGA 的业务包括投资担保业务和投资促进业务,以投资担保业务为主:①对会员国来自其他会员国合格投资的货币汇兑险等非商业性风险,通过担保合同与代位权、共保和分保予以担保;②通过研究、传播信息、技术咨询及援助、政策磋商和谈判等方式开展合适的辅助性活动,以促进投资向发展中国家会员国和发展中会员国相互间的投资流动;③为推进其目标,行使其他必要的或适宜的附带权力。MIGA 对认可的投资提供非商业性担保,如由于资本管制而造成的货币转移风险,武装冲突和动乱造成的风险,投资所在国法律变动造成的失去所有权的风险。政治担保是指支持私营部门发展,使投资者有信心投资于有风险的投资事业。

阅读材料

金砖银行:重构国际金融新秩序

在第六届巴西金砖峰会达成的福塔莱萨协议决定成立初始资本为 500 亿美元的金砖国家新开发银行(以下简称金砖银行)和 1 000 亿美元的金砖国家应急储备安排。这不仅是金砖国家合作史上的里程碑事件,也是国际金融秩序重构进程中的标杆,还是强化金砖国家经贸投资和金融合作、加快人民币国际化和上海国际金融中心建设进程的重大利好。但是,金砖国家组建、运行和管理这样一个新型国际金融机构面临着诸多难题。同时,中国作为银行总部所在地对于完善基础设施与运行环境、创新金融管理体制、协调银行业务发展等负有更大职责,也可以有更大作为。

金砖银行的成立是金砖国家深化金融合作、探求国际货币金融领域话语权的最新尝试,体现了金砖五国的诉求并被寄予厚望。正如习近平主席所说:"这是金砖国家合作进程中具有重要和深远意义的成果,体现了金砖国家团结合作、共同发展的政治意愿,不但有助于提高金砖国家在国际金融事务中的话语权,而且更重要的是能够造福我们和发展中国家人民。"

金砖银行的成立显示金砖国家的务实合作迈出了坚实一步。自 2009 年第一次金砖峰会以来,历次金砖峰会均通过了诸多原则性合作意向,只有第六次峰会达成的成立金砖银行是实质性务实合作项目,这一机构可望为金砖国家开展金融、经贸和重大基础设施投资等务实合作提供操作平台和资金保障,为各自经济发展和合作落到实处提供助力,还有助于金砖国家学习、共享和提高国际金融机构的管理运行知识和经验。

成立金砖银行将促进金砖国家货币互通和经贸投资合作。金砖国家巨大的基础建设需求资金如通过内部筹措,将会提升金砖国家的本币流通。金砖银行可选择包括金砖五国货币在内的一揽子货币作为运行媒介,金砖银行未来逐渐选择包括人民币在内的金砖国家货币来进行各种信贷、援助活动,既有助于金砖国家货币使用范围的扩大、简化相互结算与贷款业务,降低本币汇率风险和外汇干预成本,又能促进经贸与投资合作。如果中国能够在金砖银行中启动人民币跨境贷款及援助,将对推广使用人民币产生促进作用。

金砖银行的成立将推动现有不合理国际金融体系和秩序的变革。第二次世界大战后由美欧主导建立的世界银行和国际货币基金组织(IMF)其主要投票权、表决权和人事权长期由美欧发达国家主导,对新兴国家和发展中国家的资金需求不够重视,贷款附加条件苛刻、官僚色彩浓厚,而且每年仅能提供 600 亿美元的发展贷款,无法满足新兴市场每年高达万亿美元以上的基础设施资金需求。同时,两大机构改革进程滞后。金砖银行和货币储备库的建立正是金砖国家摆脱布雷顿森林体系、提升全球经济治理权的正确选择。

金砖银行落户中国上海,对中国具有特别重大的意义。首先,金砖银行有利于人民币国际化和促进中国对外贸易、投资和金融发展。虽然金砖银行初期不一定使用单一超主权货币,但依然可以在结算币种、计价币种、信贷币种、投资币种、采购币种、瓜分全球资本市场股市汇市期市债市等方面抵御美元、美国金融业的影响力,扩大人民币以及金砖国家的货币与金融业国际影响力。作为制造大国和对外投资大国，中国在对外投资过程中可以方便使用人民币，并将它与金砖银行向金砖国家或其他发展中国家提供开发信贷结合起来，从而促进人民币国际化，并为中国的外汇储备保值增值提供新的安全疏散口。其次，有助于推动金融市场发展与中国金融体制改革。金砖银行落户中国，有望使其成为引领中国新一轮金融改革大潮的一股东风，促进中国国际金融服务水平的提升。再次，金砖银行落户上海，对上海活跃国际资本流动、集聚金融人才、发展金融机构和金融业务、加快上海自贸区以及国际金融中心建设有所推动。当然，金砖国家在合力建设金砖银行过程中，不可避免地会遇到很多难题亟待解决。

首先，需要增强办好金砖银行的政治互信和协作。金砖国家历史文化、经济发展模式和水平、政治经济体制、战略目标、利益诉求等差距较大，能否团结起来建好金砖银行这一有效实体，还要经受诸如体制框架、原则、规范及其他许多运行与管理细节协商一致的考验。目前，中国已与近30个国家开展货币互换，但金砖国家中仅与巴西开展了互换。金砖国家在地理分布、外交战略取向和财政金融政策、经济体制等的较大差异，使其在未来的银行运营中难免会遇到诸如本国政府的干预以及五国管理人员对银行规制、方针等的认知差异，这些均可能导致金砖银行运行不畅，迫切需要提高互信和协作性。

其次，亟待制订公平、合理、有效的组织架构和运行规则。金砖成员国在金砖银行拥有的平等投票权，平等、多头轮流坐庄和相互制约的管理模式固然有体现民主和集思广益的作用，但也难免陷入分歧协调难、效率低下之困。因而，亟待参照国际规则，就金砖银行建立和运行中的一些问题制订出科学合理的组织架构、规章制度和操作管理方法，并确保严格执行。否则，容易变成一个清谈俱乐部。

最后，资本金规模偏小会限制金砖银行的作用与影响力。金砖银行初始资本金500亿美元显得盘子太小，意味着金砖银行仅能优先考虑成员国内部的少数一些项目，难以满足众多大项目的融资需求，更遑论对其他发展中国家给予资金支持。因此，未来各股东需要为满足信贷规模扩大的需求，就增资及扩大股东即成员国队伍做出决策。

为使金砖银行顺利组建和运行，中国尤其是上海需要做出更多准备和努力。第一，要继续保持经济领头羊地位，为金砖国际合作和金砖银行发展创造良好基础。第二，借助金融体制改革东风、上海自贸区建设试点以及银行落户契机，加快与国际金融体系接轨的规章制度建设和运行环境建设，加快金融制度改革和金融服务能力建设，为金砖银行和其他国际金融组织正常运转创造良好机制。第三，推动人民币可兑换进程和国际化进程，促进金砖国家特别是中国货币的使用。第四，加快上海国际金融中心的建设步伐。第五，中国要在研究金砖银行建立运行规律、促进管理机制改革和提高运行效率等方面作出积极贡献。

（资料来源：林跃勤. 金砖银行：重构国际金融新秩序[N]. 光明日报，2014-10-15（15）. ）

第四节 国际清算银行（BIS）

一、国际清算银行的建立及宗旨

国际清算银行（Bank for International Settlements），是西方主要国家中央银行合办的国际金融机构。它是由美国摩根保证信托公司、纽约花旗银行和芝加哥花旗银行组成的银行团同英国、法国、德国、意大利、比利时、日本等国的中央银行于1930年2月在荷兰海牙签订国际协议，共同出资而成立的，同年5月20日开始营业，BIS通过中央银行向整个国际金融体系提供一系列高度专业化的服务，是一家办理中央银行业务的金融机构，被称为"中央银行的银行"，总部设在巴塞尔，是世界上历史最悠久的国际金融组织。1996年11月，中国人民银行成为国际清算银行的正式成员。

国际清算银行的宗旨最初是处理第一次世界大战后德国对协约国赔款的支付和处理同德国赔款的"杨格计划"有关的业务。现在，它的宗旨则是促进各国中央银行间的合作，为国际金融业务提供便利，作为有关各方协议国际清算的代理人或受托人。

二、国际清算银行的组织机构

国际清算银行是股份制的企业性金融机构，它的最高权力机构是股东大会，由认缴该行股金的各国中央银行代表组成，每年召开一次股东大会，董事会负责处理日常业务，由13名董事组成，其中正、副董事长各1名。董事会中8名由英国、法国、意大利、比利时、瑞士、荷兰、瑞典和德国的中央银行董事长或行长担任，其余的由上述8个国家提名产生。该行下设银行部、货币经济部、秘书处和法律处四个机构。

三、国际清算银行的资金来源

国际清算银行的资金主要来自三个方面：①成员国交纳的股金。该行初建时，法定资本为5亿金法郎（Gold Frances），根据1991年3月31日该行公布的第61期年报，国际清算银行实缴资本与准备金的总额，1991财政年度为15.57亿金法郎，实收资本占25%，共分成60万股，每股2 500金法郎。金法郎是法国、瑞士、比利时等国在1965年成立拉丁货币同盟时发行的金币，含金量为0.290 322 58克。在金本位制崩溃以后，该金币不再流通，但国际清算银行等国际机构仍以金法郎作为记账单位。BIS资本的85%以上掌握在各国中央银行手里，私股只有在分享利润方面享有同等权利，但不得参加股东大会，也无投票表决权。②国际清算银行向成员国中央银行的借款。③吸收客户存款。

四、国际清算银行的主要业务活动

国际清算银行的主要任务是促进各国中央银行之间的合作,为国际金融业务提供新的便利。第二次世界大战后,它先后成为欧洲经济合作组织、欧洲支付同盟、欧洲煤钢联营、黄金总库的收付代理人,办理欧洲货币体系的账户、清算工作,充当万国邮联、国际红十字会等国际机构的金融代理机构,它还是欧洲货币基金董事会及其分委员会和专家组等机构的永久秘书。

目前,全世界约有近百家中央银行在国际清算银行拥有存款账户,国际清算银行资金力量雄厚,积极参与国际金融市场活动,是国际黄金市场和欧洲货币市场的重要参加者。国际清算银行接受各国中央银行的存款,并向中央银行发放贷款;办理各国政府国库券和其他债券贴现和买卖业务,买卖黄金、外汇或代理各国中央银行买卖;为各国政府间贷款充当执行人或受托人;同有关国家中央银行签订特别协议,代办国际清算业务。各国约10%的外汇储备和3 000多吨黄金存于该行,作为提供贷款的资金保障之一。

国际清算银行是各国中央银行进行合作的理想场所。很多国家的中央银行行长每年在巴塞尔国际清算银行年会上会面,讨论世界经济与金融形势,探讨如何协调宏观政策和维持国际金融市场的稳定。国际清算银行还尽力使其全部金融活动与国际货币基金组织的活动协调一致,并与其联手解决国际金融领域的一些棘手问题。

除这些业务活动外,国际清算银行还组织专家研究黄金市场、外汇市场、欧洲货币市场和欧洲货币体系。它编写的调研资料在西方金融界、学术界享有较高声誉。

阅读材料

CIPS,"一带一路"上的人民币跨境支付高速公路

一、认识 CIPS——人民币跨境支付系统

人民币跨境支付系统(Cross-border Interbank Payment System,CIPS),是中国人民银行清算总中心开发建设的,为境内外金融机构人民币跨境和离岸业务提供资金清算、结算服务的支付清算系统,是我国重要的金融基础设施。

(一)应时代而生

进入21世纪第二个十年,信息科技的腾飞、世界经济的发展、国际金融的变革,加速推进了我国的对外贸易投资,人民币逐渐走向世界舞台,人民币国际化进程不断加快,至2015年,人民币已经成为我国第二大跨境支付货币和全球第四大支付货币。时代在召唤,中国迫切需要建设跨境人民币支付清算的基础设施以支撑业务发展。

2014年5月,中国人民银行清算总中心正式承担人民币跨境支付系统(CIPS)一期开发建设工作。党中央、国务院对CIPS建设高度重视,李克强总理在2015年政府工作报告中指出,要"加快建设人民币跨境支付系统,完善人民币全球清算服务体系"。CIPS建设被提升到国家战略高度。

清算总中心加紧推进系统建设步伐,历经需求分析、软件开发、系统集成、业务测试、模拟运行,2015年10月8日,CIPS(一期)成功上线运行。首批直接参与机构包括19家境内中外资银行,同步上线的间接参与者有176家,覆盖6大洲50个国家和地区。

CIPS的建成运行是我国金融市场基础设施建设的又一里程碑事件,标志着人民币国内支付和国际支付统筹兼顾的现代化支付体系建设取得重要进展。

（二）顺形势发展，蓄势待发，砥砺前行

CIPS 建设实行"分步走"，按计划分两期建设，先期投产的一期工程便利跨境人民币业务处理，支持跨境货物贸易和服务贸易结算、跨境直接投资、跨境融资和跨境个人汇款等业务。

其主要功能特点包括：采用实时全额结算方式处理客户汇款和金融机构汇款业务；各直接参与者一点接入，集中清算业务；创新流动性管理和零余额账户机制，化解了相关风险；采用国际通用 ISO20022 报文标准，便于参与者跨境业务直通处理；运行时间覆盖欧洲、亚洲、非洲、大洋洲等人民币业务主要时区；为境内直接参与者提供专线接入方式。

CIPS 自 2015 年 10 月投产以来，系统运行稳定，业务处理正确。2016 年系统共运行 250 个工作日，处理跨境业务 63 万余笔，金额 4 万多亿元。截至 2017 年 5 月 12 日，CIPS 直接参与者扩展至 28 家，间接参与者 560 家，参与者范围覆盖全球 6 大洲、85 个国家和地区（含自贸区）。

（三）未来大有可期

发展永无止境。未来，CIPS 二期将采用流动性更为节约的方式，实现混合结算，进一步延长系统运行时间、覆盖更广的时区，实现与债券结算系统、中央对手等金融市场基础设施的连接，全面支持各类跨境业务。

伴随人民币国际化舞台的不断开阔和"一带一路"战略实施，CIPS 的业务服务覆盖范围将与"一带一路"战略版图高度重合，截至 2016 年底，有 37 个沿线国家和地区的金融机构成为 CIPS 参与者，能够为"一带一路"沿线国家地区提供人民币跨境资金结算的 CIPS 参与者已达到 300 多家，沿线整体业务量保持持续增长，已突破千亿大关。

CIPS 这条人民币跨境清算、结算的"高速公路"，将会为境内外参与者提供更加便捷、高效、安全的支付服务，为中国资本市场开放与人民币国际化的纵深发展铺平道路。CIPS 未来大有可期！

二、认识 CIPS 运营机构——跨境银行间支付清算（上海）有限责任公司

CIPS，不仅仅是人民币跨境支付系统的简称，也是系统运营机构的简称。

跨境银行间支付清算（上海）有限责任公司（China International Payment Service Corp.，简称 CIPS 运营机构）于 2015 年 7 月 31 日在上海市黄浦区正式注册成立，是中国人民银行清算总中心的独资直属企业，接受人民银行的监督和指导，全面负责 CIPS（一期）的系统运营维护、参与者服务、业务拓展等方面工作。

作为清算总中心大家庭中最年轻的成员，CIPS 运营机构自诞生之日起，就显示出了时代赋予的崭新活力。这支年轻的公司团队，立足于市场，着眼于发展，不断创新客户服务手段，逐步拓展系统功能，持续完善制度框架，不断提高系统清算效率和竞争力，并加强与国际其他清算组织和金融基础设施运营机构的沟通与合作，在国际金融舞台发出了中国跨境支付清算的"新声"。

（资料来源：小清讲堂.CIPS，"一带一路"上的人民币跨境支付高速公路[EB/OL].（2017-05-17）[2023-07-30].央行清算.）

第五节　亚洲基础设施投资银行

亚洲基础设施投资银行(Asian Infrastructure Investment Bank,AIIB)简称亚投行,AIIB 是一个政府性质的亚洲区域多边开发机构,重点支持基础设施建设,成立宗旨在促进亚洲区域的建设互联互通化和经济一体化的进程,并且加强中国及其他亚洲国家和地区的合作。总部设在北京。

一、亚投行创立的背景

亚洲经济占全球经济总量的 1/3,是当今世界最具经济活力和增长潜力的地区,拥有全球六成人口。但因建设资金有限,一些国家铁路、公路、桥梁、港口、机场和通讯等基础建设严重不足,这在一定程度上限制了该区域的经济发展。各国要想维持现有经济增长水平,内部基础设施投资至少需要 80 000 亿美元,平均每年需投资 8 000 亿美元。在 8 000 亿美元中,68% 用于新增基础设施的投资,32% 是维护或维修现有基础设施所需资金。现有的多边机构并不能提供如此巨额的资金,亚洲开发银行和世界银行也仅有 2 230 亿美元,两家银行每年能够提供给亚洲国家的资金大概只有区区 200 亿美元,都没有办法满足这个资金的需求。由于基础设施投资的资金需求量大、实施的周期很长、收入流不确定等的因素,私人部门大量投资于基础设施的项目是有难度的。

另一方面,中国已成为世界第三大对外投资国,中国对外投资 2012 年同比增长 17.6%,创下了 878 亿美元的新高。而且,经过 30 多年的发展和积累,中国在基础设施装备制造方面已经形成完整的产业链,同时在公路、桥梁、隧道、铁路等方面的工程建造能力在世界上也已经是首屈一指。中国基础设施建设的相关产业期望更快地走向国际。但亚洲经济体之间难以利用各自所具备的高额资本存量优势,缺乏有效的多边合作机制,缺乏把资本转化为基础设施建设的投资。

二、亚投行的主要成员

截至 2015 年 4 月 15 日,意向创始成员国 57 个,其中亚投行中联合国安理会五大常任理事国已占四席:中国、英国、法国、俄罗斯。G20 国家中已占 14 席:中国、印度、印度尼西亚、沙特阿拉伯、法国、德国、意大利、英国、澳大利亚、土耳其、韩国、巴西、俄罗斯、南非。西方七国集团已占四席:英国、法国、德国、意大利。金砖国家全部加入亚投行:中国、俄罗斯、印度、巴西、南非。按大洲分,亚洲 34 国,欧洲 18 国,大洋洲 2 国,南美洲 1 国,非洲 2 国,总计 57 国。57 个国家已全部成为正式的意向创始成员国。

三、亚投行的股本和投票权

亚投行的法定股本为 1 000 亿美元,分为 100 万股,每股的票面价值为 10 万美元。初始法定股本分为实缴股本和待缴股本。实缴股本的票面总价值为 200 亿美元,待缴股本的票面总价值为 800 亿美元。域内外成员出资比例为 75∶25。经理事会超级多数同意后,亚投行可增加法定股本及下调域内成员出资比例,但域内成员出资比例不得低于 70%。域内外成员认缴股本在 75∶25 范围内以 GDP(按照 60% 市场汇率法和 40% 购买力平价法加权平均计算)为基本依据进行分配。初始认缴股本中实缴股本分 5 次缴清,每次缴纳 20%。亚投行的总投票权由股份投票权、基本投票权以及创始成员享有的创始成员投票权组成。每个成员的股份投票权等于其持有的亚投行股份数额,基本投票权占总投票权的 12%,由全体成员(包括创始成员和今后加入的普通成员)平均分配,每个创始成员同时拥有 600 票创始成员投票权,基本投票权和创始成员投票权占总投票权的比重约为 15%。按现有各创始成员的认缴股本计算,中国投票权占总投票权的 26.06%。随着新成员的不断加入,中方和其他创始成员的股份和投票权比例均可能被相应稀释。

四、亚投行的组织结构

亚投行设立理事会、董事会、管理层三层管理架构。理事会是亚投行的最高决策机构,拥有亚投行的一切权力。理事会可将其部分或全部权力授予董事会,但以下权力除外:吸收新成员、增减银行法定股本、中止成员资格、裁决董事会对本协定的相关解释或适用提出的申诉、选举银行董事并决定其薪酬或支出、任免行长并决定其薪酬、批准银行总资产负债表和损益表、决定银行储备资金及净收益分配、修订本协定、决定终止银行业务并分配银行资产、行使本协定明确规定属于理事会的其他权力。董事会负责亚投行的总体运营,为非常驻,除非理事会另有规定。其权力包括理事会的准备工作、制定银行政策、就银行业务做出决定、监督银行管理与运营并建立监督机制、批准银行战略、年度计划和预算、视情成立专门委员会、向理事会提交每个财年的账目等。董事会共有 12 名董事,其中域内 9 名,域外 3 名。亚投行设立行长 1 名,从域内成员产生,任期 5 年,可连选连任一次。同时设立副行长若干名。

五、亚投行的业务运营

亚投行按照稳健原则开展经营。亚投行的业务分为普通业务和特别业务。其中,普通业务是指由亚投行的普通资本(包括法定股本、授权募集的资金、贷款或担保收回的资金等)提供融资的业务;特别业务是指为服务于自身宗旨,以亚投行所接受的特别基金开展的业务。两种业务可以同时为同一个项目或规划的不同部分提供资金支持,但在财务报表中应分别列出。亚投行可以向任何成员或其机构、单位或行政部门,或在成员的领土上经营的任何实体或企业,以及参与本区域经济发展的国际或区域性机构或实体提供融资。在符合银行宗旨与职能及银行成员利益的情况下,经理事会超级多数投票同意,也可向非成员提供援助。亚投行开展业务的方式包括直接提供贷款、开展联合融资或参与贷款、进行股权投资、提供担保、提供特别基金的支持以及技术援助等。

本章小结

1. 国际金融机构是政府间以股份公司方式组建的金融企业组织,其政治色彩浓厚,活动受经济大国控制。国际金融机构为了加强国际经济间的合作,处理国际经济、政治领域的问题,在金融货币领域里形成一些共同的法律和规则,在国与国之间形成对话和协调的机制,以此促进世界贸易的发展。

2. 国际货币基金组织(IMF)是一个旨在稳定国际金融体系的专业机构,主要任务是稳定国际汇率、消除妨碍世界贸易的外汇管制,在货币问题上促进国际合作,并通过提短期贷款帮助成员国解决在国际收支出现暂时困难时的外汇资金需要。它的资金来源于各成员国认缴的份额。

3. 世界银行集团(WBG)由国际复兴开发银行(IBRD)与国际开发协会(IDA)、国际金融公司(IFC)、多边投资担保机构(MIGA)、国际投资争端解决中心(ICSID)五部分共同组成。其中,前三个机构为集团的主要业务机构。世界银行的主要任务就是向会员国提供长期贷款,促进第二次世界大战后的复兴建设,协助不发达国家发展生产,开发资源,并通过为私人投资提供担保或与私人资本一起联合对会员国政府进行贷款和投资,来为私人资本的扩张与输出服务。

4. 国际复兴开发银行(IBRD)通过组织和提供长期贷款和投资,为会员国提供生产性资金,促进会员国的资源开发和经济发展。IBRD 的组织机构与国际货币基金组织相似,也是由理事会下设执行董事会作为决策机构。IBRD 的资金主要来自会员国缴纳的股金、在国际金融市场上融资、出让银行债权、利润收入。

5. 国际清算银行(BIS)是西方主要国家中央银行合办的国际金融机构。它是由美国摩根保证信托公司、纽约花旗银行和芝加哥花旗银行组成的银行团同英国、法国、德国、意大利、比利时、日本等国的中央银行于 1930 年 2 月在荷兰海牙签订国际协议,共同出资而成立的。BIS 通过中央银行向整个国际金融体系提供一系列高度专业化的服务,是一家办理中央银行业务的金融机构,被称为"中央银行的银行",总部设在巴塞尔。

6. 亚洲基础设施投资银行(简称亚投行,AIIB)是一个政府性质的亚洲区域多边开发机构,重点支持基础设施建设,成立宗旨在促进亚洲区域的建设互联互通化和经济一体化的进程,并且加强中国及其他亚洲国家和地区的合作。

课后思考题

一、单项选择题

1.1945 年 12 月成立的国际金融机构有(　　　)。

A. 世界银行   B. 国际清算银行

C. 国际货币基金组织   D. 国际金融公司

E. 国际开发协会

2. 国际货币基金组织的普通贷款是指(   )。

A. 储备部分贷款   B. 信用部分贷款

C. 信托基金贷款   D. 储备部分与信用部分贷款

3. 国际货币基金组织最主要的业务是(   )。

A. 汇率监督与政策协调   B. 技术援助和培训

C. 贷款业务   D. 设立多边投资担保机构

4. (多选)世界银行的资金主要来源有(   )。

A. 出让银行债权   B. 会员国缴纳的股金

C. 发行中长期债券   D. 国际金融市场融资

E. 捐款

5. (多选)国际货币基金组织的业务活动主要包括(   )。

A. 汇率监督与政策协调   B. 磋商与协调

C. 金融贷款   D. 监管

E. 证券投资

二、判断题

1. 世界银行的贷款对象只限于会员国。   (   )

2. 国际货币基金组织的任何重大决定不经美国同意就无法实施。   (   )

3. 向国际货币基金组织的贷款实际上是一种货币互换。   (   )

4. 国际货币基金组织的贷款既有短期贷款也有中长期贷款。   (   )

三、简答题

1. 国际货币基金组织的基本宗旨是什么?

2. 世界银行集团是哪些机构组成的? 各个机构的宗旨及主要业务有哪些?

3. IMF 和世界银行的基本宗旨有什么区别?

4. 国际货币基金组织和世界银行的贷款有什么区别?

5. 简述亚洲基础设施投资银行的成立背景和特点。

四、案例分析题

"一带一路"倡议提出十周年人民币影响力显著上升

厦门大学经济学科与新华指数联合编制的《全球汇率传导指数报告(2023)》(以下简称《报告》)日前发布。《报告》指出,"一带一路"倡议提出十周年来,人民币对"一带一路"参与国货币汇率的传导效应不断增强,已逐渐处于"一带一路"货币传导网络的中心位置,而"五通"合作是促进人民币在"一带一路"影响力的关键因素。

为了排除货币制度的影响,该《报告》课题组使用月度货币制度分类数据和国际货币基金组织的年度货币制度分类数据,剔除了在样本期曾经实行固定汇率制的国家,筛选了26个"一带一路"沿线国家和19个"一带一路"非沿线其他国家共计45种货币,并据此构造"一带一路"货币汇率传导网络和指数。

"一带一路"倡议提出前,新加坡元的"一带一路"汇率传导指数领先于其他国家,这与新加坡长期作为国际金融中心的地位密切相关;"一带一路"倡议提出后,人民币影响力不断增强,影响的货币种类也逐渐增加,已转移至"一带一路"货币影响网络的中心位置。

可以看出,"一带一路"倡议提出十年间,人民币在"一带一路"区域的货币影响力总体呈现显著上升的趋势。特别值得指出的是,2020年东盟已经超过美国,成为中国的第一大贸易伙伴。东盟十国和中国、日本、韩国、澳大利亚、新西兰共15个亚太国家于2020年11月15日签署了区域全面经济伙伴关系协定(RCEP)并于2022年1月1日正式生效,人民币在"一带一路"沿线国家货币的影响力稳步上升。在2022年地缘政治风险加大和美联储加息的背景下,我国"一带一路"建设为区域发展注入更多的确定性,人民币跨境支付系统(CIPS)业务量、影响力稳步提升,有效带动离岸人民币市场纵向发展,2022年人民币对"一带一路"货币汇率的影响力大幅上涨,年内增幅为21%。

(资料来源:谢晶晶."一带一路"倡议提出十周年 人民币影响力显著上升[EB/OL].(2023-04-17)[2023-06-30].中国金融新闻网.)

思考:

查阅资料说明"五通"合作的内容,并分析"政策沟通""设施联通"和"民心相通"对人民币影响力的促进作用。

参考文献

[1] 姜波克. 国际金融新编[M]. 6 版. 上海:复旦大学出版社,2018.

[2] 保罗·R. 克鲁格曼,茅瑞斯·奥伯斯法尔德,马克·J. 梅里兹. 国际金融:第 10 版[M]. 丁凯,陈能军,陈桂军,等译. 北京:中国人民大学出版社,2016.

[3] 托马斯·A. 普格尔. 国际金融:第 15 版[M]. 沈艳枝,译. 北京:中国人民大学出版社,2014.

[4] 王爱俭. 国际金融概论[M]. 4 版. 北京:中国金融出版社,2015.

[5] 王爱俭. 20 世纪国际金融理论研究:进展与评述[M]. 北京:中国金融出版社,2005.

[6] 张礼卿. 国际金融[M]. 2 版. 北京:高等教育出版社,2018.

[7] 于研. 国际金融[M]. 6 版. 上海:上海财经大学出版社,2017.

[8] 刘园. 国际金融[M]. 3 版. 北京:北京大学出版社,2017.

[9] 杨胜刚,姚小义. 国际金融[M]. 4 版. 北京:高等教育出版社,2016.

[10] 陈雨露. 国际金融[M]. 5 版. 北京:中国人民大学出版社,2015.

[11] 叶蜀君. 国际金融[M]. 3 版. 北京:清华大学出版社,2014.

[12] 杜佳. 国际金融学[M]. 2 版. 北京:清华大学出版社;北京交通大学出版社,2013.

[13] 陈建忠. 国际金融[M]. 3 版. 北京:电子工业出版社,2012.

[14] 高建侠. 国际金融[M]. 2 版. 北京:中国人民大学出版社,2014.

[15] 侯高岚. 国际金融[M]. 3 版. 北京:清华大学出版社,2013.

[16] 马君潞,陈平,范小云. 国际金融[M]. 北京:高等教育出版社,2011.

[17] 约瑟夫·P. 丹尼尔斯,戴维·D. 范户斯. 国际货币与金融经济学[M]. 李月平,等译. 北京:机械工业出版社,2004.

[18] 罗纳德·W. 琼斯,彼得·B. 凯南. 国际经济学手册:第 2 卷 国际货币经济与金融[M]. 姜洪,周阳,汪泽,等译. 北京:经济科学出版社,2008.

[19] 吕随启,王曙光,宋芳秀. 国际金融教程[M]. 2 版. 北京:北京大学出版社,2007.

[20] 陈信华,殷凤. 国际金融学[M]. 上海:上海财经大学出版社,2004.

[21] 吴念鲁. 中国外汇储备研究:考量与决策[M]. 北京:中国金融出版社,2014.

[22] 韩博印. 国际金融[M]. 北京:机械工业出版社,2013.

[23] 王曼怡,朱超. 国际金融新论[M]. 北京:中国金融出版社,2009.

[24] 朱箴元,林琳. 国际金融[M]. 北京:中国金融出版社,2012.

[25] 朱晓青. 国际金融[M]. 北京:华文出版社,2004.

[26] 何璋.国际金融学[M].北京:北京师范大学出版社,2009.

[27] 李若谷.国际货币体系改革与人民币国际化[M].北京:中国金融出版社,2009.

[28] 赵雪情,施东方,瞿亢.伦敦人民币外汇市场的发展经验[J].中国外汇,2021(15):70-73.

[29] 吴斌.全球央行"购金热"背后:外汇储备多元化大势所趋[N].21世纪经济报道,2023-06-01(2).

[30] 方凤娇.斯里兰卡宣布破产! 外汇掏空、民众逃亡,全国石油库存仅够用1天[N].华夏时报,2022-07-07.

[31] 陈卫东,熊启跃,赵雪情.全球储备资产:历史趋势、形成机制和中国启示[J].国际金融研究,2023(4):3-16.

[32] 傅耀,林梓博.黄金储备影响因素的国际比较与后疫情时代中国黄金储备制度调整[J].金融经济学研究,2020,35(3):104-115.

[33] 杨雅欣.我国国际收支分析及政策建议[J].对外经贸,2022(11):10-12.

[34] 王宇.钉住汇率制度、国际收支失衡与墨西哥金融危机[J].金融发展评论,2018(9):1-5.

[35] 王世奇,陈叶紫,蔺顺锋.2022年人民币外汇衍生品市场回顾与展望[J].中国货币市场,2023(1):33-37.

[36] AIZENMAN J,CHINN M D,ITO H. Surfing the waves of globalization:Asia and financial globalization in the context of the trilemma[J]. Journal of the Japanese and International Economies,2011,25(3):290-320.

[37] CALVO G A,REINHART C M. Fear of floating[J]. Quarterly Journal of Economics,2002,117(2):379-408.

[38] CHINN M D,ITO H. A new measure of financial openness[J]. Journal of Comparative Policy Analysis,2008,10(3):309-322.